# Mallorca

## mit dem Fernwanderweg GR 221

Wolfgang Heitzmann

**GPX-Daten zum Download**

www.swisstravelcenter.ch/gpx

Kostenloser Download der GPX-Daten der im Wanderführer enthaltenen Wandertouren.

## AUTOR

**Wolfgang Heitzmann** • Der gebürtige Oberösterreicher durchstreift und dokumentiert Mallorca seit vielen Jahren. Als Tourismusberater, Verlagsredakteur und Autor lernte er viele Urlaubsregionen intensiv kennen – die größte Insel der Balearen wurde ihm jedoch zur „zweiten Wander-Heimat".

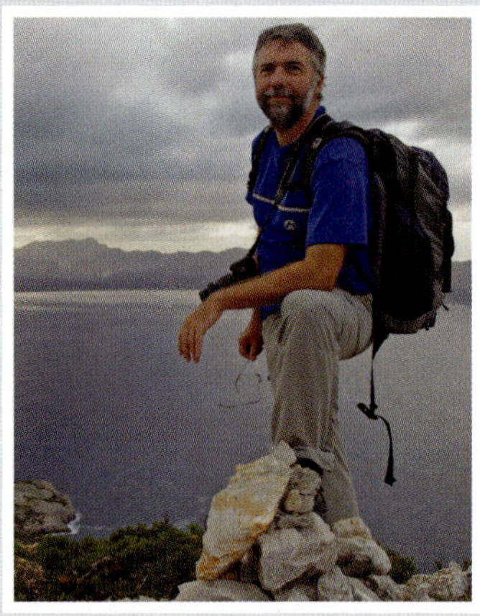

Der Landschaft, den Naturwundern und den kulturellen Besonderheiten Mallorcas widmete Wolfgang Heitzmann mehrere seiner 60 Bücher und Reisemagazine. Außerdem gestaltet er das erfolgreiche Wander- und Ausflugsportal www.mallorca-erleben.info.

## VORWORT

Wege, die von Römern und Arabern angelegt wurden, unmarkierte Bergrouten wie in der Frühzeit des Alpinismus, Schneesammlerpfade mitten im Mittelmeer? Wer auf Mallorca die Wanderschuhe schnürt, erlebt Überraschungen. Zeitreisen per pedes führen auf Europas beliebtester Ferieninsel zu steinernen Festungen, in verwunschene Gärten oder auf heilige Berge. Viele Wanderwege durchmessen die fast schon vergessene Arbeitswelt der Kleinbauern und Tagelöhner, der Köhler und Fischer. Einige der spektakulärsten Routen gehen auf Soldaten und Schmuggler zurück, auf den jahrhundertelangen Kampf gegen Piraten – und auf einen österreichischen Erzherzog, der hier zum Aussteiger und zu einem Pionier des Umweltschutzes wurde.

Die Touren, die Ihnen dieser Wanderführer vorstellt, leiten Sie auch durch märchenhafte Steineichenwälder und würzig duftende Macchie, zu versteckten Meeresbuchten, die in keinem Prospekt zu finden sind, und auf schroffe Felsgipfel, über denen die Mönchsgeier kreisen. Dazu schmecken am besten inseltypische Köstlichkeiten – und sei's ein einfaches Pa amb oli (mallorquinisches Graubrot, eingerieben mit Tomaten und Knoblauch, beträufelt mit feinstem Öl, belegt mit Käse oder Schinken). Erst all das zusammen macht es aus, das vielbeschworene „andere Mallorca" – eine Landschaft, die zu den schönsten Wandergebieten der Welt zählt.

Wolf Heitzmann

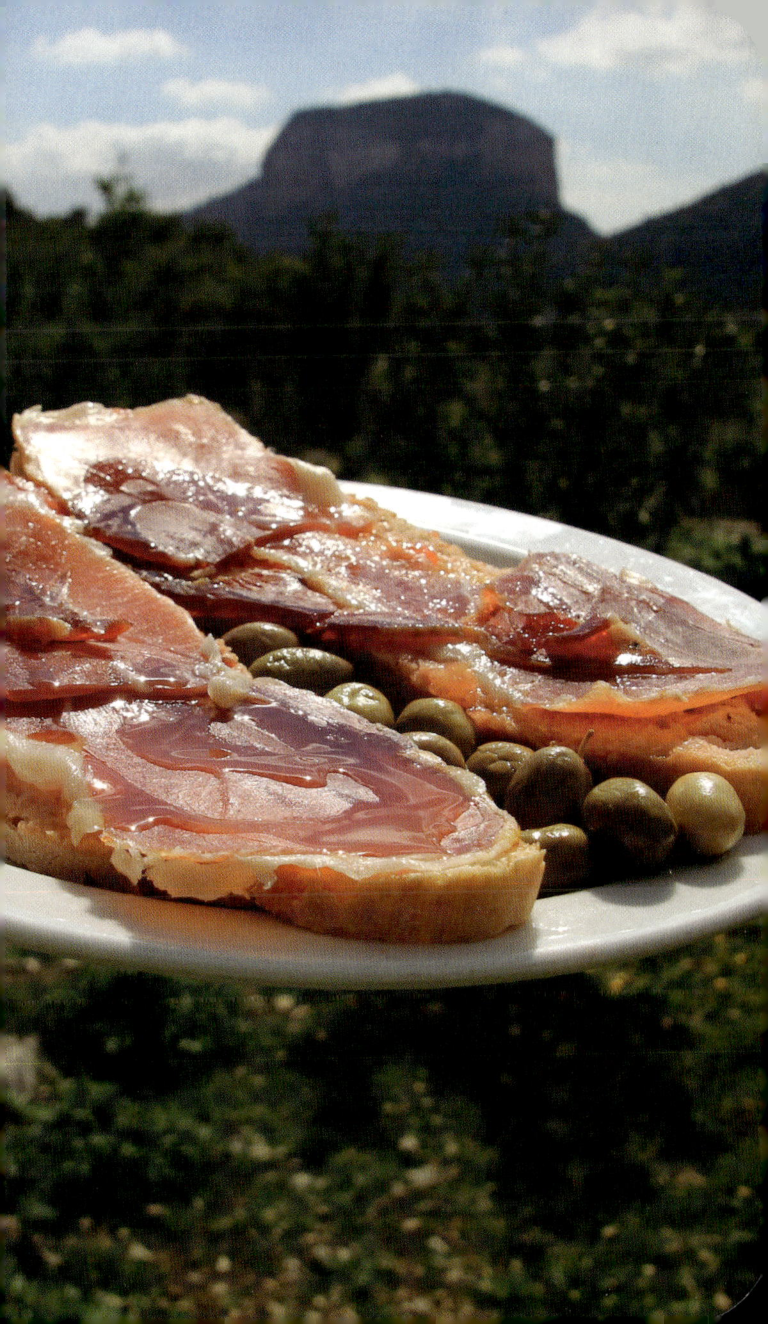

# INHALT UND TOURENÜBERSICHT

**AUFTAKT**

## ANHANG



| km | h | hm | hm | P | | | | |
|---|---|---|---|---|---|---|---|---|
| 5,2 | 4:00 | 30 | 30 | ✓ | ✓ | ✓ | ✓ | |
| 5,5 | 2:00 | 110 | 110 | ✓ | ✓ | | ✓ | |
| 10,5 | 3:00 | 450 | 450 | ✓ | | | | ✓ |
| 6 | 3:00 | 120 | 120 | ✓ | ✓ | ✓ | | |
| 4,3 | 2:20 | 170 | 170 | ✓ | ✓ | | | ✓ |
| 7,9 | 2:45 | 290 | 290 | ✓ | ✓ | | | |
| 2,9 | 2:30 | 200 | 200 | ✓ | ✓ | | | ✓ |
| 5,6 | 2:45 | 290 | 290 | ✓ | ✓ | | | ✓ |
| 10,9 | 3:30 | 450 | 450 | ✓ | ✓ | | | ✓ |
| 7,2 | 3:00 | 150 | 150 | ✓ | | | | |
| 13,2 | 6:00 | 850 | 850 | ✓ | | | | ✓ |
| 9,2 | 4:15 | 650 | 650 | ✓ | | | | ✓ |
| 9,6 | 4:15 | 750 | 750 | ✓ | | | | ✓ |
| 8 | 3:30 | 500 | 500 | ✓ | | | | ✓ |
| 14,6 | 4:30 | 400 | 400 | ✓ | ✓ | | | |
| 11,6 | 2:45 | 150 | 150 | ✓ | ✓ | ✓ | | |
| 8,9 | 3:45 | 500 | 400 | ✓ | ✓ | | | ✓ |
| 5,4 | 2:00 | 240 | 240 | ✓ | ✓ | ✓ | | |
| 2,4 | 1:30 | 80 | 80 | ✓ | ✓ | | | |
| 8 | 3:30 | 590 | 590 | ✓ | ✓ | | | ✓ |
| 9,9 | 4:00 | 520 | 520 | ✓ | ✓ | | | ✓ |

# INHALT UND TOURENÜBERSICHT

| km | h | hm | hm | | | | | |
|---|---|---|---|---|---|---|---|---|
| 10,6 | 4:00 | 500 | 750 | ✓ | ✓ | | | ✓ |
| 3,9 | 2:15 | 180 | 180 | ✓ | ✓ | ✓ | | |
| 10,3 | 4:00 | 210 | 270 | ✓ | ✓ | ✓ | | |
| 6,8 | 4:00 | 420 | 420 | ✓ | ✓ | | | ✓ |
| 11,2 | 4:00 | 600 | 600 | ✓ | ✓ | | | ✓ |
| 5,5 | 1:45 | 200 | 200 | ✓ | ✓ | | | |
| 13 | 3:45 | 620 | 620 | ✓ | ✓ | ✓ | ✓ | ✓ |
| 18 | 4:30 | 350 | 350 | ✓ | ✓ | ✓ | ✓ | |
| 10,6 | 2:45 | 90 | 90 | ✓ | ✓ | ✓ | | |
| 10,9 | 2:45 | 200 | 250 | ✓ | ✓ | ✓ | | |
| 9,4 | 3:30 | 350 | 350 | ✓ | ✓ | ✓ | ✓ | |
| 14 | 5:00 | 430 | 820 | ✓ | ✓ | ✓ | ✓ | |
| 9,4 | 4:00 | 870 | 870 | ✓ | ✓ | | | ✓ |
| 3 | 2:45 | 340 | 340 | ✓ | | | | |
| 5 | 3:00 | 270 | 270 | ✓ | | | | ✓ |
| 11,7 | 4:00 | 220 | 220 | ✓ | ✓ | | | ✓ |
| 11 | 4:30 | 600 | 600 | ✓ | ✓ | | | ✓ |
| 10 | 4:30 | 430 | 430 | ✓ | ✓ | ✓ | ✓ | |
| 9,3 | 4:45 | 520 | 520 | ✓ | ✓ | ✓ | ✓ | |
| 12,6 | 5:15 | 680 | 790 | ✓ | ✓ | | | ✓ |
| 6,7 | 5:15 | 300 | 940 | ✓ | ✓ | | | |
| 11,4 | 4:00 | 250 | 250 | ✓ | ✓ | ✓ | | |
| 8 | 2:30 | 150 | 440 | ✓ | ✓ | ✓ | | |
| 6 | 3:15 | 600 | 600 | ✓ | | | | ✓ |
| 10 | 4:45 | 790 | 790 | ✓ | ✓ | ✓ | | ✓ |
| 14,8 | 6:30 | 990 | 990 | ✓ | ✓ | ✓ | | ✓ |
| 17,5 | 4:30 | 220 | 690 | ✓ | ✓ | ✓ | ✓ | |

# INHALT UND TOURENÜBERSICHT

| km | h | hm | hm | P | | | | |
|---|---|---|---|---|---|---|---|---|
| 10,2 | 4:45 | 630 | 630 | ✓ | ✓ | | | ✓ |
| 17,8 | 7:30 | 880 | 880 | ✓ | | | | ✓ |
| 20 | 6:00 | 700 | 700 | ✓ | ✓ | | | |
| 9,5 | 6:15 | 400 | 400 | ✓ | | | | |
| 7 | 3:30 | 650 | 650 | ✓ | | | | ✓ |
| 3,8 | 1:45 | 250 | 250 | ✓ | ✓ | ✓ | ✓ | ✓ |
| 10 | 5:30 | 550 | 550 | ✓ | ✓ | | | ✓ |
| 6 | 4:15 | 300 | 300 | ✓ | ✓ | | | ✓ |
| 4,8 | 3:00 | 60 | 60 | ✓ | ✓ | | | |
| 4,6 | 2:30 | 330 | 330 | ✓ | | | | ✓ |
| 3,7 | 2:00 | 280 | 280 | ✓ | | | | ✓ |
| 9,6 | 4:45 | 450 | 450 | ✓ | | | | ✓ |
| 12,6 | 3:45 | 30 | 30 | ✓ | ✓ | | | |
| 5,6 | 2:45 | 300 | 300 | ✓ | | | | ✓ |
| 9,8 | 4:00 | 350 | 350 | ✓ | | | | ✓ |
| 6,7 | 3:15 | 380 | 380 | ✓ | | | | ✓ |
| 16 | 4:45 | 50 | 50 | ✓ | ✓ | | ✓ | |
| 8,2 | 3:45 | 280 | 280 | ✓ | ✓ | | | ✓ |
| 5,4 | 1:45 | 30 | 30 | ✓ | ✓ | ✓ | | |
| 10,6 | 5:00 | 30 | 30 | ✓ | ✓ | | | |
| 5,2 | 3:00 | 200 | 200 | ✓ | | | | ✓ |
| 13,6 | 4:00 | 480 | 480 | ✓ | | ✓ | ✓ | ✓ |
| 10 | 3:30 | 30 | 30 | ✓ | | | | |
| 19,2 | 5:00 | 15 | 15 | ✓ | | ✓ | | |
| 14,7 | 3:15 | 10 | 10 | ✓ | ✓ | ✓ | | |
| 11,2 | 3:30 | 50 | 50 | ✓ | ✓ | | | |
| 6,5 | 2:30 | 210 | 210 | ✓ | ✓ | | | ✓ |

# GEBIETSÜBERSICHTSKARTE

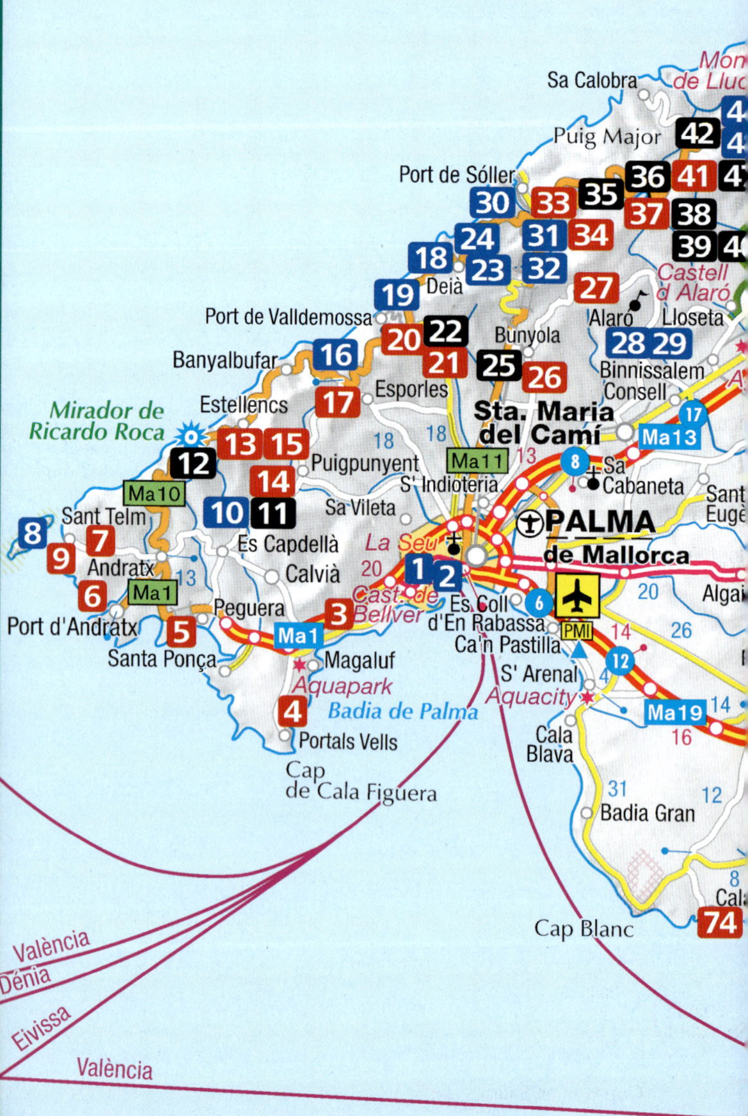

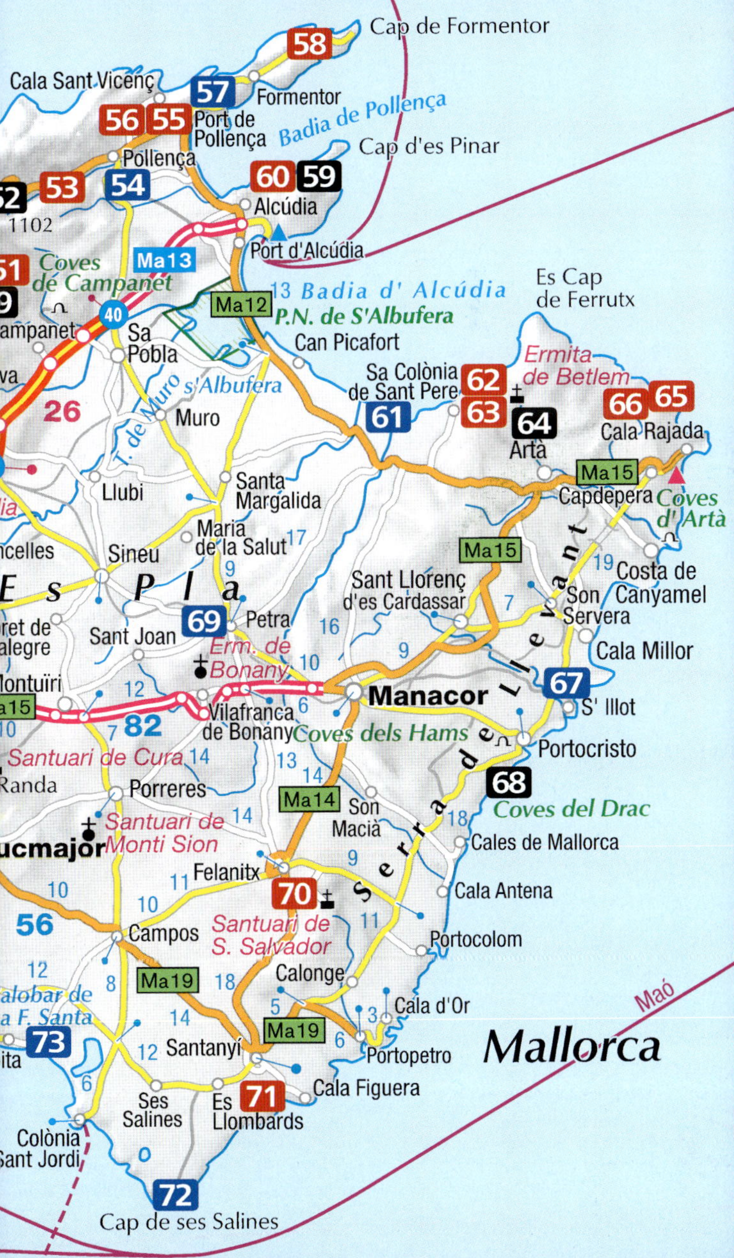

Cap de Formentor
Cala Sant Vicenç
Formentor
Port de Pollença
Badia de Pollença
Cap d'es Pinar
Pollença
Alcúdia
Port d'Alcúdia
Coves de Campanet
Badia d' Alcúdia
P.N. de S'Albufera
Es Cap de Ferrutx
Sa Pobla
Can Picafort
s'Albufera
Sa Colònia de Sant Pere
Ermita de Betlem
Muro
Artà
Cala Rajada
Capdepera
Coves d' Artà
Llubí
Santa Margalida
Maria de la Salut
Sineu
Es Pla
Sant Llorenç d'es Cardassar
Costa de Canyamel
Son Servera
Petra
Sant Joan
Erm. de Bonany
Cala Millor
Manacor
S' Illot
Vilafranca de Bonany
Coves dels Hams
Portocristo
Santuari de Cura
Randa
Porreres
Serra de Llevant
Coves del Drac
Santuari de Monti Sion
Son Macià
Cales de Mallorca
Felanitx
Cala Antena
Campos
Santuari de S. Salvador
Portocolom
Calonge
Cala d'Or
Santanyí
Portopetro
Mallorca
Maó
Ses Salines
Es Llombards
Cala Figuera
Colònia Sant Jordi
Cap de ses Salines

# DAS GEBIET

Europas beliebteste Urlaubsinsel zeigt eine enorme Natur- und Landschaftsvielfalt. Ob im „Hinterland“ der Hauptstadt Palma oder an der Costa Nord, der wilden Nordwestküste, zwischen den vielbesuchten Sandstränden des Ostens oder in den Gebirgsbereichen der Insel – überall erwarten Sie wunderbare Wander- und Tourenmöglichkeiten. Dabei genießen Sie ein mediterran geprägtes Klima, den allgegenwärtigen Duft würziger Macchie-Kräuter – und auch schöne Ausblicke zum Meer. Im Frühling faszinieren sechs bis sieben Millionen blühende Mandelbäume, bunte Wiesen und der betörende Duft von Orangenblüten; im Sommer und Herbst lassen sich Touren entlang der Küste mit einem Badestopp verbinden. Besonders zauberhafte Wandergebiete bilden die noch erhaltenen Steineichenwälder: Die immergrünen Bäume, die bis zu 700 Jahre alt werden, schaffen mit ihren zerzausten, von Flechten behangenen Ästen eine fast mystische Stimmung. Man könnte mit dem mallorquinischen Schriftsteller Miquel dels Sants Oliver (1864–1920) sagen, „dass sich die Natur angestrengt hat, hier eine Auswahl erlesener Stücke anzubieten, eine wahre Landschaftssammlung“. Viele Wege und Pfade auf Mallorca gehen auf die Zeiten der Araber zurück. Sie beherrschten die Insel zwischen dem 10. und dem 13. Jahrhundert. Diese Routen blieben bis ins 19. Jahrhundert die einzigen Verbindungen zwischen den Orten – „Lebensadern“ der Insel, an denen bis heute zahlreiche Relikte der bewegten Inselgeschichte und Zeugnisse eines harten Arbeitsalltags zu finden sind.

## Mallorca Informationen

- Spanisches Fremdenverkehrsamt in Deutschland
10707 Berlin, Kurfürstendamm 180, Tel. +49(0)30/8826543, www.spain.info

- Touist-Info auf Mallorca
www.illesbalears.es
www.conselldemallorca.net
www.infomallorca.net
www.fomentmallorca.org
O.I.T.-Büros in allen Tourismusorten, am Flughafen Son Sant Joan (Tel. +34/971/789556) und in Palma (Passeig del Born, 27, Tel. +34/902/10236500, www.palmademallorca.net

- Deutschsprachige Medien
www.mallorcamagazin.de
www.mallorcazeitung.com
www.inselradio.com

### DIE SERRA DE TRAMUNTANA

bietet spektakuläre Landschafteindrücke. Im Verlauf von etwa 300 Millionen Jahren entstand zwischen dem Südwesten Mallorcas, dem Ponent, und der Halbinsel Formentor im Norden ein fast 90 km langes und 20 km breites Gebirge. Sein „Baumaterial“ bilden Kalke und Mergel, die aus Meeresablagerungen hervorgingen. Diese wilde, an vielen Stellen bizarr verwitterte Fels- und Karstlandschaft erschien dem mallorquinischen Dichter Miquel Costa i Llobera „wie große Wellen, die die Erde, von unermesslichem Sehnen ergriffen, aufgetürmt hoch in den

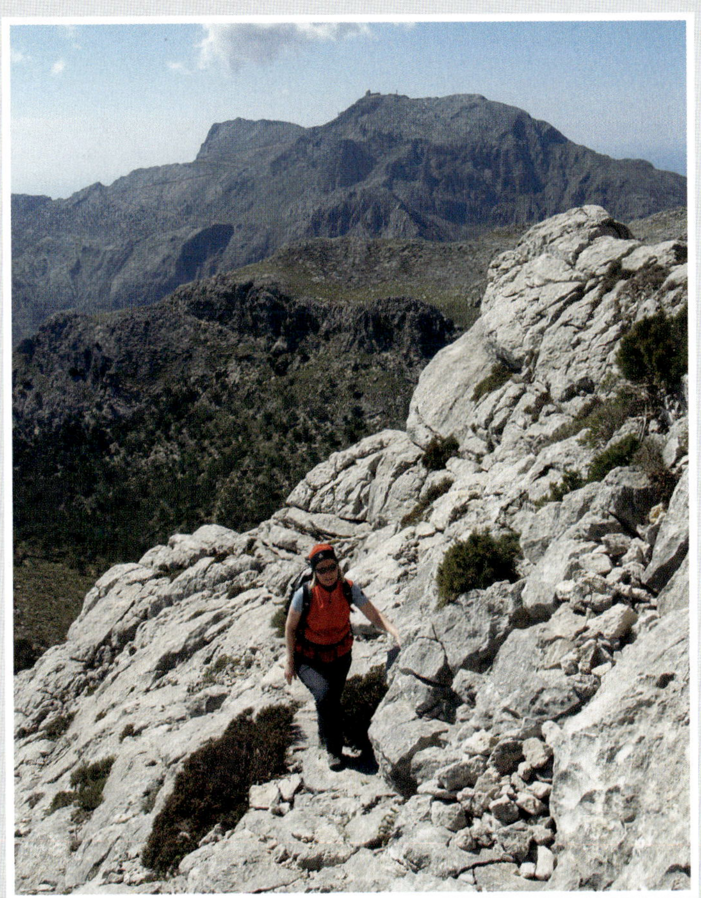

Der Puig Major, Mallorcas höchster Berg, gesehen von der Massanella

angrenzenden Raum." Obwohl die höchsten Gipfel nicht einmal 1500 m Seehöhe erreichen, erinnern sie durchaus an die (Vor-)Alpen oder die Abruzzen – kein Wunder also, dass die Menschen ihre Insel einst roqueta (kleiner Felsen) nannten. Mittendrin findet man Kiefern- und Steineichenwälder, Hochtäler mit uralten Landgütern und wilde, meist trockene Schluchten, die jedoch nach starken Regenfällen zu reißenden Wasserläufen anschwellen können. 60.000 ha der abseits der Orte nur sehr dünn besiedelten Serra de Tramuntana stehen als „Paratge Natural" unter Naturschutz; 2011 erklärte die UNESCO die vielfältige Kulturlandschaft des gesamten Gebirgszugs zum Welterbe.

## DAS GEBIET

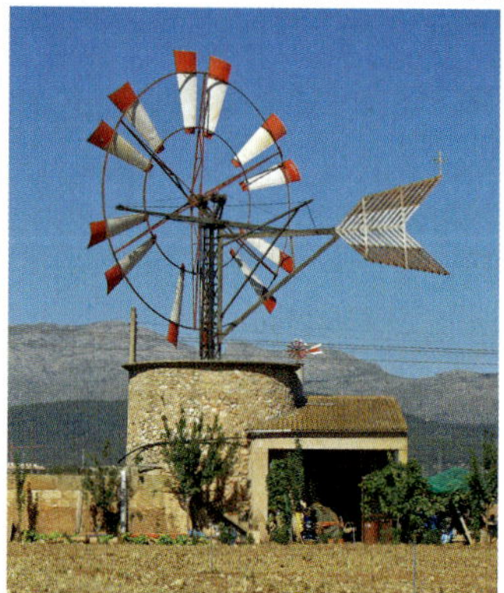

Typisch für die Ebene: Windmühle

Gute Ausgangsorte für Wanderrouten sind die Tourismusorte Peguera, Port d'Andratx und Sant Elm im Südwesten, das vielbesuchte Bergdorf Valldemossa, das „Goldene Tal“ von Sóller und Port de Sóller, die Wallfahrtskirche Lluc und das nordmallorquinische Städtchen Pollença bzw. sein Hafen Port de Pollença.

### ZWISCHEN PALMA UND ALCÚDIA

findet man ebenfalls sehr lohnende Wanderziele. Es Raiguer heißt dieser Randbereich der Serra de Tramuntana rund um Santa Maria del Camí, Alaró, Lloseta, Inca, Selva und Campanet. Schon die Römer nutzten die starken Quellen, die dort am Fuße der Berge aus dem Boden sprudeln. Das größte Feuchtbiotop (und Vogelparadies) der Insel, der Parc Natural de s'Albufera, liegt zwischen den Strandorten Port d'Acúdia und Can Picafort, nicht weit entfernt von der gebirgigen Halbinsel La Victòria und der unberührten Küste von Son Real.

### PLA, LLEVANT, MIGJORN

Es Pla, die 600 km² große und von einigen kleinen Bergkuppen überragte Ebene in der Mitte Mallorcas, ist noch stark von der Landwirtschaft geprägt; sie wurde vom Tourismus noch kaum „entdeckt“. Östlich davon erheben sich die Serres de Llevant – einzelne Hügelgrupppen, die nur zwischen 200 und 500 m Seehöhe erreichen. Im Norden der Orte Artà und Capdepera, wo sie fast alpine Wildheit zeigen, richtete die Inselregierung den Parc Natural de la Península de Llevant ein. Unverbaute Gebiete haben sich auch im Bereich

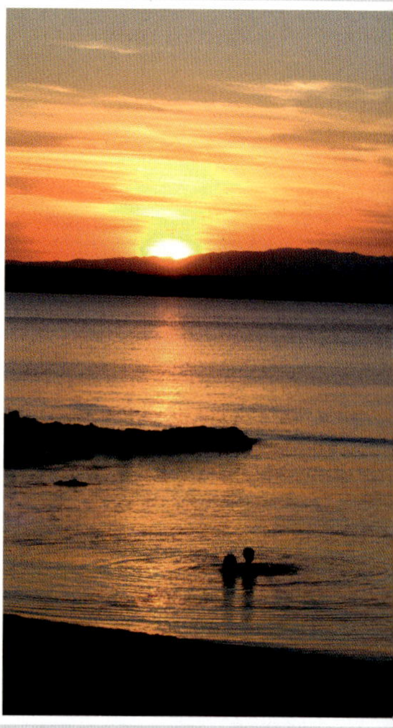

Abend an der Bucht von Alcúdia –

der Ostküste und im Migjorn, dem Süden der Insel, erhalten. Selbst in der Nähe von Tourismuszentren wie Cala Rajada, Porto Cristo, Cala Millor, Cales de Mallorca, Portocolom und Cala d'Or findet man Wege zu kleinen Sandstränden, von denen sich viele in fjordartigen Felstälern verbergen. Am Auslauf von Schwemmebenen bildeten sich dagegen lange Sandstrände, etwa bei Colònia da Sant Jordi oder östlich von Palma. Die Salinen des Salobrar de Campos bei Colònia de Sant Jordi haben schon die Phönizier genutzt; derzeit gewinnt man dort 8000 Tonnen Tafelsalz pro Jahr. Der Salobrar lockt an die 170 Vogelarten an; man kann hier Schwärme von Flamingos, Stelzenläufer oder Seidenreiher beobachten.

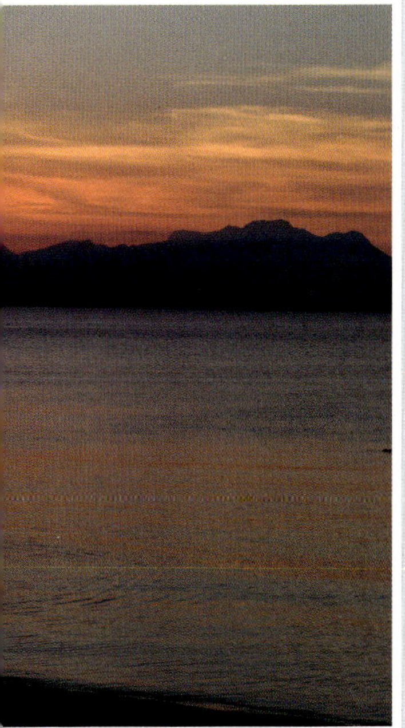
am Horizont die Tramuntana

## Ziegen & Mönchsgeier

Mehr als 20.000 verwilderte Hausziegen meckern auf der Insel. Sie sind nett anzusehen, fressen aber die Vegetation kahl und verhindern die Waldverjüngung. Und sie vermischen sich mit den Wildziegen (cabras finis), die seit jeher auf der Insel leben. Von diesen gibt es noch etwa 1000 Exemplare. Mit einer Schulterhöhe von ca. 70 cm sind sie etwas kleiner als die verwilderten Tiere; man erkennt sie am rötlichbraunen Fell mit dem schwarzen Streifen über Bauch und Rücken sowie an ihren bernsteinfarbenen Augen.

In der zentralen und nördlichen Serra de Tramuntana haben Sie gute Chancen, Mönchsgeier zu beobachten. Mit Flügelspannweiten bis zu 2,9 m zählt der Voltor negre (Aegypius monachus) zu den größten Vögeln Europas. Um den Hals trägt er eine dunkle Federkrause, die tatsächlich an eine Mönchskutte erinnert. Die Tiere ernähren sich vor allem vom Aas großer und mittlerer Säugetiere. Mit ihrem kräftigen Schnabel zerkleinern sie mühelos Sehnen und kleine Knochen. Mallorca ist die letzte Insel weltweit, auf der Mönchsgeier überlebt haben. Zu Beginn der 1980er-Jahre waren sie auch hier vom Aussterben bedroht. Dank der Stiftung zum Schutz des Mönchsgeiers (BVCF) ist ihre Anzahl wieder auf etwa 120 Tiere gestiegen. Sie brüten zwischen Februar und August auf Kiefern im felsigen Küstengebiet zwischen Sóller und Pollença.

# ALLGEMEINE TOURENHINWEISE

## SCHWIERIGKEITSGRADE

### ■ LEICHT

Spaziergänge oder einfache Wanderungen auf breiten Wegen und gut begehbaren Pfaden. Es gibt dabei keine besonderen Gefahrenstellen – kräftige Steigungen, steinige oder rutschige Abschnitte sind jedoch möglich. Beschilderungen bestehen nicht überall; Orientierungsprobleme können vor allem an Weggabelungen oder im hohen Dissgras auftreten.

### ■ MITTEL

Diese Touren führen schon in unwegsamere und abgelegene Küsten-, Wald- oder Berggebiete. Einzelne Stellen und Passagen können felsig und abschüssig sein – diese erfordern Trittsicherheit, Schwindelfreiheit und Wandererfahrung. Manche dieser Strecken verlangen guten Orientierungssinn.

### ■ SCHWER

„Schwarze“ Routen sind anspruchsvoll und meist auch lang. Sie erfordern sehr gutes Orientierungsvermögen. Rechnen Sie mit schmalen, steilen oder abschüssigen Routenabschnitten, aber auch mit scharfkantigem Gestein, Felswänden oder glattgeschliffenem Gestein in Schluchten. Diese Bereiche setzen absolute Trittsicherheit, Schwindelfreiheit und Klettergewandtheit voraus. In entlegenen Gebieten ist keine rasche Hilfe von außen möglich!

## DIE ANGEGEBENEN GEHZEITEN

sind nur unverbindliche Richtwerte (ohne Pausen, Fotostopps usw.). Sie hängen auch von der aktuellen Wetterlage, den Temperaturverhältnissen, der persönlichen Kondition und der wechselnden Tagesverfassung ab. Planen Sie auf jeden Fall genügend Zeitreserven ein!

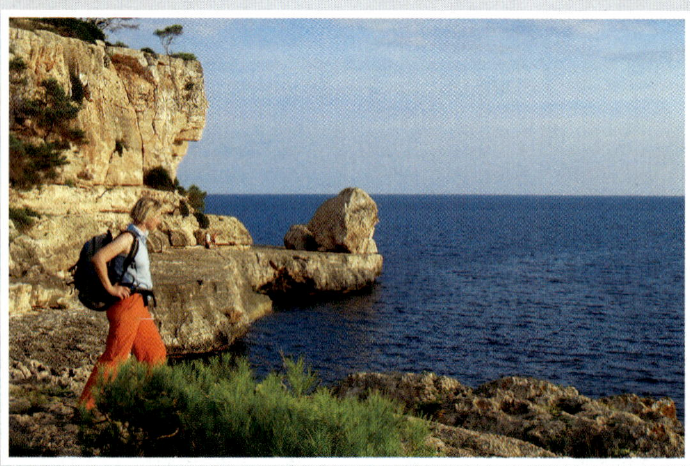

Kleine Strände, senkrechte Klippen: unterwegs an der Ostküste

## AUSRÜSTUNG

Mallorcas Küsten- und Bergregionen bestehen aus verwittertem Kalkgestein. Daher benötigt man feste, über die Knöchel reichende Wanderschuhe mit Profilgummisohle – Turnschuhe eignen sich nur für Spaziergänge auf breiten Wegen und einfache Strandwanderungen. Je nach der Jahreszeit empfehlen sich rasch trocknende Funktionskleidung, ein warmer Pullover sowie eine wind- und wasserfeste Regenjacke.

Die meisten Wanderziele sollte man nur in langen Hosen ansteuern – zwischen scharfem Dissgras und Stechginster holt man sich in Shorts blutige Beine. Vergessen Sie nicht auf Sonnencreme und Sonnenbrille, Hut bzw. Kappe sowie auf Reservekleidung. Weiters gehören eine kleine Tourenapotheke mit Rettungs-Aludecke, eine Trillerpfeife für den Notfall in den Rucksack. Handys haben in abgelegenen Gebieten und Schluchten keinen Empfang. Die Zusammenstellung der Tourenverpflegung bleibt dem persönlichen Geschmack überlassen. Ganz wichtig ist jedoch die Mitnahme von genug Wasser – mindestens 1,5 l pro Person!

## ORIENTIERUNG, MARKIERUNG

Auf Mallorca sind nur wenige Wanderwege mit Wegweisern und Richtungspfosten beschildert – vor allem rund um Sóller und in Naturparks. Alle anderen Routen sind meist nur mit Steinmännchen – (sehr) kleinen Steinpyramiden – oder einzelnen Farbzeichen gekennzeichnet. So ist man dort auf das eigene Weggespür angewiesen – und auf eine gute Wanderkarte, die man schon vor der Tour genau studieren sollte.

## GEFÜHRTE TOUREN

Jaume Tort & Aina Escrivá, Sant Bartomeu, 90 D, 07330- Consell, Illes Balears, Spanien Tel. +34/971/622395, jaume.tort@gmail.com

## MEINE LIEBLINGSTOUR

Es sind zumindest drei Routen, die ich Ihnen unbedingt ans Herz legen möchte: den berühmten „Reitweg des Erzherzogs“ hoch über Valldemossa und Deià (Tour 20, Seite 90), die Schluchtwanderung in den Barranc de Biniaraix (Tour 34, Seite 134) und den Rundweg durch die Steineichenwälder um die Wallfahrtskirche Lluc (Tour 43, Seite 162). Diese Route ist trotz der Nähe zu einem vielbesuchten Ausflugsziel nicht überlaufen und auch nicht besonders spektakulär, aber sie führt Sie durch eine märchenhafte Berglandschaft – Lichtjahre von so manchem Klischeebild Mallorcas entfernt.

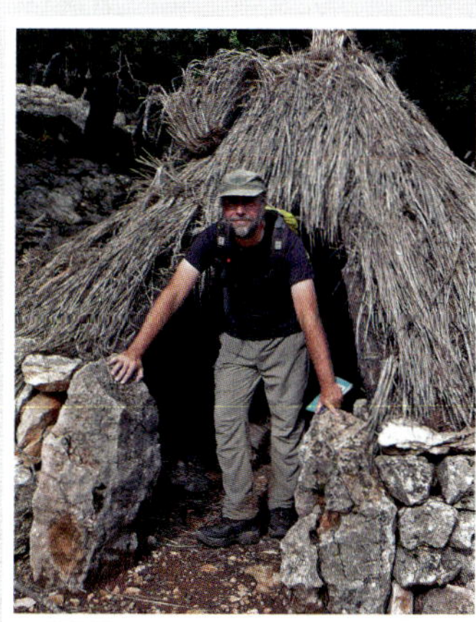

Köhlerhütte im Bergland von Lluc

# ALLGEMEINE TOURENHINWEISE

## PRIVATES LAND, GESPERRTE WEGE

Die meisten Wege führen auf Mallorca über private Grundstücke. Einige Routen wurden leider für Wanderer gesperrt oder sind nur an einem bestimmten Wochentag begehbar; an einer Strecke wird eine Wegemaut eingehoben. Frei begehbar sind dagegen von der Inselregierung oder Gemeinden verwaltete öffentliche Gebiete (finques publiques) sowie der unverbaute Küstenbereich.

### Telefon, Notfallnummern

Vorwahl für Spanien +34
Vorwahl für Mallorca 971 (bei Ortsgesprächen mitwählen)
Europäischer Notruf Tel. 112
Bergrettung/Feuerwehr Tel. 085
Ambulanz Tel. 061
Guardia Civil (Unfälle) Tel. 062

## KLIMA UND WETTER

Die durchschnittlichen Tagestemperaturen in Palma: Januar 14°C, Februar 15°C, März 17°C, April 19°C, Mai 23°C, Juni 27°C, Juli 29°C, August 30°C, September 27°C, Oktober 23°C, November 18°C, Dezember 15°C.

Zwischen der Küste, der Ebene und dem Gebirge ist das Wetter oft sehr unterschiedlich. Mit dem meisten Regen muss man zwischen Oktober und März rechnen – dann sind auch plötzliche Wetterumschwünge, Stürme und Unwetter keine Seltenheit. Die größten Regenmengen – bis zu 1500 l/m², also weitaus mehr als in den Alpen – verzeichnet die Serra de Tramuntana. Das Gebirge hält Niederschläge von den flacheren Bereichen fern, sodass der Süden nur mehr 350 l/m² abbekommt. Im Winter liegt auf den höchsten Gipfeln Schnee.

## WICHTIGE WANDERREGELN

- Lassen Sie Tore und Viehgatter stets so zurück, wie sie vorgefunden werden. Wo geschlossene Gatter offen blieben, mussten schon ganze Tierherden wieder zusammengetrieben werden; wo offene Pforten geschlossen wurden, waren die Tiere plötzlich von Wasserstellen abgeschnitten.
- Rauchen Sie unterwegs nicht und zünden Sie kein Feuer an – immer wieder zerstören Waldbrände große Flächen.
- Lärmen Sie nicht und lassen Sie keinen Müll zurück.
- Zelten ist (abgesehen vom einzigen Zeltplatz der Insel in Lluc) überall verboten bzw. nur mit Genehmigung des Grundbesitzers erlaubt.

## DIE BESTE WANDERZEIT

ist der Frühling, also die Zeit zwischen Februar und Mai, wenn sich die Insel im grünen Kleid und voller Blüten zeigt. Im Hochsommer steigen die Tagestemperaturen bis 40°C an – dann bleibt man am besten im Küstenbereich, wo meist Embat, eine frische Brise, etwas Kühlung bringt. Die angenehmen Lufttemperaturen im Herbst laden wieder zu ausgedehnteren Touren ein; außerdem versprechen die Wassertemperaturen noch Badevergnügen. Im Winter gibt sich das Wetter oft sehr launisch, doch selbst dann erwischt man immer wieder Tage mit angenehmen Wetterverhältnissen – und zauberhaften Lichtstimmungen.

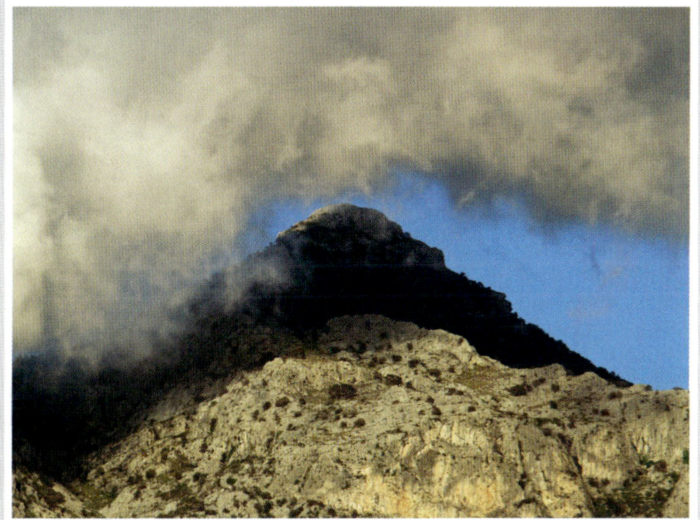

Faszinierend, aber gefährlich: Wolkenwatte über dem Puig de l'Ofre

**UNTERWEGS MIT DEM MIETAUTO**

Für schmale Bergstraßen und die Verkehrsdichte in Palma empfehlen sich kleine, wendige Mietwagen. Vergleichen Sie die Gesamtkosten verschiedener Angebote: Wird der Wagen im Schadensfall abgeschleppt, ist Abholung/Abgabe am Flughafen möglich? Alle Fahrer im Vertrag eintragen lassen. Empfehlenswert ist der Abschluss einer Vollkaskoversicherung ohne Selbstbeteiligung.

- Höchstgeschwindigkeit für Pkw: Ortsgebiet 50/40 km/h, Landstraße 90 km/h, Schnellstraße 100 km/h, Autobahn 120 km/h
- Alkohol-Grenzwert: 0,5 Promille
- Parken Sie nie ohne Erlaubnis auf Privatgelände und verstellen Sie keine Ausfahrten.
- Lassen Sie nichts im Fahrzeug liegen. Immer wieder werden Fahrzeuge aufgebrochen.
- Mallorcas Straßen tragen Nummern mit der vorangestellten Bezeichnung Ma. Die Entfernungen kann man an Kilometersteinen oder kleineren Blechschildern ablesen.

## Karten & Führer

**KOMPASS Nr. 2230 Mallorca**
Maßstab 1:35 000
4 Karten im Set – ideal für Wanderungen und Radtouren

**KOMPASS Nr. 230 Mallorca**
Maßstab 1:75 000
Mit Begleitbroschüre

**KOMPASS Nr. 6900 Fahrradführer Mallorca**
Mit Routenkarten im Maßstab 1:70 000

Bestellung: www.kompass.de

# ALLGEMEINE TOURENHINWEISE

## UNTERWEGS MIT DER BAHN

An der Estació Intermodal, dem zentralen (unterirdischen) Bahnhof von Palma an der Plaça d'Espanya, starten die Züge Richtung Inca/Sa Pobla/ Manacor sowie die Metro-Linien zur Universitàt bzw. nach Marratxí.
Info: Tel. 971/177777, Fahrpläne: www.tib.org/portal/de/web/ctm/tren

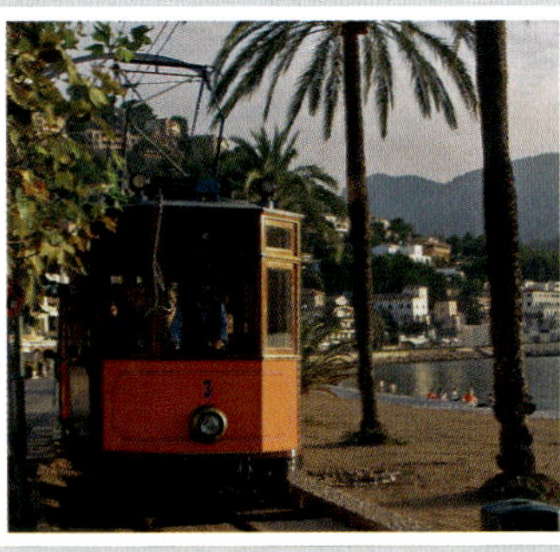

Die Trambahn in Port de Sóller

## TREN DE SÓLLER

Der Bahnhof der Schmalspurbahn nach Sóller („Roter Blitz") befindet sich neben der Estació Intermodal an der Plaça d'Espanya.
Info: www.trendesoller.com/de

**Fahrplan**
Sommersaison (März – Oktober); im Winterhalbjahr weniger Verbindungen

| Ab Palma | Ab Sóller |
|---|---|
| 08:00 | 09:10 |
| 10:10 | 10:50 |
| 10:50 | 12:15 |
| 12:15 | 14:00 |
| 13:30 | 18:30 |
| 15:10 | 19:30 |

## BUSLINIEN

verbinden Palma (die meisten Busse starten im Untergeschoss des Bahnhofs an der Plaça d'Espanya) mit den größeren Orten; dazwischen bestehen ebenfalls gute Verbindungen. Achtung: Sind alle Sitzplätze besetzt, nehmen Busse keine Fahrgäste mehr mit.

Info: Tel. 971/177777, aktuelle Fahrpläne unter www.tib.org/portal/de/web/ctm/autobus

**Fahrpläne der wichtigsten Buslinien in der Serra de Tramuntana**
Sommersaison (April – Oktober); im Winterhalbjahr weniger Verbindungen

**Linie 102 Palma – Port d'Andratx**
Ab Palma täglich 6:00 – 10:30, 11:15 – 13:45, 14:20 – 19:50 und 20:30 – 22.30 jeweils alle 30 Min.
Ab Port d'Andratx täglich 6:25, 7:10, 7:40, 8:10, 8:40, 8:55, dann 9:20 – 11:50, 12:35 – 15:05 und 15:40 – 23:40 jeweils alle 30 Min.

**Linie 100 Port d'Andratx – Sant Elm**
Ab Port d'Andratx täglich 7:20, 8:20, 9:30, 10:30, 11:30, 14:50, 15:55, 16:50, 18:50
Ab Sant Elm täglich 7:45, 9:00, 10:00, 11:00, 12:15, 15:20, 16.20, 17.55, 19.15

**Linie 104 Palma – Peguera**
Ab Palma täglich 6:00, 6:30, 6:50, 7:30, 8:00, 8:30, 8:50, 9:15, 9:45, 10:15, 10:45, 11:15, 11:45, 12:15, 12:45, 13:15, 13:45, 14:15, 14:45, 15:15, 15:45, 16:15, 16:45, 17:15, 17:45, 18:15, 18:45, 19:15, 19:40, 20:00, 20:30, 20.45, 21:15, 21:45
Ab Peguera täglich 6:50, 7:30 – 20:00 alle 30 Min., 20:15, 21:00, 21:30, 22:15, 23:15

**Linie 200 Palma – Esporles – Estellencs**
Ab Palma Mo – Fr 7:00, 8:30, 9:30, 14:00, 15:15, 17:00, 18:30; Sa/So/Fei 8:00, 10:45, 14:45, 18:30
Ab Estellencs Mo – Fr 6:55, 8:25, 9:35, 10:55, 15:20, 17:00, 18:30, 19:45; Sa/So/Fei 9:15, 12:00, 17:00, 19:45

**Linie 210 Palma – Valldemossa – Port de Sóller**
Ab Palma Mo – Fr 7:30, 9:30, 11:30, 13:30, 15:30, 20:15; Sa 7:30, 9:30, 12:30, 15:30, 17:45, 19:00; So/Fei 8:00, 10:30, 13:30, 16:30, 18:30
Ab Port de Sóller Mo – Fr 7:30, 10:00, 11:30, 14:00, 15:30, 17:30, 20:00; Sa 7:45, 10:00, 12:00, 14:00, 16:00, 19:00; So/Fei 8:00, 10:00, 14:30, 18:30

**Linie 211 Palma – Bunyola – Sóller – Port de Sóller**
Ab Palma Mo – Fr 7:00, 8:00, 9:00, 10:15, 10:45, 12:00, 13:00, 14:00, 15:30, 16:00, 16:45, 17:15, 18:15, 19:15, 20:15; Sa 8:00 – 15:00 jede Stunde, 16:15, 16:45, 18:15; So/Fei 9:00, 12:00, 13:00, 16:15, 17:00
Ab Port de Sóller Mo – Fr 7:00, 8:00, 9:15, 9:45, 11:15, 12:00, 13:00, 15:15, 15:45, 17:00, 17:30, 18:30, 19:15, 21:00; Sa 9:00, 10:00, 11:15, 15:45, 17:00, 17:30, 18:30, 19:30; So/Fei 10:00, 13:00, 14:00, 16:00, 17:30, 18:30

**Linie 330 Palma – Lluc**
Ab Palma Mo – Fr 10:00, 16:15; Sa 10:00, 16:15; So 10:00, 13:10 (umsteigen in Inca)
Ab Lluc täglich 11:45, 17:45

**Linie 353 Can Picafort – Port de Pollença – Hotel Formentor**
Ab Can Picafort täglich 8:45, 10:15, 14:00, 15.15, umsteigen jeweils in Alcúdia
Ab Hotel Formentor täglich 10.45, 12:00, 15:45, 17:30, umsteigen in Alcúdia bzw. Port de Pollença

**Linie 354 Can Picafort – Lluc – Port de Sóller**
Ab Can Picafort Mo – Sa 9:00, 15:00
An Port de Sóller Mo – Sa 9:00, 15:00
Nur April – Oktober, nicht am So

**Linie 355 Can Picafort – Lluc – Sa Calobra**
Ab Can Picafort Mo – Sa 9:00
Ab Sa Calobra Mo – Sa 15:00
Nur April – Oktober, nicht am So

**TAXI**

In Palma nach Taxameter, außerhalb der Hauptstadt gelten festgesetzte Preise (eine Liste ist an den Standplätzen ausgehängt). Aufpreise für Fahrten zum/vom Flughafen, in der Nacht oder für große Gepäckstücke.

Alaró Tel. 670/730123
Alcúdia Tel. 971/545975, 971/549870
Algaida Tel. 971/665225
Andratx Tel. 971/136398
S'Arenal Tel. 971/440212
Artá Tel. 971/836202
Cala Millor 971/586969
Cala Rajada Tel. 971/819090
Cales de Mallorca 971/822492
Calvià Tel. 971/134700
Deià Tel. 609/386168, 619/096275
Inca Tel. 971/881020
Lluc Tel. 608/631707, 639/287055
Llucmajor Tel. 971/440212
Manacor Tel. 971/551888
Palma Tel. 971/401414, 971/764545
Palma Flughafen Tel. 971401010, 678/536141
Peguera Tel. 971/680970
Palmanova Tel. 971/680551
Pollença Tel. 649/919332
Port de Pollença Tel. 971/866213
Porto Cristo Tel. 971/820983
Port de Sóller Tel. 971/631384
Sóller Tel. 971/638484
Santanyi Tel. 971/655120
Valldemossa Tel. 606/367375, 696/409454

## DIE SPRACHE

Auf Mallorca gelten zwei Amtssprachen: Català (Katalanisch) und Castellano (Kastilisch – „Spanisch“). Das Katalanische ist eine eigenständige romanische Sprache. Nach dem spanischen Bürgerkrieg setzte General Franco das Kastilische rigoros als einzige Landessprache Spaniens durch und ließ den Gebrauch des Catalá verfolgen. Erst nach 1975, im Zuge der Demokratisierung nach Francos Tod, wurde das Katalanische wieder zur ersten Landessprache in Katalonien und auf den Balearen.

Es gibt allerdings Unterschiede zwischen der katalanischen Schriftsprache und Mallorquí, dem auf Mallorca gesprochenen Dialekt des Katalanischen. In den amtlichen Medien Mallorcas, aber auch auf offiziellen Schildern und in Landkarten findet man mittlerweile fast ausschließlich katalanische Bezeichnungen und Ortsnamen.

Die Artikel gelten als integrale Bestandteile katalanischer Orts- und Flurnamen. Auf den Balearen verwendet man meist die umgangssprachlichen Artikel es, sa (= der, die), die vor Vokalen und h zu s’ verkürzt werden (z. B. s’Albufera). Im Plural lautet der weibliche Artikel ses und der männliche els (vor Konsonanten es, vor Vokalen und h ets). Auch „literarische“ Artikel aus dem Standardkatalanischen kommen vor (el, la, l’, les).

Die Artikel werden im Katalanischen – auch in Karten – klein geschrieben. In deutschen Texten beginnen sie hingegen mit Großbuchstaben.

| | |
|---|---|
| a baix | unten |
| ajuda, auxili! | Hilfe! |
| a la dreta | rechts |
| a l'esquerra | links |
| aigua | Wasser |
| aljub | überdecktes Wasserbecken |
| aparcament | Parkplatz |
| avenc | Felsschlund |
| avinguda | Allee |
| badia | weite Bucht |
| barraca | Steinhütte |
| barranc | Schlucht |
| bosc | Wald |
| cala | Bucht |
| caló | kleine Bucht |
| camí | Weg |
| camí particular | Privatweg |
| camp | Feld |
| can (ca en) | Haus von |
| canaleta | Wasserleitung |
| cap | Kap, Kopf |
| cap a on? | wohin? |
| capella | Kapelle |
| carena | Kamm, Grat |
| carrer (Abk. C/.) | Straße |
| carretera | Landstraße |
| casa | Haus |
| castell | Burg |
| cingle | Felswand |
| clot | Grube |
| coll | Sattel, Pass |
| coma | Talsohle |
| costa | Küste |
| cova | Höhle |
| creu | Kreuz |
| dalt | oben |
| embassament | Stausee |
| entrada | Eingang |
| estació | Bahnhof |
| estret | Engpass |
| ermita | Einsiedelei |
| estació | Bahnstation |
| far | Leuchtturm |
| facil | leicht |
| finca | Landgut |

| | |
|---|---|
| font | Quelle |
| gorg | Klamm |
| illa | Insel |
| llevant | Osten |
| mapa | Landkarte |
| mar | Meer |
| mirador | Aussichtspunkt |
| mola | Tafelberg |
| molí | Mühle |
| mont (munt) | Berg |
| morro | Felskopf |
| muntanya | Gebirge |
| nord | Norden |
| oest | Westen |
| paret | Wand |
| paret | Mauer |
| pas | Schlüsselstelle |
| passeig | Spazierweg |
| penós | schwierig |
| penya | hoher Fels |
| penyal | Klippe |
| pla | Ebene |
| platja | Strand |
| poble | Dorf |
| pont | Brücke |
| port | Hafen |
| pou | Brunnen |
| prohibit passar | Durchgang verboten |
| puig | Gipfel |
| pujol | Anhöhe |
| punta | Landspitze |
| refugi | Schutzhütte |
| roca | Fels |
| rotlo de sitja | Köhlerplatz |
| rosseguera | Geröllfeld |
| salt | Wasserfall |
| santntuari | Heiligtum |
| enda | Pfad |
| serra | Bergkette |
| sitja | Kohlenmeiler |
| Sud | Süden |
| talaia | Wachturm |
| tanca | Gehegemauer |
| tancar | schließen |
| tancat | geschlossen |
| torre | Turm |
| torrent | Wildbach |
| vall | Tal |

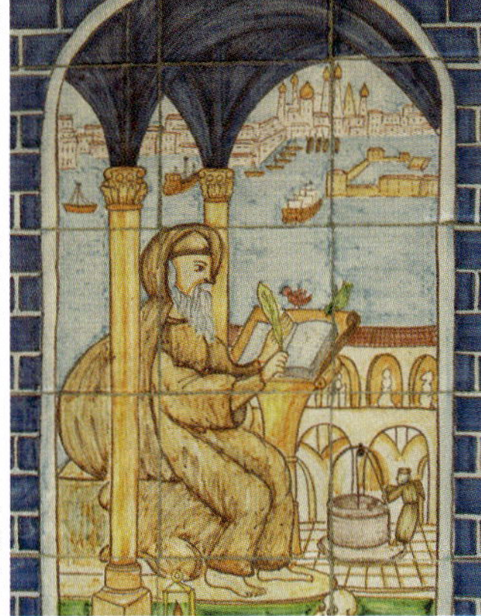

Der Philospoph Ramon Llull schrieb schon im 13. Jahrhundert auf Català.

## Hinweise zur Aussprache

aig = atsch (z. B. maig = Mai)
c vor e und i = s (Barcelona)
c vor a = k (casa = Haus)
eig = etsch (passeig = Spazierweg)
g vor e und i = sch (Búger)
h = stumm (hora = Stunde)
j vor a, o und u = sch (jardí = Garten)
ll = lj (Mallorca, Lluc, Sóller)
l.l = l (col.lectió = Sammlung)
oig = otsch (roig = rot)
que/qui = ke/ki (perqué = weil)
ss/c oder ç vor Vokalen = ß (Pollença)
tge = dsche (metge = Arzt)
tja = dscha (platja = Strand)
tx = tsch (Andratx)
uig = utsch (puig = Gipfel)
v = b (València)
x = sch (xocolata = Schokolade)
Treffen zwei s- oder sch-Laute aufeinander, wird der erste als t gesprochen.

# DER FERNWANDERWEG DURCHS GEBIRGE |GR-221|

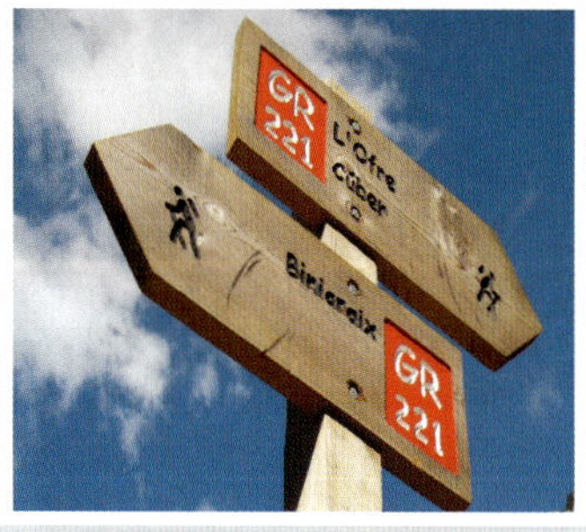


Einmal quer durch die Serra de Tramuntana wandern? Dieser Traum lässt sich auf dem ca. 130 km langen Fernwanderweg GR-221 verwirklichen. Romantischer als die offizielle Bezeichnung „Gran Recorrido" klingt sein Beiname Ruta de Pedra en Sec („Route der Trockensteinmauern"). Tatsächlich wandert man auf diesen Weg an unzähligen Steinbegrenzungen vorbei. In Ausbildungskursen der Escola de Margers („Mauerbauerschule") wurden ganze Wegabschnitte renoviert – ebenso wie einige historische Gebäude, die nun als refugis (Wander-Herbergen) zur Verfügung stehen (Näheres auf den Seiten 268/269). Der GR-221 führt von Port d'Andratx über Sant Elm, den Coll de sa Gramola, Estellencs, Esporles, Valldemossa, Deià, Sóller, den Cúber-Stausee und Lluc bis Pollença. Den höchsten Punkt erreicht man am Coll des Prat auf 1206 m. Die schwierigsten Routenabschnitte an der Mola de s'Esclop bzw. am Caragolí zwischen Valldemossa und Deià erfordern Trittsicherheit und Schwindelfreiheit; die übrigen Etappen sind leicht oder mittelschwer. Die Strecke zwischen Deià und Pollença ist beschildert und mit Richtungspfosten ausgestattet. Der erste Abschnitt blieb jedoch ein „Wanderweg-Flickwerk" – Wegweiser gibt es dort nur an kurzen Teilstrecken. Ähnlich verhält es sich übrigens mit Mallorcas zweitem Fernweg-Projekt: Der GR-222 von Lluc über Inca und die Inselebene nach Artà ist dzt. nur auf einigen Abschnitten beschildert.

**Unter den Touren, die in diesem Buch vorgestellt werden, finden Sie alle Wegabschnitte des GR-221:**

**Etappe 1: Port d'Andratx – Sant Elm**
> Tour 6, Seite 46

**Etappe 2: Sant Elm – Ma-10**
> Tour 9, Seite 54

**Etappe 3: Ma-10 – Estellencs**
> Tour 12, Seite 63

**Etappe 4: Estellencs – Esporles**
> Tour 15, Seite 72

**Etappe 5: Esporles – Valldemossa**
> Tour 17, Seite 80

**Etappe 6: Valldemossa – Deià**
> Tour 22, Seite 96

**Etappe 7: Deià – Port de Sóller**
> Tour 24, Seite 102
> Tour 31, Seite 124

**Etappe 8: Port de Sóller – Cúber**
> Tour 30, Seite 120
> Tour 34, Seite 134

**Etappe 9: Cúber – Refugi des Tossals Verds**
> Tour 39, Seite 149

**Etappe 10: Tossals Verds – Lluc**
> Tour 41, Seite 154

**Etappe 11: Lluc – Pollença**
> Tour 48, Seite 176

**Zugangsvariante von S'Arracó**
> Tour 7, Seite 51

**Zugangsvariante von Es Capdellà**
> Tour 10, Seite 58
> Tour 11, Seite 60

**Zugangsvariante von Alaró**
> Tour 29, Seite 118

## „Steinreiches“ Mallorca

Sie sind das erste, was Wanderern auf Mallorca auffällt: Mauern, bis zu 1,5 m hoch, kunstvoll ohne Mörtel oder Zement aus kantigen Steinen zusammengefügt. Das Netz dieser tanques erreicht auf der Insel eine Gesamtlänge von ca. 25.000 km. Die ebenfalls in Trockensteintechnik erbauten marjades (Terrassen) verhindern die Erosion der Berghänge und ermöglichen ihre Bewirtschaftung – verbunden mit fonts (Brunnen) und aljubs (Wasserbecken) und barraques (Hütten) in vielfältigen Formen. In den Wäldern fallen unzählige runde, mit Steinen abgegrenzte Plätze auf – auf diesen Plattformen glosten sitjas (Holzkohlenmeiler).

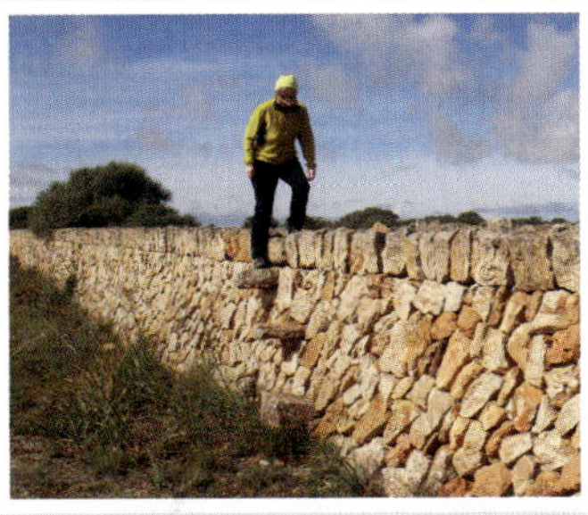

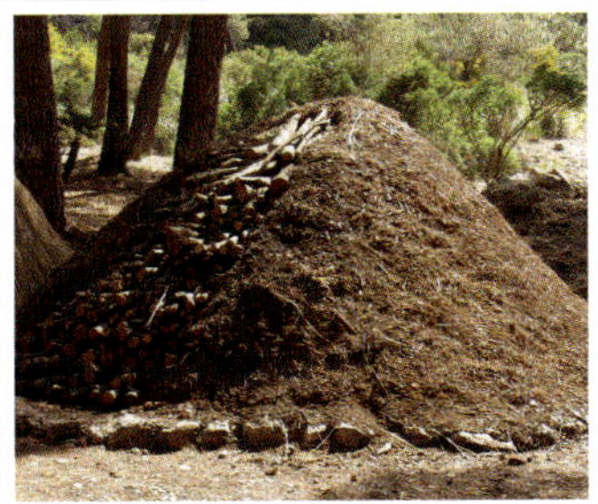

### UNTERWEGS AUF DEM GR-221

Für ein erstes Kennenlernen des Fernwanderweges empfiehlt sich eine zwei- bis dreitägige „Schnuppertour“ von Deià zum Cùber-Stausee (Touren 23, 29 und 34). Wer nicht gern in Hütten nächtigt und einen leichten Rucksack schätzt, bucht ein Hotel in Port de Sóller und fährt jeweils per Bus (oder Taxi) zum Ausgangspunkt bzw. wieder zurück.

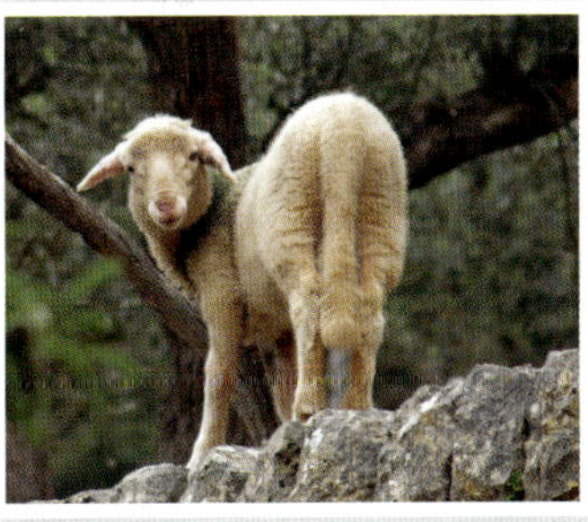

Schwieriger wird die Planung der Gesamtbegehung. Da eine kurzfristige Buchung von Zimmern nur für eine Nacht kaum möglich ist, empfiehlt sich ein Hotel in Palma als zentraler Ausgangspunkt für die ersten Etappen. Man fährt per Bus zu den einzelnen Startpunkten und kehrt abends von den Tageszielen wieder zurück (den Coll de sa Gramola zwischen Andratx und Estellencs erreicht man nur mit einem Taxi). Ab Deià stehen dann Wanderherbergen für die Nächtigung zur Verfügung – oder man wählt wie bei der „Schnuppertour“ ein Hotel in Port de Sóller als Standort.

Umfassende Infos: www.gr221.info, www.conselldemallorca.net

# MEINE HIGHLIGHTS

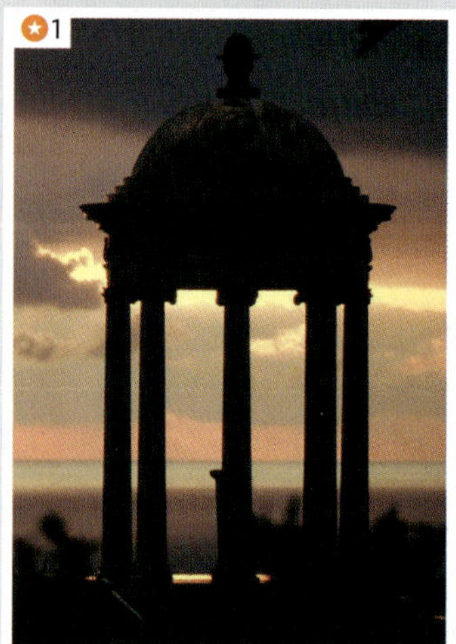


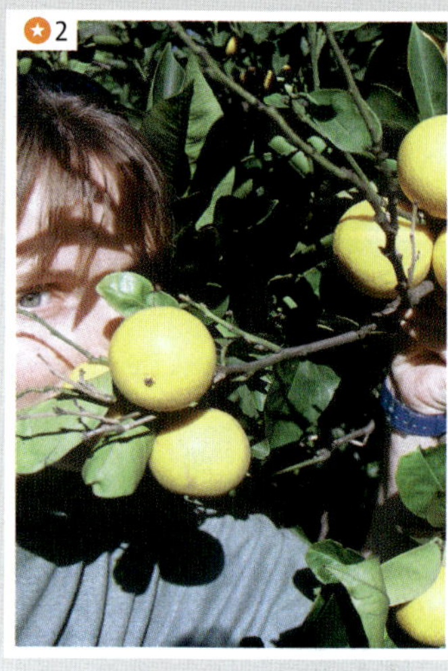


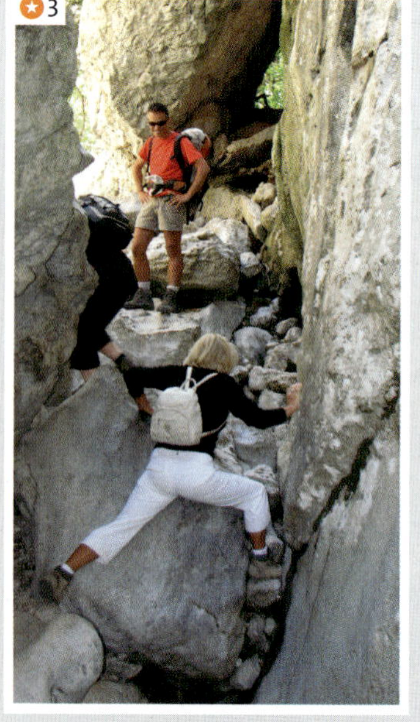


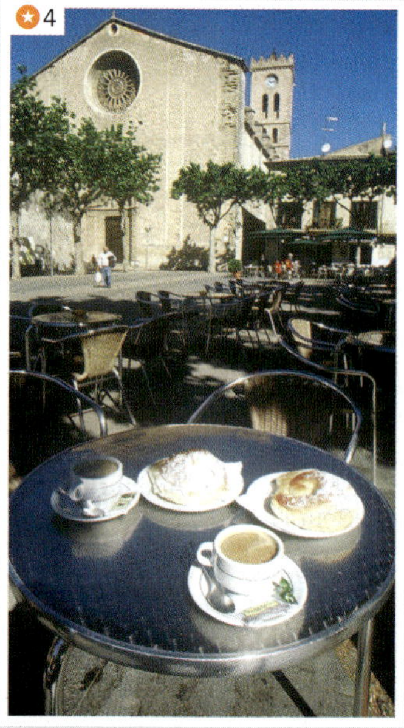

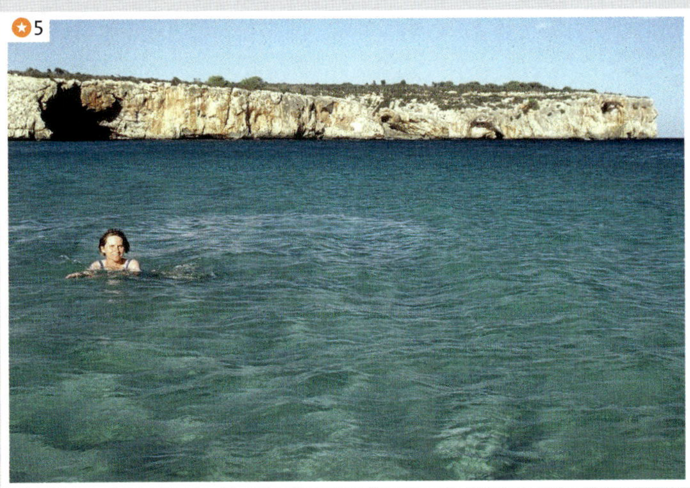
5

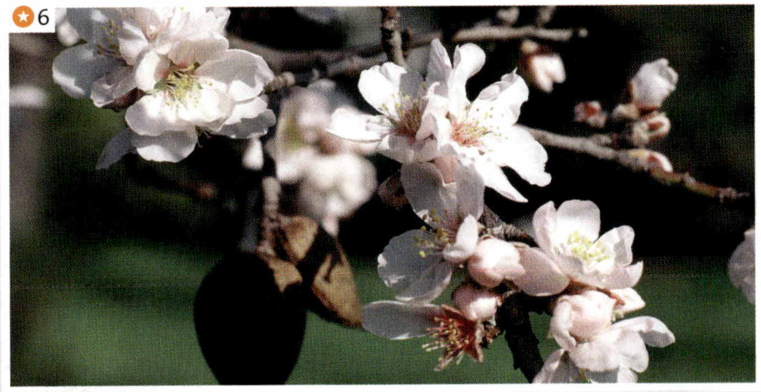
6

1

# PALMA – DURCH DIE ALTSTADT

## Ein Spaziergang von den Römern bis zum Jugendstil

  5,2 km 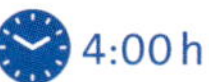 4:00 h 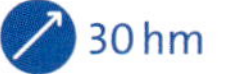 30 hm 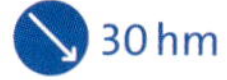 30 hm

START | Palma, Parc de la Mar unterhalb der Kathedrale. Zufahrt mit Bahn oder Bus zur Estació Intermodal an der Plaça d'Espanya – von dort mit dem Stadtbus (Linie 25) zur Haltestelle Parc de la Mar (oder man beginnt den Stadtrundgang gleich an der Plaça d'Espanya). Mit dem Auto zur Tiefgarage am Parc de la Mar – von der Autopista de Llevant nur von Osten (also aus Richtung S'Arenal) oder von der Avinguda d'Antoni Maura
[GPS: UTM Zone 31S x: 469577 y: 4379682]
CHARAKTER | Ausgedehnter Stadt-Spaziergang

Für die Mallorquiner ist sie ganz einfach ciutat – die Stadt. Der offizielle Name der Inselmetropole, in der 425.726 Menschen leben, bürgerte sich erst im 18. Jahrhundert ein, geht aber auf die Römer zurück (palmaria = Siegespalme). Im 10. Jahrhundert befestigten die Araber die Siedlung an der weiten Bucht im Südwesten Mallorcas und nannten sie Madina Mayurqa. König Jaume (Jakob) I. von Aragón notierte im Jahre 1229, „dass die Stadt wohl die schönste war, die wir jemals gesehen haben." Das hinderte die Soldaten des christlichen Wiedereroberers nicht daran, diese Pracht vollständig zu zerstören. Der weitere Verlauf der Geschichte lässt sich bis heute gut in der der Altstadt nachvollziehen. Sie gilt als eines der größten und am besten erhaltenen historischen Zentren Europas. Ein Spaziergang durch die engen Gassen (die kaum Autoverkehr zulassen) oder die Einkaufsstraßen (Fußgängerzonen) ist immer wieder ein Erlebnis. Palma lässt sich aber auch unter bestimmten Gesichtspunkten erkunden – etwa auf der Suche nach den 150 Patios (Innenhöfen) nobler Stadtpaläste oder nach Bauten des Modernisme, der katalanischen Spielart des Jugendstils. Infos erhält man in den O.I.T.-Büros an der Plaça d'Espanya neben dem Bahnhof und an der Plaça de la Reina.

▶ **Spaziergang durch die Altstadt:** Direkt vom Ausgang der Tiefgarage blicken Sie über den großen Teich des **Parc de la Mar** **01** zur Stadtmauer und zur gotischen Kathedrale, dem Wahrzeichen der Stadt. Gehen Sie nach links, am Café vorbei und um den Teich herum (das große Kachelbild links zeigt ein Motiv von Joan Miró, der lange Zeit in Palma lebte und arbeitete). Hinter der Ecke der Stadtmauer gelangt man rechts durch einen Torbogen und über eine Treppe hinauf zur Promenade auf der Stadtmauer. Links in der Tiefe sehen Sie einen Schwanenteich unter einem Mauerbogen, der noch aus arabischer Zeit stammt.

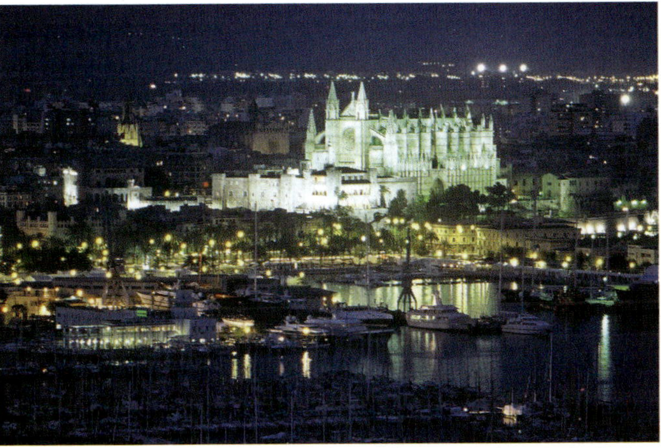

Palma bei Nacht – Blick auf den Hafen und zur gotischen Kathedrale

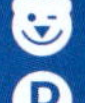
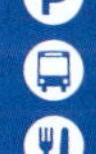

Er gehört zum **Palau Reial de l'Amudaina** 02, an dem Sie vorbeispazieren. Dann geht's links über Stufen (Dalt Murada) hinauf zum C/. del Palau Reial, der Straße zwischen dem Königspalast und dem prachtvollen (aber meist geschlossenen) Westportal der Kathedrale. Dort warten Pferdekutschen auf Kundschaft. Rechts über die Plaça de la Seu erreicht man den Eingang zur **Kathedrale** 03, vor dem sich oft lange Warteschlangen bilden.

## Palma – Highlights der Altstadt

**Parc de la Mar** 01 Wo vor dem Bau der Stadtautobahn das Meer an die Stadtmauern brandete, liegt nun ein Teich mit Springbrunnen.
**Palau Reial de l'Almudaina** 02 Einstiger maurischer Regierungssitz, im 14. Jahrhundert zur Königsresidenz umgebaut (Mo – Fr 10 – 17.45 Uhr, Oktober – März 13.15 – 16 Uhr geschlossen, Sa/Fei 10 – 13.15 Uhr).
**Catedral La Seu – die gotische Kathedrale** 03 Sie ist einer der größten Sakralbauten Europas; ihr Beiname La Seu bedeutet soviel wie Bischofssitz. Vormittags leuchtet die Sonne durch die 1236 Glasteile der Fensterrosette – mit einem Durchmesser von 12,55 m ist sie eine der größten der Welt – ins 118 m lange, 43,5 m hohe und von 14 schlanken Säulen getragene Mittelschiff. Auch wegen seiner 61 Seitenfenster nennt man den Bau die „Kathedrale des Lichts". 1904 gestaltete Antoni Gaudí Teile der Kathedrale neu aus; in jüngster Zeit schuf der mallorquinische Künstler Miquel Barceló eine riesige Keramik für eine der Seitenkapellen (Juni – September Mo – Fr 10 – 18.15 Uhr, April, Mai und Oktober 10 – 17 Uhr, November – März 10 – 15.15 Uhr, Sa ganzjährig 10 – 14.15 Uhr; Gottesdienst Mo – Sa 9 Uhr und So/Fei 12, 13 und 19 Uhr, www.catedraldemallorca.info).

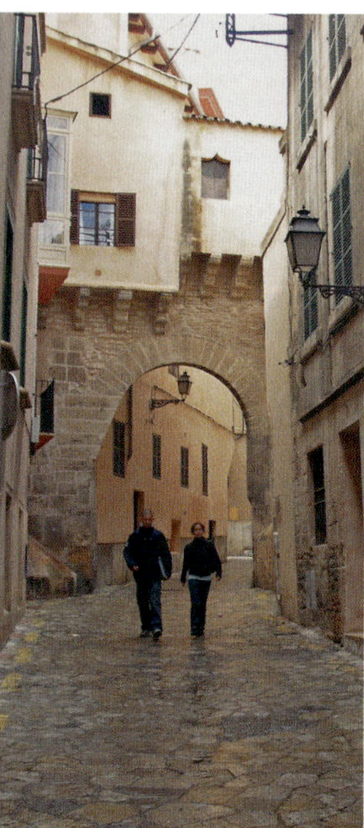
Der arabische Torbogen in Palma

Nach der Besichtigung verlassen Sie die Kathedrale durch einen ostseitigen Ausgang am C/. de Sant Roc, den man von der Plaça de la Seu auch durch den schmalen C/. del Deganat erreicht. Folgen Sie dann der Beschilderung „Banys Àrabs" zum C/. de Sant Pere Nolasc. Am links abzweigenden C/. de Can Anglada (Nr. 2A) steht der Stadtpalast **Can Marquès** 04. Am oberen Ende dieser Straße schwenkt man dann rechts in den C/. de Almudaina, wo man einen Torbogen durchschreitet – dies ist der letzte Rest der arabischen Stadtbefestigung. Nun rechts in den C./ de Morey und links in den C/. de Portella. Dort findet man das **Museu de Mallorca** 05 und ein paar Häuser weiter das Museo Can Morey de Santmarti. Danach zweigt man links auf den C/. de Can Serra zu den **Banys Àrabs** 06 ab. Geradeaus weiter, links in den C/. de Santa Clara und rechts auf dem C/. del Pare Nadal zur Placa de Sant Francesc mit dem gleichnamigen **Kloster** 07. Das Denkmal vor dem oppulenten Barockportal erinnert an Junipero Serra, einen Franziskanermönch, der als Missionar kalifornische Städte wie San Francisco gründete. Im Anschluss geht's links auf dem C/. de Sant Francesc zur gotischen **Església de Santa Eulàlia** 08 und weiter zur Plaça de Cort mit dem **Rathaus** 09.

Der große Olivenbaum auf diesem Platz ist der älteste auf Mallorca. Von dort folgen Sie rechts dem C/. de Colom. An seinem Ende faszinieren links zwei bedeutende Jugendstilgebäude (El Aguila und Can Forteza Rei, beide Baujahr 1908/09). Ein Durchgang gibt den Weg zur **Plaça Major** 10 frei. Wenn Sie den geräumigen Platz geradeaus überschreiten, erreichen Sie den C/. de Sant Miquel mit der gleichnamigen Kirche und dem **Museu d'Art Espanyol Contemporari** 11. An der Plaça Olivar angekommen, sollte man rechts der großen **Markthalle (Mercat de l'Olivar)** 12 einen Besuch abstatten. Geradeaus weiter gelangt man zur verkehrsreichen **Plaça d'Espanya** 13 (Bahnhof).

Hinter dem Reiterstandbild von König Jaume I. gehen Sie auf dem **C/. de la Porta Pintada** zum **C/. dels Oms**. Zwischen den zahlreichen Geschäften dieser Straße kommen Sie direkt zum **Passeig de la Rambla** 14.

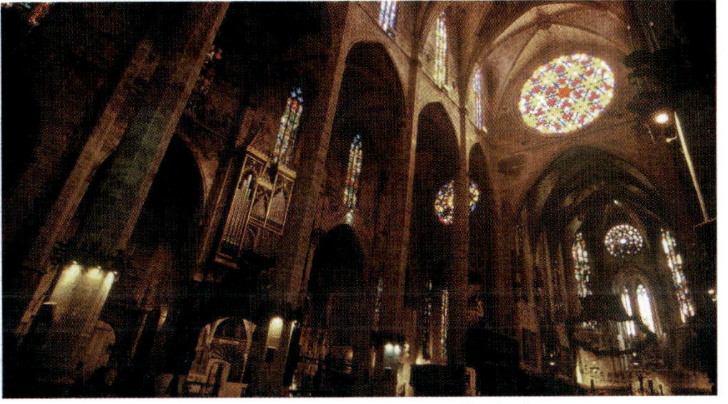
Ein Wunder aus Sandstein: das Innere der Kathedrale

## Palma – Highlights der Altstadt

**Can Marquès** 04 Mittelalterliches Herrenhaus, im Jugendstil umgebaut; wechselnde Kunstausstellungen (Mo – Fr 10 – 15 Uhr, www.canmarquescontemporaneo.net).
**Museu de Mallorca, Museo Can Morey de Santmartí** 05 Zwei sehenswerte Stadtpaläste – der eine birgt u. a. die bedeutendsten archäologischen Funde der Insel (Di – Sa 10 – 18.30 Uhr, So 10.30 – 13.30 Uhr, www.amicsdelmuseudemallorca.com), der andere Zeichnungen von Salvador Dalí (www.museo-santmarti.es).
**Banys Àrabs** 06 Die „arabischen Bäder" sind eines der wenigen Relikte maurischer Architektur in der Altstadt (April – November täglich 9 – 19.30 Uhr, Dezember – März 9 – 18 Uhr).
**Basilica Sant Francesc** 07 Kloster aus dem 14. Jahrhundert, Grab von Ramon Llull, gotischer Kreuzgang (Eingang rechts neben der Kirche, Mo – Sa 9.30 – 12.30 Uhr und 15.30 – 18 Uhr, So/Fei 9 – 12.30 Uhr).
**Esglesia de Santa Eulàlia** 08 Die älteste und neben der Kathedrale die einzige dreischiffige Kirche der Stadt.
**Ajuntament** 09 Das Rathaus von Palma ist ein mächtiger Barockbau (1680) mit weit vorkragenden Dach und interessanter Uhr.
**Plaça Major** 10 Zentraler Platz am Rand der Oberstadt.
**Museu d'Art Espanyol Contemporari – Fundación March** 11 Sammlung zeitgenössischer Kunst in einem Stadtpalast (Mo – Fr 10 – 18 Uhr, Sa 10.30 – 14 Uhr, www.march.es/arte/palma).
**Mercat de l'Olivar** 12 Die größte der drei städtischen Markthallen – fangfrischer Fisch, farbenfrohes Gemüse. Mo – Sa vormittags.
**Plaça d'Espanya** 13 Der quirligste Platz der Stadt mit der größten Verkehrsdichte Europas (Bahnhof); Denkmal von König Jaume I. von Aragon, der Mallorca von den Arabern zurückeroberte.
**Passeig de la Rambla** 14 Breiter Boulevard anstelle des einstigen Stadtgrabens – mit bunten Blumenstände unter Platanen.

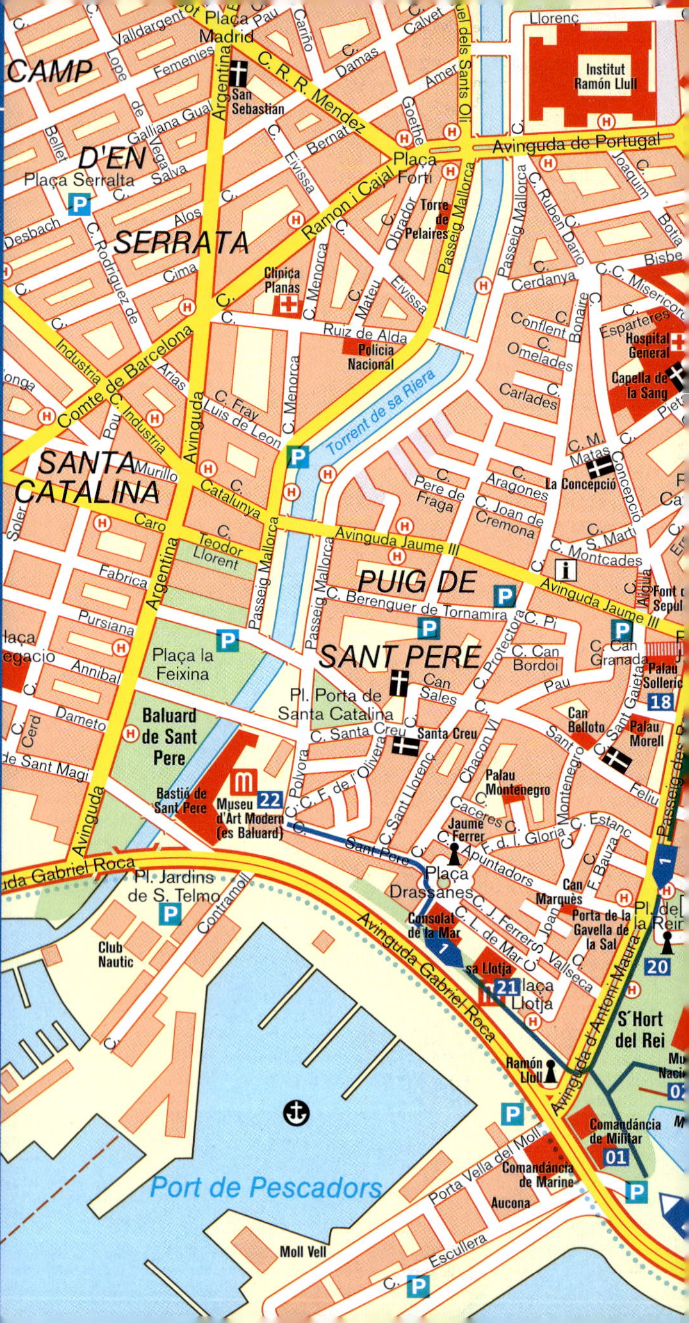

CAMP D'EN SERRATA

SANTA CATALINA

PUIG DE SANT PERE

Institut Ramón Llull

Plaça Madrid

San Sebastian

C. R. R. Mendez

Avinguda de Portugal

Plaça Forti

Torre de Pelaires

Plaça Serralta

Clinica Planas

Ramon i Cajal

Comte de Barcelona

Avinguda Argentina

Policia Nacional

Torrent de sa Riera

Passeig Mallorca

Hospital General

Capella de la Sang

La Concepció

Avinguda Jaume III

C. Berenguer de Tornamira

Plaça la Feixina

Pl. Porta de Santa Catalina

Can Sales

Santa Creu

Baluard de Sant Pere

Bastió de Sant Pere

Museu d'Art Modern (es Baluard)

22

Palau Solleric

18

Can Belloto

Palau Morell

Palau Montenegro

Jaume Ferrer

Plaça Drassanes

Consolat de la Mar

7

sa Llotja

21

Plaça Llotja

Can Marquès

Porta de la Gavella de la Sal

Pl. del Reina

20

S'Hort del Rei

Ramón Llull

Avinguda d'Antoni Maura

Avinguda Gabriel Roca

Pl. Jardins de S. Telmo

Contramoll

Club Nautic

Port de Pescadors

Comandància de Militar

01

Comandància de Marine

Aucona

Porta Vella del Moll

Moll Vell

Escullera

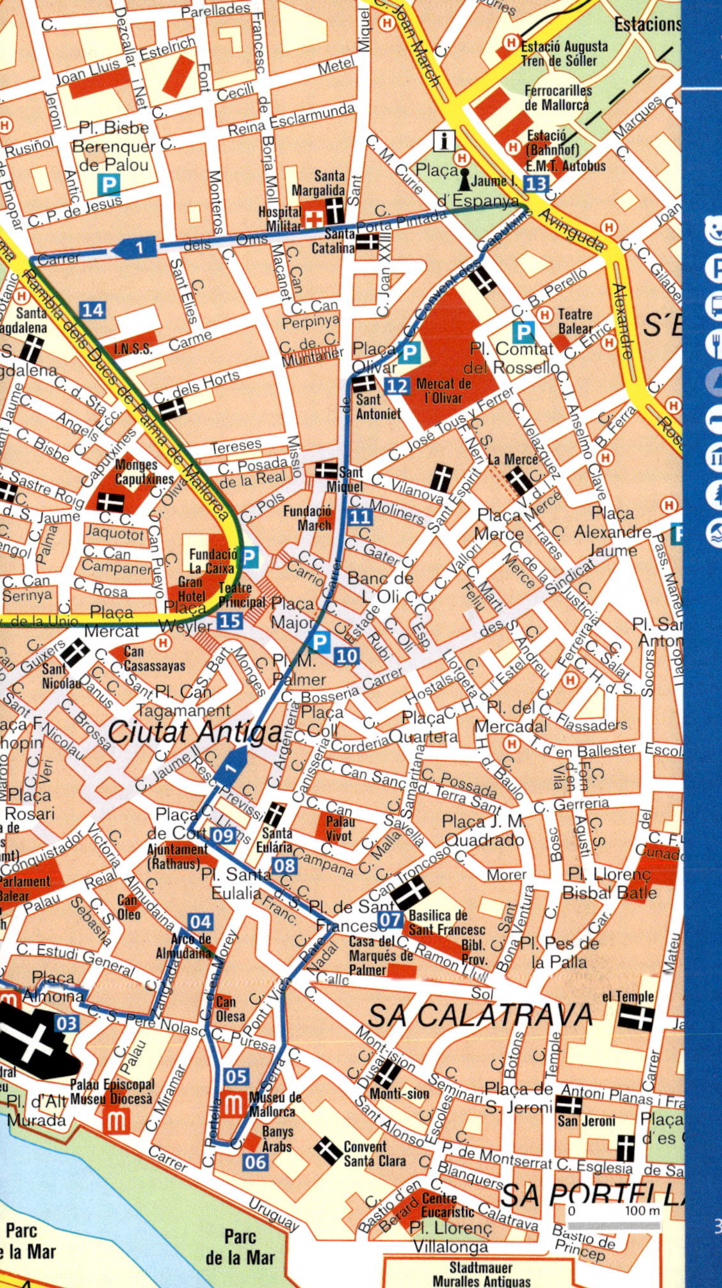

Estacions
Estació Augusta
Tren de Sóller
Ferrocarilles de Mallorca
Estació (Bahnhof)
E.M.T. Autobus
Plaça d'Espanya
Jaume I.
13
Avinguda
Alexandre
Parellades
Dezcallar i Net
Esteirich
Joan Lluis
Francesc de Borja Moll
C. Joan March
Miquel
Metel
Cecili
Reina Esclarmunda
Pl. Bisbe Berenquer de Palou
Rusiñol
Antic
C. P. de Jesus
Monteros
Santa Margalida
Hospital Militar
Santa Catalina
Porta Pintada
Carrer dels Oms
1
C. M. Curie
Caputxins
Sant Elies
Macanet
C. Can Perpinya
C. de C. Muntaner
Carme
14
Santa Magdalena
I.N.S.S.
C. dels Horts
Rambla dels Ducs de Palma de Mallorca
Plaça Olivar
12
Mercat de l'Olivar
Sant Antoniet
C. Convent des Caputxins
C. B. Perelló
Teatre Balear
Pl. Comtat del Rosselló
C. Enric
C. José Tous y Ferrer
C. Velazquez
C. J. Anselmo Clavé
C. B. Ferra
La Mercé
Teresses
Missio
C. Posada de la Real
Sant Miquel
C. Vilanova
C. Moliners
11
C. Pols
Fundació March
Monges Caputxines
Sastre Roig
C. Bisbe
Angels
C. d. Sta.
Jaquotot
C. Can Campaner
C. Can Serinya
C. Rosa
Can Pueyo
Oliva
Fundació La Caixa
Gran Hotel
Teatre Principal
Plaça Weyler
Plaça Mercat
C. de la Unio
15
Plaça Major
C. Carrio
C. Gater
Banc de L'Oli
Sant Espirit
Plaça Merce
Frares
C. de la Merce
Plaça Alexandre Jaume
Sindicat
Justicia
C. Vallori
C. Marti
C. Feliu
Pass. Maneu
Pl. Sant Antoni
Socors
Estade
Rubi
C. Oli
Esp.
10
Pl. M. Palmer
C. Bosseria
Carrer Hostals
Lloteta
Sant Andreu
Ferreria
C. Salat
Can Casassayas
Sant Nicolau
Can Guixers
Danus
C. Brossa
Monges
Pl. Can Tagamanent
S. Bart.
Ciutat Antiga
Plaça Coll
Argenteria
Canisseria
Corderia
Plaça Quartera
Pl. del Mercadal
C. Flassaders
T. d'en Ballester
Escola
C. Jaume II
C. Can Sanc
C. Possada d. Terra Sant
Samaritana
Baulo
C. Gerreria
Plaça J. M. Quadrado
Bosc
Agusti
Cunadors
Plaça Rosari
Veri
Plaça de Cort
09
C. Llums
Previssi
Santa Eulària
Palau Vivot
C. Can Savellà
Malla
Campana
08
Ajuntament (Rathaus)
Pl. Santa Eulalia
Conquistador
Victòria
Parlament Balear
Palau Reial
Almudaina
Can Oleo
Sebastià
C. S. Franc.
Pl. de Sant Francesc
07
Basilica de Sant Francesc
Troncoso
Morer
Pl. Llorenç Bisbal Batle
Sant Bonaventura
Pl. Pes de la Palla
Mateu
04
Arco de Almudaina
Casa del Marqués de Palmer
C. Ramon Llull
Bibl. Prov.
C. Estudi General
Zanglada
Plaça Almoina
03
C. S. Pere Nolasc
C. d'en Morey
Can Olesa
Nadal
Pont i Vich
C. Puresa
Calle Sol
SA CALATRAVA
el Temple
Temple
Botons
Palau
Palau Episcopal
Museu Diocesà
Pl. d'Alt Murada
C. Miramar
C. Portella
05
Museu de Mallorca
Banys Arabs
06
Serra
Mont-sion
Dusai
Monti-sion
Seminari
Escoles
Sant Alonso
Convent Santa Clara
Plaça de S. Jeroni
San Jeroni
Antoni Planas i Franch
P. de Montserrat
C. Esglesia
Blanquers
SA PORTELLA
Calatrava
Centre Eucaristic
Bastio d'en Berard
Pl. Llorenç Villalonga
Bastio de Princep
0
100 m
Carrer Uruguay
Parc de la Mar
Stadtmauer
Muralles Antiguas

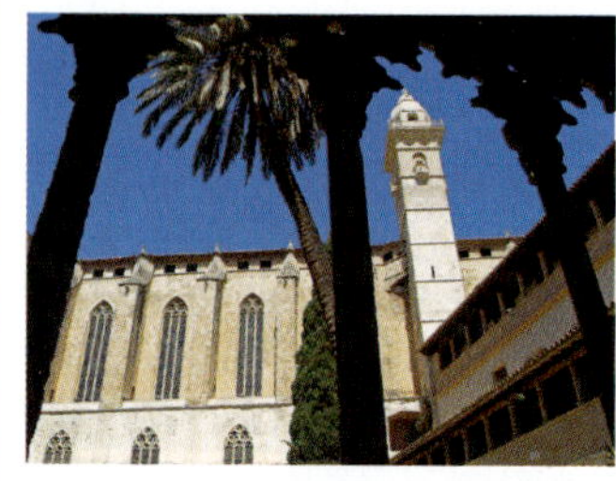

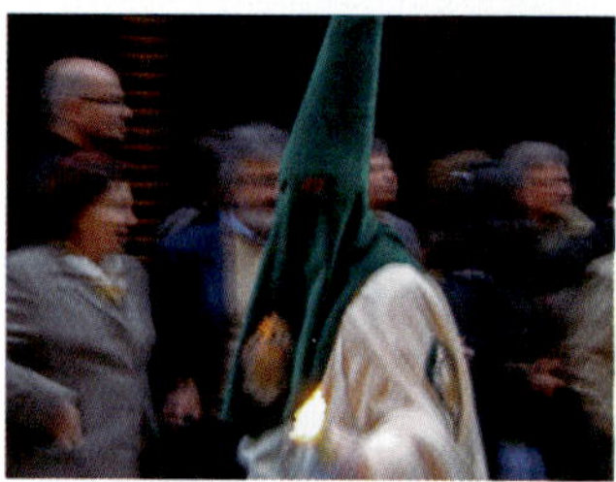

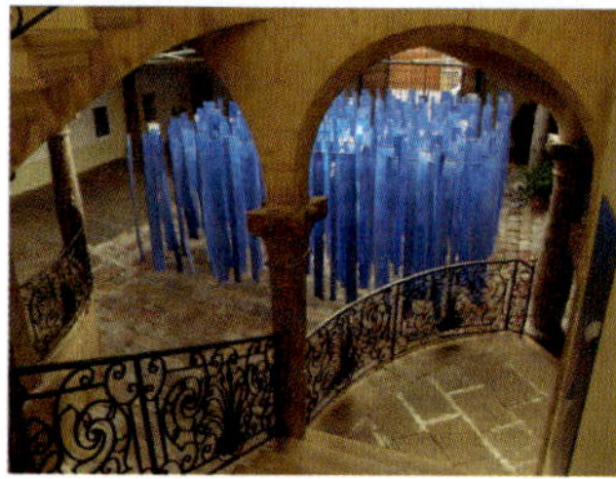

Blick-Punkte: Sant Francesc, Osterprozession, Casal Solleric

Die Flaniermeile führt links Richtung Plaça Major zurück. Vor der Treppe, die dort hinaufzieht, bleiben Sie rechts auf dem C/. de la Riera. Vorbei am Teatre Principal kommen Sie zum einstigen Grand Hotel an der **Plaça de Weyler** 15. Es folgen der fotogene Eingang des Café Forn des Teatre und die Plaça Mercat mit zwei weiteren auffälligen Jugendstilgebäuden, den Edifici Casasayas. Über den C/. de Unió schlendern Sie zur **Plaça del Rei Joan Carles I.** 16. Hier ein kleiner Tipp: Folgen Sie geradeaus der Avinguda de Jaume III. bis zum Kaufhaus El Corte Inglés (auf der linken Straßenseite) und gönnen Sie sich in seinem Café eine Stärkung – es liegt im obersten Stockwerk und bietet einen tollen Blick über die Dächer der Stadt zur Kathedrale und zum Meer.

Schließlich flanieren Sie von der **Plaça del Rei Joan Carles I. auf dem Passeig des Born** 17 Richtung Meer. Vorbei am **Casal Solleric** 18 geht's zur Plaça de la Reina. Links oben sehen Sie die auffallende **Loggia des Palau March** 19. Unterhalb davon – vis-à-vis vom Tourismusbüro – liegt ein Park-Rondell, in dem von Efeu umrankte Steinfratzen Waser speien. Wenn man den Carrer del Conquistator überquert, befindet man sich in den zauberhaften Grünanlagen des **Hort des Rei** 20, die sich unterhalb des Almudaina-Palasts bis zum Parc de la Mar hinziehen.

Zuletzt lohnt sich ein Abstecher in den Westen der Altstadt – vorbei am Denkmal des mallorquinischen Theologen und Philosophen Ramon Llull (um 1232 – 1316) – und rechts neben dem Passeig de Sagrera (parallel zur Stadtautobahn zur **Llotja dels Mercaders** 21. In der Folge passieren Sie ein Tor und das Consolat de la Mar, vor dem zwei Kanonen stehen. Danach geht's rechts zur dahinter gelegenen Plaça Drassanes, auf der Sie sich nach links halten. So erreichen Sie den Carrer de Sant Pere, der geradewegs auf die Terrasse vor dem **Museu Es Baluard** 22 zieht. Von der Stadtmauer überblickt man den riesigen Hafen bis zum Castell de Bellver oberhalb der westlichen Stadtteile.

**Rückweg** auf derselben Route.

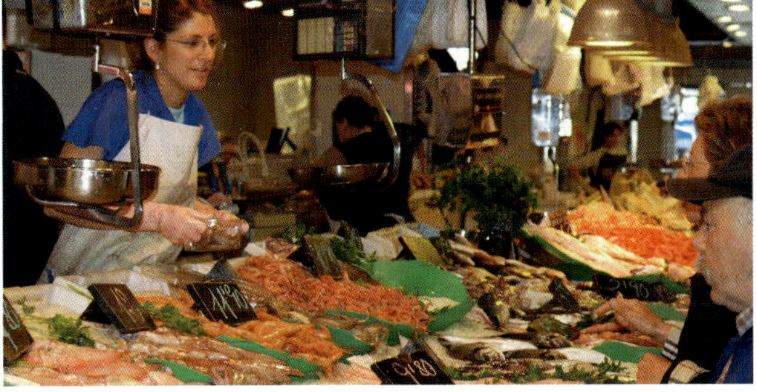

Kulinarisches Epizentrum: Mercat d'Olivar

## Palma – Highlights der Altstadt

**Grand Hotel** 15 Die 1903 erbaute Luxusunterkunft ist ein Jugendstilbau mit besonders verspielter Fassade, heute Ausstellungsraum des Caixa Forum (http://obrasocial.lacaixa.es).
**Plaça del Rei Joan Carles I.** 16 Am Brunnen in seiner Mitte tragen vier Schildkröten einen Obelisken mit eiserner Fledermaus.
**Passeig des Born** 17 Die beliebteste Flaniermeile der Stadt – schattenspendende Platanen und an jeder Ecke eine Steinsphinx.
**Casal Solleric** 18 Barocker Stadtpalast, schöner Innenhof, Kunstausstellung (www.casalsolleric.com).
**Palau March** 19 Das Stadthaus birgt zeitgenössische Kunst (Mo – Sa 10 – 18.30 Uhr, November – März 10 – 17 Uhr, Sa 10 – 14 Uhr, www.fundacionbmarch.es, Eingang oben am am C/. del Palau Reial).
**S'Hort des Rei** 20 Ehemals königlicher Garten mit Blumenbeeten, Wasserspielen, Kunst und Denkmal des „Steinschleuderers".
**Sa Llotja dels Mercaders** 21 Die 1448 fertiggestellte Seehandelsbörse am Hafen gilt als der schönste spätgotische Profanbau der Insel (Besichtigung nur bei Ausstellungen Di – Sa 11 – 14 Uhr und 17 – 21 Uhr, im Winter 17 – 20 Uhr, So 11 – 14 Uhr).
**Museu Es Baluard** 22 Das städtische Museum für zeitgenössische Kunst ist in den Festungsmauern am südwestlichen Rand der Altstadt untergebracht – und schon allein architektonisch interessant (Di – So/Fei 10 – 22 Uhr, Oktober – Mitte Juni 10 – 20 Uhr, www.esbaluard.org).

Das älteste Kaffeehaus der Stadt: **Can Joan de s'Aigo** bietet sämige Trinkschokolade und köstliches Mandeleis, und das seit dem Jahr 1700 (Carrer de Can Sanç, 10, Di geschlossen). Sehr gute Tapas gibt's z. B. im **La Boveda** (Passeig Sagrera, 3, Nähe Llotja, Tel. 971/714863) oder im **La Lonja** (C/. Llotja del Mar, 2, Tel. 971/722799). Sehen & gesehen werden: **Bar Bosch** (Plaça Rei Joan Carles I, 6).

# ZUM CASTELL DE BELLVER

## Das Bollwerk über Palma

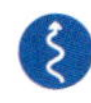  5,5 km  2:00 h 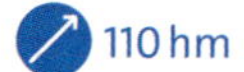 110 hm 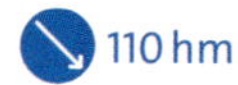 110 hm

START | Palma, Parc de la Mar. Zufahrt wie bei Tour 1; Buslinie 1 am Passeig Marítim. Das Castell de Bellver liegt auch am Rundkurs des Bus Turistic (Sightseeing-Doppeldecker, Linie 50)
[GPS: UTM Zone 31S x: 469577 y: 4379682]
CHARAKTER | Stadtspaziergang und Wanderung auf Waldwegen

Vom Zentrum der Inselmetropole zur schönsten Burg Mallorcas – auf dieser Route erleben Sie ganz unterschiedliche Aspekte. Das pulsierende Leben am Hafen steht dabei im großen Gegensatz zur Ruhe in den parkähnlichen Kiefernwäldern des Bosc de Bellver.

▶ Am westlichen Rand des **Parc de la Mar** 01 – gleich nach dem Info-Kiosk – überqueren Sie die Avinguda d'Antoni Maura. Jenseits geht's nach links, vorbei am Passeig de Sagrera und am Ramon-Llull-Denkmal zur sechsspurigen Autopista de Llevant (Fußgänger-Übergang). Jenseits geradeaus zu einem Parkplatz und davor rechts zum **Yachthafen** 02. Auf der Promenade neben dem C/. Muelle dem Meer entlang nach Westen. Rechts lugen die Llotja und die Stadtmauer durch die Palmen, links befinden sich Restaurants und der Real Club Nautic. Nach der Brücke über den Torrent de sa Riera sieht man rechts oben die Windmühlen im Stadtteil Es Jonquet. Weiter neben dem Passeig Marítim in den Terreno, das Ausgehviertel der Stadt. Links etwas abseits liegt die Abfahrtsstelle der Hafen-Ausflugsboote, auf der

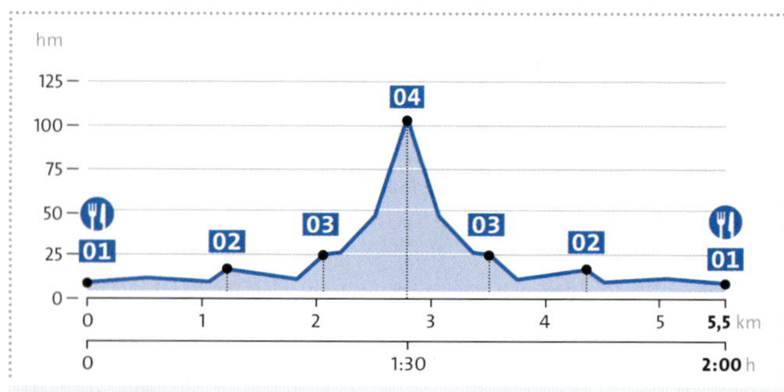


01 Parc de la Mar, 6 m; 02 Yachthafen, 12 m; 03 Auditorium, 22 m; 04 Castell de Bellver, 112 m

## Castell de Bellver

Der Rundbau mit seinen vier Türmen entstand im 14. Jahrhundert und diente lange Zeit als Gefängnis. Schöner Innenhof mit doppelstöckiger Loggia, toller Rundblick vom Dach, Museum (April – September Mo – Sa 8 – 21 Uhr, So/Fei 10 – 17 Uhr, sonst Mo – Sa 10 – 20 Uhr, So/Fei 10 – 16.30 Uhr).

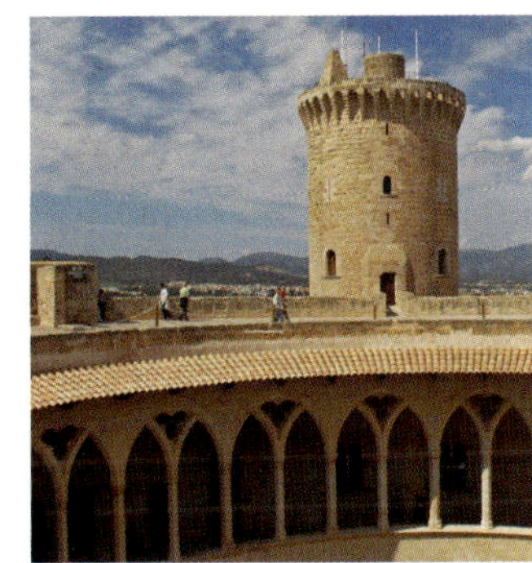

112 m über dem Hafen: Bellver

rechten Straßenseite das **Auditorium** 03. 100 m weiter – nach dem Taxistandplatz – überqueren Sie die Fahrbahnen vor dem Verkehrskreisel nach rechts. 0:30 h

Nun folgen Sie dem C/. de s'Aigo Dolça bergauf. Weiter oben biegen Sie links ab und neben der Plaça de Francesc Rosselogehen Pintor zur Avinguda de Joan Miró. Neben dieser links zur nahen Plaça Gomila. Von dort auf dem rechts abzweigenden C/. de Bellver auf den „Burgberg" zu. Von der dritten Kreuzung führt der halbrechts wegführende C/. Drecera zum Tor des Bosc de Bellver, neben dem die Öffnungszeiten angeschlagen sind. Dahinter geht's auf einer langen Treppe durch den Waldhang (Kirche) zum **Castell de Bellver** 04 (112 m) empor. Vom Passeig Marítim ca. 0:30 h

Durch den **Bosc de Bellver** führen einige Spazierwege (0:30 – 2 h). Abstieg auf der Zugangsroute oder auf einem Weg, der vor dem Parkplatz links abzweigt. Er führt neben einer Asphaltstraße durch den Waldhang zu einem Tor hinab. Dann auf dem C/. del Polvorí zum C/. de Robert Graves, der links zur Plaça Gomila führt. Weiter zum Passeig Marítim. Je nach Wegwahl 0:30 – 1:00 h; zu Fuß zurück zum Parc de la Mar 0:30 h

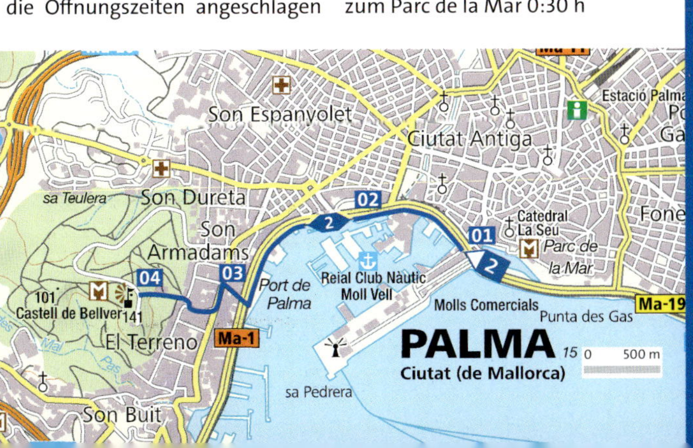

3

# ÜBER DIE SERRA DE NA BURGUESA

## Panoramawandern mit Stadtblick

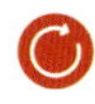  10,5 km  3:00 h  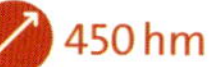 450 hm 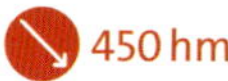 450 hm

START | Die Feriensiedlung Costa d'en Blanes (30 m) über der westlichen Bucht von Palma. Zufahrt auf der Autobahn Ma-1, von der Ausfahrt Portals Nous/Costa d'en Blanes bergwärts und bei der ersten Abzweigung rechts. Auf dem C/. de Santa Lavinia zu einem Graben (Parkmöglichkeit neben der Brücke). Haltestelle „Marineland" der Buslinie 104, von dort in 15 Min. zum Ausgangspunkt [GPS: UTM Zone 31S x: 462727 y: 4377003]
CHARAKTER | Abwechslungsreiche Bergwanderung auf breiten Wegen, schmalen Pfaden und Schotterstraßen, die jedoch Orientierungsvermögen erfordern. Stellenweise Schatten. Unterwegs keine Einkehrmöglichkeit; Bars/Restaurants in Portals Nous

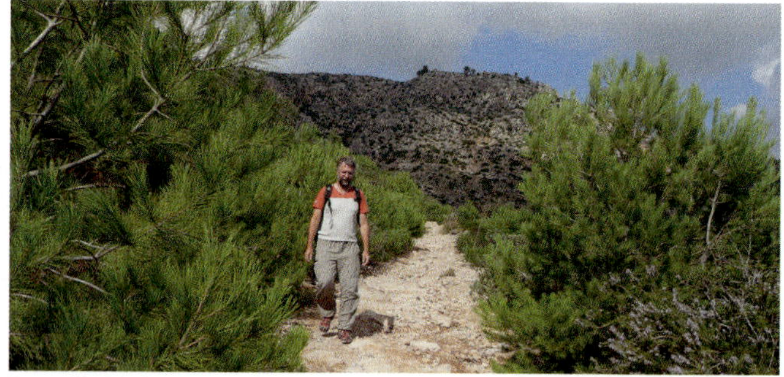

Bergeinsamkeit, nur ein paar Kilometer von der Hauptstadt entfernt

Die Serra de na Burguesa ist der südlichste Ausläufer der Serra de Tramuntana: ein bis zu 500 m hoher Höhenzug zwischen der Bucht von Palma und dem Becken von Calvià, der kahl und ein wenig eintönig wirkt. Auf den zweiten Blick erweist er sich jedoch als naturnahes Erholungsgebiet – und als toller Aussichtsbalkon hoch über der Inselhauptstadt. Benannt wurde der Höhenzug übrigens nach einem Adeligen namens Burgues.

▶ Folgen Sie vom **Startpunkt** 01 dem breiten Weg, der von der Asphaltstraße links – auf die Berge zu – in den bewaldeten Graben hineinführt. Bei der folgenden Abzweigung gerade auf dem schmaleren Weg bleiben. Durch den Talgrund, auf Stufen zum Sportplatz und dort rechts zu einer Asphaltstraße, auf der Sie rechts wieder in den Graben gelangen. Dort über die Brücke und gleich danach links auf abzweigen.

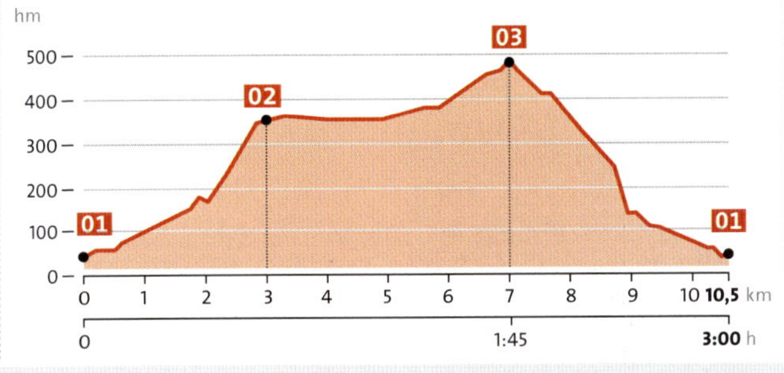


01 Costa d'en Blanes, 30 m; 02 Serra de na Burguesa, 366 m;
03 Puig Gros de Bendinat, 486 m

Links an einem Gatter vorbei und auf einem breiten Weg – sanft ansteigend – ins Tal, über dem sich kahle Hänge und schroffe Wände zeigen. Von der Gabelung nach einem Zauntor steigen Sie über eine S-Kurve in den felsigen Hang über den linken Graben an. Eine steilere Wegpassage ist betoniert, dann geht's wieder flacher in den Talschluss hinein. Zuletzt wandern Sie im obersten Talbereich durch Macchia auf den breiten und baumlosen Rücken der **Serra de na Burguesa** 02 (366 m), auf dem Sie auf eine Schotterstraße treffen.

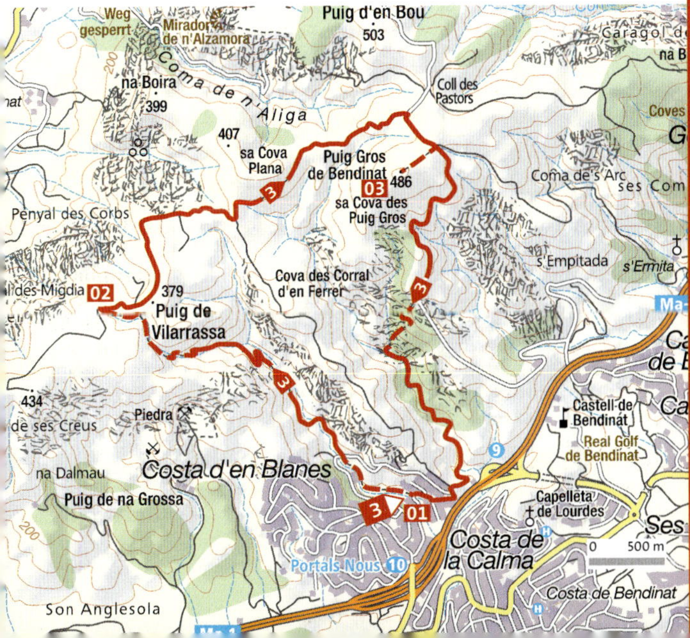

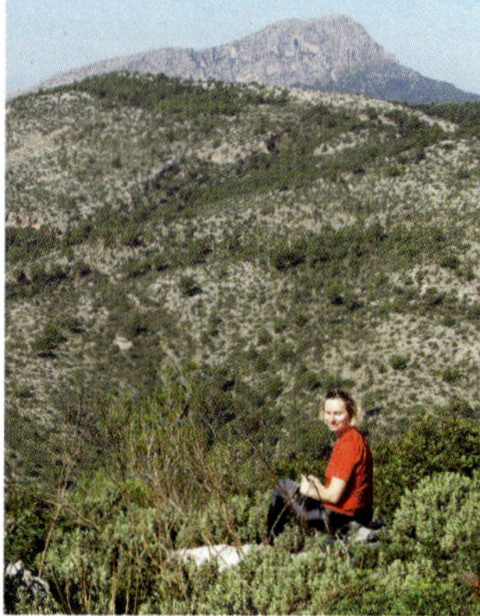

Der Galatzó über der Burguesa

Sie folgen dieser Piste auf dem Höhenzug nach rechts und steigen sanft gegen die Kuppe des **Puig de Vilarrassa** an. Im sanften Auf und Ab weiter (bei allen Abzweigungen auf der breiten Hauptpiste bleiben). Die Aussicht reicht vom nahen Feuerwacheturm über die Gipfel der südlichen Serra de Tramuntana; bald tritt auch die Küste um Calvià ins Blickfeld. Nach dem Abstieg durch Heidegebiet (viele Erdbeerbäume) gehen Sie geradeaus an einer Straßenteilung vorbei und steigen über dem Graben des Clot des Siro wieder kurz an. Bei der nächsten Abzweigung nach links (auf der rechten Straße wäre – vorbei an einem Wasserbecken – ein kürzerer Abstieg nach Costa d'en Blanes möglich).

Der nun raue Fahrweg (Kette) führt in einen weiteren Sattel und dort flach nach rechts. Beim folgenden Anstieg über den **Coll de Bendinat** bleiben zwei nach links führende Pfade unbeachtet. Man sieht nun rechts die nahe Kuppe des **Puig Gros de Bendinat** und erreicht eine ca. 400 m hoch gelegene Straßenteilung. Dort rechts und auf dem sanft ansteigenden Camí de Bendinat zu einem nahen Gatter (Infotafel). Gleich danach zweigt rechts ein schmaler Pfad ab, der in 10 Min. durch Gebüsch zur Gipfelsäule auf dem **Puig Gros de Bendinat** **03** (486 m) führt. Das 360°-Panorama von der Bucht von Palma bis zur Serra de Tramuntana ist einmalig! 1:45 h

**Abstieg:** Nach der Rückkehr zur Schotterstraße folgen Sie dieser nach rechts über der **Coma de sa Font de s'Ermita** hinab. Sie bleiben bei einer Abzweigung rechts und kommen an der Covata des Puig Gros vorbei (kurzer Abstecher zu einem **Aussichtsplatz** vor dem **Felsschacht**). Mit Blick auf Palma geht's weiter durch die kahlen Hänge und rechts neben einem weiteren Graben abwärts. Vor dem bewaldeten Hügel mit der Hochspannungsleitung (links steht ein Wegweiser) biegen Sie rechts ab. Nach wenigen Schritten wieder nach links und auf einem Weg neben einem Zaun über einen flachen Sattel. Kurz darauf scharf rechts abzweigen und auf einem aufgemauerten Weg in Kehren hinab. Weiter unten treffen Sie auf einen Fahrweg, auf dem Sie scharf nach rechts ins Tal der **Coma des Mussols** hinuntergehen. Dort nach links und durch den gewundenen Graben hinaus. Kurz vor der bereits hörbaren Autobahn rechts auf eine ansteigende Schotterstraße einschwenken – sie führt oberhalb der Ma-1 nach Costa d'en Blanes. Bei der folgenden Abzweigung geradeaus, durch ein Gatter und dann links auf der Asphaltstraße in die Siedlung hinab. Bei den weiteren Gabelungen rechts und geradeaus zum **Ausgangspunkt** **01**. 1:15 h

# PORTALS VELLS – CAP DE CALA FIGUERA

## Klippen, Höhlen, Naturparadies

 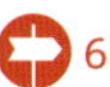 6 km  3:00 h  120 hm 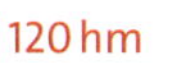  120 hm

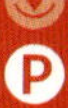
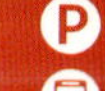

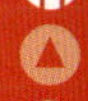
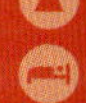

START | Die Feriensiedlung Sol de Mallorca südlich von Magaluf im Südwesten der Bucht von Palma. Zufahrt von der Autobahn Ma-1 (Palma – Andratx), Ausfahrt 14 „Magaluf, El Toro". Der Beschilderung „Magaluf" folgen, beim dritten Kreisverkehr und bei den folgenden Abzweigungen jeweils rechts Richtung „Sol de Mallorca". Auf der Avinguda Mallorca durch die Feriensiedlung Sol de Mallorca (Endhaltestelle der Buslinie 107 Palma – Magaluf), bis man auf die Avinguda Portals Vells trifft. Auf dieser rechts und gleich wieder nach links; Parkmöglichkeiten oberhalb des Yachthafens [GPS: UTM Zone 31S x: 458950 y: 4369806]
CHARAKTER | Küstenwanderung auf verzweigten Pfaden; eine kurze felsige Passage; stellenweise ist die Orientierung schwierig. Immer wieder Schatten. Bars/Restaurants an den Buchten

Die vier kleinen Sandstrände von Portals Vells sind ein beliebtes Ausflugsziel. Seit dem 14. Jahrhundert wurde dort marès (kalkhaltiger Sandstein) gewonnen – u. a. auch für den Bau der Kathedrale von Palma. Durch den unterirdischen Abbau entstanden Hohlräume, in denen sich ein merkwürdiges Altar-Relief verbirgt. Das Gebiet um das südlich benachbarte Kap ist ein wahres Vogelparadies.

▶ Gegenüber dem Eingang des Hauses „Portals Vells" (Nr. 40) an der **Avinguda Portals Vells** 01 führt eine Treppe zum Meer hinunter (sie berührt kurz die Zufahrt zum Club Nautico). Unten auf einem Fahrweg kurz nach rechts

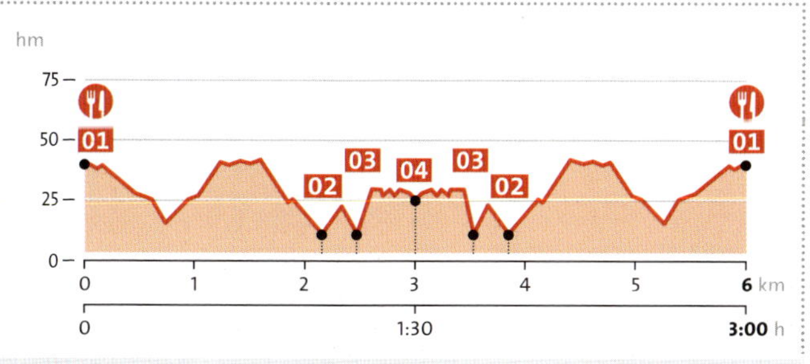


01 Avinguda Portals Vells, 36 m; 02 Cala en Beltran, 6 m; 03 Cala Figuera, 23 m; 04 Cap de Cala Figuera, 20 m

und dann links über eine Treppe zum kleinen Sandstrand der **Platja del Rei**. Jenseits auf der Schotter- bzw. Betonstraße zum Parkplatz hinauf und zur **Platja del Mago** (FKK) hinab. Vom Restaurant über einige Stufen empor und auf einem Pfad oberhalb der gelben, vom Meerwasser zerfressenen Sandstein-Uferfelsen in die Bucht **Sa Platgeta** – sie birgt den größten Sandstrand von Portals Vells. Über Felsstufen und an einer Steinhütte vorbei erreicht man schließlich nach 200 m die vierte Bucht, die kleine **Platja de sa Caleta**. Von ihrem südlichen Rand gehen Sie über Stufen und auf einem felsigen Pfad bergauf (gelbe Farbpunkte), um dann links zu den drei großen Felstoren der **Cova de la Mare de Deu** abzubiegen. Leider ist die Höhle zum Teil schon zerstört und oft sehr verschmutzt (Steinschlaggefahr). 0:20 h

## Türme gegen Piraten

Im 15. und 16. Jahrhundert entstand an Mallorcas Küste eine Kette von 85 Türmen – zum Schutz vor Piratenangriffen. Manche dieser runden und bis zu 9 m hohen talaies waren sogar mit Kanonen bestückt. Jeder Turm lag in Sichtweite zum nächsten. Näherte sich ein feindliches Schiff, dann gaben die Wächter Feuer- oder Rauchzeichen an ihre Nachbarn weiter – so verbreitete sich die Nachricht wie das sprichwörtliche Lauffeuer bis zum Militärkommando in Palma, das dann Hilfe entsenden konnte. Leider blieben nur etwa 50 dieser „Türken-“ oder „Seeräubertürme“ erhalten.

Nach der Besichtigung geht's wieder ca. 50 m zurück, dann bei einem gelben Pfeil links auf einem schmalen, verzweigten Pfad schräg aufwärts (gelbe Farbpunkte) und links zur Hangkante empor. Dort auf einer Straße links zu ihrer Endschleife über dem Meer. Nach rechts und auf einem anfangs breiten Weg zwischen Kiefern

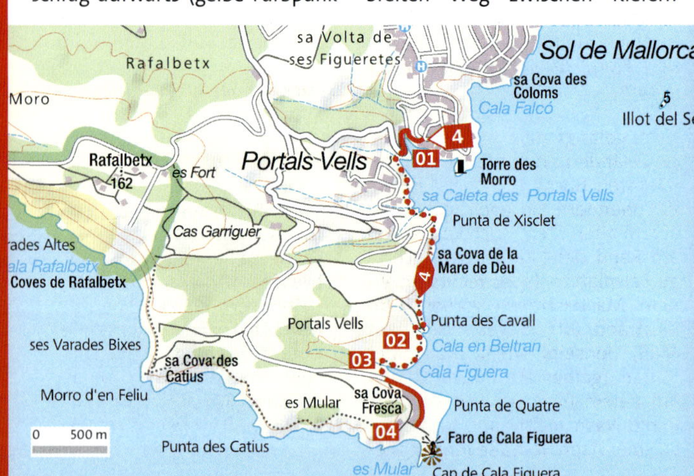

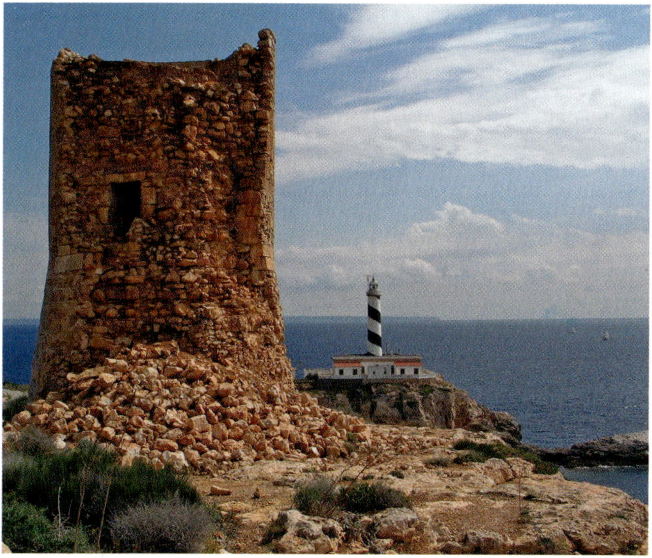

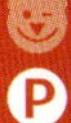
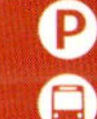

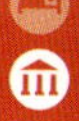

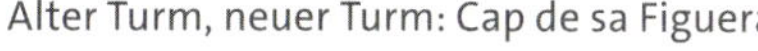

Alter Turm, neuer Turm: Cap de sa Figuera

und durch die Macchie neben den Klippen, am Ende einer weiteren Erschließungsstraße vorbei und sanft abwärts. Vor Erreichen der Küste bei einem Steinmännchen (gelber Pfeil) rechts abzweigen, auf einem schmalen Pfad durch Wald in einen kleinen Graben und um den „Fjord" der **Cala en Beltran** 02 herum.

Links gelangt man wieder in freies Gelände und zur Küste. Vor der nächsten Bucht, der **Cala Figuera** 03, wandern Sie nach rechts. An einem alten Steinbruch vorbei und am Rand der Klippen über schräge Felsplatten (oder rechts an einem Mastixstrauch vorbei) zum Kiestrand (oft eingeschwemmter Müll). Jenseits steigt man über Stufen (gelber Pfeil) hinauf und auf einem Pfad zu einer Abzweigung. Nach rechts und in Kehren zu einer Asphaltstraße hinauf. Dieser folgen Sie nach links, vorbei am Wachhäuschen der einstigen Militärzone am **Cap de Cala Figuera** 04. Dort steht ein halb zerstörter Leuchtturm aus dem Jahre 1579. Sicht über die Bucht von Palma und das Cap Blanc bis zur fernen Insel Cabrera. 1:00 h

**Zurück** auf derselben Route. 1:30 h

## Zur Riesenbucht

Vom Turm führen schmale und stellenweise verzweigte Pfade nahe der Küste nach Westen zum 2 km entfernten Felsvorsprung des Morro d'en Feliu. Dieser liegt etwa 100 m über den weiten Felsabbrüchen der Cala Rafalbetx, der größten Klippenbucht Mallorcas. 1:30 h hin und retour.

5

# ZUM WACHTURM AM CAP ANDRITXOL

## Das Wander-Highlight bei Peguera

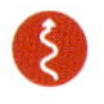  4,3 km  2:20 h  170 hm 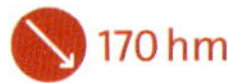 170 hm

START | In Cala Fornells südwestlich von Peguera. Zufahrt aus Richtung Palma auf der Ma-1 (Autobahn) nach Peguera und durch den Tunnel zur Ausfahrt „Cala Fornells". Von dort zum Kreisverkehr an der westlichen Ortseinfahrt von Peguera (Supermarkt) und rechts Richtung Andratx/Camp del Mar. Nach dem Garden Center links zum Meer und am Hotel Cala Fornells vorbei. Vor dem benachbarten Hotel Coronado rechts 200 m zu einem Schotter-Parkplatz. Endhaltestelle der Buslinie 104 (Palma – Peguera – Cala Fornells) 10 Min. vor dem Hotel Cala Fornells
[GPS: UTM Zone 31S x: 451551 y: 4375864]
CHARAKTER | Kurze Waldwanderung auf Wegen und Pfaden; Abstiegsvariante über steile Felsstufen, die Trittsicherheit erfordern. Markierung: Farbpunkte und Wegweiser. Unterwegs keine Einkehrmöglichkeit; Bar/Restaurant in Cala Fornells und Peguera

Einer der beliebtesten Wanderwege im Südwesten führt zu einem Wachturm aus dem Jahre 1582. Er steht auf einem Felsrücken, der sich südwestlich von Peguera weit ins Meer vorschiebt. Die Aussicht von den Buchten bis zum Dreikant des Puig de Galatzó ist großartig, ebenso wie der Tiefblick über die senkrechten Felsklippen des nahen Cap Andritxol. Ein Zaun, der vor einigen Jahren den Weg dorthin sperrte, ließ die Wogen unter Wanderern hochgehen. Mittlerweile ist der Turm renoviert und auch wieder zugänglich.

Große Ausicht bis zum Galatzó

▶ Vom oberen Rand des **Parkplatzes** 01 wandern Sie rechts an einer Infotafel vorbei zu einer Schranke und auf einer Schotterstraße in den lichten Kiefernwald. Vorbei an einer Abzweigung gelangt man nach 200 m zu einer großen Wegkreuzung. Weiter geht's auf dem halbrechts abzweigenden Weg (Schild „Cap Andritxol"), der bald einen Schotterweg quert. Auf schmalerer und – nach einem verfallenen Kalkofen – auch steilerer Trasse gelangen Sie auf den Bergrücken, der die

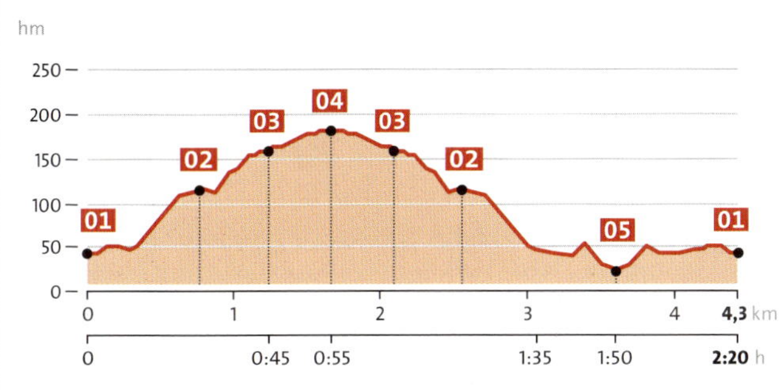


**01** Parkplatz, 41 m; **02** Bergrücken, 112 m; **03** Wachturm, 158 m; **04** Cap Andritxol, 184 m; **05** Caló d'en Monjo, 10 m (Mönchsbucht)

Cala Fornells von Camp de Mar trennt **02**. Dort treffen Sie auf den nutzlos und löchrig gewordenen Zaun. Nach links (Wegweiser „Cap Andritxol") und in Kehren zu zwei Steinhütten hinauf. Ein paar Schritte weiter oben steht der **Wachturm** **03** (158 m). 0:45 h

Der Pfad führt neben dem Zaun noch 10 Min. weiter zum **Cap Andritxol** **04** (184 m). Vorsicht bei der Abbruchkante über dem Meer!

**Rückweg** auf der gleichen Route. 0:40 h. Es lohnt sich, von der großen Wegkreuzung am Fuß des Höhenzuges rechts zum **Caló d'en Monjo (Mönchsbucht)** **05** zu gehen. 0:30 h hin und retour

## Steile Abstiegsvariante

Knapp unterhalb des Wachturms zweigt vom Wanderweg ein schmaler Pfad ab (Steinmännchen). Er führt durch den sehr steilen Hang über dem Caló d'en Monjo hinab (Trittsicherheit!) und mündet nach eingen Stufen in den Fahrweg zur Bucht.

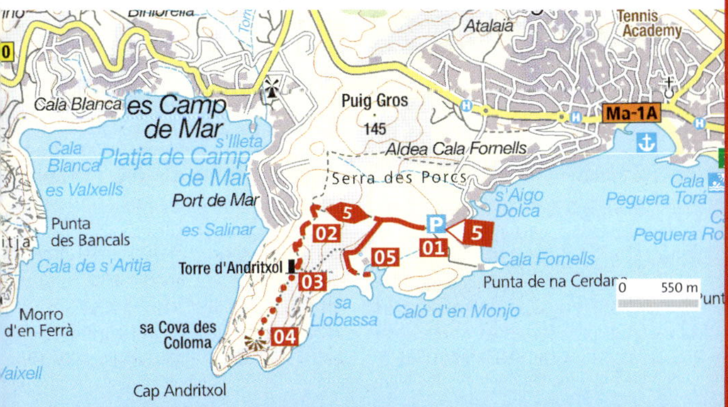

6

# PORT D'ANDRATX – SANT ELM |GR-221|

## Der aussichtsreiche Auftakt des Fernwanderweges

  7,9 km  2:45 h 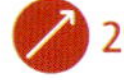 290 hm 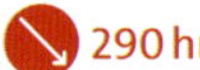 290 hm

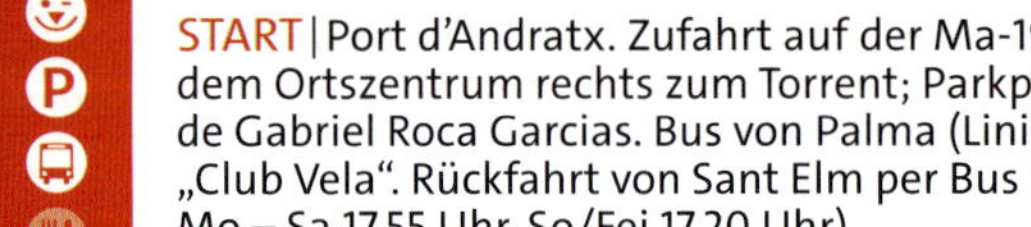

START | Port d'Andratx. Zufahrt auf der Ma-19 von Andratx, vor dem Ortszentrum rechts zum Torrent; Parkplätze an der Avinguda de Gabriel Roca Garcias. Bus von Palma (Linie 102), Haltestelle „Club Vela". Rückfahrt von Sant Elm per Bus (Linie 100, letzte Fahrt Mo – Sa 17.55 Uhr, So/Fei 17.20 Uhr)
[GPS: UTM Zone 31S x: 447208 y: 4377814]
CHARAKTER | Beliebte Wanderung auf Schotterstraßen, breiten Wegen und schmalen Pfaden; der Abstieg nach Sant Elm erfordert Orientierungsvermögen. Keine Beschilderung, aber Steinmännchen und Farbzeichen. Kaum Schatten. Unterwegs keine Einkehrmöglichkeit; Bars/Restaurants in Port d'Andratx und Sant Elm

Westlich von Andratx zeigt sich die Landschaft karg und kahl. Der Höhenrücken um den Pas Vermell, über den der erste Abschnitt des Fernwanderweges GR-221 führt, bietet jedoch traumhaft schöne Ausblicke ins Tal von S'Arracó, zur Bucht von Sant Elm, auf die vorgelagerte Insel Sa Dragonera und natürlich hinüber zu den Gipfeln der südlichen Tramuntana.

▶ Zunächst spazieren Sie auf der Avinguda de Gabriel Roca Garcias zum **Yachthafen** 01 an der Nordseite der Bucht von Port d'Andratx. Nach etwa 10 Min. zweigt man dann rechts auf die Carretera Aldea Blanca ab und geht geradeaus an einer Abzweigung vorbei. Nach 200 m (nahe einer Windmühle) links auf den C/. de Cala d'Egos Richtung Hotel Mont Port, bei der folgenden Gabelung nach rechts und bald auf einer Schotterstraße weiter. Diese schlängelt sich zwischen einigen Bauruinen über den bewaldeten Hang zum Coll des Vent hinauf. In der ersten Linkskurve beginnt rechts ein stellenweise steiler und ausgewaschener Pfad, auf dem sich die meisten Kurven des Fahrweges abkürzen lassen. Nach etwa 0:40 h Anstieg auf der Schotterstraße geradeaus über eine Kreuzung zum Sattel des **Coll des Vent** 02 (163 m, in der Nähe befindet sich ein alter Kalkofen).

In der Folge beschreibt der Fahrweg eine S-Kurve (Abkürzungspfad) und führt über einen Rücken in die Westseite des Höhenzuges von Mont Port, auf dem einige Villen stehen. Weiter geht's im sanften Anstieg hoch über dem Comellar de Cala d'Egos und der gleichnamigen Bucht in einen **Sattel** (256 m), in dem Sie links abzweigen. Im sanften Auf und Ab marschieren Sie nun ca. 1 km unterhalb der freien Anhöhe des **Puig d'en Ric** (312 m) vorbei, ignorieren zwei abzweigende Straßen und wandern über zwei Kehren

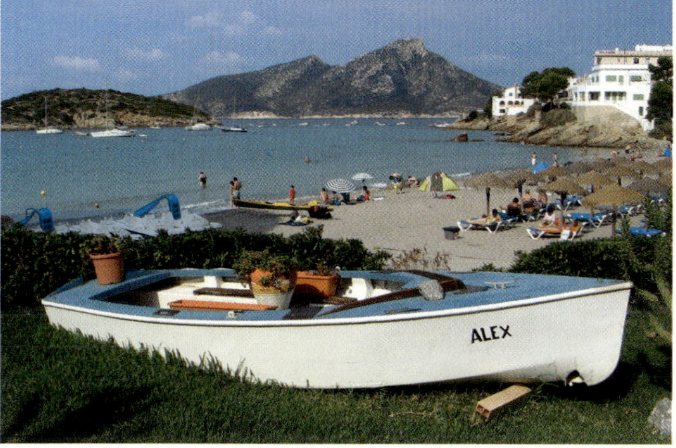


Wanderziel Sant Elm – mit der Illa de sa Dragonera im Hintergrund

dem Sendemast am **Pas Vermell** entgegen. Links schweift der Blick zum Meer und über den einsamen Rücken des Puig d'en Tió, rechts sehen Sie bald über die Talbecken von Andratx und S'Arracó bis zum Esclop hinüber. Neben einer Stromleitung gehen Sie über einen teils bewaldeten Rücken und links an den Sendeanlagen vorbei. Nun Vorsicht: Es geht etwas abwärts und wieder flach dahin, bis ca. 150 m nach dem Sender scharf rechts ein etwas undeutlicher Pfad abzweigt (Steinmännchen, Farbzeichen). Auf diesem steigt man kurz zum **Pas Vermell** 03 (295 m) an. Von dort überblickt man die Bucht von Sant Elm und die Insel Dragonera. 1:45 h

Abstieg nach Sant Elm: Man geht jenseits auf dem Pfad kurz zu einem breiten Felsband hinab und folgt diesem unter roten Wandabstürzen (über denen die Sendean-

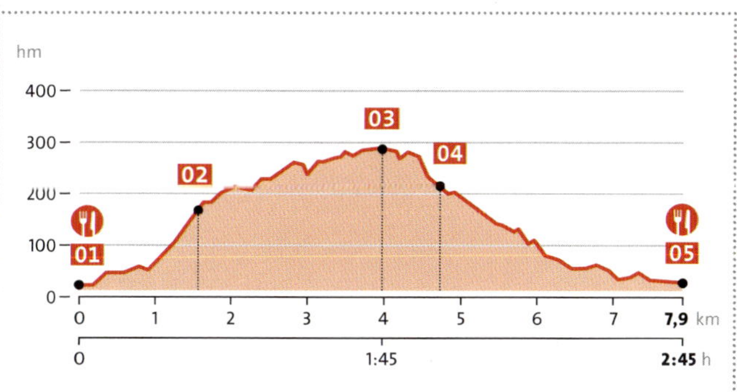


01 Yachthafen, 3 m; 02 Coll des Vent, 163 m; 03 Pas Vermell, 295 m; 04 Coll de sa Barrera, 223 m; 05 Sant Elm, 9 m

lagen stehen) nach rechts. Durch einen kleinen Felseinschnitt, dann steigt man links über einige erdige Stufen hinunter und gelangt durch den mit Macchia bewachsenen Hang zum Sattel des **Coll de sa Barrera** 04 (223 m).

Über diesen Sattel führt eine Schotterstraße, auf der wir links (westwärts) abwärts gehen. Nach 5 Min. – bei der Abzweigung unter einem Hügel mit Sendemast – bleiben Sie auf dem Hauptweg und gehen durch den Graben des **Canal de Sastre** abwärts. Bei der folgenden Abzweigung nach rechts und über Serpentinen bergab (auch Abkürzungspfad), dann nochmals rechts abbiegen. An einem Gebäude und einer freien Fläche vorbei, im Rechtsbogen um den Höhenzug der Serra de sa Tea herum und dann schräg durch einen Hang hinab. Durch eine Mulde (teils betonierte Trasse, Kette und Gatter) erreichen Sie eine weitere Wegteilung. Rechts auf dem Fahrweg weiter, gleich darauf wieder rechts bleiben und über einen Sattel, dann wandern Sie neben dem kleinen **Puig Blanc** abwärts. An seiner Nordseite links auf einen schmalen Pfad abzweigen und nach einem kurzen Anstieg rechts zu einer Straße (Camí de sa Torre), auf der Sie links am **Castell de Sant Elm** vorbeigehen. Nach einem letzten Abstieg rechts auf den C/. de Cala es Conills, der 500 m ins Ortszentrum von **Sant Elm** 05 führt (Bushaltestelle). 1:00 h

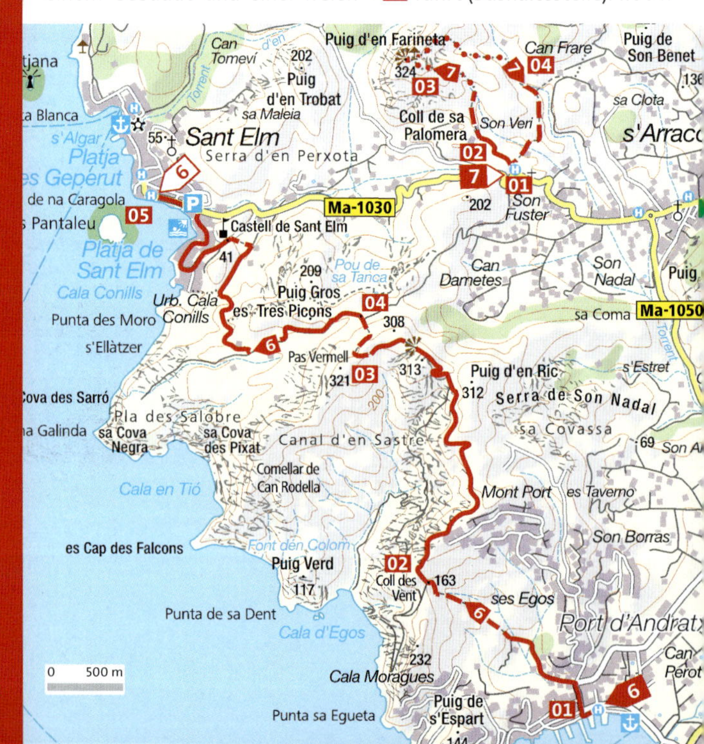

# AUF DEN PUIG D'EN FARINETA • 324 m



## Klein, aber oho: ein felsiger Aussichtspunkt bei Sant Elm

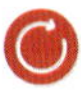 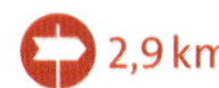 2,9 km 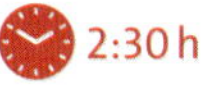 2:30 h 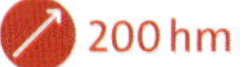 200 hm 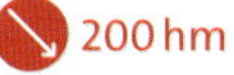 200 hm

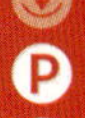
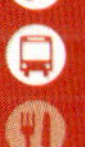
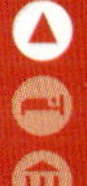

START | Der Friedhof am Coll de sa Palomera an der Ma-1030 zwischen S'Arracó und Sant Elm (Parkplatz). Bushaltestelle der Linie 100 (Port d'Andratx – Sant Elm), Zufahrt ab Palma mit der Linie 102 (umsteigen in Andratx)
[GPS: UTM Zone 31S x: 446677 y: 4381366]
CHARAKTER | Nur mit Steinmännchen markierte Bergwanderung; einige felsige Passagen erfordern Trittsicherheit und Schwindelfreiheit. Vorsicht, im Gipfelbereich hohe Felsabbrüche! Schatten vor allem beim Abstieg. Unterwegs keine Einkehrmöglichkeit; Bars/Restaurants in S'Arracó und Sant Elm

Der Gipfel-Mirador des Puig d'en Farineta muss keinen Vergleich mit den Top-Aussichtspunkten der Insel scheuen: schaurig der Blick über die senkrechte Westwand, unter der einst Piraten ein ganzes Dorf verwüsteten; grandios die Sicht zur Illa de sa Dragonera, der „Dracheninsel" bei Sant Elm, von der sie zu ihren verheerenden Raubzügen aufbrachen. Auf der anderen Seite erscheint die südliche Serra de Tramuntana – ein Traumplatz!

▶ Folgen Sie dem asphaltierten Camí de Son Verí links am **Friedhof** 01 vorbei. Danach zweigen Sie links auf die Asphaltstraße ab und wandern in ein kleines Tal hinauf. Dort rechts auf die Schotterstraße einschwenken. Gleich nach einer Passage mit betonierten Fahrspuren – kurz vor der **Finca Son Veri** 02 – biegt man bei einem Steinmännchen rechts auf einen wenig auffallenden Pfad ab, der neben einem Zaun aufwärts führt. Vom hinteren Ende des Grundstücks geht's auf dem rechts abzweigenden Pfad zwischen alten Terrassen und – nach 5 Min. scharf rechts abbiegend – durch einen felsigen Hang empor (Steinmännchen beachten). Im Zickzack über einige Felsstufen und links unterhalb einer kleinen Wand auf einen steinigen Rücken. Zuletzt steigt man durch einen felsigen Hang zum Gipfel an. Knapp davor erreicht man einen breiteren Weg, der links zu einem gemauerten Aussichtspunkt auf dem **höchsten Punkt** 03 – direkt über den Südabstürzen – führt (Kachel mit Krippendarstellung, kleine Madonnenfigur in einem Felsloch). 1:00 h

**Abstieg:** Wieder zurück und auf dem breiteren Weg links zu einer 1968 errichteten Unterstandshütte hinab. Nun weglos knapp unterhalb der Gratkante über Felsstufen und schräge Platten in die Scharte vor einem Nebengipfel absteigen. Rechts auf Pfadspuren (Steinmännchen) hinab,

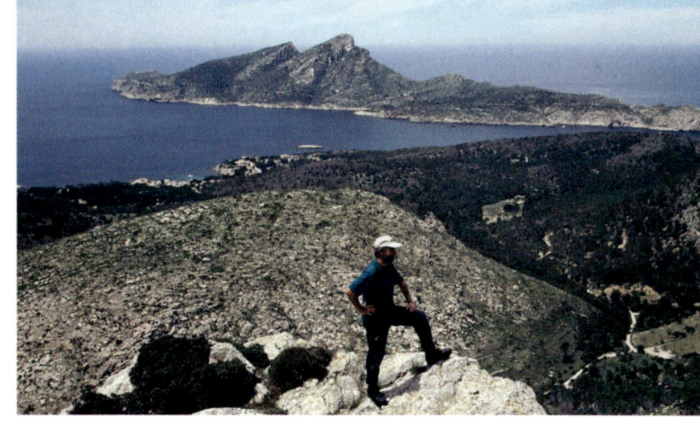

Am Rand der Wand: Dragonera-Panorama vom Puig d'en Farineta

unter Kiefern in eine Mulde und zwischen Felsen rechts steil in ein schluchtartiges Tal (umgestürzte Bäume). Dort links abzweigen und durch den Waldhang absteigen. Unten wird der Weg breiter und weniger steil. Über das **Bachbett** 04 und jenseits zu einer Wegteilung. Nach rechts, neben dem Wasserlauf abwärts und bei der folgenden Abzweigung links auf dem breiteren Weg weiter. Kurz darauf zweigt rechts ein Pfad ab, auf dem Sie weiter durch das bewaldete Tal hinauswandern. Bald mündet von links ein Weg ein. Achtung: hier rechts auf einen schmalen Pfad abbiegen und zum verwachsenen Bachbett absteigen. Jenseits geht's kurz steil bergauf, dann wandern Sie eben durch die Macchia und wieder aufwärts. Bei der nächsten Abzweigung rechts hinauf, flach durch den Hang und über eine Anhöhe (Steingebäude). Durch eine Mulde und rechts um ein weiteres Haus herum zu einer Schotterstraße, auf der man rechts zum **Friedhof** 01 zurückkommt. 1:30 h

**Karte auf Seite 48**

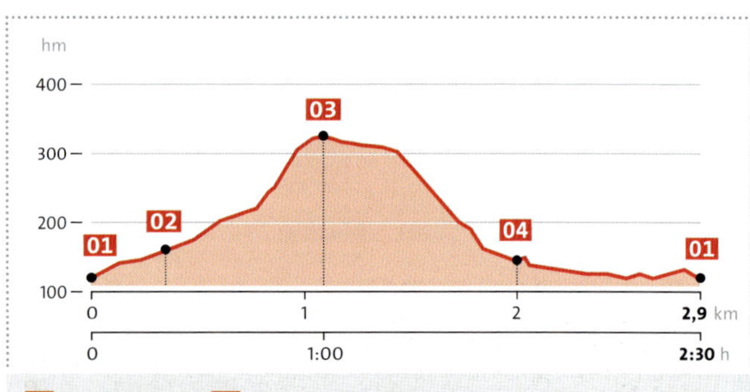


01 Friedhof, 119 m; 02 Finca Son Veri, 150 m;
03 Puig d'en Farineta, 324 m; 04 Bachbett, 135 m

## GR-221 – die Zugangsvariante von S'Arracó

Zur großen Tour durch die Serra de Tramuntana kann man nicht nur in Port d'Andratx oder in Sant Elm (siehe Tour 9) aufbrechen, sondern auch im dazwischen gelegenen Dorf S'Arracó. Dort beginnt der Camí de ses Rotes de s'Hereu, eine beschilderte Zugangsvariante zum GR-221. Vom Platz vor der Kirche (Bushaltestelle) folgen Sie der Hauptstraße (C/. Franca) durch das Dorf, vorbei an der Apotheke und der Infotafel „Camina per Mallorca". Beim Supermercat biegen Sie links auf die Calle del Porvenir ab (Infotafel „Puig des Corb i Ses Rotes de s'Hereu"). Nach wenigen Metern finden Sie rechts das erste Schild des GR 221. Die schmale Straße führt aus dem Ort hinaus und zu einer Wegteilung, von der Sie dem Wegweiser „Coll de sa Gramola" nach links folgen. Nach etwa 15 Min. Gehzeit wandern Sie auf Schotterbelag weiter, vorbei am Landgut Can Corso. Danach wieder links abbiegen (Richtungspfosten) und – stets auf dem Hauptweg bleibend – in den Wald. Nach einem Sattel geht's steiler zum Felseinschnitt des Pas d'en Guida unter dem kleinen Puig d'en Corso hinauf. Dahinter führt der Weg etwas abwärts und hoch über dem Graben des Torrent de Ca na Rosa zu einem weiteren Sattel. Hier beginnt das Gebiet, in dem der Waldbrand von 2013 große Verwüstungen angerichtet hat. Der Weg wird schmaler und schlängelt sich zwischen verfallenen Terrassenmauern und durch freies Grasgelände gegen den Coll des Cucons (297 m) hinauf. Man bleibt links der Senke, passiert eine Steinhütte (Casita de l'Amo en Pep) und erreicht kurz darauf eine Anhöhe (325 m, schöner Blick zur Mola de s'Esclop). Nach links und quer durch die steinigen, verwachsenen Hänge über der Schlucht des Comellar des Guixers, nach einer Mulde rechts in Kehren abwärts und schließlich links in den Talgrund, in dem sich eine Betonmauer befindet. Dahinter beginnt ein Schotterfahrweg, auf dem Sie zur Caseta de ses Basses ansteigen. Kurz vor dem kleinen Gebäude erreichen Sie eine Querstraße, die rechts zum Coll de sa Gramola führt (Beschreibung siehe Tour 9). Insgesamt 3 – 4:00 h

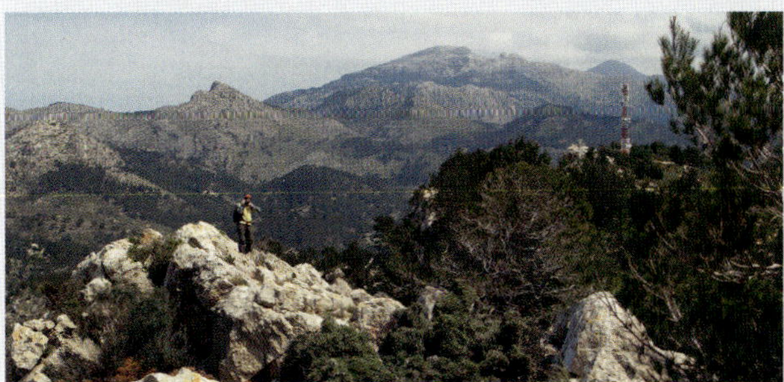
Blick vom Pas Vermell zu den Bergen um S'Arracó und zum Esclop

# AUSFLUG ZUR DRACHENINSEL

## Auf den Puig des Far Vell, den „Leuchtturmberg“

  5,6 km  2:45 h  290 hm 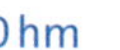 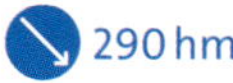 290 hm

START | Sant Elm, Hafen. Zufahrt auf der Ma-1030, Gebühren-Parkplatz am Ortseingang. Buslinie 100 von Andratx (ab Palma Linie 102). Überfahrt mit dem Boot „Margarita“ (April – September ab 9.45 Uhr, Oktober ab 10. 15 Uhr alle 30 Min., letzte Rückfahrt 16.50 Uhr, im Oktober 15 Uhr, Tel. 639/617545 oder 629/606614, http://crucerosmargarita.com) oder mit Watertaxi (Tel. 971/100866, www.watertaxi.es). Nach der Ankunft erhält man im Infozentrum die kostenlose Genehmigung zum Besuch der Insel (für Gruppen über 10 Personen zuvor Anmeldung, Tel. 971/173731)
[GPS: UTM Zone 31S x: 442326 y: 4382215]
CHARAKTER | Bergwanderung auf breiten, beschilderten Wegen; kurze abgerutschte Stellen und der Gipfelbereich erfordern Trittsicherheit. Kaum Schatten. Keine Einkehrmöglichkeit auf der Insel

Die 4,2 km lange, bis zu 900 m breite und 271 ha große Illa de sa Dragonera vor der Westspitze Mallorcas bricht nordseitig mit fast senkrechten Wänden zum Meer hin ab. Bevölkert wird sie von seltenen Vogelarten – und von schwarzen Balearen-Eidechsen, kleinen „Drachen“, die ohne Scheu vor Menschen sind. Das vor der Bebauung gerettete Eiland ist seit 1995 ein Naturpark.

### Weitere Inselwege

führen ohne große Höhenunterschiede zu den Leuchttürmen am Cap de Tramuntana (1:00 h hin und retour) bzw. am Cap des Llebeig (2:30 h hin und retour). Alle anderen Gebiete der Insel dürfen nicht betreten werden.

Erstaunlich gebirgig: der Kamm der „Dracheninsel“

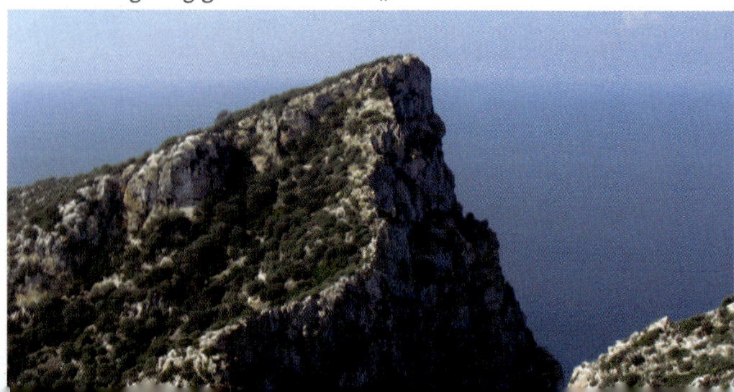

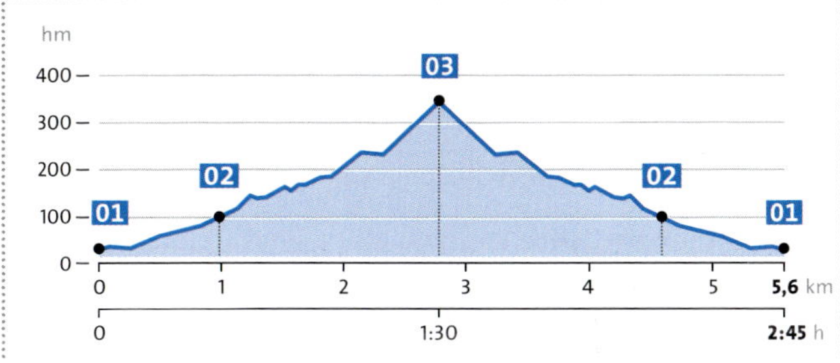


01 Cala Lledó, 10 m; 02 Coll Roig, 93 m; 03 Puig des Far Vell, 349 m

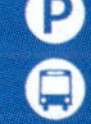

▶ Von der Wegkreuzung oberhalb des **Infohauses** an der **Cala Lledó** 01 folgen Sie dem Schild „Na Pòpia – es Far Vell“ nach links. Auf dem Asphaltweg durch ein Gatter und über eine kleine Brücke. Nach ca. 10 Min. zweigen Sie rechts auf einen breiten Schotterweg ab. Er schlängelt sich durch eine Maueröffnung ins Kulturland hinauf. Oberhalb davon gelangt man zum Sattel des **Coll Roig** 02 (Tiefblick über die Steilküste). Nach links und auf dem angelegten Weg in Kehren durch den steilen, felsigen, mit Buschwerk aus Ölbaum und Steinlinde bewachsenen Gipfelhang empor. Schließlich erreicht man neuerlich die Gratkante und nach weiteren Serpentinen das verfallene Gebäude beim Leuchtturm, nach dem der Puig des Far Vell benannt ist. Der Weg endet an einer schrägen Felsplatte. Über diese rechts auf den **Puig des Far Vell** 03 (349 m). Tiefblick zum Meer, Traumsicht zur Tramuntana! 1:30 h

**Abstieg** wie Aufstieg. 1:15 h.

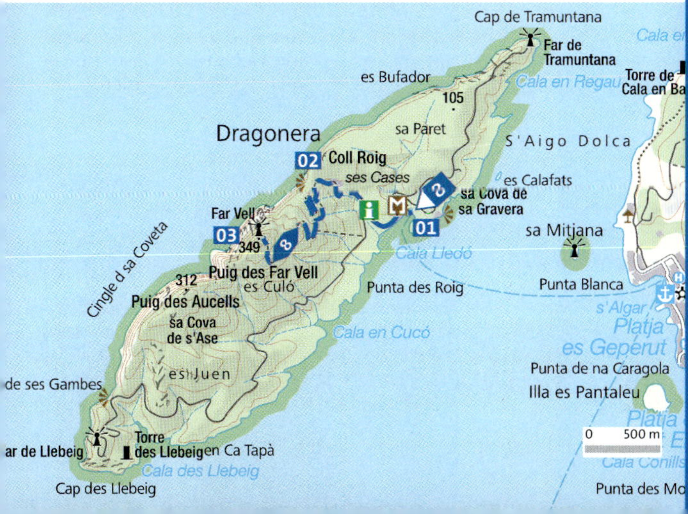

9

# ZUR KLOSTERRUINE LA TRAPA |GR-221|

## Eine der beliebtesten Touren Mallorcas

  10,9 km  3:30 h 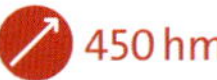 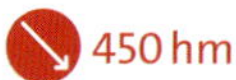

START | Sant Elm (Zufahrt siehe Tour 8). Parkmöglichkeiten und Bushaltestelle auch im Bereich der Plaça de Mossèn Sebastià Grau und an den Straßen im hinteren Ortsbereich [GPS: UTM Zone 31S x: 444129 y: 4381673]
CHARAKTER | Bergwanderung auf breiten Wegen und schmalen Pfaden; eine Passage erfordert Trittsicherheit und Schwindelfreiheit. Markierung: Steinmännchen, einige Schilder. Viel Schatten. Unterwegs keine Einkehrmöglichkeit; Bars/Restaurants in Sant Elm

Schweigen, Meditation und Askese – das prägte das Leben jener Mönche, deren Orden 1664 im nordfranzösischen La Trapa gegründet worden war. 1810 kamen einige Trappisten nach Mallorca, wo sie im unzugänglichen Hochtal von Sant Josep oberhalb von Sant Elm ein Kloster gründeten – 270 m über dem Meer und direkt gegenüber der Insel Dragonera. Der Staat löste das Kloster 1820 schon wieder auf. 160 Jahre später kaufte die Naturschutzorganisation G.O.B. die verfallenen Gebäude, um ein Erschließungsprojekt zu verhindern. Wer den Aussichtsradius noch vergrößern möchte, wandert weiter zur bis zur 400 m hoch gelegenen Aussichtskanzel über dem Cap Fabioler. Im Sommer 2013 zerstörte ein Waldbrand

### Cala en Basset: Piratenturm und Schmugglerbucht

Von Can Tomeví links auf dem Fahrweg zu einer Abzweigung. Geradeaus weiter (blaue Farbzeichen), am Haus Can Pepe vorbei und auf einem Waldpfad zu einem breiteren Weg. Auf diesem rechts ca. 200 m bergauf, dann rechts auf einen Pfad (Steinpfeil) über einen Waldrücken (umgestürzte Bäume, Mauerreste) zu einer Wegteilung (große Steinpyramide). Links zur nahen Torre de Cala en Basset. Der kleine Wachturm auf der Anhöhe Niu de s'Àguila (Adlernest) entstand 1583; sehr schöner Blick zur Illa de sa Dragonera! Zurück wandern Sie auf derselben Route. 1:00 h hin und retour. Von der großen Steinpyramide kann man links auf einem schmalen, sehr steilen Pfad zur Cala en Basset absteigen. Die 50 m breite Kiesbucht war früher ein Schmuggel-Umschlagplatz. Oberhalb davon findet man eine Schotterstraße, die in Kehren zu einem Tor ansteigt. Vor einen zweiten Tor links und dann rechts zu den beiden Mauerpfeilern am La-Trapa-Aufstiegsweg. Zusätzlich 0:30 h

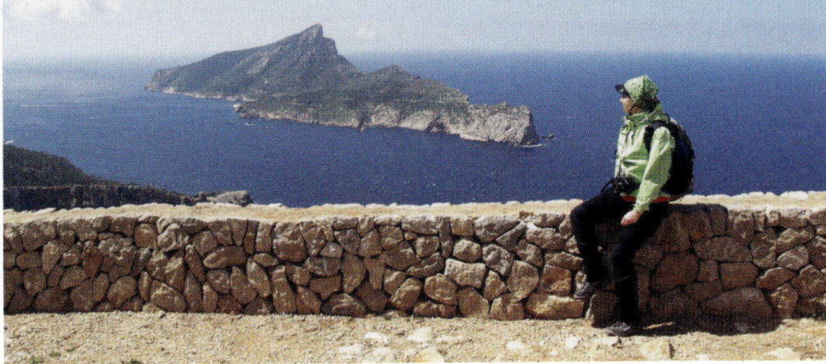

Die Illa de sa Dragonera „schwimmt“ unterhalb von La Trapa

die Vegetation in einem 2335 ha großen Gebiet zwischen La Trapa und Andratx. 20 Jahre Aufforstungsarbeit wurden zunichte gemacht. Bitte bleiben Sie dort bitte ausschließlich auf den Wegen, um die Erosion des schutzlosen Erdreichs zu verhindern.

▶ Von der **Plaça de Mossèn Sebastià Grau** 01 nach der Beschilderung „La Trapa“ auf der Avinguda de La Trapa in ein Waldtal. Nach 15 Min. erreicht man auf Schotterbelag das verlassene, bunt bemalte Haus **Can Tomeví** 02. Ignorieren Sie dort das nach rechts weisende Schild „La Trapa“ und gehen Sie geradeaus auf einem breiten Weg in den Wald. Nach kurzem Aufstieg queren Sie eine Schotterstraße (links zwei frei stehende Mauerpfosten) und steigen auf einem Pfad in Serpentinen an. Bald wird der Weg schmaler, steiler und felsiger (Blick zur Cala en Basset). Unterhalb von Felsen zu einem Vorsprung hinauf, knapp davor nach rechts und über steile, künstlich angelegte Stufen auf einen **Rücken**. Dahinter geht‘s durch den Grashang und zuletzt links auf dem Fahrweg zur Klosterruine **La Trapa** 03 (270 m) hinab. Tolle Aussicht vom Dreschplatz unterhalb der Gebäude! 1:00 h

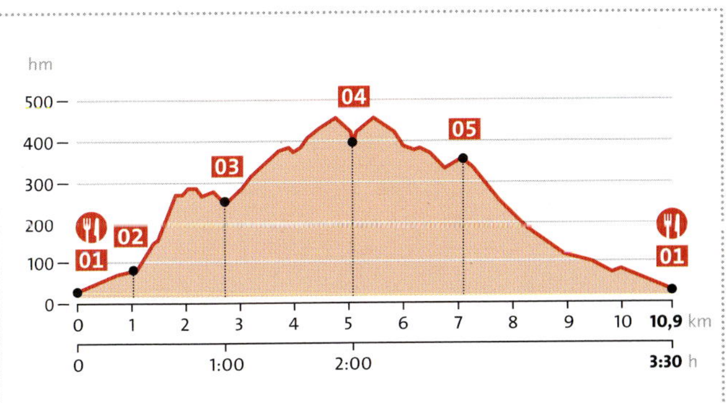


01 Plaça de Mossèn Sebastià Grau, 12 m; 02 Can Tomeví, 70 m; 03 La Trapa, 270 m; 04 Mirador d’en Josep Sastre, 400 m; 05 Coll de ses Ànimes, 365 m

9

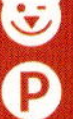
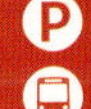
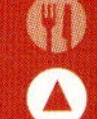

**Zum Cap Fabioler:** Auf dem Fahrweg zurück zur **Einmündung der Zugangsroute** und auf der breiten Piste weiter durch den Hang hinauf. Nach gut 10 Min. biegen Sie in einer **Rechtskehre** links auf einen schmalen Pfad ab. Auf diesem wandern Sie erst flach, dann stellenweise steiler durch das Waldbrandgebiet aufwärts. Unter den markanten Felszähnen des **Puig de la Trapa** vorbei gelangt man auf einen Rücken des flachen **Puig de ses Basses** (493 m). Kurz absteigend zu einer **Wegteilung** (große Steinpyramide) und links zur nahen Mauer des **Mirador d'en Josep Sastre** **04** (400 m), die direkt an der Felskante über dem **Cap Fabioler** „klebt". Fantastischer Tiefblick zum Meer,

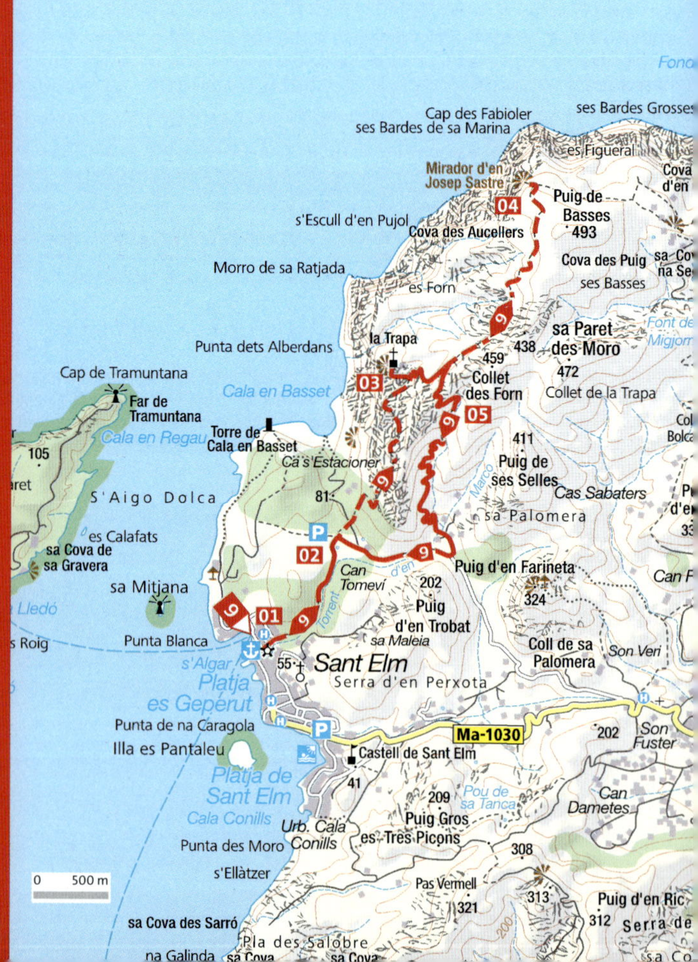

herrliche Sicht zur Costa Nord (Nordwestküste) und zur südlichen Serra de Tramuntana! 1:00 h

**Rückweg:** Auf der Zugangsroute ca. 0:40 h zurück zur Schotterstraße, auf die Sie nun jedoch links einschwenken. So erreichen Sie den Sattel des **Coll de ses Ànimes** 05 (365 m). Von dort windet die Schotterpiste talwärts. Nach 0:30 h Abstieg kommen Sie unten am **Anwesen Sa Palomera** vorbei. Danach zweigen Sie rechts ab (Wegweiser „Sant Elm“) und marschieren auf dem Fahrweg (Camí Punta de sa Galera) durch das Tal hinab. Eine Abzweigung ignorieren, unterhalb eines Hauses vorbei und auch bei der nächsten Abzweigung geradeaus weiter, bis man wieder nach **Can Tomeví** 02 gelangt. Links nach **Sant Elm** 01 zurück. 1:30 h

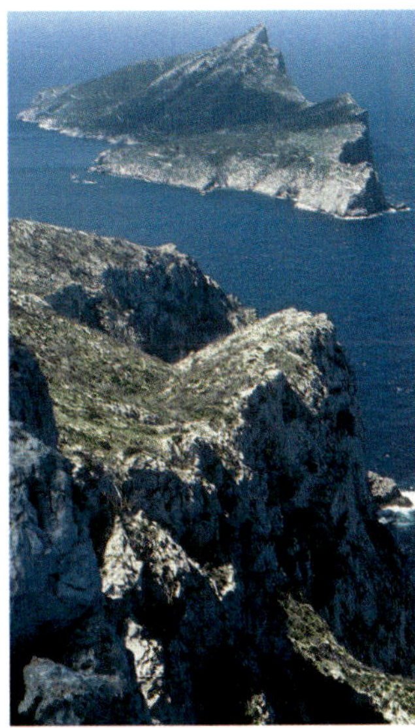

Hoch über dem Cap Fabioler

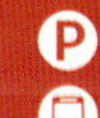
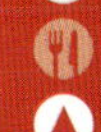
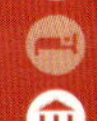

## Auf dem GR-221 zum Coll de sa Gramola

Die Route von Sant Elm über La Trapa zum Cap Fabioler ist ein Teil des GR-221. Von dort führt der Fernwanderweg weiter zum Sattel des Coll de sa Gramola (344 m), wo er auf die Küstenstraße Ma-10 (Andratx – Estellencs) trifft.

Wenn Sie vom Mirador am Cap Fabioler zurückgehen, biegen Sie gleich darauf bei der Gabelung mit der großen Steinpyramide links ab. Ein gut ausgetretener Pfad führt durch die Abhänge des Puig de ses Basses hinab und geht in einen Fahrweg über. Vorbei an zwei kleinen Häusern (Caseta de ses Basses) gelangt man zu einer Abzweigung – dort mündet die beschilderte Zugangsvariante von S’Arracó ein (siehe Kasten bei Tour 7). Geradeaus weiter und über eine Linkskurve auf einen Rücken, dann geht’s durch das karstige, vom Waldbrand verwüstete Gelände zwischen dem Meer und dem Tal des Comellar des Guixers dahin. Bei der Abzweigung nach dem Sattel des Collet d’en Tió gehen Sie links weiter und am felsigen Penyal de Anglade vorbei. Nach 1:30 h erreichen Sie schließlich den Parkplatz an der Ma-1 (Km 106).

Keine Busverbindung zwischen Andratx und Estellencs – für die Rückfahrt muss man in Andratx ein Taxi bestellen (Tel. 971/136398).

10

# ZUR FINCA GALATZÓ |GR-221|

## Ein sehenswertes Landgut in romantischer Landschaft

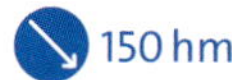

7,2 km | 3:00 h | 150 hm | 150 hm

START | Am Parkplatz beim Tor des Landguts oder beim Haus Ca l'Amo en Biel, etwa 4 km nördlich von Es Capdellà (150 m). Zufahrt von dort auf der Ma-1032 Richtung Galilea/Puigpunyent; vor der Brücke (Km 2,2) links auf die Schotterstraße abzweigen (Tafel „Finca Pública Galatzó"). Buslinie 110A und 110B von Palma nach Es Capdellà; von dort zu Fuß in 0:45 h auf dem asphaltierten, später geschotterten Carrer de Galatzó (als GR-221 beschildert) [GPS: UTM Zone 31S x: 454988 y: 4383519]

CHARAKTER | Talspaziergang auf sanft ansteigenden Schotterstraßen und breiten Wegen. Schatten im hinteren Talbereich. Unterwegs keine Einkehrmöglichkeit; Bars/Restaurants in Es Capdellà

Das Landgut Galatzó, das in einem stillen Tal zwischen dem Puig de Galatzó und der Mola de s'Esclop liegt, ist öffentlich zugänglich (April – September täglich 8 – 19 Uhr, im Winter bis 17 Uhr). In diesem schon in der Bronzezeit besiedelten Gebiet gründeten die Araber eine Alqueria, einen landwirtschaftlichen Betrieb. 1627 erwarb ihn Pere Ramon Zaforteza, der der Sage nach für seine zahlreichen Greueltaten als „Comte Mal" (böser Graf) um die Berge spukt. Mit einer Fläche von ca. 1400 ha nimmt das Landgut heute nahezu 10 % der Gemeindefläche von Calvià ein. Sein renoviertes Herrenhaus, zu dem u. a. auch eine Kapelle, eine Ölpresse und ein Garten gehören, ist für sich schon einen Besuch wert. Und im

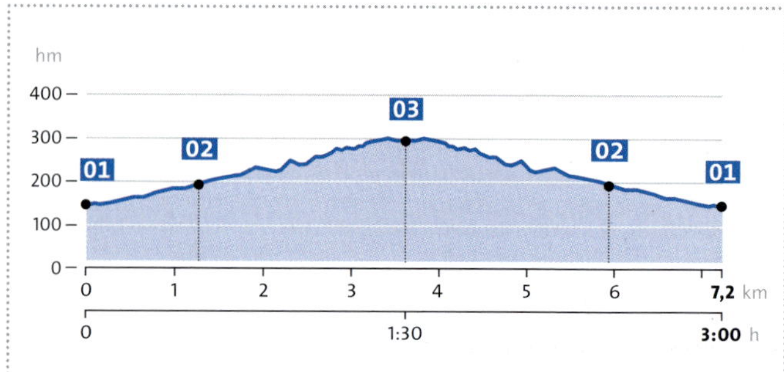


01 Parkplatz Haus Ca l'Amo en Biel, 150 m;
02 Finca Galatzó, 190 m; 03 Pou de ses Sínies, 300 m

## Galatzó-Varianten

Kurz vor der Finca zweigen zwei weitere Wanderrouten ab: links der mit Nr. 4 beschilderte Schotterfahrweg zum Mirador sa Vinya (425 m) und rechts der Weg Nr. 3, der zur einsamen Hochfläche Ses Planes (460 m) unterhalb des Puig de Galatzó emporzieht. Schöne Aussicht, Gehzeit jeweils 2:00 h hin und retour.

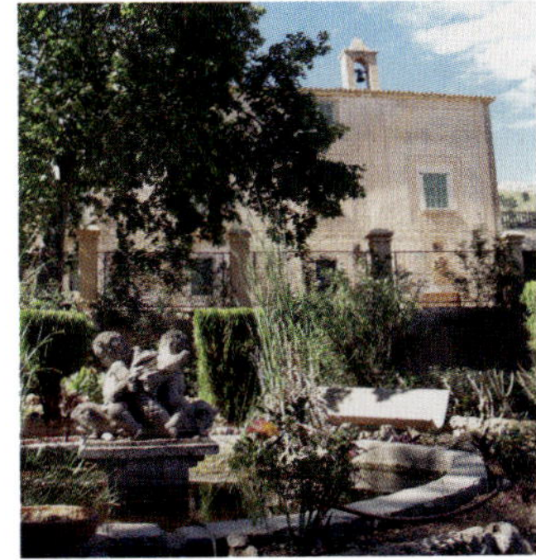
Rast im Garten des Landguts

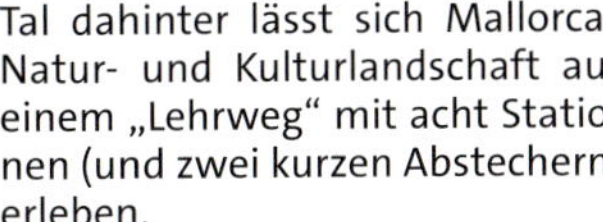

Tal dahinter lässt sich Mallorcas Natur- und Kulturlandschaft auf einem „Lehrweg" mit acht Stationen (und zwei kurzen Abstechern) erleben.

▶ Die sanft ansteigende Schotterstraße führt ins bewaldete Tal des Torrent de Galatzó hinein. Vor dem hinteren **Parkplatz beim Haus Ca l'Amo en Biel** 01 nach links, durch ein Tor und über eine Brücke zur nächsten Abzweigung. Geradeaus zur Straße, die von Es Capdellà herüberführt (GR-221) und auf dieser rechts weiter. Geradeaus an der nächsten Abzweigung vorbei (Wegweiser „02 Ses Sínies") zu den **Gebäuden des Landguts** 02 (190 m). 0:30 h

Der Lehrweg in den hinteren Bereich des Torrent de Galatzó führt unter der Veranda durch und zwischen Mauern taleinwärts. Bei den beiden folgenden Abzweigungen bleiben wir geradeaus; dazwischen geht's über eine Furt. Nach einer kleinen Anhöhe (Wasserbecken) folgt ein sanfter Abstieg. Im felsigen, gewundenen und von vielen Zwergpalmen bewachsenen Tal befindet sich ein Köhlerplatz mit einem nachgebauten Meiler. Im Talgrund erreichen Sie schließlich den Brunnen **Pou de ses Sínies** 03 (300 m) und 5 Min. weiter einen **Mirador**, bei dem Sie umkehren. 1:00 h

**Rückweg** wie Hinweg. 1:30 h

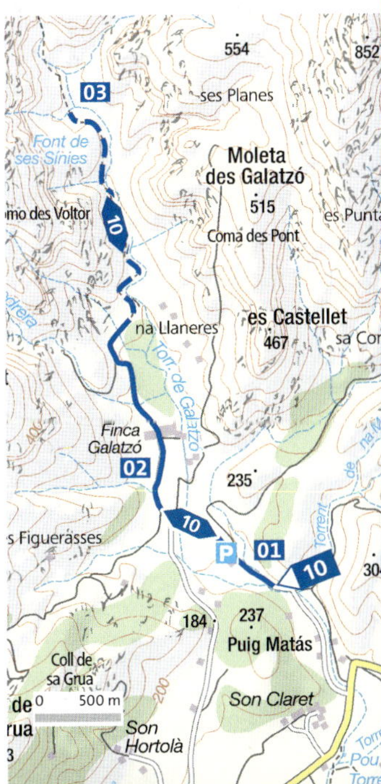


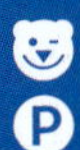
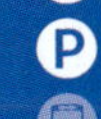
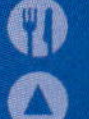
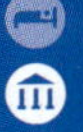

# SA MOLA DE S'ESCLOP • 928 m |GR-221|

## Der Tafelberg über der Finca Galatzó

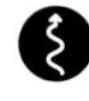  13,2 km  6:00 h  850 hm  850 hm

START | Wie bei Tour 10
[GPS: UTM Zone 31S x: 454988 y: 4383519]
CHARAKTER | Landschaftlich großartige Bergtour auf einer Schotterstraße, schmalen Pfaden und stellenweise auch durch wegloses, verwachsenes und felsiges Gelände. Im Gipfelbereich ist eine kurze Kletterpassage im 1. Schwierigkeitsgrad zu meistern. Bei Nebel schwierige Orientierung. Wenig Schatten. Unterwegs keine Einkehrmöglichkeit; Bars/Restaurants in Es Capdellà

Mola de s'Esclop nennen ihn die Mallorquiner – einen gewaltigen Holzschuh. Tatsächlich zeigt sich der Tafelberg, der die Tausendmetermarke um 72 m verpasst, von allen Seiten als gewaltiger Felsbuckel. Kaum zu glauben, dass er sogar einmal bewohnt war: Knapp unterhalb des höchsten Punkes stehen noch die Ruinen einer Steinhütte, die der französische Mathematiker François Aragó im Jahre 1808 als Stützpunkt für Vermessungstätigkeiten Richtung Eivissa (Ibiza) benützte. Nahrung, Wasser und Instrumente musste er selbst hinaufschleppen, und obendrein wäre er als vermeintlicher Spion Napoleons beinahe hingerichtet worden. Der schmale, einst völlig verwachsene Zugangsweg von der Finca Galatzó wurde vom Gebüsch befreit. Gutes Orientierungsvermögen und ein wenig Klettergewandtheit bleiben aber weiterhin Voraussetzung im entlegenen Gelände zwischen dem Puig de Galatzó und dem Esclop und beim finalen Anstieg durch den Felsgürtel des Gipfelplateaus.

▶ Wie bei Tour 10 vom **Parkplatz** **01** in 1:00 h zum **Pou de ses Sínies** **02**. Kurz vor dem Brunnen zweigen Sie rechts ab (Wegweiser „Coma d'en Vidal, Estellencs"), überqueren das Bachbett und wandern auf einem sanft ansteigenden Weg unter Kiefern bis zu einer Teilung des Tals. Geradeaus unter einer felsigen Kuppe in den linken Graben, dann scharf rechts und im sanften Anstieg durch den mit Ginster bewachsenen Hang, vorbei an einer steinernen Viehtränke. Unterhalb der Felsen auf eine Anhöhe. In der Folge schlängelt sich der Pfad durch eine steile Mulde gegen den Höhenzug der Serra des Pinotells empor. Auf etwa 600 m Seehöhe – unter einem schroffen Wandabsturz – erreichen Sie einen **quer verlaufenden Pfad** **03**. Auf diesem wandern Sie nach links (Wegweiser „Coma d'en Vidal, Esclop") und in Serpentinen durch den Grashang zu einem Sattel hinauf. Rechts steht eine **Mauer mit Drahtzaun** **04** (650 m) – der GR-221 biegt hier nach rechts ab. Der Weg zum Esclop führt links davon weiter.

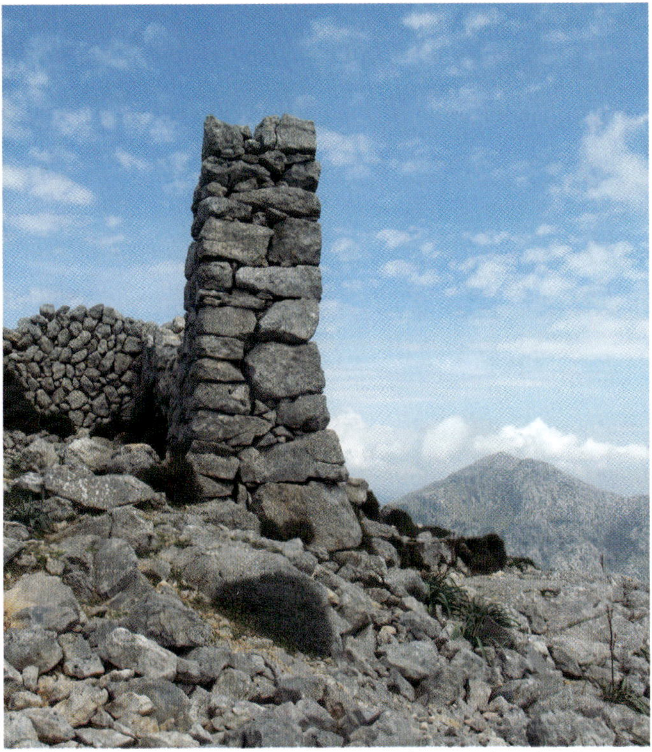

Die Hüttenruine auf dem Esclop – dahinter der Puig de Galatzó

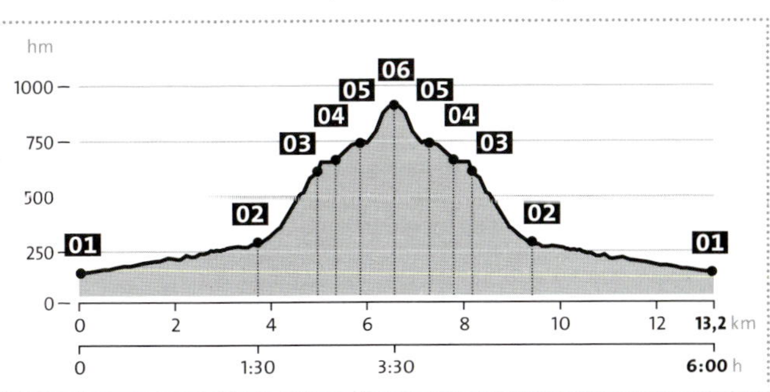


**01** Parkplatz, 150 m; **02** Pou de ses Sínies, 300 m; **03** quer verlaufender Pfad, 580 m; **04** Mauer mit Drahtzaun, 650 m; **05** Coll de sa Font des Quer, 737 m, **06** Mola de s'Esclop, 928 m

Zwischen Bäumen geht's zur grasigen Hochebene der **Planícia de s'Esclop** hinauf. Dieses Gebiet wurde einst bewirtschaftet. Links sehen Sie die Ruine der Caseta de s'Esclop, rechts erhebt sich der kleine Felskopf des **Castellet** (auch Penya Blanca genannt). Am vorderen Rand des Plateaus erreichen Sie den **Coll de sa Font des Quer** **05** (737 m).

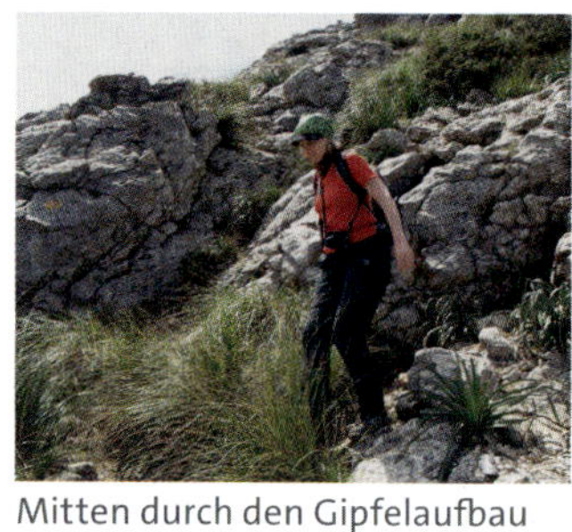

Mitten durch den Gipfelaufbau

Links der langen Mauer, die zu den Felsen des **Esclop** führt, wandern Sie auf Pfadspuren bergan. Dann links durch den steilen Hang zum grasdurchsetzten Mittelteil der Felsflanke, die über mehrere kurze Gesteinsstufen erstiegen wird (Steinmännchen beachten). Oben nach links und über das steinige, sanft ansteigende Gipfelplateau zur Vermessungssäule auf dem höchsten Punkt der **Mola de s'Esclop** **06** (928 m). Kurz weiter nach Süden zur **Hüttenruine** und zu einem Vorgipfel, von dem man den besten Ausblick nach Süden genießt. 2:00 h

**Abstieg** auf derselben Route. 2:30 h

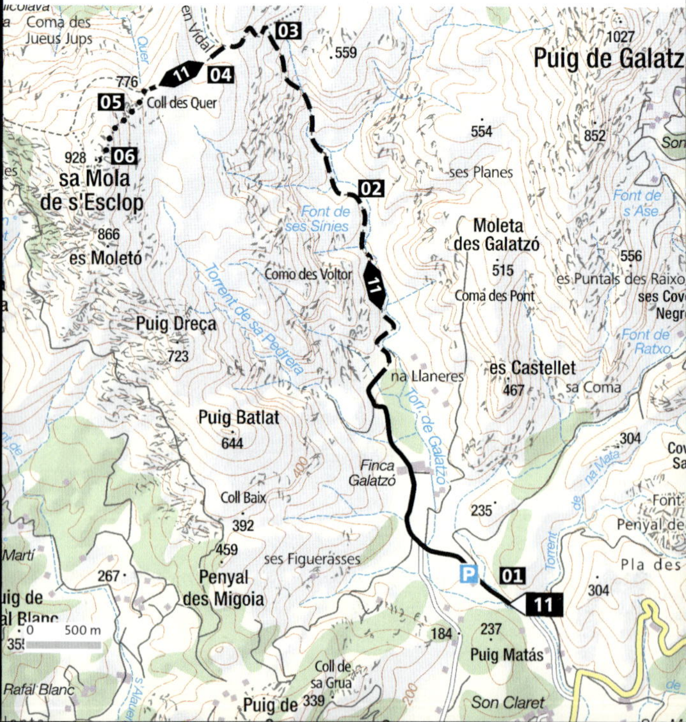

# DER ESCLOP VON NORDEN |GR-221|

Bergabenteuer hoch über der Costa Nord

 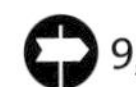 9,2 km  4:15 h 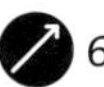 650 hm  650 hm

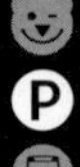
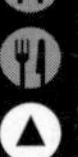

START | An der Küstenstraße Ma-10 bei Km 97 zwischen Andratx und Estellencs (290 m). Nur wenige Parkplätze, die oft schon früh belegt sind [GPS: UTM Zone 31S x: 453838 y: 4388609]
CHARAKTER | Abwechslungsreiche Bergtour auf einer Schotterstraße, Bergpfaden und stellenweise durch wegloses, mit hohem Gras bewachsenes und felsiges Gelände. Im Gipfelbereich ist eine kurze Kletterpassage (Schwierigkeitsgrad I) zu meistern. Nicht bei Nebel ratsam! Der Abstieg über die Coma d'en Vidal ist einfacher. Abschnittsweise beschildert, Steinmännchen und Farbzeichen. Wenig Schatten. Unterwegs keine Einkehrmöglichkeit; Bars/Restaurants in Estellencs und beim Mirador des Grau an der Ma-10 (Km 98)

Der Esclop-Aufstieg von der Nordwestküste bietet viel Abwechslung und auch ein wenig Abenteuer: Schon auf dem Weg zum Picknickplatz Son Fortuny staunt man über etwa 200 m hohe Felsbastionen (Es Morralas), die auch in den Dolomiten eine gute Figur machen würden. Dahinter genießt man die Einsamkeit, die über dem weltentlegenen, von vielen Zwergpalmen bewachsenen Gebiet zwischen der Mola de s'Esclop und dem benachbarten Puig de Galatzó liegt – hinter der Serra des Pinotells verschwindet man beinahe im hohen Dissgras. Zuletzt, beim Gipfelaufstieg, muss man sogar ein wenig Hand an den Fels legen.

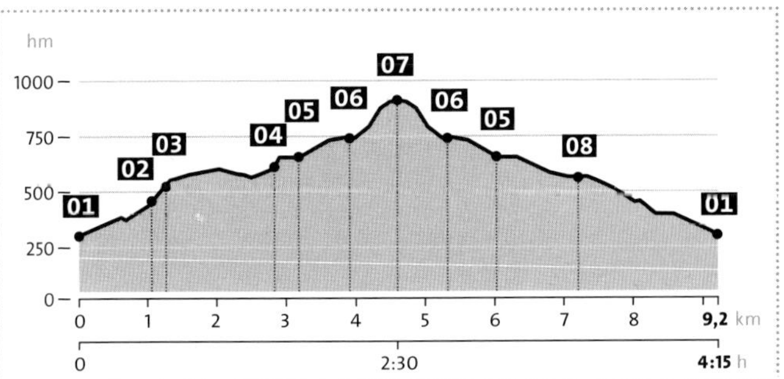


01 Küstenstr. Ma-10, 290 m; 02 Boal de ses Serveres, 400 m; 03 Wegteilung; 04 Einmündung Pfad; 05 Mauer, 650 m; 06 Coll de la Font des Quer, 737 m; 07 Gipfel, 928 m; 08 Landgut Sa Coma d'en Vidal, 555 m

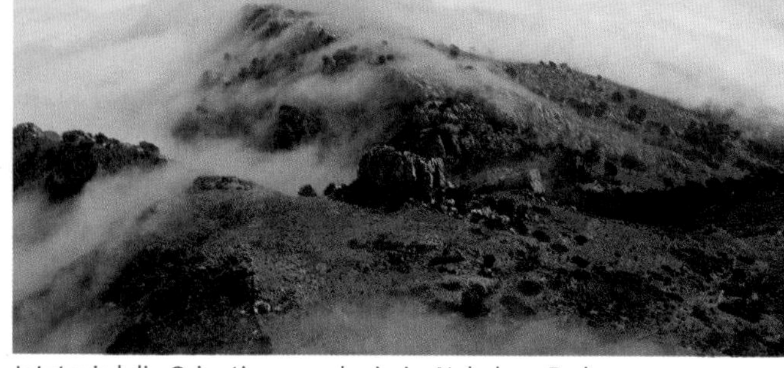

Jetzt wird die Orientierung schwierig: Nebel am Esclop

▶ Nahe dem Km-Stein 97 der **Küstenstraße Ma-10** **01** zweigt bergseitig ein Schotterfahrweg ab (Wegweiser „Boal de ses Serveres, Puig de Galatzó"). Auf diesem gelangen Sie hinauf ins Gebiet der öffentlichen Finca Son Fortuny. Bei einer Abzweigung nach links und unterhalb der burgartigen Felswände (Cingle Redó, Es Morralàs) zum **Picknickplatz Boal de ses Serveres** **02** (400 m). Nicht geradeaus durch das Tor, sondern rechts zur **grasgedeckten Hütte**. Dahinter zieht ein breiter Weg rechts in ein Tal. Er verengt sich bald zum Pfad, der sich durch den felsigen Hang des **Pas des Cossi** zu einer **beschilderten Wegteilung** **03** hinaufschlängelt.

Hier nach rechts und auf einem schmalen und teilweise verzweigten Pfad weiter – erst eben, dann schräg ansteigend (Steinmännchen). Zwischen zwei Steinblöcken zum **Coll de sa Moleta Rasa** (572 m), den freien Rücken zwischen dem Galatzó und dem Esclop. Weglos rechts über die Hochfläche (Felsplatten, Gras), links auf Pfadspuren in den Hang hinab und in die Mulde unterhalb der **Moleta des Pinotells**. Im Auf und Ab durch hohes Gras ins nächste Tal und unterhalb von Felswänden zur **Einmündung des beschilderten Pfades** **04**, der von der Finca Galatzó heraufzieht (Wegweiser). Geradeaus weiter. Wie bei Tour 11 zu einer **Mauer mit dem Drahtzaun** **05** (650 m) und über den **Coll de la Font des Quer** **06** auf den **Gipfel** **07**. 2:30 h

**Abstieg:** Auf der Zugangsroute wieder hinunter (Richtpunkt: die kleine, teilweise grasige Ebene rechts unterhalb des Gipfelplateaus – von ihrem vorderen Ende zieht der Steig in die Felsflanke hinab). Vorbei am **Coll de la Font des Quer** **06** und hinab zur **Mauer mit dem Drahtzaun** **05** vor der **Moleta des Pinotells**. Von dort folgen Sie der GR-221-Beschilderung nach links. Hinter einer Zaunlücke beginnt ein Karrenweg, der sich nach links wendet und in ein **Hochtal** hinabführt. Bei der ersten Abzweigung links abzweigen und zu den Gebäuden des **Landguts Sa Coma d'en Vidal** **08** (550 m). Das Balearische Tourismusministerium hat sie erworben und plant eine Unterkunft bzw. ein Naturschutzzentrum. Auf dem Fahrweg weiter – erst flach, dann in Serpentinen (Sicht zur Küste) zu einem Wassertank hinab. Kurz danach erreichen Sie bei einer Abzweigung die **Aufstiegsroute**, auf der Sie links zum nahen **Ausgangspunkt** **01** hinuntergehen. 1:45 h

## Auf dem GR-221 von Ses Fontanelles auf den Esclop

Eine Überschreitung des Esclop ist auf dem Fernweg GR-221 möglich, und zwar vom Coll de sa Gramola (344 m) über es Fontanelles bis Estellencs. Mit der Finca Ses Fontanelles steht auf dieser Route nun eine sehr empfehlenswerte und gut geführte Übernachtungsmöglichkeit zur Verfügung. Die Aufstiegsroute ist anspruchsvoll („schwarz") und noch nicht beschildert, also nur bei guter Sicht ratsam – dann allerdings verschenkt sie einzigartige Ausblicke!

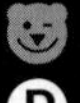
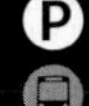

Vom Coll de sa Gramola marschiert man zunächst 1,6 km auf der Küstenstraße Ma-10 Richtung Estellencs zum Pla de s'Evangèlica 310 m). Autofahrer finden dort neben der Fahrbahn (sehr) kleine Parkmöglichkeiten; es besteht aber keine Busverbindung zwischen Andratx und Estellencs. Weiter zum Kilometerstein 104. Kurz danach rechts abzweigen und auf einer Seitenstraße zur Finca Ses Fontanelles. 45 Minuten

Hinter dem Anwesen führt der GR-221 links durch das bewaldete Tal der Coma des Selles hinauf. In seinem oberen Bereich biegt der Fahrweg scharf links ab, um gleich darauf vor einem Tor zu enden. Ein kurzes Stück weiter oben steht eine grüne Stange – dort weisen Steinmännchen links auf einen schmalen, anfangs verzweigten Pfad. Er führt durch den steilen Hang aufwärts, im Zickzack oberhalb eines Felsturms zu einem Zauntor und über den Pas Gran rechts auf einen Rücken. Über diese schräg ansteigende, felsigzerklüftete und schütter bewaldete Rampe geht's weglos höher (Steinmännchen, rote Punkte), genau auf den Esclop zu. Über eine Anhöhe, etwas nach rechts und an einem avenc (Karstschacht) vorbei zu einem Zaun (Überstieg). Nun gehen Sie dem unter Bäumen versteckten Haus Ses Alquerioles (ca. 650 m) entgegen.

Rechts haltend zu einem bewaldeten Sattel, dahinter kurz abwärts und im sanften Auf und Ab über das Plateau, bis man in einigem Abstand links am Haus vorbeiwandert. Einige Schritte hinter einem weiteren Zaun-Überstieg nach rechts, einige Kiefern am Zaun umgehen und zu einem geschlossenen Zauntor. Davor links zu einem aus Steinen errichteten Brunnen und rechts daran vorbei zu einer Hüttenruine, die man links passiert. Rechts durch hohes Gras in den Wald hinauf und steil zwischen Terrassenmauern höher. Bei einer Gabelung unter Felsen nach links und flach unterhalb der Wand zum schmalen Felsdurchlass des Pas d'en Ponsa (Blick zum Meer). Rechts weglos über den felsig-grasigen, unten noch von kleinen Kiefern bewachsenen Rücken empor (Steinmännchen). Nach zwei Passagen mit kleinen Felsstufen gelangt man – sich etwas nach rechts haltend – durch unübersichtliches Gelände auf eine schmale Hochebene unter dem schroffen Gipfelaufbau der Mola de s'Esclop (844 m, Terrassenmauern, Hüttenruine). 2:00 h

Von dort wird der GR-221 links unterhalb der Gipfelfelsen zur Font des Quer hinüberführen (unmarkierte Pfadspuren, 0:45 h). Schöner ist es, den Gipfel zu erklimmen. Dazu geht man 50 m nach rechts und dann schräg links zu den obersten Terrassen hinauf (Mauerreste einer Viehkoppel). Schließlich klettert man links durch eine breite, gut gestufte Felsrinne auf den Gipfelrücken. 0:30 h

Nach dem Abstieg über die Coma d'en Vidal zur Ma-10 müssen GR-221-Wanderer noch ins 3 km entfernte Estellencs marschieren. Der Wegweiser zeigt an der Küstenstraße nach links (!). Nach einem kurzen Stück führt der Fernweg dann rechts abwärts und folgt abschnittsweise alten Wegen unterhalb der Fahrbahn. Vom Gipfel insgesamt 3:00 h

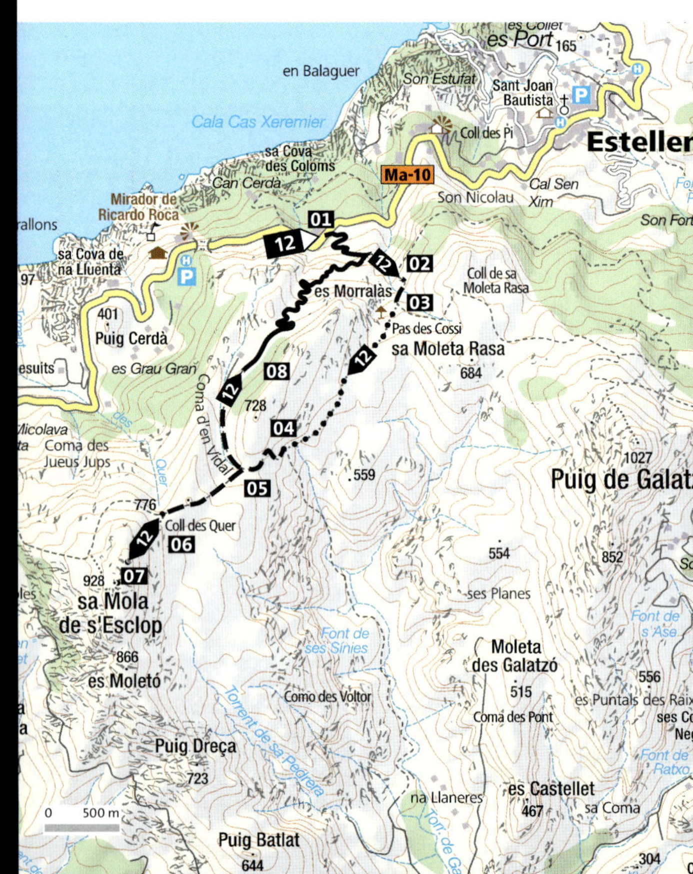

# PUIG DE GALATZÓ • 1027 m

## Der „Wetterberg“ im Süden der Serra de Tramuntana

 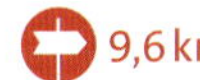 9,6 km 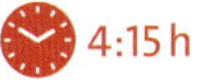 4:15 h  750 hm  750 hm

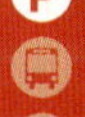

START | An der Küstenstraße Ma-10 bei Km 97 (290 m); Zufahrt siehe Tour 12 [GPS: UTM Zone 31S x: 453838 y: 4388609]
CHARAKTER | Anspruchsvolle Bergwanderung auf Straßen und schmalen Pfaden, die im Gipfelbereich Trittsicherheit und Schwindelfreiheit erfordern. Kaum Schatten. Unterwegs keine Einkehrmöglichkeit; Bars/Restaurants in Estellencs

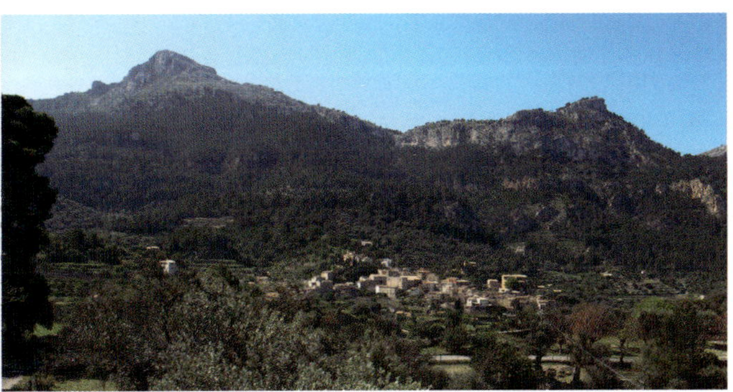

Estellencs und sein „Hausberg“, der Puig de Galatzó (links)

„Si el Galatzó du capell i l'Ofre gorra ...“ Wenn der Galatzó einen Hut aufhat und der l'Ofre eine Mütze – dann, so sagt eine alte Bauernregel, soll jeder rennen, wenn er nicht nass werden möchte. Der markante Felsdreikant zwischen Puigpunyent, Capdellà und Estellencs, der südlichste „Tausender“ der Serra de Tramuntana, gilt aber nicht nur als Wetterberg: Sagen bringen die viel besuchte Aussichtswarte mit allerlei Spuk in Verbindung. Auf jeden Fall zählt er zu den schönsten Aussichtswarten der Insel: An klaren Tagen reicht das Panorama von der Nordwestküste und den Bergen der zentralen Serra de Tramuntana bis zur Inselebene.

▶ Wie bei Tour 12 von der **Ma-10** 01 zum **Picknickplatz Boal de ses Serveres** 02 (400 m) und weiter zur **Gabelung oberhalb des Pas des Cossis** 03 hinauf. Von dort folgen Sie jedoch dem linken, weiterhin beschilderten Pfad. Vorbei an einem Meilerplatz mit Zisterne gelangen Sie im sanften Anstieg zum **Coll de sa Moleta Rasa** 04. Im stetigen Auf und Ab geht's durch Grashänge und kleine Gräben weiter, bis man nach einigen Keh-

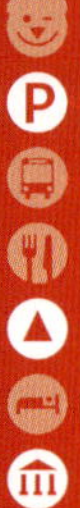

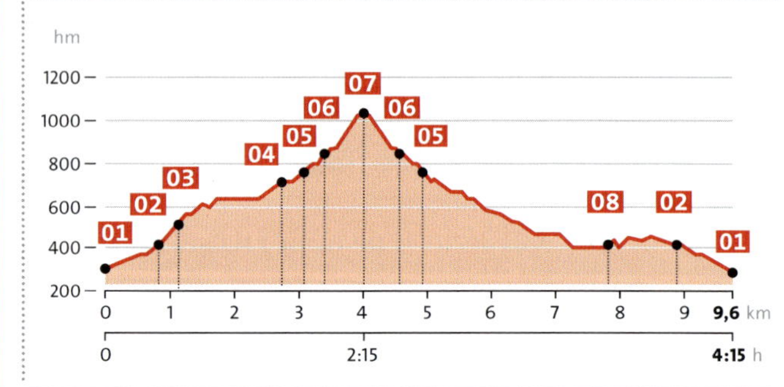


01 Ma-10, 290 m; 02 Picknickplatz, 400 m; 03 Gabelung; 04 Coll de sa Moleta Rasa, 684 m; 05 Pas de na Sabatera, 710 m; 06 Fundament Hütte, 815 m; 07 Gipfel, 1027 m; 08 Mirador del Pla de ses Serveres, 425 m

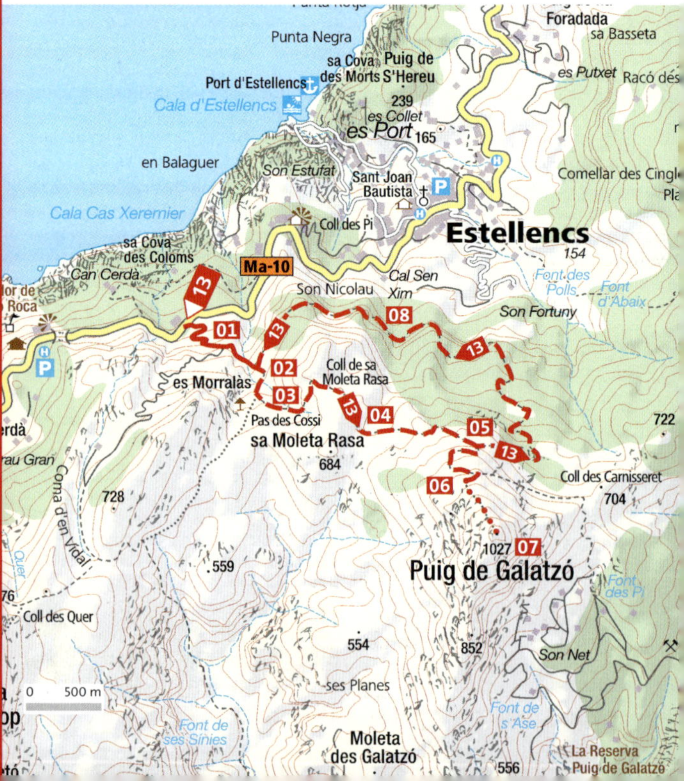

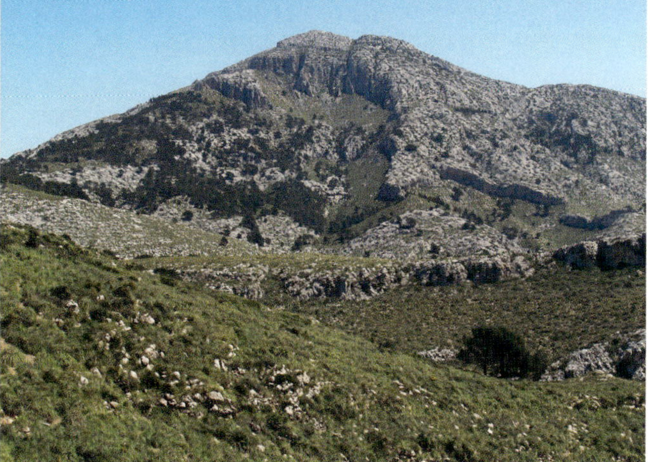

Die Westseite des sagenumwobenen Puig de Galatzó

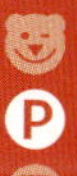

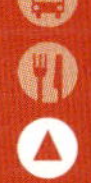

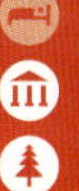

ren zur Felskluft des **Pas de na Sabatera** 05 (710 m) erreicht (Wegweiser). Rechts hinauf und in 15 Min. zum **Fundament einer Hütte** 06 (Wegweiser). Hier mündet der Weg von der Font des Pi (Tour 14) ein. Nochmals rechts abzweigen und durch Grashänge und Geröll empor. Unterhalb einer schrägen Wand über steile Felsstufen. Nach weiteren 15 Min. ist die Vermessungssäule auf dem **Gipfel des Puig de Galatzó** 07 erreicht. 2:15 h

Abstieg: In 0:25 h zurück zum **Pas de na Sabatera** 05. Dort zweigen Sie jedoch scharf rechts ab und gehen – dem Wegweiser „Font de Dalt" folgend – zur Baumgrenze hinab. Bald sehen Sie den ersten runden Kohlenmeiler-Platz. Davor biegt der Weg nach links ab (nun stets den Wegweisern „Boal de ses Serveres" folgen). Vorbei an einer Hausruine, bei einer Wegeinmündung links bleiben und an einem rechts gelegenen **Felskopf** vorbei (schöne Aussicht nach Estellencs und zum Meer). Weiter bergab, bei den beiden folgenden Abzweigungen links bzw. geradeaus bleiben und neben Felsen wieder ansteigen. Über eine Waldlichtung, dort nach links auf eine Anhöhe. Nun führt der breitere Weg wieder bergab, vorbei am mit einem Geländer gesicherten **Mirador del Pla de ses Serveres** 08 (425 m). Wenige Minuten später erreichen Sie wieder den **Picknickplatz Son Fortuny** 02 und damit die Aufstiegsroute. Auf dieser zum **Ausgangspunkt** 01 hinunter. 2:00 h

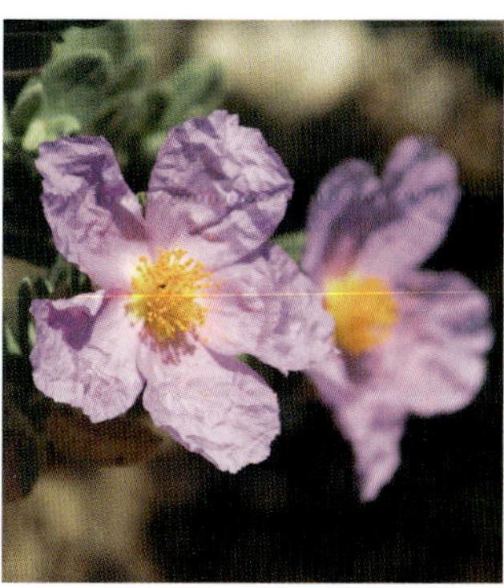

Pracht in Pink: Zistrosen

# PUIG DE GALATZÓ – VON PUIGPUNYENT

## Der Normalweg von Osten

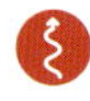  8 km  3:30 h 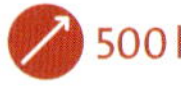 500 hm 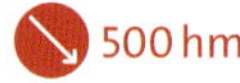 500 hm

START | Das Haus Es Cucui (ca. 500 m), etwa 3 km nordwestlich von Puigpunyent. Zufahrt von dort Richtung Galilea, beim südlichen Ortsrand rechts auf eine asphaltierte Seitenstraße abbiegen und nach den Wegweisern „Parc de Natura – La Reserva Puig de Galatzó" in ein Waldtal. Bei der Gabelung nach gut 3 km – wo die Straße links zur Reserva abzweigt – kann man neben der Straße parken [GPS: UTM Zone 31S x: 457387 y: 4385661]
CHARAKTER | Landschaftlich sehr abwechslungsreiche Bergtour auf stellenweise schmalen Pfaden und über kurze Felspassagen, die Trittsicherheit und Schwindelfreiheit erfordern. Einzelne Wegweiser , Farbmarkierungen und Steinmännchen. Kaum Schatten. Unterwegs keine Einkehrmöglichkeit; Bars/Restaurants in Puigpunyent

Dies ist die populärste Tour auf den markanten, weithin sichtbaren Felsberg im Süden der Serra de Tramuntana. Seit der oberste Straßenabschnitt zur Font des Pi für Autos gesperrt wurde, muss man zwar ein gutes Stück weiter gehen, aber im oberen Bereich tun sich dann immer schönere Panoramablicke auf.

Ein „Bischof" bzw. seine Mütze aus Stein

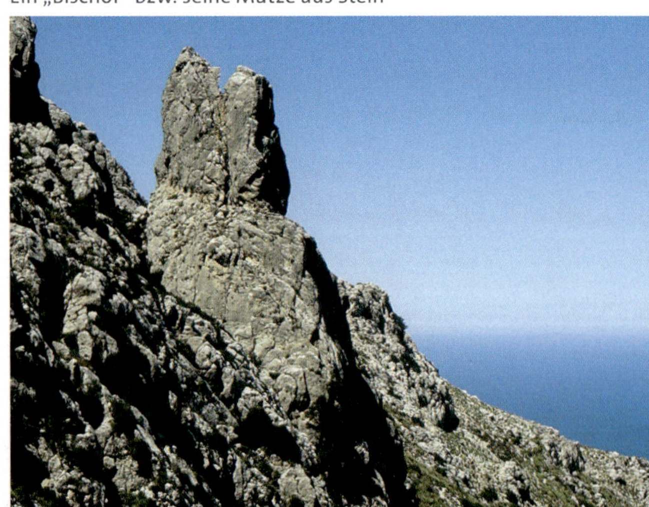

Vom **Haus Es Cucui** 01 wandert man rechts – nach Norden – auf der unbeschilderten Straße zu einem alten **Steinbruch** hinauf. Nach ca. 2 km – bei der zweiten Abzweigung nach dem Steinbruch – rechts abbiegen und auf dem bald ungeteerten Fahrweg zur 300 m entfernten **Font des Pí** 02. Von dieser trockengelegten Quelle geht's links auf einem steilen, von Zäunen eingefassten Schotterweg (Camí des Coll des Carnisseret) aufwärts. An der folgenden, unmarkierten Abzweigung scharf nach rechts und nach weiteren 100 m links (Pfeil) abbiegen. Nun wandert man auf einem schmalen, etwas verzweigten Pfad unter Steineichen und später über den mit Gebüsch bewachsenen Hang zum Sattel des **Coll des Carnisseret** 03 (698 m, lange Steinmauer, in der Nähe steht ein Feuerwacheturm). Links kurz auf dem Kamm hinauf, bei einem Grenzstein (Pfosten) jedoch nach rechts in den Nordosthang. Bald durchqueren Sie eine große Schutthalde und steigen unter dem hohen, nicht zu übersehenden **Felsturm Es Bisbe** („Bischof") zur beschilderten **Abzweigung beim Fundament einer Hütte** 04 an. Hier links abbiegen und wie bei Tour 13 auf den nahen **Gipfel** 05 (1027 m). 2:00 h

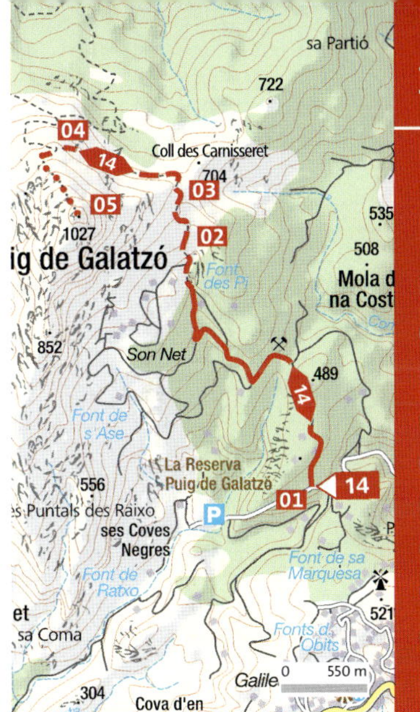


**Abstieg** wie Aufstieg. 1:30 h

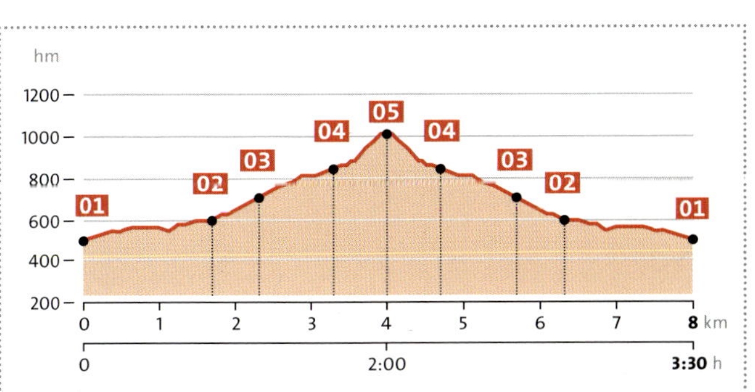


01 Haus Es Cucui, 500 m; 02 Font des Pí, 600 m;
03 Coll des Carnisseret, 698 m; 04 Abzweigung; 05 Gipfel, 1027 m

15

# ESTELLENCS – ESPORLES |GR-221|

## Die wieder zugängliche Route über Banyalbufar

  14,6 km  4:30 h 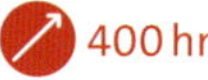 400 hm 400 hm

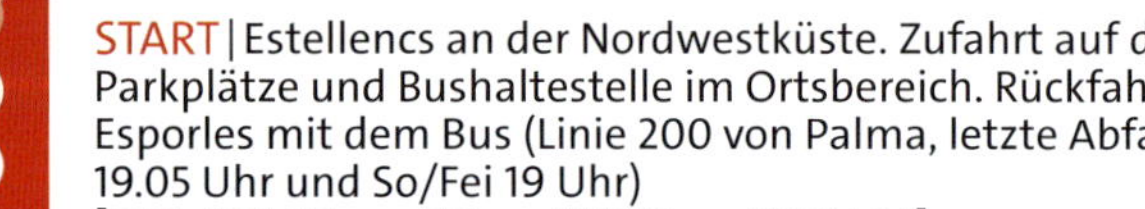

START | Estellencs an der Nordwestküste. Zufahrt auf der Ma-10, Parkplätze und Bushaltestelle im Ortsbereich. Rückfahrt von Esporles mit dem Bus (Linie 200 von Palma, letzte Abfahrt Mo – Sa 19.05 Uhr und So/Fei 19 Uhr)
[GPS: UTM Zone 31S x: 455524 y: 4389404]
CHARAKTER | Einfache und großteils schattige Tagestour, die man mit einem Abstecher nach Banyalbufar auch in zwei Halbtagswanderungen teilen kann. Der erste Wegabschnitt zwischen Estellencs und der Abzweigung zur Finca pública Planícia und der Camí des Correu sind beschildert; der unmarkierte Abschnitt dazwischen erfordert Orientierungssinn (Steinmännchen). Einkehr: Restaurant La Granja; Bars/Restaurants in Estellencs, Banyalbufar und Esporles

Diese Etappe des Fernwanderweges GR-221 führt nicht über Berge, sondern durch die Hänge über der wildromantischen Nordwestküste – durch alte Olivenhaine, schattige Steineichenwälder und zuletzt auf dem schön renovierten Camí des Correu, dem alten Postweg, nach Esporles. Man kann sich für diese Route ruhig auch zwei Tage Zeit nehmen – dann geht sich ein Bummel zwischen den zahlreichen Terrassen von Banyalbufar ebenso aus wie der Besuch des

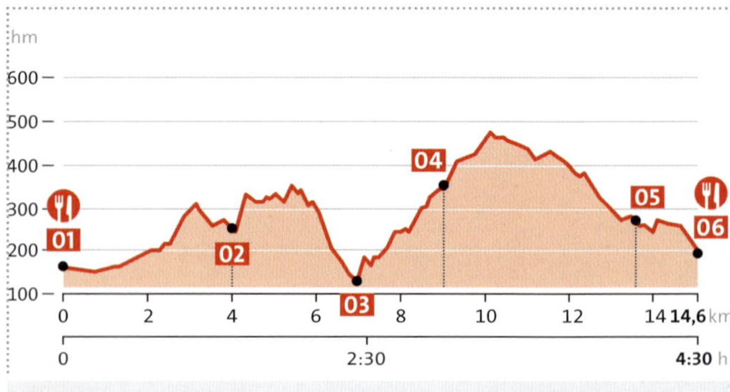


01 Estellencs, 155 m; 02 Asphaltstraße zur Finca Planícia, 410 m; 03 Banyalbufar, 103 m; 04 Son Sanutges, 359 m; 05 Hauptstraße Ma-1100, 250 m; 06 Esporles, 190 m

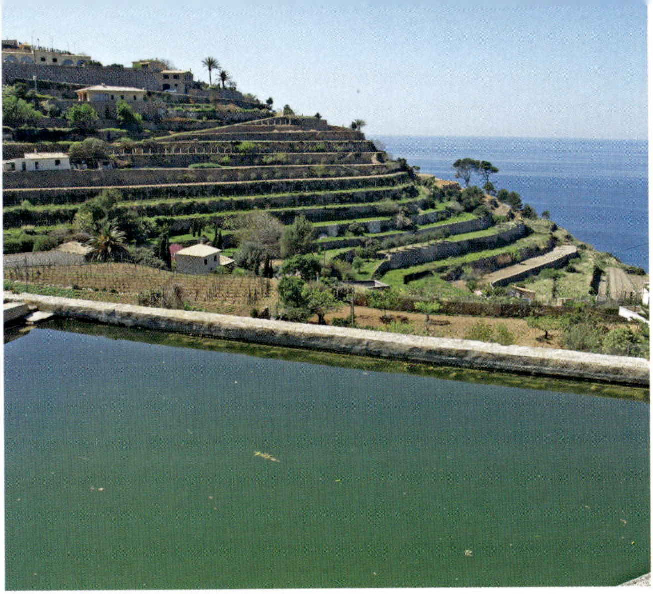

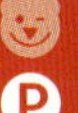

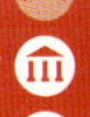

Die berühmten Terrassen und Wasserbecken von Banyalbufar

Museums-Landguts La Granja. Der lange Zeit gesperrte Wegabschnitt im Bereich der Finca Es Rafal ist seit dem Jahr 2016 wieder begehbar – man muss ihn daher nicht mehr umständlich über die Finca Planícia umgehen.

▶ Vom **Ortszentrum in Estellencs** 01 folgen Sie der Hauptstraße Ma-10 Richtung Banyalbufar, vorbei am Waschhaus und über eine Brücke. In der Rechtskurve nach dem Sportplatz leitet Sie der Wegweiser „Banyalbufar" links auf einen betonierten Weg hinab. Bei der Brücke links den schmalen Pfad abwärts, auf einem alten Pflasterweg ansteigen und einen Betonweg überqueren. Bei der Abzweigung nach einem Haus geradeaus zu einem asphaltierten Fahrweg. Dort rechts hinauf zur **Hauptstraße Ma-10**, der Sie links etwa 600 m weit folgen. Nach einer Linkskurve (Wegweiser) rechts auf einem Betonweg bergan. Bei einer Einmündung gerade weiter, dann rechts abzweigen und an der **Finca Son Serralta** vorbei. Auf dem Schotterweg zwischen Zaun und Mauer aufwärts und durch Olivengärten zu einem Tor. Gehen Sie links daran vorbei und auf dem schmaleren Weg in den Wald. Nach einem Mauerdurchlass geht's über eine kleine Anhöhe unter dem **Puig de na Forada-da**. Bei der folgenden Abzweigung geradeaus abwärts und über den Bach, dann im sanften Auf und Ab zu einer **Asphaltstraße** 02, die von der Ma-10 zur Finca Planícia führt.

Auf dieser links (Richtung Küste) weiter. Nach 20 m jedoch wieder rechts wieder auf dem GR-221 aufwärts, unter einem Felsblock vorbei und in einen romantischen „Märchenwald". Unter einer Stromleitung durch und bei einer Abzweigung geradeaus in den felsigen Graben des Torrent de s'Algar hinab. Jenseits wieder kurz hinauf, den nächsten Graben überqueren und dann steil aufwärts.

Sie erreichen einen breiten, ebenen Weg, auf dem Sie links zu verwilderten Terrassen (Ses Candeles) gelangen. Sanft bergauf, nochmals unter der Stromleitung durch und flach zu einem Tor. Dahinter geht's auf einem ebenen Fahrweg weiter; eine Wegeinmündung bleibt unbeachtet. Von der nächsten Abzweigung geradeaus auf dem schmaleren Weg in den Wald abwärts, über eine kleine Anhöhe und – sanft absteigend – zwischen Terrassen zur **Finca Es Rafal**.

Vor dem Gebäude erreichen Sie die Zufahrtsstraße. Dort links zu einem Tor, dahinter an einem Dreschplatz vorbei und unter Terrassenmauern in den Wald hinab. Über einen Wasserlauf und zu einem weiteren Tor – dann befinden Sie sich auf dem alten, gepflasterten Camí des Rafal, der sich über viele Stufen hinabwindet. Vorbei an Wasserbecken und auf der steilen Betontrasse kommen Sie zu den ersten Häusern des Ortes **Banylbufar** 03 (103 m). Links auf Asphalt zur Hauptstraße, auf der Sie rechts ins Ortszentrum gelangen. 2:30 h

Hinter der Kirche weist das Schild „Esporles" rechts auf den weiteren Verlauf des GR-221. Er führt über die kleine Plaça de la Vila vor dem Gemeindeamt und dann auf dem Carrer Jeroni Albertí aufwärts. Auf dem rechts anschließenden Carrer de la Font de la Vila wandern Sie an einigen der berühmten Wasserbecken des Ortes vorbei und zwischen Olivenkulturen zum verfallenen Gipsabbau **Son Sanutges** 04 (359 m) hinauf.

Von der dortigen Kreuzung am Ende der Asphaltstraße links Richtung „Esporles". Dorthin gelangen Sie nun auf dem **Camí des Correu**, dem historischen Postweg zwischen Banyalbufar und Esporles, der zunächst als steiniger Weg in den Wald hinaufführt. Bald geht's auf alten Pflastersteinen dahin und durch eine Mauerbresche (Wegweiser). Der schönste Wegabschnitt, auf dem die Pflasterung noch vollständig erhalten ist, führt dann auf den bewaldeten **Sattel des Coll des Pi** (454 m). Dahinter marschiert man flach durch die Nordhänge des Puig de sa Barca weiter, vorbei an einem **Aussichtspunkt** (schöner Blick zur Küste um Valldemossa, kurze abgerutschte Stelle) und einem Kalkofen. Geradeaus über einen **runden Dreschplatz**, sanft abwärts und durch kleine Felseinschnitte. Nach dem **Coll de sa Talaieta** (Mauerdurchlass) wandern Sie in Serpentinen bergab. Im alten Pflaster sollen Hufspuren zu sehen sein, daher nennt man diesen Abschnitt **Potada des Cavall**. Bei den folgenden Gabelungen folgen Sie den Richtungspfosten. Nach einem weiteren Kalkofen verlassen Sie den Steineichenwald bei einem Zauntor (erster Blick auf Esporles). Schließlich erreicht der teils erdige, teils neu gepflasterte Weg am Pla des Murtar die Stufen zur **Hauptstraße Ma-1100** 05, die überquert wird.

Jenseits nach rechts und eine Hauszufahrt queren. Wer **La Granja** besichtigen möchte, geht rechts zur Hauptstraße und neben dieser zur nahen Abzweigung. Der

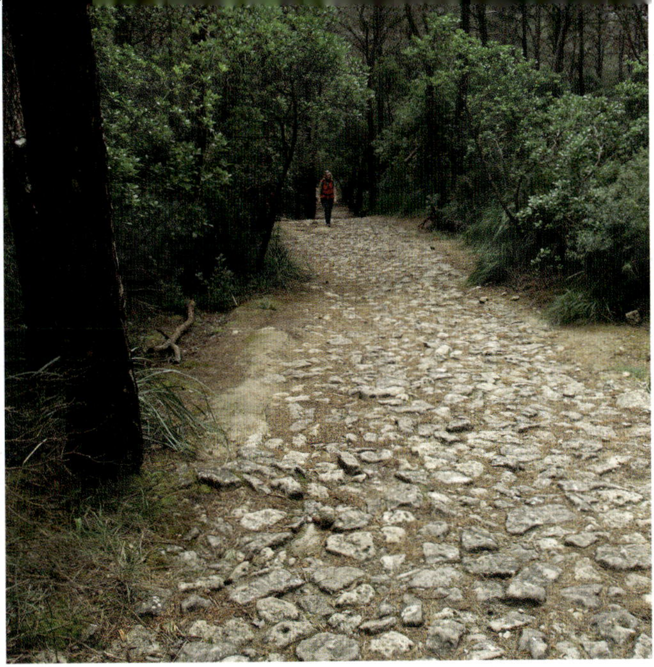

Sauber gepflastert: der „Postweg“

GR-221 führt jedoch oberhalb der Fahrbahn weiter, auf einer alten Brücke über den **Torrent de Sant Pere** und zur **zweiten Straßen-Überquereung**. Danach auf einem breiten Weg oberhalb eines Wassertanks, neben Feldern und durch einen Graben zum Ortsrand von **Esporles** **06** (300 m) hinüber. Auf der Costa de Sant Pere zur Plaça d’Espanya. Bushaltestelle an der rechten oberen Parallelstraße (C/. de Quarter/Ecke C/. de Jaume I.). 2:00 h

## La Granja – das Museums-Landgut

1,5 km nordwestlich von Esporles – knapp neben der Ma-1100 – liegt das zu einem Museum ausgestaltete Landgut La Granja d’Esporles. Es verdankt seine Existenz einer großen, schon von den Römern genutzten Quelle. Zu sehen sind die Räume des noblen Herrenhauses, Werkstätten und ein herrlicher Garten. Dort findet man den vermutlich ältesten Baum Mallorcas, eine mehr als 1000 Jahre alte Eibe. Für die 60 Erlebnisstationen und den eigenen Wanderweg mit schönem Aussichtspunkt kann man sich mit Wein- und Kostproben stärken (April – Oktober täglich 10 – 19 Uhr; November – März täglich 10 – 18 Uhr; Mi und Fr um 15 Uhr Handwerks- und Tanzvorführungen. www.lagranja.net).

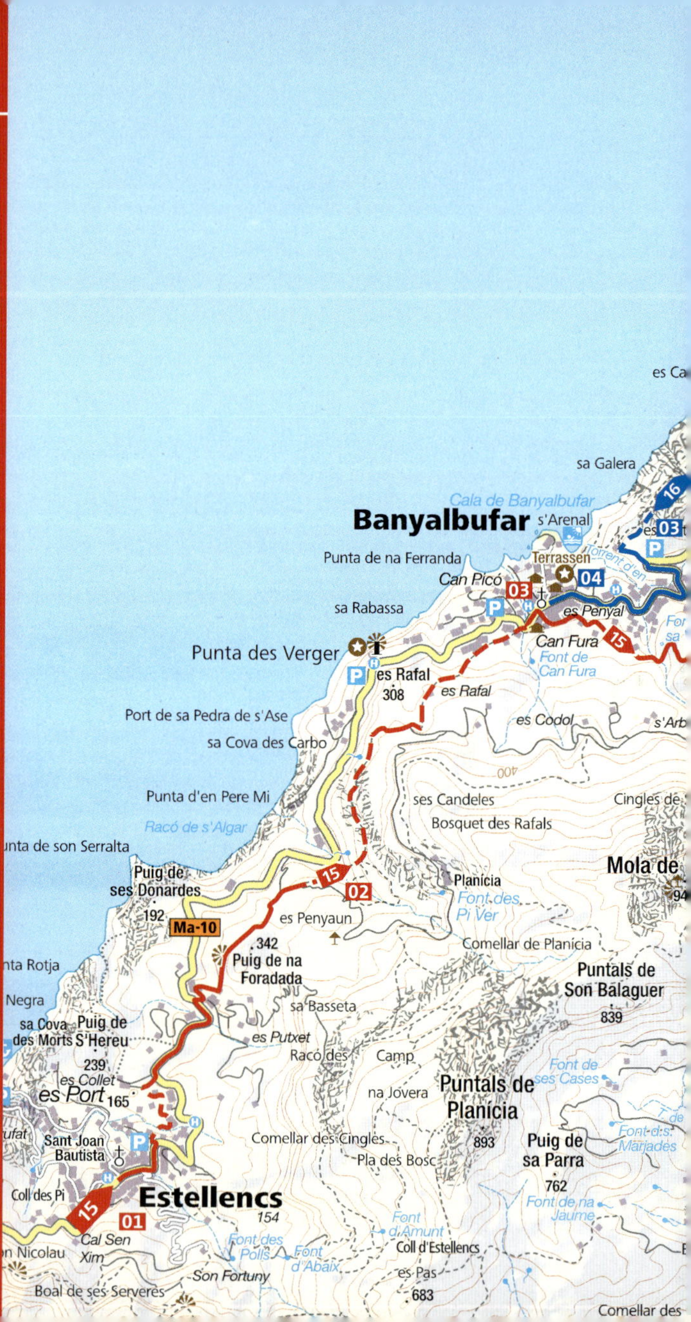

es Ca
sa Galera
Cala de Banyalbufar
Banyalbufar
s'Arenal
es 03
Punta de na Ferranda
Terrassen
Torrent d'en
Can Picó
03
04
sa Rabassa
es Penyal
Punta des Verger
Can Fura
15
Font de Can Fura
es Rafal
308
es Rafal
Port de sa Pedra de s'Ase
es Codol
s'Arb
sa Cova des Carbo
400
Punta d'en Pere Mi
ses Candeles
Cingles de
Racó de s'Algar
Bosquet des Rafals
unta de son Serralta
Mola de
Puig de ses Donardes
15
Planícia
02
Font des Pi Ver
192
Ma-10
es Penyaun
342
Comellar de Planícia
Puig de na Foradada
nta Rotja
Puntals de Son Balaguer
Negra
sa Basseta
839
sa Cova des Morts
Puig de S'Hereu
es Putxet
239
Racó des
Camp
es Collet
Font de ses Cases
es Port 165
na Jovera
Puntals de Planícia
T. de
ufat
Sant Joan Bautista
Comellar des Cingles
893
Puig de sa Parra
Font d's Marjades
Pla des Bosc
762
Coll des Pi
Estellencs
154
Font de na Jaume
15
01
Font d'Amunt
Cal Sen Xim
Font des Polls
Font d'Abaix
Coll d'Estellencs
n Nicolau
es Pas
Son Fortuny
683
Boal de ses Serveres
Comellar des

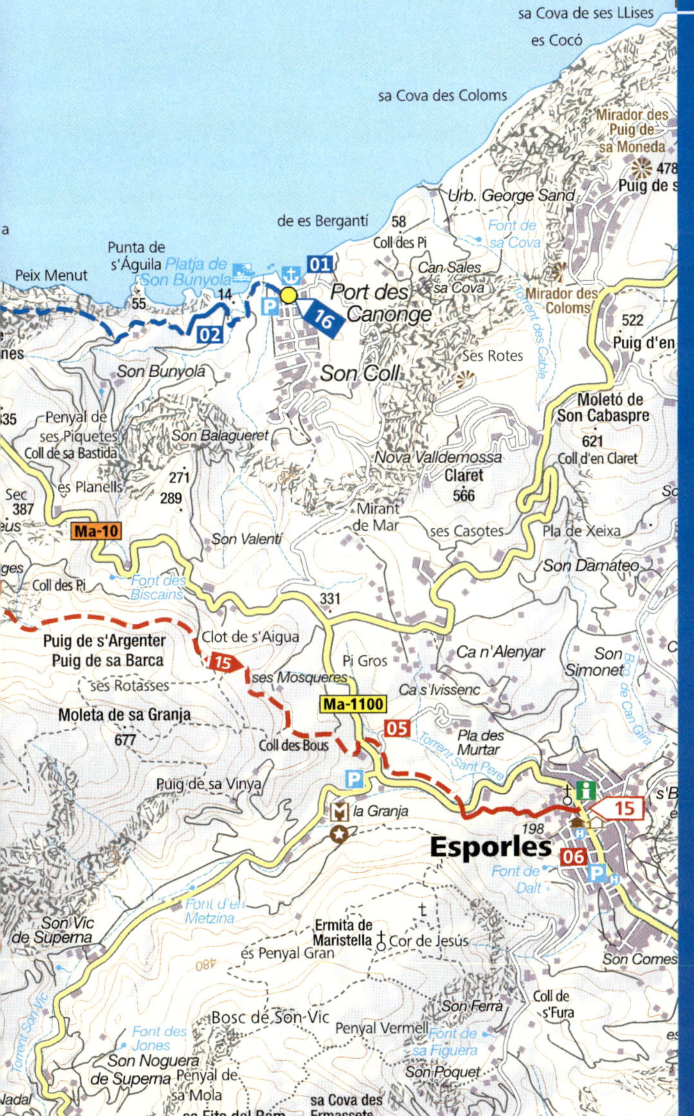
Port de Valldemossa
sa Cova de ses LLises
es Cocó
sa Cova des Coloms
Mirador des Puig de sa Moneda
478
Urb. George Sand
Font de sa Cova
de es Berganti
58
Coll des Pi
Can Sales
sa Cova
Punta de s'Águila
Platja de Son Bunyola
Peix Menut
55
14
01
Port des Canonge
16
Mirador des Colons
522
02
Son Bunyola
Son Coll
Ses Rotes
Torrent des Cable
Moletó de Son Cabaspre
621
Coll d'en Claret
Penyal de ses Piquetes
Coll de sa Bastida
Son Balagueret
es Planells
271
289
Nova Valldemossa
Claret
566
Sec
387
Ma-10
Mirant de Mar
ses Casotes
Pla de Xeixa
Son Valentí
Son Damateo
Coll des Pi
Font des Biscains
331
Clot de s'Aigua
Puig de s'Argenter
Puig de sa Barca
15
Pi Gros
Ca n'Alenyar
Son Simonet
ses Mosqueres
ses Rotasses
Ca s'Ivissenc
Moleta de sa Granja
677
Ma-1100
05
Pla des Murtar
Coll des Bous
Torrent Sant Pere
Puig de sa Vinya
la Granja
198
15
Esporles
06
Font de Dalt
Font d'en Metzina
Son Vic de Superna
Ermita de Maristella
Cor de Jesús
es Penyal Gran
Son Comes
Coll de s'Fura
Son Ferrà
Bosc de Son Vic
Penyal Vermell
Font de sa Figuera
Font des Jones
Son Noguera de Superna
Son Poquet
Penyal de sa Mola
sa Cova des Ermassets
sa Fita del Ram
833
sa Campaneta
Coma de ses Edges
Puig de na Pinsana
0 500 m

# PORT DES CANONGE – BANYALBUFAR

## Ein „klassischer" Küstenweg

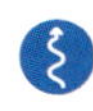  11,6 km 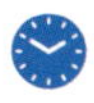 2:45 h 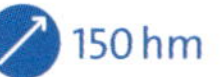 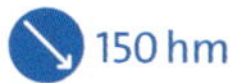

START | Port des Canonge, kleiner Fischerhafen an der Nordwestküste zwischen Valldemossa oder Banyalbufar. Zufahrt von der Ma-10, beschilderte Abzweigung bei Km 80 (ca. 300 m westlich der Einmündung der Ma-1040 aus Richtung Palma/Esporles); schmale und kurvenreiche Asphaltstraße zur Küste (5 km) [GPS: UTM Zone 31S x: 461768 y: 4394519]
CHARAKTER | Sehr beliebte Wanderung auf breiten Wegen; Bademöglichkeit in Port des Canonge. Wegweiser und Richtungspflöcke. Stellenweise Schatten. Unterwegs keine Einkehrmöglichkeit; Bars/Restaurants in Port des Canonge und Banyalbufar

Woher kommt der Name Banyalbufar? Die Araber dürften im zehnten Jahrhundert mit „Bahaia al-bujar" ein Bauwerk in der Nähe des Meeres bezeichnet haben. Eine andere Auslegung weist auf einen „Weinberg am Meer" hin. Wie auch immer: Die Mauren perfektionierten an den steilen Hängen hoch über der Costa Nord den Obst- und Gemüseanbau, indem sie etwa 2000 Terrassen anlegten und diese künstlich bewässerten. Sie sind das Ziel dieser wunderschönen Wanderung auf einem Weg namens Volta des General. General Ferran Cotoner i Chacón ließ diese Route zwischen dem Meer und den Bergen am Ende des 19. Jahrhunderts ausbauen.

▶ Auf der **Avinguda del Mar**, der Straße direkt oberhalb der Küste von **Port des Canonge** **01**, geht's links zu einem kleinen Parkplatz. Von der Kreuzung vor einem kleinen **Aussichtsplatz** gelangt man rechts zum nahen **Kiesstrand** (Hütten für die Fischerboote). Der Weg nach Banyalbufar führt dagegen nach links (Wegweiser, Mauerdurchgang mit Kette) zur **Tanca de la Mar**, einer ebenen Wiese am Meer. Durch Gebüsch und über kleine Felsstufen in einen Graben, aus dem man – sich rechts haltend – in den Wald ansteigt. Bald wandern Sie oberhalb des Kiesstrandes der **Platja de Son Bunyola** **02** dahin. Nach der Überquerung eines weiteren Grabens rechts auf einem breiten, sanft ansteigenden Weg weiter. Neben einem Tor nochmals nach rechts zu einer **Asphaltstraße**, der Sie geradeaus folgen (Blick zum großen Gutshof Son Bunyola). 3 Min. später – nach einer Linkskurve – zweigen Sie rechts auf einen steinigen Weg ab (Wegweiser „Banyalbufar"). Er steigt durch den Waldhang an und führt dann am Fuß einer hohen, überhängenden **Felswand** weiter (rechts lugen die hellen Kalkklippen der **Punta de s'Àguila** durchs Geäst). Vorsicht, Steinschlaggefahr! Vorbei an einem Kalkofen und zwischen großen

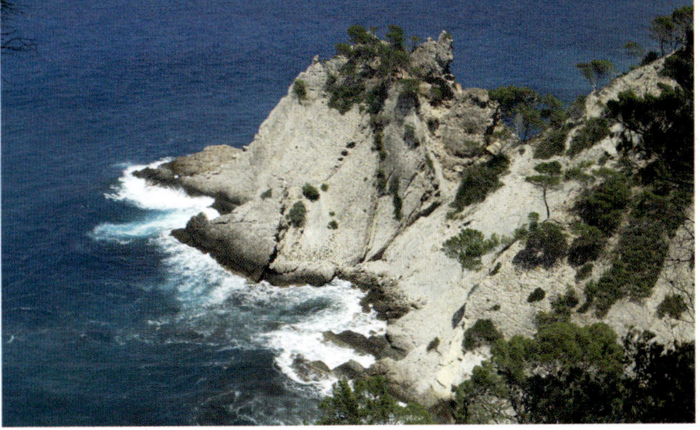

Die Punta de s'Àguila, der weiße „Adlerfelsen" über dem Meer

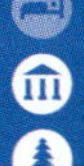

Felsblöcken oberhalb der Pla des Cavall geht's im sanften Auf und Ab zu den Ruinen der **Casetes d'en Pere Antoni**. Nach einem zweiten Kalkofen und einem Köhlerplatz geradeaus an zwei Abzweigungen vorbei (Pfosten). Der Weg wird breiter; es folgen eine Mauer mit Tor (rechts Leiter) und eine weitere Einmündung bei einem betonierten, gedeckten Wasserbecken. Vorbei am **Haus La Cabarola** (Sendemast) gelangen Sie zu einem **Parkplatz** 03 an der **Küstenstraße Ma-10**, der Sie nach rechts folgen. Sie führt im Bogen nach **Banyalbufar** 04 hinab. 1:30 h

**Rückweg** auf derselben Route. 1: 15 h

**Karte auf Seite 76/77**

## Strand mit Wasserfall

Wer noch Zeit und Lust hat, kann vom Dorfzentrum von Banyalbufar auf einer steilen Asphaltstraße zum kleinen Hafen des Ortes hinuntergehen (Kiesstrand, Reste alter Wassermühlen, Wasserfall). 0:45 h hin und retour

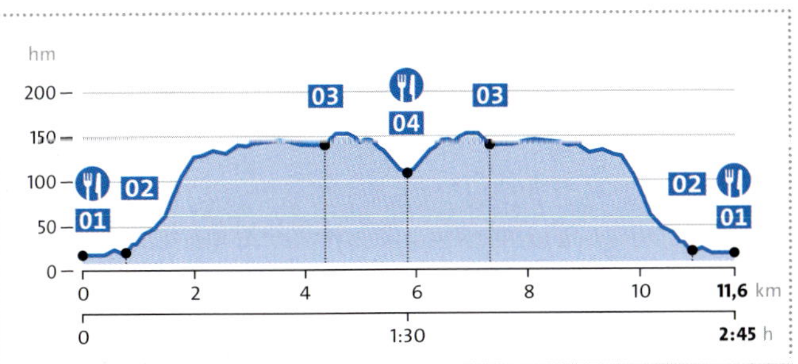


01 Port des Canonge, 15 m; 02 Platja de Son Bunyola, 16 m; 03 Parkplatz, 138 m; 04 Banyalbufar, 106 m

17

# ESPORLES – VALLDEMOSSA |GR-221|

## Im Zauber der Steineichenwälder

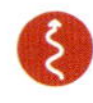  8,9 km  3:45 h 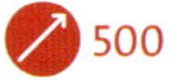 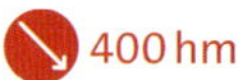

500 hm 400 hm

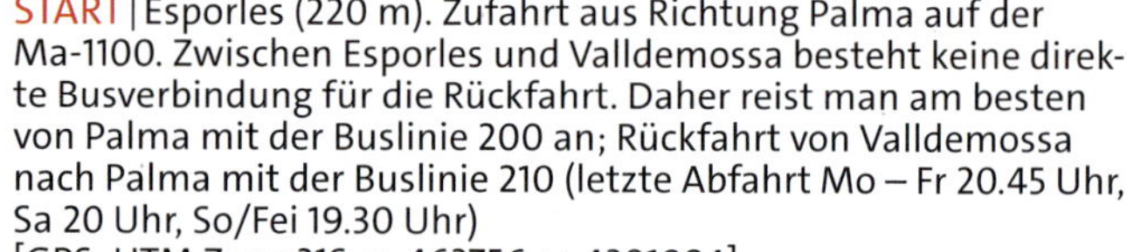
START | Esporles (220 m). Zufahrt aus Richtung Palma auf der Ma-1100. Zwischen Esporles und Valldemossa besteht keine direkte Busverbindung für die Rückfahrt. Daher reist man am besten von Palma mit der Buslinie 200 an; Rückfahrt von Valldemossa nach Palma mit der Buslinie 210 (letzte Abfahrt Mo – Fr 20.45 Uhr, Sa 20 Uhr, So/Fei 19.30 Uhr)
[GPS: UTM Zone 31S x: 463756 y: 4391084]

CHARAKTER | Lange Wald- und Bergwanderung auf teils asphaltierten Straßen, breiten Wegen und schmalen Pfaden; Trittsicherheit und Schwindelfreiheit sind notwendig. Immer wieder Schatten. Zwischen Esporles und dem Coll de sa Basseta sowie im Bereich der Comuna ist die Route an einigen Stellen beschildert, dazwischen erleichtern nur Steinmännchen und einzelne Farbpunkte die Orientierung – nicht bei Nebel gehen! Viel Schatten. Unterwegs keine Einkehrmöglichkeit; Bars/Restaurants in den beiden Orten

Zwischen dem beschaulichen Landstädtchen Esporles und dem „Touristenmagneten“ Valldemossa liegt ein besonders einsames Gebiet der Serra de Tramuntana: das weite Waldplateau der Mola de Son Pacs. Einst lebten und arbeiteten dort Holzfäller und Köhler, die nicht nur unzählige runde Meilerplätze hinterließen, sondern auch eine eigenwillig geformte Hütte samt Brunnen und Zisterne.

▶ Vor der **Kirche** in **Esporles** **01** schwenken Sie auf den C/. Nou de Sant Pere ein – dort finden Sie nicht nur den Wegweiser „Son Cabaspre“, sondern auch die erste GR-221-Beschilderung „Coll de sa Basseta“, der Sie nun stets folgen. Über eine Brücke, den C/. Major überqueren und zur Plaçeta des Pla (kleiner Brunnen). Rechts auf dem C/. de Mateu Font zur Plaçeta de sa Taulera, wo man rechts auf einer Brücke über den **Torrent de Son Cabaspre** geht. Danach links – also bachaufwärts – auf dem asphaltierten Camí Dracera de Son Simonet bergauf und am Haus Can Alenyar (mit Turm) vorbei. Weiter oben biegt der Fahrweg links ab – dort geradeaus auf dem beschilderten Schotterweg weiter. Bald auf einem Pfad hinauf zu einer Asphaltstraße (Camí de Son Cabaspre), der Sie nach links zur **Siedlung Son Cabaspre** folgen (Sicht zur Mola de Planícia und zum Puig de Galatzó). Einige Abzweigungen – u. a. zum Landgut Son Dameto – werden ignoriert. 50 m nach der beschilderten Zufahrt zur **Possessió Son Cabaspre** marschieren Sie rechts auf dem asphaltierten Camí des Bosc weiter (Wegweiser „Coll de sa Basseta“). Diese schmale, aber ebenfalls asphaltierte Straße führt durch die Abhänge der **Moleta de Son Cabaspre** aufwärts. Auch hier gehen Sie an allen Abzweigungen geradeaus vorbei. Links unten liegt ein Tal, an dessen Ende – unter dem felsigen Penyal Vermell – die Häuser von Son Cabaspre stehen. Rechts davon erhebt sich der lange Höhenzug der **Mola de Son Pacs**. Sie passieren die **Finca Can Buades** und zweigen kurz darauf rechts auf den Camí de sa Coma Llobera ab (Metalltor, letzter Wegweiser „Coll de sa Basseta“) – damit endet der 1:00 h lange Marsch auf Asphalt.

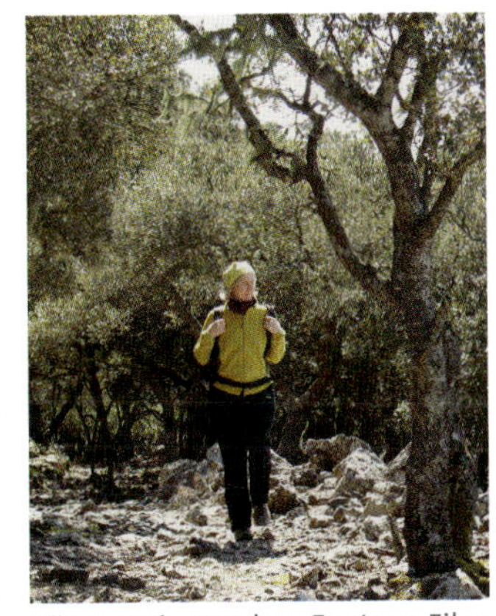

Bäume wie aus dem Fantasy-Film

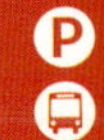

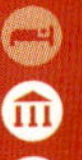

Ein stellenweise betonierter Fahrweg führt zum 200 m entfernten Waldsattel des **Coll de sa Basseta** 02 (457 m) hinauf. Dort schwenken Sie gegenüber einer kleinen Viehtränke links auf eine anfangs ebenfalls betonierte Hauszufahrt ein. 20 m dahinter biegt rechts ein unscheinbarer Waldpfad ab (zwischen zwei Steinmännchen) – er führt in Serpentinen neben Felsen auf eine Anhöhe (Köhlerplatz, Hüttenruine, Drossel-Fangplatz). Links hinauf zur alten Mauer am **Pas de Son Cabaspre**, wo sich ein niedergetrampelter Zaun befindet. Dahinter nach links und durch felsiges, mit Steineichen bewaldeten Gelände aufwärts, dann flach auf dem guten Pfad durch den Hang. Bei einem Köhlerplatz links auf einem breiteren Weg weiter. Nach 30 m mündet er in einen breiten Weg ein, dem man scharf nach links

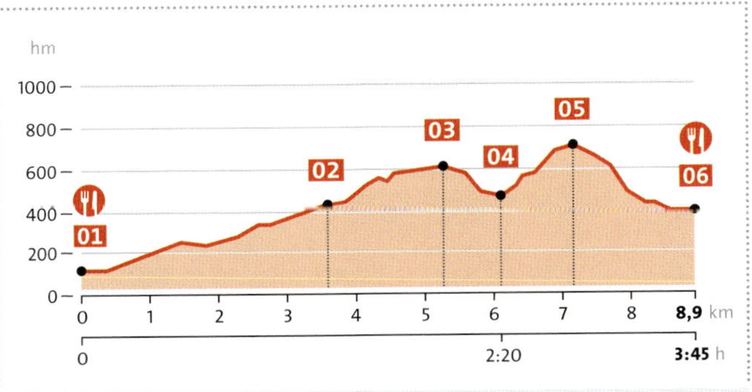


01 Kirche in Esporles, 198 m; 02 Coll de sa Basseta, 457 m; 03 Aljub de la Mola de Son Pacs, 615 m; 04 Coll de Sant Jordi, 478 m; 05 höchster Punkt des Puig de sa Comuna, 714 m; 06 Valldemossa, 410 m

folgt. Nun ca. 500 m gerade über die licht bewaldete Hochfläche der **Mola de Son Pacs**. Nach zwei gut erhaltenen Backöfen sieht man links das überdachte Wasserbecken des **Aljub de la Mola de Son Pacs** 03 (615 m).

Dahinter wäre nun ein Abstecher auf die 726 m hohe **Mola de Son Ferrandell** möglich. Der GR-221 nach Valldemossa führt jedoch geradeaus unterhalb des Berges zu einer Abzweigung bei einem weiteren Köhlerplatz. Dort geradeaus kurz weiter zu einer Mauer. Von dort empfiehlt sich ein kurzer Abstecher nach links zu einem **Felsabbruch**, von dem man eine

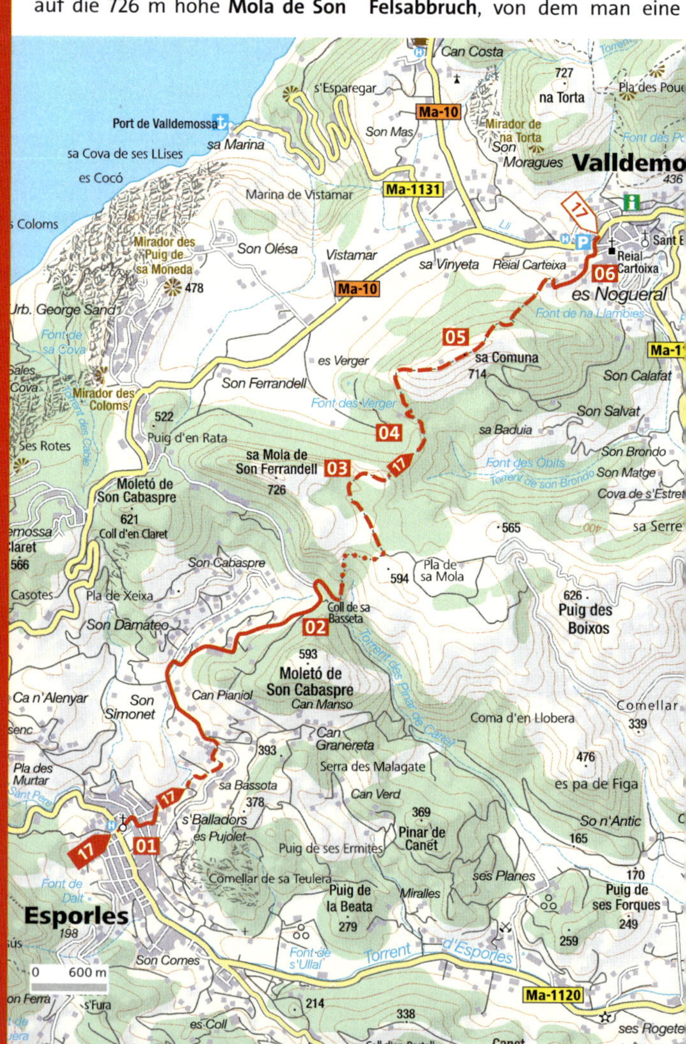

tolle Sicht von der Marina de Valldemossa bis zur Talaia Vella im Teix-Massiv genießt; auch der Weiterweg über den benachbarten Wald- und Felsberg der Comuna ist zu erkennen. Der GR-221 führt nach rechts zum nächsten Köhlerplatz mit Hütte und etwa 200 m zu einer Abzweigung. Dort nicht geradeaus auf dem breiteren Weg weiter, sondern links (Steinmännchen) und durch die etwa 20 m lange Felskluft des **Pas de sa Mola de Son Pacs** zu einer ca. 1 m hohen Mauer hinunter. Dann geht's steinig bergab und zwischen zwei Zäunen zum Waldsattel des **Coll de Sant Jordi** 04 (478 m, Zaun, Pfosten), über den ein Querweg führt. Vom Coll de sa Basseta 1:20 h

Über dem Sattel erhebt sich der **Puig de sa Comuna**, ein breiter, bis ganz hinauf bewaldeter Bergrücken. Hinter dem Metalltor am Sattel wandert man rechts auf einem anfangs breiten Serpentinenweg dort hinauf. Bald steigen Sie auf einem schmaleren und steinigen Pfad bergan (Steinmännchen, rote und blaue Farbpunkte, Mauerdurchlass). 30 Min. nach dem Sattel erreichen Sie einen kleinen **Felsdurchgang** und dahinter den **höchsten Punkt des Puig de sa Comuna** 05 (714 m). Links des bewaldeten Gipfelrückens genießt man von der Abbruchkante einen schönen Ausblick bis zum Meer.

Der schmale Pfad des GR-221 führt an einer **Steinhütte**, einer Grube, Köhlerplätzen und Drossel-Fangstellen vorbei. Dann führt er in engen Serpentinen zwischen Felsen zu einem Wasserbecken hinunter. Rechts zu einem Eisentor in einer Mauer und links zur **Anhöhe En Penyalot** (Hüttenruine, überdachtes Wasserbecken). Zweigen

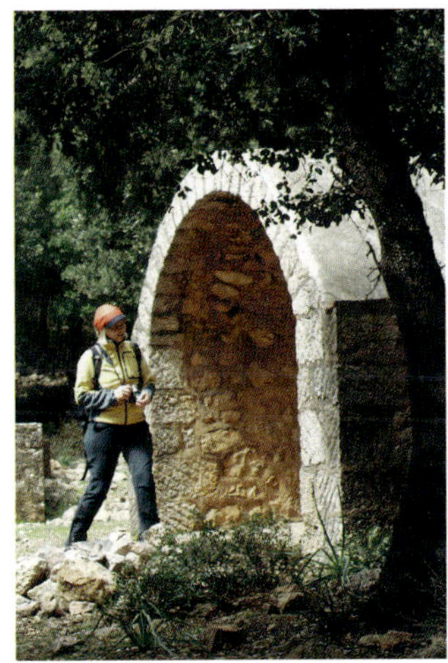

Runde Sache: Hütte in Son Pacs

Sie dort links ab und folgen einem kaum kenntlichen Pfad, der aber bald zu einem breiten Weg wird, in Kehren neben Mauern (Durchlass) talwärts. Vorbei an einem Stein mit eingraviertem Kreuz erreichen Sie alte Terrassen oberhalb von **Valldemossa**. Sie passieren die Quelle der Font de na Llambies und das **Anwesen Sa Teulera**, dann wenden Sie sich nach einem Tor links (rotes Farbzeichen) zu einem Picknickplatz. Von dort führt rechts eine Treppe hinauf zur Kapelle der heiligen Catalina Tomás und zum Turm der **Molí de la Beata**, hinter der ein Steinkreuz steht.

Vom Picknickplatz führt der Weg unterhalb einer Felswand zur **Mühle Es Molinet** und neben dem Anwesen Son Mossenya zu einer Abzweigung. Rechts gelangt man zur Kartause, links ins Ortszentrum von **Valldemossa** 06 (Bushaltestelle jenseits der Hauptstraße). Vom Coll de Sant Jordi 1:30 h

18

# SON MARROIG – PUNTA DE SA FORADADA

## Bergab zum berühmtesten Felsloch der Insel

 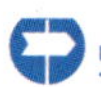 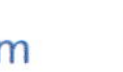 5,4 km 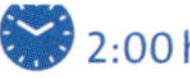  2:00 h 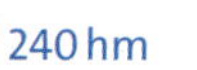 240 hm 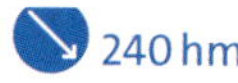 240 hm

START | Das Landgut Son Marroig (256 m) über der Nordwestküste zwischen Deià und Valldemossa. Zufahrt auf der Ma-10; beschilderter Parkplatz nahe Km 65,8. Zufahrt mit dem Bus von Deià oder Sóller (Linie 210) [GPS: UTM Zone 31S x: 468273 y: 4400252]
CHARAKTER | Kurze Bergab-Wanderung auf einem Fahrweg (einige Wegweiser). Der längere Wiederaufstieg kann bei Hitze mühsam werden. Der Zugang zur Punta de sa Foradada ist nur nach dem Erwerb des Eintrittstickets für das (sehr sehenswerte) Herrenhaus Son Marroig gestattet. Kaum Schatten. Einkehr: Bar/Restaurant beim Mirador neben Son Marroig, Bar über der Playola an der Punta de sa Foradada (nur im Sommer)

Foradada heißt jedes Felsloch auf Mallorca. Das berühmteste davon klafft in einer Halbinsel, die unterhalb des Landguts Son Marroig an der Nordwestküste zwischen Valldemossa und Deià ins Meer hinausragt. Der österreichische Erzherzog Ludwig Salvator, der dieses Gebiet einst besaß, ließ einen Serpentinenweg durch den felsgespickten Küstenhang hinunterbauen. Wie schön wäre es, unten am Wasser seine poetischen Naturschilderungen zu lesen – etwa an der Playola, dem winzigen Kiesstrand an der engsten Stelle der Halbinsel. Der weitere Aufstieg auf den „quergestellten", etwa 80 m hohen Felsrücken der Punta de sa Foradada wird durch eine sehr steile Wand vereitelt – die Kletterei zum höchsten Punkt über dem viel fotografierten Loch ist nur

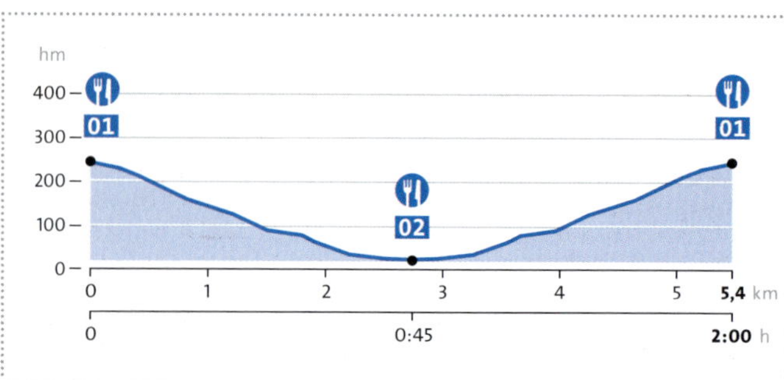


01 Son Marroig, 256 m; 02 Playola, 15 m

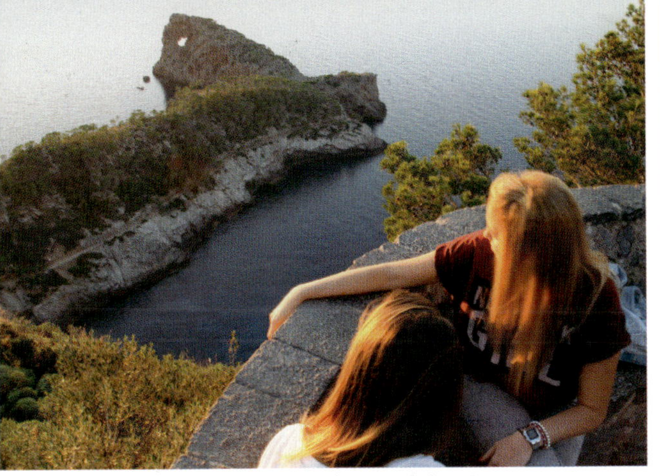

Punta de sa Foradada – der durchlöcherte Fels im Meer

schwindelfreien Bergsteigern zu empfehlen.

▶ Nach der Besichtigung des Landguts **Son Marroig** 01 folgt man der Asphaltstraße hinter dem Gebäude rechts kurz aufwärts, bis rechts eine abgesperrte Betonpiste abzweigt. Man übersteigt die Leiter neben dem Gatter und folgt dem bald geschotterten Fahrweg in Serpentinen zwischen

## Audienz beim Arxiduc

Erzherzog Ludwig Salvator von Österreich-Toskana (1847 – 1915) ist auf Mallorca noch heute jedem geläufig. Der „Arxiduc", ein Weltreisender und vielseitiger Gelehrter, erwarb nach und nach ein 16 km langes Gebiet zwischen Valldemossa und Deià, in dem kein Baum gefällt werden durfte. Dafür ließ der blaublütige „Aussteiger" ein kilometerlanges Wegenetz mit vielen Aussichtspunkten anlegen; außerdem verfasste er eine siebenbändige Monografie über die Balearen. Zu seinem Wohnsitz erwählte der Erzherzog das Landgut Son Marroig, vor dem er einen kleinen Marmortempel errichten ließ – heute eines der bekanntesten Fotomotive der Insel. Das fast original erhaltene Anwesen kann besichtigt werden (April – September Mo – Sa 9.30 – 19.30 Uhr, im Winter bis 17.30 Uhr, So geschlossen, www.sonmarroig.com). Die südwestlich benachbarte Possessió Miramar, liegt an der Stelle eines Klosters. Dort empfing Ludwig Salvator seine Gäste, darunter viele Wissenschafter, Dichter und seine Cousine Elisabeth, die Kaiserin von Österreich. Das Gutshaus birgt u. a. das nachgebildete Innere seines Dampfschiffs „Nixe". Zufahrt von der Ma-10 nahe Km 68 (Hinweisschild, Einbahnregelung, Mo – Sa 10 – 18 Uhr, im Winter bis 17 Uhr).

Olivenhainen abwärts. Bei einer beschilderten Wegteilung rechts bleiben. Nach dem nächsten Gatter (Durchlass links) schlängelt sich die Trasse unter hohen Felswänden mit Tropfstein-Grotten (Tiefblick auf die Halbinsel) und durch Kiefernwald zum **Meer** hinunter (dazwischen führen Stufen zu einem **Mirador** empor). Oberhalb der Felsküste zweigt links der Camí pérdut ab – der „verlorene Weg“ Richtung S’Estaca ist zerstört, seine Begehung gefährlich. Sie wandern auf dem breiten Fahrweg nach rechts und 40 m über dem Ufer zum vorderen Einschnitt der Halbinsel. Dahinter lädt die **Playola** **02**, ein kleiner Strand, zum Rasten, im Sommer auch zum Baden (kleines Restaurant) ein. 0:45 h

**Rückweg** nach **Son Marroig** **01** auf der gleichen Route. 1:15 h

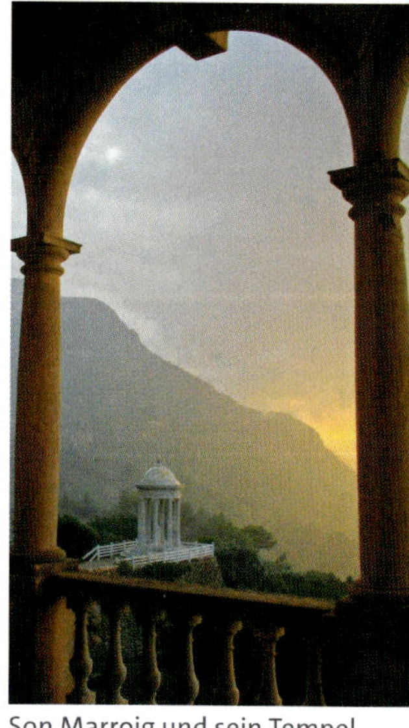

Son Marroig und sein Tempel

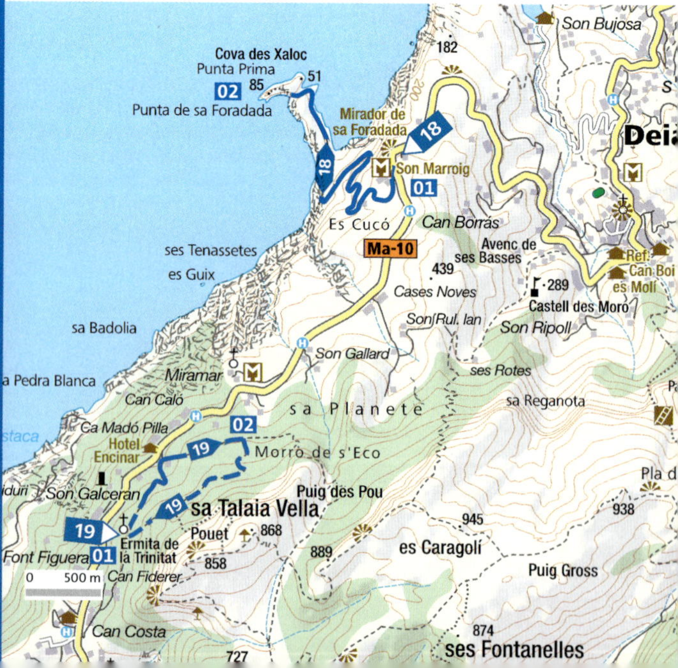

# RUND UM DIE ERMITA DE LA TRINITAT

## Der Erzherzog und die Einsiedler

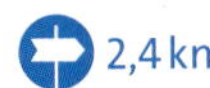

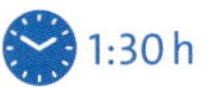

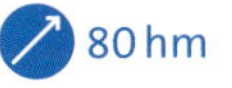

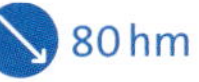


START | Ermita de la Trinitat (460 m), ca. 3 km nordwestlich von Valldemossa. Zufahrt auf der Ma-10, unscheinbare Abzweigung bei Km 69,8 gegenüber dem Restaurant Can Costa (der dortige Parkplatz ist für Gäste reserviert). Diese Zufahrt ist sehr schmal; man parkt besser schon ca. 1 km vor Can Costa auf einem kleinen Platz neben der Ma-10. Bushaltestelle der Linie 210 (Palma – Port de Sóller) bei Can Costa – dort halten jedoch nur Busse, die Richtung Valldemossa fahren (nächste Haltestelle 1,4 km Richtung Deià beim Hotel Encinar, wo man die Tour ebenfalls beginnen bzw. beenden könnte) [GPS: UTM Zone 31S x: 466800 y: 4398420]
CHARAKTER | Großteils schattige Waldwanderung auf breiten Wegen und schmalen Pfaden, die Orientierungsvermögen erfordern. Steinmännchen und rote Farbzeichen. Unterwegs keine Einkehrmöglichkeit; Restaurant Can Costa

Zu den Ländereien Erzherzog Ludwig Salvators gehörte auch eine Einsiedelei, die im Jahre 1713 von Joan Mir i Vallès gegründet wurde. Bis heute leben Patres in der Ermita de la Trinitat, die im dichten Steineichenwald zwischen dem Meer und der Talaia Vella liegt. Dort findet man zahlreiche Spuren der Geschichte – etwa die Ruinen einer älteren Einsiedelei oder eine kleine Höhle, in der schon Mallorcas großer Theologe und Philosoph Ramon Llull (um 1233 – 1316) meditiert hat, aber auch Bauten des Erzherzogs.

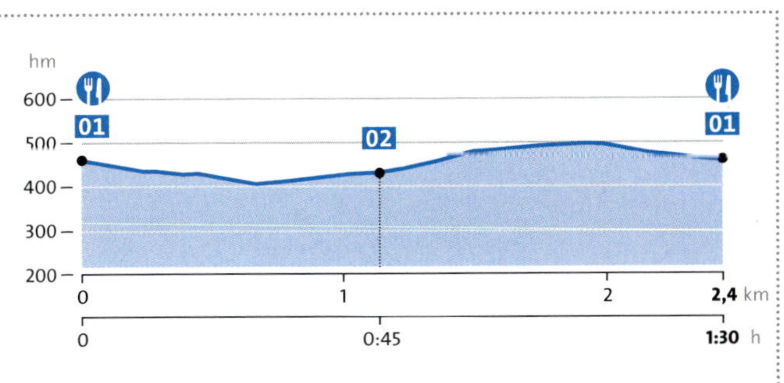


01 Ermita de la Trinitat, 460 m; 02 Mirador des Tudons, 435 m

▶ Wer an der **Ma-10** startet, gelangt in 0:30 h über **Can Costa** (400 m) zur **Ermita de la Trinitat** **01**.

Über den von Bäumen beschatteten **Parkplatz** hinter den Gebäuden gelangt man zu einem löchrigen Zaun. Hinter seinem Tor führen zwei Wege in den Wald. Wählen Sie den linken, der durch den Waldhang bergab führt. Er verbreitert sich bald zu einem Fahrweg, in den nacheinander fünf Seitenwege einmünden (rote Pfeile in Gegenrichtung). Nach ca. 15 Min. erreichen Sie die sechste Gabelung der Schotterstraße knapp oberhalb der schon hörbaren **Küstenstraße Ma-10**. Von dort gelangt man links zur erwähnten Bushaltestelle neben dem **Hotel Encinar** hinab. Die Rundwanderung verläuft jedoch auf der rechts ansteigenden Forststraße weiter. Nach Mauerresten und einem Kalkofen erreichen Sie einen Köhlerplatz, von dem Sie links mit wenigen Schritten zur Freitreppe auf den runden **Mirador des Tudons** **02** (435 m) gelangen (Blick auf das Anwesen Miramar, das ebenfalls dem Erzherzog gehörte, und zur Halbinsel Sa Foradada).

## Valldemossa und der Mythos Chopin

Trotz des Touristenrummels strahlt das Bergdorf im „wadi muza" am Fuß des Teix einen besonderen Charme aus. Der untere Ortsbereich fasziniert mit verwinkelten Gassen und pflanzengeschmückten Fassaden. 1399 entstand oberhalb davon ein Kartäuserkloster, das nach 436 Jahren säkularisiert wurde. Weitere drei Jahre später mietete sich der polnische Pianist und Komponist Frédéric Chopin mit seiner rauchenden und hosentragenden Geliebten George Sand (eigentlich: Amandine Baronne Dudevant) in einer der alten Mönchszellen ein. Seine Hoffnung auf einen frühlingshaften „Winter auf Mallorca" (so der Titel des berühmt-berüchtigten Reiseberichts von George Sand) machten allerdings Kälte und Regen zunichte (April – September Mo – Sa 9.30 – 18.30 Uhr, So 10 – 13 Uhr, im Winter kürzere Öffnungszeiten, www.cartujadevalldemossa.com, www.museochopin.com).

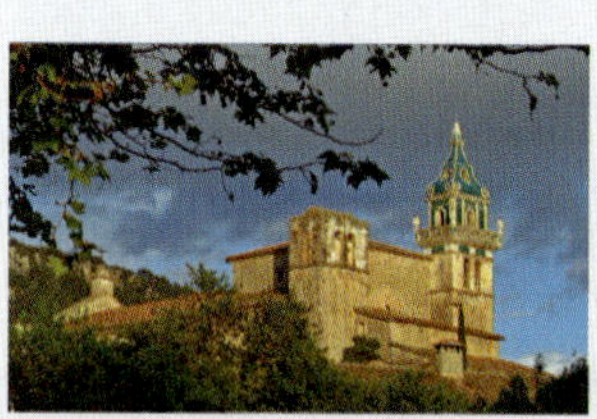

Sehenswert sind auch der Klostergarten, der Königspalast (Palau del Rei Sanxo, Öffnungszeiten wie Kartause) und das Kulturzentrum Costa Nord, das der Filmschauspieler Michael Douglas aufgebaut hat (täglich 9 – 17 Uhr, www.costanord.es). Unbedingt kosten: Coca de patatas, ein flaumiges Kartoffelteig-Gebäck (z. B. in der Bäckerei Can Molinas, C/. de la Rosa,4). Ende Juli wird die 1531 in Valldemossa geborene und 1627 heilig gesprochene Catalina Thomàs gefeiert – man findet sie fast neben jeder Haustür auf Kacheln.

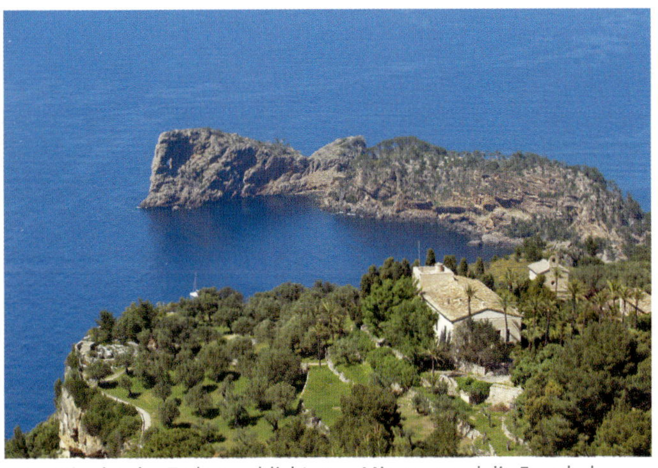
Vom Mirador des Tudons erblickt man Miramar und die Foradada.

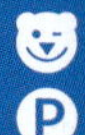

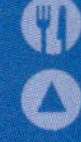

Zurück zum Hauptweg und etwa 200 m nach links, vorbei an einer flachen Lichtung, bis sich der Weg gabelt (etwas unübersichtlich). Auf der linken Route kann man einen kurzen Abstecher unternehmen: Nach wenigen Minuten sieht man rechts im Wald eine kleine, zur Vogelfang-Anlage umfunktionierte **Turmruine** des Erzherzogs. Dort links abbiegen und auf Pfadspuren etwa 250 m durch den Wald zu einem Felsabbruch mit einem Holzkreuz. Einige Stufen führen hinab zur Tür der **Cova del Beat Ramon** – diese kleine Höhle soll der Theologe und Philosoph Ramon Llull im 13. Jahrhundert gern aufgesucht haben.

Zurück zur zweiten Abzweigung, von der Sie nun links auf dem breiteren Hauptweg ansteigen. Er schlängelt sich – vorbei an Mauerresten, einem alten Kalkofen und einem **Picknickplatz** im Wald – in ca. 15 Min. empor zu den Ruinenmauern **Ses Ermites Velles** (ca. 560 m), der alten Einsiedelei. Nach dem Durchschreiten der verfallenen Anlage passieren Sie ein **Wasserbecken**, dann steigen Sie links über kleine Stufen in einen **Sattel** mit großen Felsblöcken an. Dahinter verbirgt sich links eine **Höhle** (Cova Busquera). Nun führt ein Pfad zu einem Köhlerplatz abwärts. Nach seiner Überquerung (nicht rechts hinunter!) erreichen Sie einen weiteren Köhlerplatz, dann geht's im Auf und Ab durch einen steinigen Waldhang weiter. Kurz bergab und – bei einer Abzweigung auf dem rechten Pfad bleibend – zu einem kleinen **Felseinschnitt** (Blick zur Halbinsel Sa Foradada und zum Wachturm von Son Galceran). Schließlich wandern Sie zu einer verschlossenen Höhle, vor der ein Tisch und Bänke aus Stein stehen. Gleich danach erreichen Sie wieder den Zaun vor der **Ermita de la Trinitat** 01. 1:30 h

Zurück nach **Can Costa** bzw. zum Parkplatz an der **Ma-10**. 0:30 h

**Karte auf Seite 86**

# DER REITWEG DES ERZHERZOGS

## Eine spektakuläre Rundwanderung über Valldemossa

 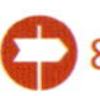 8 km  3:30 h 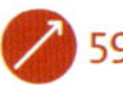 590 hm  590 hm

START | Valldemossa (410 m). Zufahrt aus Richtung Palma auf der Ma-1110. Gebühren-Parkplätze im Ortszentrum, kostenlose Parkmöglichkeit im westlichen Ortsbereich Richtung Deià-Banyalbufar. Haltestelle der Buslinie 210 (Palma – Port de Sóller) an der Plaça Campdevànol (Hauptstraße unterhalb der Kartause)
[GPS: UTM Zone 31S x: 467541 y: 4395713]
CHARAKTER | Beliebte Bergwanderung auf breiten Wegen und steilen und steinigen Wald- und Gebirgspfaden; Schwindelfreiheit ist erforderlich. Übersichtstafel und Wegweiser, ansonsten mit Steinmännchen markiert. Im unteren Bereich Schatten. Unterwegs keine Einkehrmöglichkeit; Bars/Restaurants in Valldemossa

Der vielleicht berühmteste Wanderweg Mallorcas führt von Valldemossa ins Massiv des Puig des Teix: der Camí des Arxiduc, der„Reitweg des Erzherzogs“. Sein spektakulärster Abschnitt zieht über einen Felskamm empor – 800 m über dem Meer und direkt an der Abbruchkante von 200 m hohen Wänden. Der Auftraggeber dieser in Trockensteintechnik aufgemauerten Weganlage war Erzherzog Ludwig Salvator. Der der Tiefblick auf seine einstigen

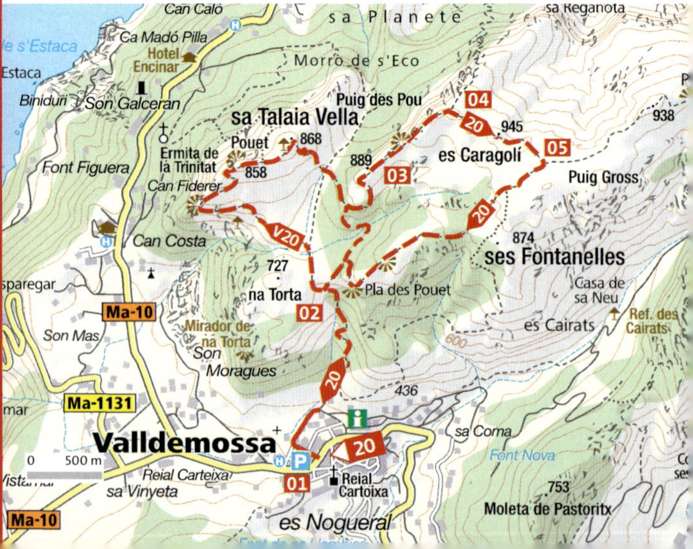

Besitztümer Miramar und Son Marroig ruft heute noch etwas Magenkribbeln hervor.

Der Zugangsweg darf seit 2016 nur mehr mit einer vorab eingholten Genehmigung begangen werden. Das mehr als 300 ha große Areal rund um den Pla des Pouet wird von der Stiftung „Vida Silvestre de la Mediterrània" gemanagt. Man will die (allzu) starke touristische Nutzung besser organisieren, den Wald gesundpflegen und alte Bauwerke wie Kalköfen restaurieren. Auf den Wegen zum Mirador de Can Costa und zur renovierten Unterstandshütte auf der Talaia Vella werden derzeit nur mehr 50 Wanderer pro Tag zugelassen. Wer dieses Gebiet besuchen möchte, sollte sich unbedingt schon einige Tage vor der Tour unter Tel. +34 619 59 19 85 oder valldemossa@procustodia.org anmelden. Die Genehmigung wird in der Regel problemlos erteilt.

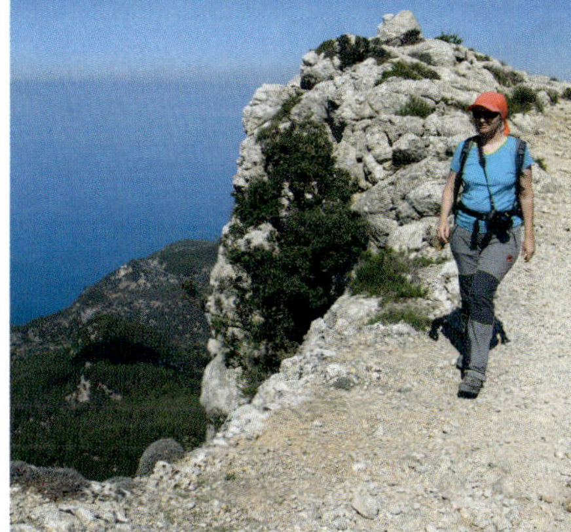
Unterwegs auf dem Reitweg

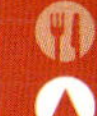
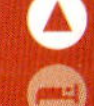

▶ Nahe dem **Tourismusbüro an der Hauptstraße** 01 (Avinguad de Palma) zweigt der C/. des Venerable Sor Aina ab. Folgen Sie dieser Straße – vorbei am **Parkplatz** – bis zur 2. Kreuzung, biegen Sie dort rechts auf den C/. del Pintor Joan Fuster und bei der nächsten Gabelung links auf dem C/. de les Oliveres ab. Am Ende der Straße befindet sich links das Tor des An-

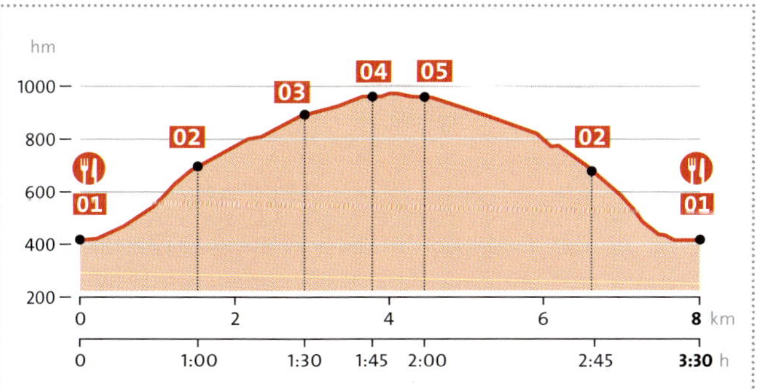


01 Tourismusbüro, 410 m; 02 Pla des Pouet, 685 m; 03 Cingles de Son Rul.lan, 889 m; 04 Kuppe, 925 m; 05 Pla des Aritges, 900 m

wesens **Son Gual Petit** (Nr. 16). Links daneben beginnt ein steiniger Weg, der dem Zaun entlangführt und nach ca. 300 m links in den Wald abbiegt. Nach einem Mauerdurchlass geht's neben einer Mauer zu einem **Tor mit Holzleiter**, die überstiegen wird. Neben einer alten Wasserleitung weiter, von der Abzweigung vor einer verfallenen Quellfassung (Font de s'Abeurada) scharf nach rechts und auf dem renovierten Weg in Kehren durch den Wald zur Lichtung des **Pla des Pouet** **02** (685 m) hinauf. 1:00 h

Hinter der Mauer biegen Sie rechts ab und folgen dem Weg, der Richtung Pas d'en Miquel hinaufführt (beschildert). Nach 150 m zweigen Sie links auf einen neu angelegten Weg ab, der – schon im öffentlichen Gebiet der Finca Son Moragues – zur **Cova de s'Ermita de Son Moragues**, emporzieht. Dabei handelt es sich um eine zeitweise noch bewohnte Einsiedlerhöhle – bitte respektieren Sie diesen Ort der Stille. Ein kurzes Stück weiter oben erreichen Sie schließlich den dem **Camí de s'Arxiduc**, den Reitweg des Erzherzogs. Auf diesem steigen Sie nun rechts durch den Waldhang an. Nach 10 Minuten erreichen Sie den Grat der der **Cingles de Son Rul·lan** **03** (889 m).

## Variante zum Mirador

Vom Pla des Pouet gelangt man – ebenfalls nur mit Genehmigung! – geradeaus zur **Font des Pouet** (Brunnen). Rechts daran vorbei, dann nach links und durch Wald hinauf zum **Mirador de Can Costa** (750 m). Von dort führt der Reitweg über die **Talaia Vella** (858 m), vorbei an einer renovierten Hütte und hinab zum Sattel des **Coll de Son Gallard**. Geradeaus aufwärts Richtung Caragolí (1 h länger).

In der Folge wandert man direkt neben der **Abbruchkante der Felswände** aufwärts (rechts ist das Gelände nur mäßig steil). Nach a. 500 m endet diese Passage auf einer kleinen **Kuppe** **04** (925 m). Der Reitweg wendet sich nach rechts und führt über den nunmehr breiten Rücken (Richtungspfosten bei der Abzweigung nach Deià) zum flachen, aber felsigen **Puig des Caragolí** (945 m, kurzer Gipfelpfad nach links, Gedenktafel). Beim folgenden Abstieg sehen Sie links zum Meer und nach nach Deià hinunter. So erreichen Sie den **Pla des Aritges** **05** (900 m) einer Mulde mit kleiner Baumgruppe. 1:00 h

Dort rechts ab (Wegweiser „Camí de ses Fontanelles"). Ein anfangs schnurgerader Pfad führt – sanft abfallend – über die weite und kahle Hochfläche (Richtpunkt ist der ferne, dreieckige Puig de Galatzó). Nach etwa 400 m beginnt der Wald (Quelle mit Wasserbecken). Abstieg neben einem flachen Waldrücken (links führt ein kurzer Stichpfad zu einem **Mirador**, schöner Blick auf Valldemossa und nach Palma). Der Weg schlängelt sich zu einem zweiten **Aussichtsplatz** (785 m) hinab und durch den felsigen **Pas d'en Miquel** (Mauerdurchlass). Auf gemauerter Trasse erreicht man durch einen steilen Hang schließlich wieder die schon bekannte Wegabzweigung und kurz darauf den **Pla des Pouet** **02**.
0:45 h

Zurück nach **Valldemossa** **01** auf dem Anstiegsweg. 0:45 h.

# SES FONTANELLES – PUIG GROS • 938 m



## Stille Pfade und aussichtsreiche Wege im Teix-Massiv

 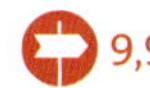 9,9 km  4:00 h  520 hm  520 hm

START | Valldemossa (437 m). Zufahrt siehe Tour 20
[GPS: UTM Zone 31S x: 467541 y: 4395713]
CHARAKTER | Landschaftlich sehr schöne Bergwanderung auf breiten Wegen und schmalen Pfaden, aber stellenweise auch auf undeutlichen Pfadspuren. Nur im oberen Bereich beschildert, sonst Steinmännchen; beim Aufstieg ist die Orientierung nicht leicht. Im unteren Bereich Schatten. Unterwegs keine Einkehrmöglichkeit; Bars/Restaurants in Valldemossa

„Die Höhen des Teix sind meist felsig und baumlos, an den senkrechten Wänden rankt sich Epheu empor, und Buchsbaum und Teix (Taxus baccata), der dem Berg den Namen verliehen" So beschrieb Erzherzog Ludwig Salvator den 1064 m hohen Hauptgipfel des Massivs zwischen Valldemossa und Sóller. Wanderer dürfen den Puig des Teix seit einigen Jahren nicht mehr betreten – wegen der Jagd auf „Hochwild" (Ziegen).

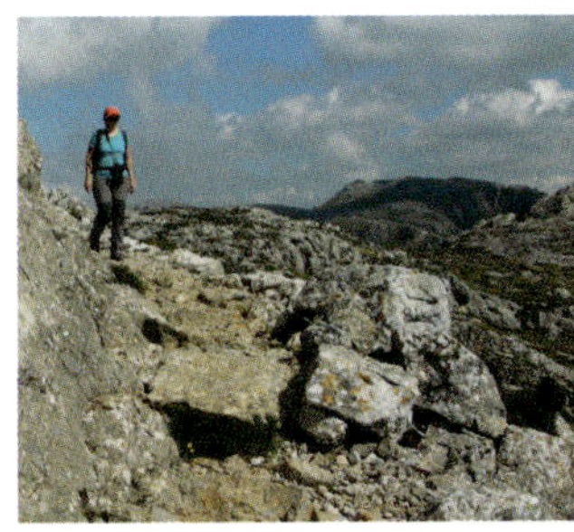

Der Puig des Teix im Hintergrund

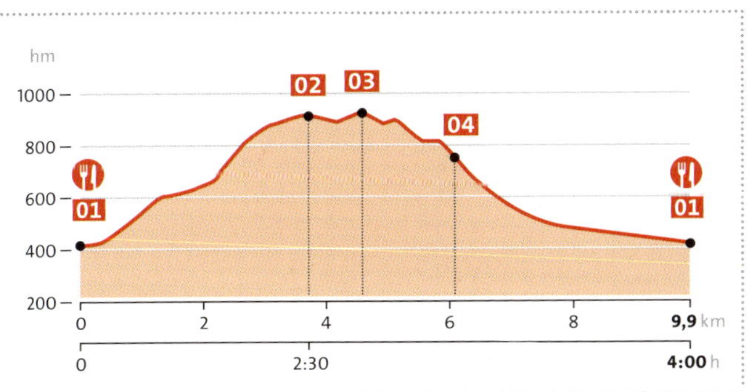


01 Valldemossa, 410 m; 02 Pla des Aritges, 908 m; 03 Puig Gros, 938 m; 04 Refugi des Cairats, 750 m

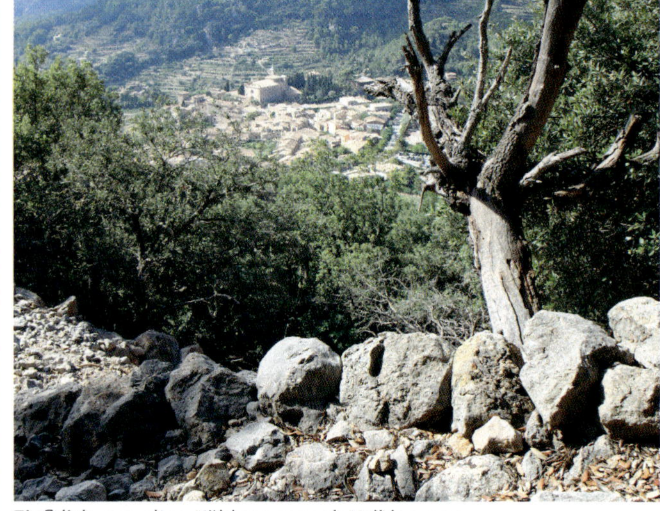

Tiefblick vom alten Köhlerweg nach Valldemossa

Immerhin findet man im Westen dieses Gebirgszugs, im Gebiet von Son Moragues, etliche Pfade, die zu ausgedehnten Rundtouren einladen und eine Sicht von den höchsten Gipfeln der Serra de Tramuntana bis zur Bucht von Palma bieten. Einer der schönsten führt durch die Steineichenwälder im Norden der Coma des Cairats – ein fast vergessener Köhlerweg. Auch für die Begehung dieser Route muss unbedingt schon einige Tage zuvor unter Tel. +34 619 59 19 85 oder valldemossa@procustodia.org um eine Genehmigung angesucht werden.

▶ Zunächst durchqueren Sie wie bei Tour 20 den nördlichen Ortsbereich von **Valldemossa** **01** bis zum Ende des C/. de les Oliveres. Etwa 200 m weiter Richtung Pla des Pouet. Vor dem **Tor mit Holzleiter** zweigen Sie jedoch rechts ab und folgen einem breiten und stellenweise gepflasterten, aber auch mit herabgestürzten Steinen bedeckten Köhlerweg bergauf. Nach einigen Kehren durch den felsigen Hang wird der Blick zum Puig des Teix und zum Meer frei. In der Folge geht's im sanften Auf und Ab weiter (Mauerdurchlass) und über eine flache Anhöhe in eine weite Waldmulde, vorbei an mehreren Hüttenfundamenten. Nach einem weiteren Graben steigt der Weg wieder stärker an und wird bald schmaler. Er schlängelt sich hinauf zu einem **großen Köhlerplatz**, der einen kleinen Waldgraben ausfüllt (730 m).

Steigen Sie auf der linken Seite dieses kleinen Tals etwa 50 m weglos schräg durch das steile, steinige Waldgelände an (Steinmännchen beachten!) und gehen Sie dann nach links auf einem **flachen Waldrücken**. Dort biegen Sie rechts ab, erklimmen einen kurzen, unproblematischen **Felsaufschwung** und steigen in der Folge neben dem gezackten Kamm an. Auf etwa 850 m Seehöhe erreichen Sie die Waldgrenze am Rand des **Hochplateaus Ses Fontanelles**.

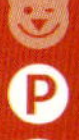

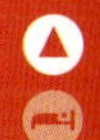

Achten Sie dort genau auf die stellenweise verzweigten, aber gut mit Steinmännchen gekennzeichneten Pfadspuren, die durch das flache, mit Dissgras und einzelnen Bäumen bewachsene Felsgelände nach Norden führen. Von einer breiten Anhöhe sehen Sie schon den Rücken des Caragolí. Links haltend erreichen Sie den gut ausgetretenen Pfad, der vom Pla des Pouet hinaufführt. Auf diesem rechts zur 500 m entfernten Baumgruppe am **Pla des Aritges** **02** (908 m, Steinpyramide, Wegweiser). Dort mündet der Weg in den **Camí de s'Arxiduc**, den Reitweg des Erzherzogs, ein. 2:30 h

Hier biegen Sie rechts ab (Wegweiser „Camí de s'Arxiduc, Camí des Cairats") und wandern durch eine mit Dissgras bewachsene Mulde auf die kahle Kuppe des **Puig Gros** **03** (938 m). Abstieg in Kehren zu einem Sattel (885 m, zerzauste Kiefern) und weiter zur nahen Abzweigung des gesperrten Teix-Gipfelabstechers. Geradeaus auf dem angelegten Weg weiter und im Bogen durch einen bewaldeten Graben abwärts. Neben den Ruinen einer casa de neu (eines Schneehauses – Näheres dazu auf Seite 139) erreicht man das unbewirtschaftete **Refugi des Cairats** **04** (750 m). Nun geht's auf der steilen Straße (betonierte Querrinnen) neben dem Torrent d'Avall ins weite Tal der **Coma de Cairats** hinunter, vorbei am **Picknickplatz** bei der **Font des Polls** und an beschilderten Abstechern zu einem Köhlerplatz und einem Kalkofen. Unten auf dem flachen Talboden gehen Sie durch eine Toreinfahrt (links Überstieg). Nach einem Mauerdurchlass rechts abzweigen (Weiderost) und auf dem ebenen Camí des Cairats zu einem offenen Tor. Dahinter marschieren Sie rechts auf der Asphaltstraße nach **Valldemossa** **01**. Der C/. de Xesc Forteza und der links abbiegende C/. de Lluís Vives führen Sie zum **Gutshof Son Gual**. Links zur Hauptstraße (Avinguda de Palma) und neben dieser rechts ins nahe **Ortszentrum**. 2:00 h

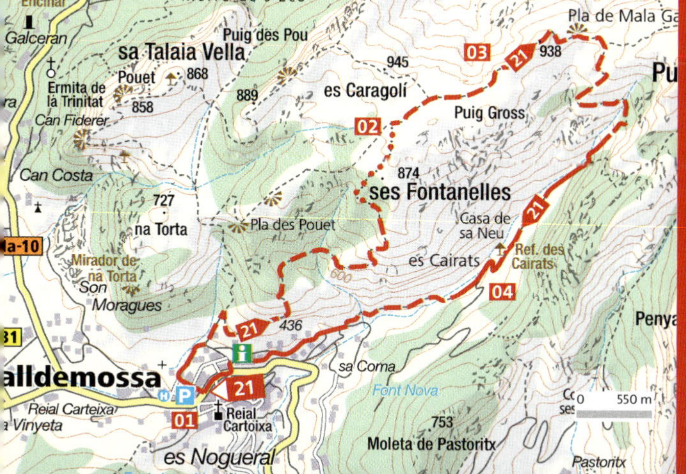

# VON VALLDEMOSSA NACH DEIÀ |GR-221|

Ein abenteuerlicher Weg übers Gebirge

  10,6 km  4:00 h  500 hm  750 hm

START | Valldemossa (437 m), siehe Tour 20. Rückfahrt von Deià mit der Buslinie 210 (letzte Abfahrt Mo – Fr 20.30 Uhr, Sa 19.30 Uhr, So/Fei 19 Uhr) oder mit dem Taxi (Tel. 619/096275)
[GPS: UTM Zone 31S x: 467541 y: 4395713]
CHARAKTER | Gebirgsüberschreitung auf breiten Wegen und schmalen Pfaden. Schon der Aufstieg erfordert Trittsicherheit und Schwindelfreiheit, der „kribbligste" Abschnitt erwartet Sie jedoch beim Abstieg: eine kurze, aber sehr luftige und abschüssige Wegpassage zwischen steilen Felswänden. Markierung: Farbpunkte und Steinmännchen; bei Nebel ist die Orientierung im Kammbereich schwierig. Im unteren Bereich Schatten. Unterwegs keine Einkehrmöglichkeit; Bars/Restaurants in Valldemossa und Deià

Auch der Fernweg GR-221 führt über das Teix-Massiv. Die Highlights unterwegs: Ludwig Salvators Reitweg und die Rundsicht vom Kamm des Caragolí. Beim Abstieg nutzt man die schmalen Felsrampen der Cingles de Son Rul·lan, auf denen man im Zickzack durch eine 200 m hohe Felsflanke geht. Im Rückblick von unten erscheint der Wegverlauf durch die Felsflanke kaum möglich. Die Hochfläche um den Puig Gros verspricht eine Panoramasicht bis zur Bucht von Palma.
Auch für die Begehung dieser Route muss unbedingt schon einige Tage zuvor unter Tel. +34 619 59 19 85 oder valldemossa@procustodia.org um eine Genehmigung angesucht werden.

▶ Wie bei Tour 20 wandern Sie von **Valldemossa** **01** zum **Pla des Pouet** **02** (685 m), auf der neu beschilderten Route – vorbei an der Einsiedlerhöhle – zu den **Cingles de Son Rul·lan** **03** (889 m) und schließlich direkt neben der **Abbruchkante der Felswände** hinauf zu einer **Kuppe** **04** (925 m) am Rand des Teix-Plateaus.
Nun wird der Weg flach und führt über einen Steinrücken auf die flache Gipfelkuppe des Caragolí zu. Nach etwa 3 Min. markieren Steinmännchen und ein Richtungspfosten (mit Handschrift „Deià") die **Abzweigung des GR-221** **05**. Gehzeit ab Valldemossa 2:00 h

Dort biegen Sie links ab und wandern auf einem Pfad (viele Steinmännchen) über den sanft absinkenden Grasrücken zu den **obersten Steineichen** (850 m). Dort wird das Gelände felsig.

Vorsicht: Folgen Sie an der Kante eines **niedrigen Felsabsatzes** nicht rechts den verführerischen Pfadspuren entlang des Grasrückens weiter, sondern biegen Sie scharf

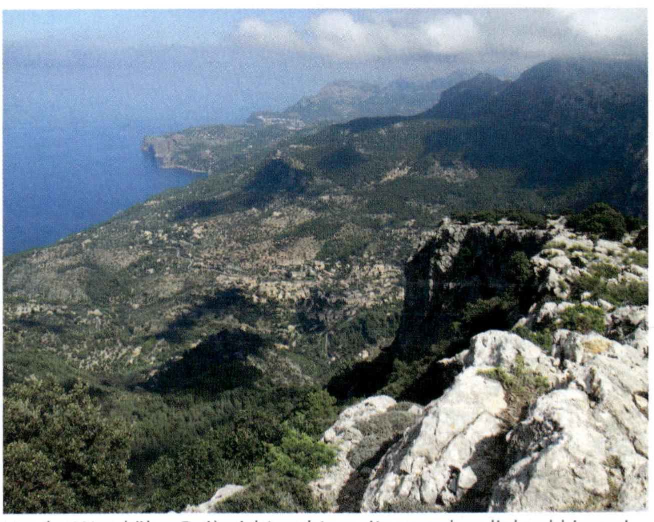
Vor der Wand über Deià nicht rechts weiter, sondern links abbiegen!

nach links ab (Steinmännchen beachten). Unterhalb der kleinen Felsen geht's einige Schritte sanft aufwärts (!), dann schwenken Sie unter eine Steineiche wieder nach rechts und erreichen eine kleine **Felsplattform**, von der Sie unvermittelt auf die Halbinsel Foradada hinunterblicken. Ein aufgemauerter Pfad führt zur **vordersten Abbruchkante** über der 200 m hohen Felswand der **Cingles de Son Rul·lan**. Von dort geht's rechts über schmale, schräg abfallende und etwas rutschige, aber stellenweise bewaldete **Felsbänder** abwärts. Über weite Kehren wird der fast **senkrechte Wandabsturz** in ca.

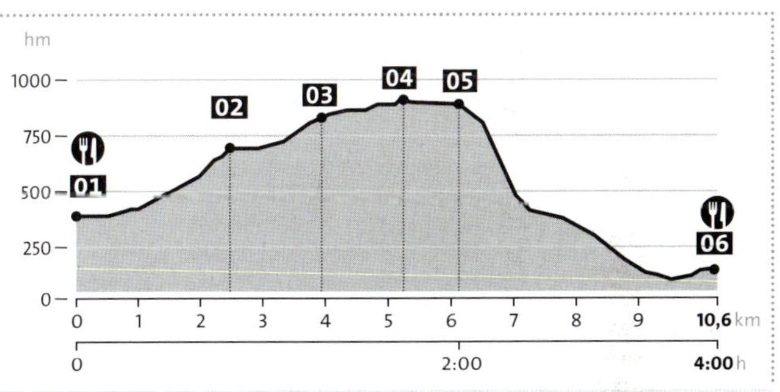


01 Valldemossa, 437 m; 02 Pla des Pouet, 685 m;
03 Cingles de Son Rul.lan, 889 m; 04 Kuppe, 925 m;
05 Abzw. des GR-221, 925 m; 06 Deià, 194 m

15 Min. überwunden. Am Fuß der Felsen schlängelt sich der Pfad durch Steineichenwald hinab. Vorbei an zwei Köhlerplätzen erreicht man einen dritten Köhlerplatz mit Backofen. Dort nach rechts, an einem **Wasserbecken im Fels** vorbei und auf einem breiteren Weg abwärts. Bei einem alten Kalkofen links und bei der nächsten Wegeinmündung geradeaus in einen Graben (alte Olivenkulturen). Flach durch den Hang und zwischen Terrassen zur **Mauer des Landguts Son Rul·lan**. Vor seinem Tor (414 m) scharf nach rechts und auf dem alten, stellenweise verwachsenen Pflasterweg hinab. Etwa 10 Min. später links über Stufen abwärts, am Quellportal der **Font de ses Rotes** vorbei und im Grasgelände neben dem Torrent Major zu einem Mauerdurchlass. Links unter der Ruine des **Castell des Moro** vorbei, zu einem weiteren Mauerdurchlass (die Metallabsperrung übersteigen) und gegenüber einem **Haus** zu einem Fahrweg. Dieser führt rechts zu einer Abzweigung. Geradeaus und bald auf Asphaltbelag zum **Hotel Es Molí** bei **Deià** hinunter. Vor dem Hauptgebäude beginnt der beschilderte Camí de Can Quet, der über eine Treppe zur **Küstenstraße Ma-10** führt. Auf der Hauptstraße links zur Bushaltestelle unter dem **Restaurant Can Quet**. Gegenüber führt eine Straße an einer Trafostation vorbei in den Graben unter dem Kirchenberg von **Deià** (194 m) Links geht's hinab zur **Wanderherberge Can Boi**, während man rechts – neben dem Bach – ins Ortszentrum von **Deià** **06** hinaufgelangt (Bushaltestelle). 2:00 h

## Deià, das einstige „Künstlerdorf"

Die geschützte, seit Urzeiten besiedelte Mulde zwischen dem Meer und dem Teix-Massiv verfügt über viele Quellen, die intensiven Obst- und Gemüseanbau ermöglichten – deia bedeutet im arabischen soviel wie Feld. Im 13. Jahrhundert entstand das Dorf auf dem Hügel. Am Beginn des 20. Jahrhunderts „entdeckten" es kreative Menschen: Schriftsteller wie Robert Graves oder Maler wie Ulrich Leman machten es zum Mittelpunkt ihres Lebens, viele (Lebens-)Künstler folgten. Heute ist Deià eines der schönsten Dörfer Mallorcas. Bis heute gilt: Je dichter man neben der Kirche wohnt, desto vornehmer ist die Familie.

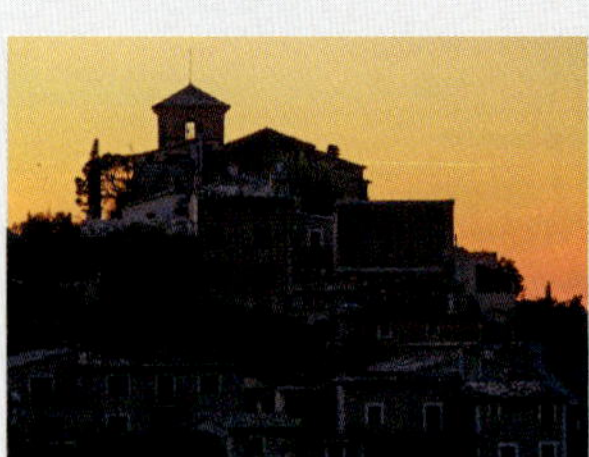

Sehenswert: die Pfarrkirche auf dem Dorfhügel mit ihrem kleinen Friedhof (Kirchenmuseum Sa 9 – 19 Uhr), Casa-Museu Robert Graves „Ca n'Alluny" (Erinnerungen an den englischen Schriftsteller; an der Hauptstraße Richtung Sóller, Di – Sa 10 – 17 Uhr), Archäologisches Museum (Di, Do, Fr 15 – 19 Uhr, im Winter bis 18 Uhr).

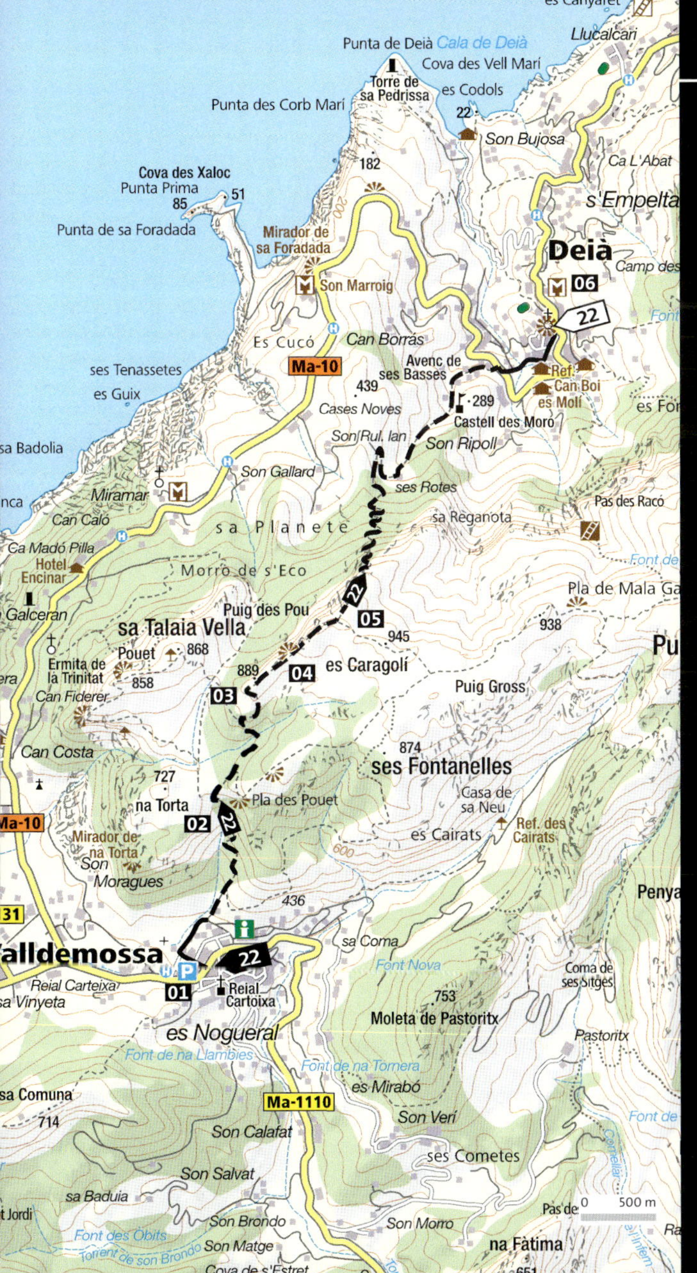

sa Caleta
es Canyaret
Llucalcari
Punta de Deià
Cala de Deià
Cova des Vell Marí
Torre de sa Pedrissa
es Codols
Punta des Corb Marí
Son Bujosa
Ca L'Abat
s'Empelta
Cova des Xaloc
Punta Prima
Punta de sa Foradada
Mirador de sa Foradada
Son Marroig
Deià
Camp des
Es Cucó
Can Borràs
Ma-10
Avenc de ses Basses
ses Tenassettes
es Guix
Cases Noves
Ref.
Can Boi
es Molí
Castell des Moro
Son Rul·lan
Son Ripoll
sa Badolia
Son Gallard
Miramar
ses Rotes
Can Caló
sa Planete
sa Reganota
Pas des Racó
Ca Madó Pilla
Hotel Encinar
Morro de s'Eco
Pla de Mala Ga
Galceran
Puig des Pou
sa Talaia Vella
es Caragolí
Puig Gross
Ermita de la Trinitat
Pouet
Can Fiderer
Can Costa
ses Fontanelles
Pla des Pouet
Casa de sa Neu
na Torta
Ref. des Cairats
Mirador de na Torta
es Cairats
Son Moragues
Penya
Valldemossa
sa Coma
Font Nova
Reial Carteixa
Reial Cartoixa
Coma de ses Sitges
sa Vinyeta
es Nogueral
Moleta de Pastoritx
Pastoritx
Font de na Llambies
Font de na Tornera
es Mirabó
Ma-1110
sa Comuna
Son Veri
Son Calafat
ses Cometes
Son Salvat
sa Baduia
Son Brondo
Son Morro
Font des Obits
Torrent de son Brondo
Son Matge
na Fàtima
Cova de s'Estret
0 500 m

23

# ZUR TRAUMBUCHT CALA DE DEIÀ

## Der beliebte Küsten-Abstecher vom „Künstlerdorf"

  3,9 km  2:15 h 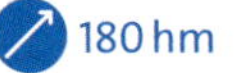 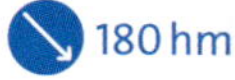

START | Deià (194 m). Zufahrt auf der Ma-10; Gebührenparkplätze an der Hauptstraße, kostenlose Parkmöglichkeit am nördlichen Ortsrand (Richtung Sóller). Haltestelle der Buslinie 210 (Palma – Port de Sóller) an der Hauptstraße im Ortszentrum [GPS: UTM Zone 31S x: 469913 y: 4399912]
CHARAKTER | Kurze, beschilderte Wanderung auf Straßen und Wegen. Stellenweise Schatten. Bars/Restaurants in Deià, Ca s'Patró March an der Cala de Deià (gutes Fischrestaurant, Tel.971/639137)

Künstler, Spitzengastronomie und Fernsehserien verhalfen dem Dorf Deià zu seiner heutigen Popularität. Sein wahrer Reiz erschließt sich aber nur jenen, die auch seine herb-schöne Umgebung zwischen Gebirge und Meer durchwandern.

Die Route hinunter zur kleinen Bucht der Cala de Deià zählt zu den „klassischen" Wanderwegen Mallorcas.

▶ Vor dem Abstieg zur Küste empfiehlt sich der kurze Aufstieg zur Kirche von **Deià** 01 (194 m). Von dort geht's auf dem C/. Ramon Llull wieder bergab. Unterhalb der Villa Verde rechts auf den betonierten, später gepflasterten Treppenweg Costa d'en Topa abzweigen. Unten links zur **Brücke**, dann nach rechts und – den Wegweisern „Cala de Deià" folgend – auf dem Carrer des Clot

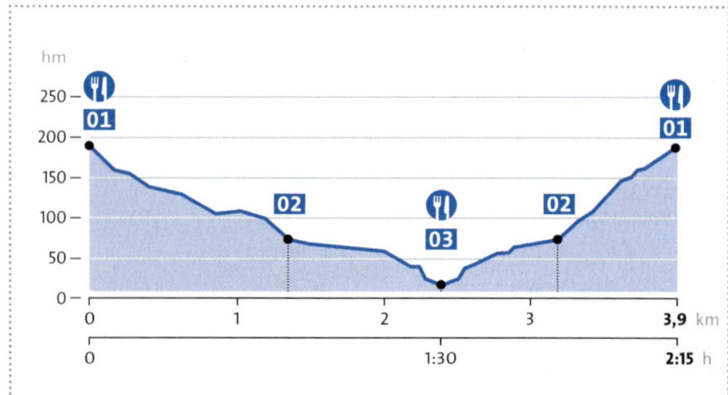


01 Deià, 194 m; 02 Holzsteg über den Torrent Major, 72 m;
03 Cala de Deià

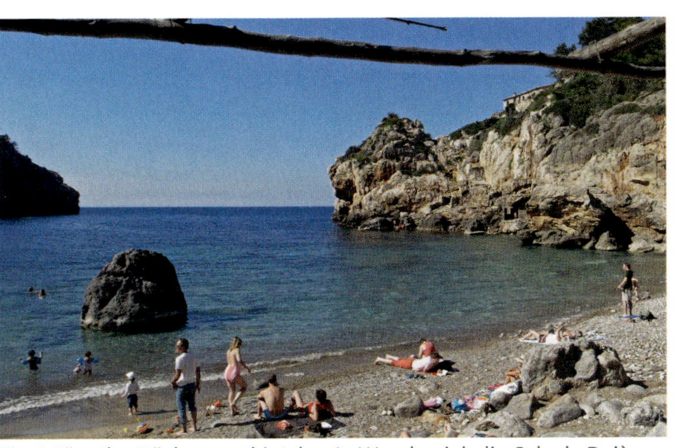

Einst Künstler-Rückzugsgebiet, heute Wanderziel: die Cala de Deià

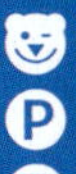

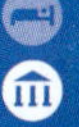
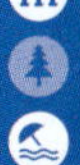

neben dem **Torrent Major** hinab. Nach dem Refugi Can Boi rechts auf dem Camí de Ribassos (Sackgasse) zum kleinen **Waschhaus**. Bald wandert man auf einem stellenweise gepflasterten Pfad neben dem schluchtartigen Graben, durch Oliventerrassen (Zaunüberstieg) und über Felsplatten zu einem **Holzsteg über den Torrent Major** 02. Jenseits nach links und auf der Asphaltstraße unter Felsen zum **Parkplatz**. Eine kurze Schotterstraße bzw. ein Pflasterweg führt zum nahen Kiesstrand der **Cala de Deià** 03. Es lohnt sich, kurz vor der Bucht rechts über die Stufen anzusteigen und links zur Oberkante der Klippen zu gehen (schöner Blick über die Bucht). 1: 30 h

**Rückweg** auf der Zufahrtsstraße bis zur Einmündung des Camí des Ribassos bei der **Holzbrücke** 02. Nun gehen Sie kurz auf der asphaltierten Fahrbahn weiter, bis der beschilderte GR-221 links Richtung Deià abzweigt. Der renovierte Pflasterweg kürzt die Straßenkehren ab und führt nach einem Gatter (Leiterüberstieg) zwischen Terrassen empor. Schließlich durch ein Tor (Überstieg) und am **Sportplatz** vorbei ins nahe Ortszentrum von **Deià** 01. 0:45 h

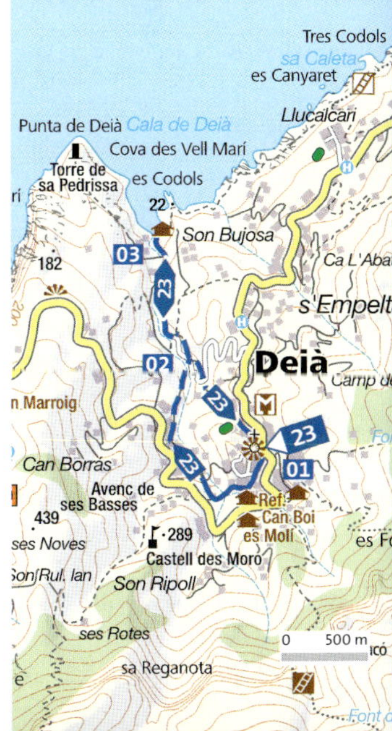

24

# VON DEIÀ NACH PORT DE SÓLLER |GR-221|

## Eine Panoramawanderung auf dem Camí de Castelló

  10,3 km  4:00 h  210 hm 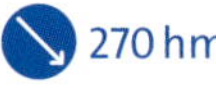

START | Deià (194 m). Zufahrt wie bei Tour 23. Rückfahrt von Port de Sóller per Bus (Linie 210, letzte Abfahrt Mo – Fr 20 Uhr, Sa 19 Uhr, So/Fei 18.30 Uhr) oder mit dem Taxi (Tel. 971/638484) [GPS: UTM Zone 31S x: 469913 y: 4399912]
CHARAKTER | Gut beschilderte Pfade und Fahrwege; immer wieder Schatten. In der Finca Can Mico gibt's Kuchen und frischen Orangensaft; Refugi de Muleta (Nächtigung und Essen nach Vorbestellung, Tel. 971/634271), Bars/Restaurants in Deià und Port de Sóller

Viele Wanderwege auf Mallorca stammen aus der Zeit der Araber oder aus dem Mittelalter. Einer davon ist der Camí de Castelló zwischen Deià und Sóller. Der GR-221 folgt ihm ein gutes Stück, führt dann jedoch nach Norden ins Gebiet des Landguts Muleta, wo man die ältesten Olivenhaine Mallorcas durchschreitet.

▶ Von der Bushaltestelle im Ortszentrum von **Deià** 01 folgen Sie der Hauptstraße Richtung Sóller – vorbei an der Zufahrt zum **Hotel Residencia** – zum nördlichen Ortsrand. Dort geht's links auf dem anfangs asphaltierten Camí de sa Vinyeta Richtung Meer hinunter (GR-Wegweiser „Sóller"). Nach dem **Sportplatz** schlängelt sich der teils gepflasterte Weg zur Straße Richtung Cala de Deià hinab (zwei Tore mit Leiter-Überstieg). Die Fahrbahn wird dreimal überquert, dann erreicht man den Talgrund

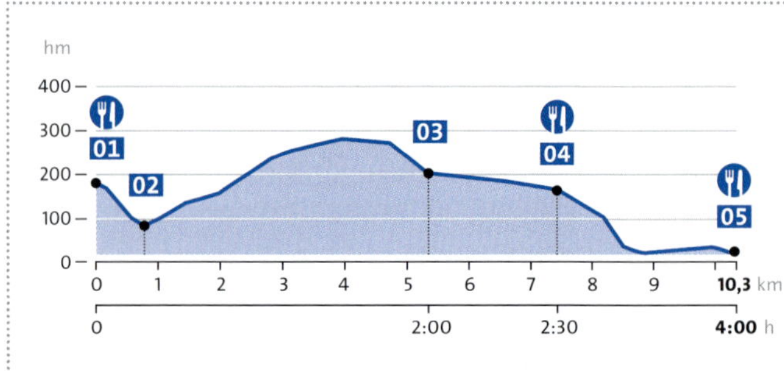


01 Deià, 194 m; 02 Holzsteg über den Torrent Major, 72 m; 03 Ma-10; 04 Finca Muleta Gran, 185 m; 05 Port de Sóller, 10 m

des **Torrent Major**, wo der beschilderte Camí des Ribassos über einen **Holzsteg** 02 einmündet. Dort zweigt der GR-221 rechts ab (Wegweiser). Vor dem Wiederaufstieg lohnt sich der kurze Abstecher auf der Straße durch das schluchtartige Tal zur **Cala de Deià** (0:15 h zusätzlich).

Neben dem **Holzsteg** folgen Sie rechts (Wegweiser „Sóller", Leiterüberstieg) einem Treppenweg bergauf. Vor dem **Landhaus Son Bujosa** (130 m) geradeaus auf der Zufahrtsstraße weiter und dann rechts zur **Küstenstraße Ma-10**, der Sie etwa 500 m nach links folgen. Nahe Km 60,2 zweigt der GR-221 rechts ab (Wegweiser „Sóller, Camí de Castelló"). Über Stufen erreicht man eine Asphaltstraße, die links zu einigen Anwesen führt. Von dort wandern Sie auf dem historischen **Camí de Castelló** durch Waldhänge hinauf. Links unten sieht man das winzige Dorf **Llucalcari**, etwas später passiert man eine Felsgruppe und die **Finca Son Coll** (250 m). Nach einem kurzen Abstieg geht's geradeaus an einer Abzweigung (Wegweiser) vorbei. Einen Asphaltweg queren und auf dem gepflasterten Weg an den Gebäuden von **Can Miquelet** vorbei. Zwischen Mauern und Felsen aufwärts (zwei Zaundurchlässe, kleiner Pass) und schließlich zu einer Kreuzung neben einem **runden Dreschplatz**. Geradeaus zur Schotterstraße hinunter, die zur nahen **Doppelfinca Son Mico/Can Prohom** führt (250 m). Im ersten der beiden zusammengebauten Gebäude werden Kuchen und Orangensaft angeboten. Nach der Überquerung der Terrasse wandern Sie links auf dem Pflasterweg zur 1626 errichteten, schön renovierten **Capella de Castelló** hinab. Dort links abzweigen

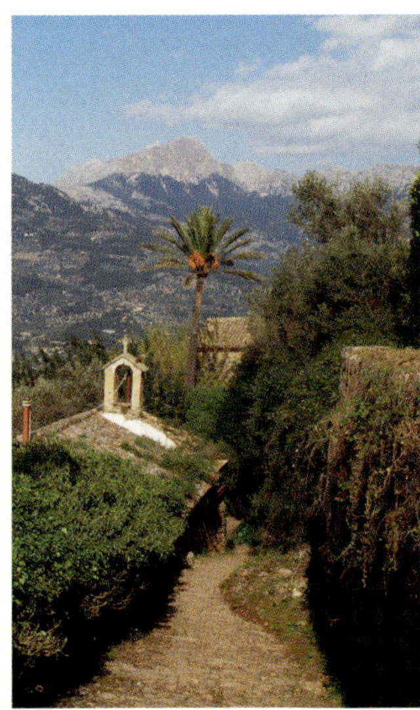
Capella de Castelló mit Puig Major

(Wegweiser „Refugi de Muleta") und auf einem Fahrweg zur nahen **Ma-10** 03 (230 m, Bushaltestelle beim **Hotel Son Bleda**). 2:00 h

Folgen Sie der Fahrbahn wenige Schritte nach links (Richtung Deià), am **Hotel** vorbei, und biegen Sie dann rechts auf eine Nebenstraße ab (Beschilderung „Restaurant Bens d'Avall", GR-221-Wegweiser) Auf der flachen Schotterpiste zur nächsten Gabelung, rechts in die Sackgasse und am **Haus Son Augustinus** vorbei. Von einer Linkskurve nach rechts abzweigen, durch uralte Olivengärten und nach ca. 200 m links zur **Finca Muleta Gran** 04 (185 m). 0:30 h

Vor dem großen Anwesen zweigt der beschilderte Weg zum Refugi de Muleta links ab (Beschreibung siehe Tour 31). Der direkte Abstieg Richtung Sóller/Port de Sóller führt

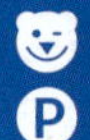

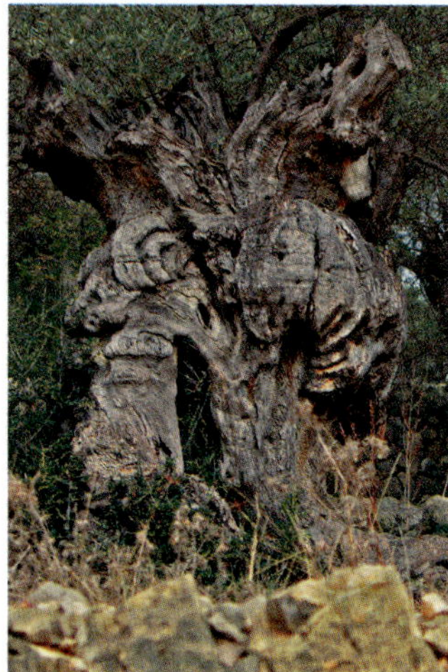
Oliven-Methusalem auf Muleta

dagegen geradeaus weiter (Wegweiser), um die Gebäude des Landguts herum und auf einem alten, stellenweise gepflasterten Weg durch eine Mulde. Dann geht's bergab, vorbei an der **Finca Muleta de Ca s'Hereu**. Ganz unten im Tal biegt der GR-221 rechts Richtung Sóller ab (siehe Tour 30).

Nach **Port de Sóller** gelangt man dagegen links. Auf der nach wenigen Schritten erreichten Asphaltstraße wandern Sie links zu den nahen Hotels an der **Platja d'en Repic**. Dort rechts auf der Promenade neben dem Sandstrand und über eine kleine Brücke zur **Plaça de sa Torre an der Hauptstraße** (Station der Trambahn). Weiter dem Ufer und der Bahnlinie entlang ins Zentrum von **Port de Sóller** 05. 1:30 h

Zur Bushaltestelle: Beim Taxistandplatz rechts auf den breiten C/. d'Antoni Montis abbiegen und am folgenden Kreisverkehr links vorbei.

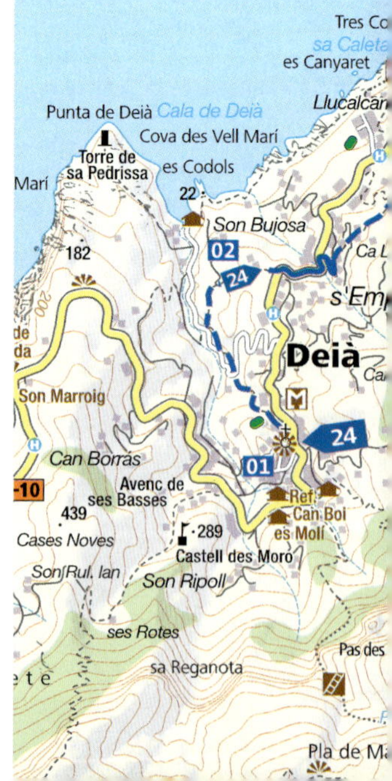

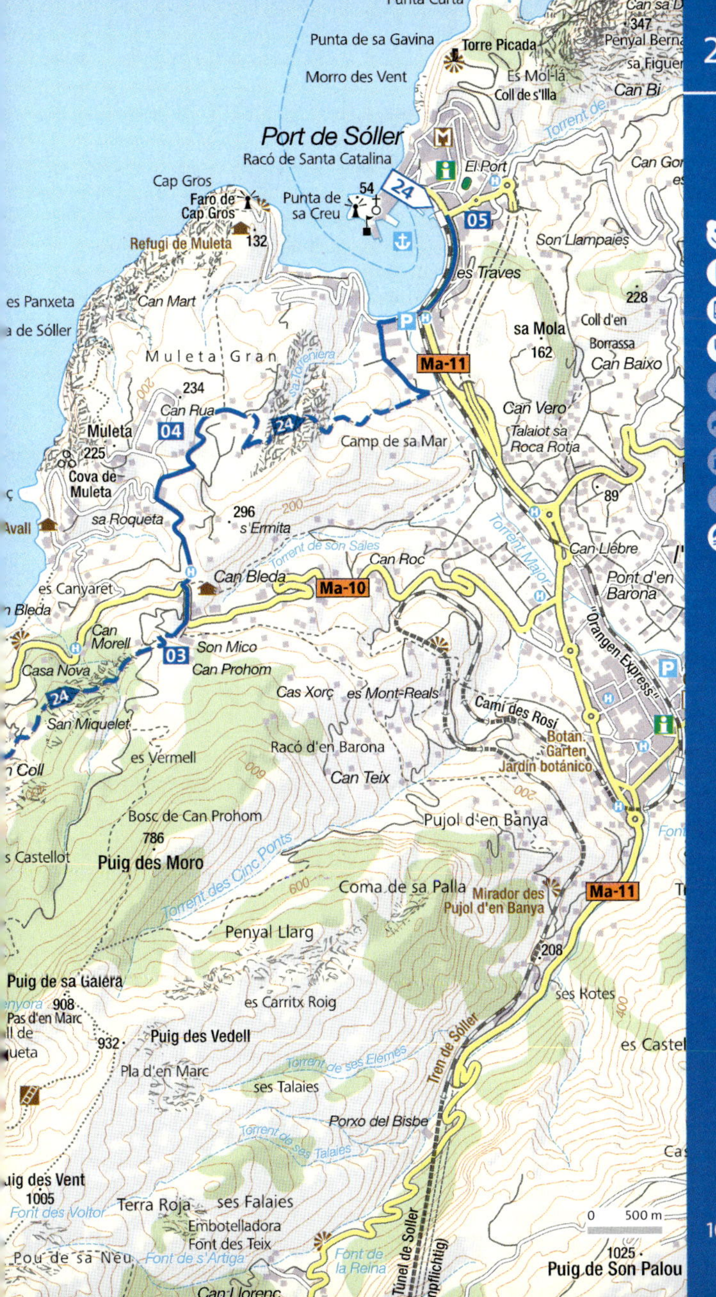
Punta Curta
Punta de sa Gavina
Torre Picada
Morro des Vent
Es Mol-lá
Coll de s'Illa
Can Bi
Penyal Berna
sa Figuer
347
Port de Sóller
Racó de Santa Catalina
El Port
Can Gor
Cap Gros
Faro de Cap Gros
Refugi de Muleta
132
Punta de sa Creu
54
24
05
Son Llampaies
es Traves
228
es Panxeta
Can Mart
sa Mola
162
Coll d'en Borrassa
Can Baixo
Muleta Gran
sa Torrenera
Ma-11
234
Can Rua
04
Muleta
225
Cova de Muleta
Camp de sa Mar
Can Vero
Talaiot sa Roca Rotja
89
296
s'Ermita
sa Roqueta
Torrent de son Sales
Torrent Major
Can Llebre
Can Bleda
Can Roc
Ma-10
Pont d'en Barona
es Canyaret
Can Morell
Casa Nova
03
Son Mico
Can Prohom
"Orangen Express"
Cas Xorç
es Mont-Reals
Camí des Rosí
San Miquelet
Botan. Garten
Jardín botánico
es Vermell
Racó d'en Barona
Can Teix
Pujol d'en Banya
Bosc de Can Prohom
786
Puig des Moro
Torrent des Cinc Ponts
Coma de sa Palla
Mirador des Pujol d'en Banya
Ma-11
Penyal Llarg
208
Puig de sa Galera
908
Pas d'en Marc
es Carritx Roig
ses Rotes
932
Puig des Vedell
Pla d'en Marc
Torrent de ses Elemes
Tren de Sóller
es Castel
ses Talaies
Porxo del Bisbe
Torrent de ses Talaies
1005
Font des Voltor
Terra Roja
ses Falaies
Embotelladora Font des Teix
Pou de sa Neu
Font de s'Artiga
Font de la Reina
Túnel de Sóller
Can Llorenç
0
500 m
1025
Puig de Son Palou

# AUF DEN PUIG DE S'ALQUERIA • 609 m

## Kletterparadies und Aussichtsberg über Bunyola

  6,8 km  4:00 h  420 hm 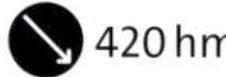 420 hm

START | Bunyola (210 m). Zufahrt aus Richtung Palma/Sóller auf der Ma-11; Parkplatz beim Sportplatz neben der Abzweigung der Ortszufahrt. Bus- und Bahnverbindung von Palma und Sòller; vom Bahnhof zu Fuß in 10 Min. zum Ausgangspunkt. Kurz nach dem Bahnübergang scharf rechts auf eine schmale Seitenstraße, die zur Ma-11 führt (Wegweiser „Raixa") – dort links, vorbei am Restaurant Can Penasso
[GPS: UTM Zone 31S x: 473220 y: 4394051]
CHARAKTER | Bergwanderung auf einem schmalen, stellenweise schattigen Waldpfad, der gutes Orientierungsvermögen erfordert; Abstieg auf einer Schotterstraße. Unterwegs keine Einkehrmöglichkeit; Bars/Restaurants in Bunyola

Auf der Fahrt von Palma nach Sóller fallen sie sofort auf: die „Drei Zinnen" westlich von Bunyola, die Felsspitzen des Puig de Son Poc, des Puig de Son Nassi und der Puig de s'Alqueria (auch Sa Gubia genannt). Der höchste der drei ist nicht nur ein Hotspot der Kletterer, sondern auch ein schöner Aussichtspunkt, auf dem mallor-

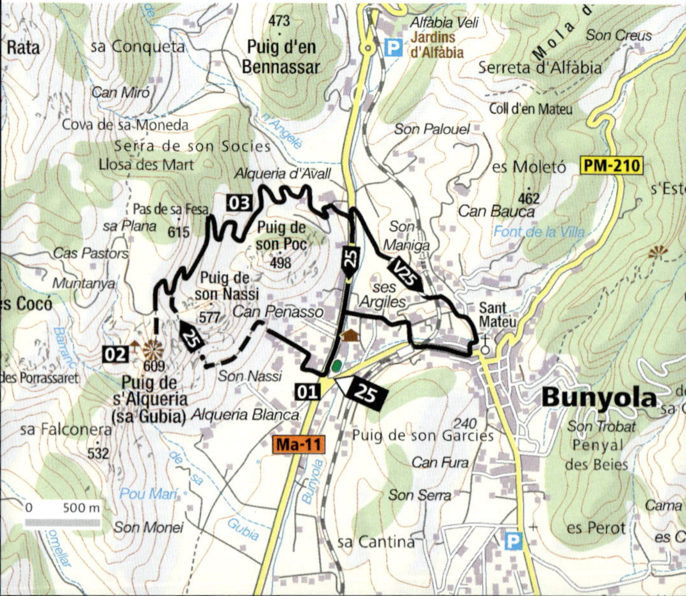

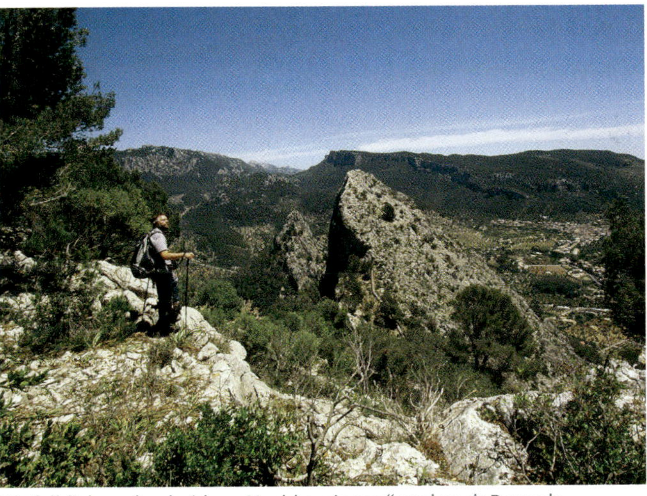

Gipfelblick zu den beiden „Nachbarzinnen“ und nach Bunyola

quinische Bergsteiger ihrem Kameraden Leandro Ximenis einen Mirador gewidmet haben. Da der beliebte Weg durch die Felskluft des Pas de sa Fesa gesperrt wurde, empfiehlt sich der direkte Aufstieg von Bunyola.

▶ Gegenüber dem **Parkplatz** **01** zweigt von der **Ma-11** eine schmale Asphaltstraße ab, die zwischen Gärten dem **Puig de s'Alqueria** entgegenführt. Nach 100 m rechts auf eine Seitenstraße, die bald wieder nach links schwenkt, steiler wird und zwischen zwei Anwesen am Fuß des **Puig de Son Nassi** endet. Ein grasiger Weg führt in den Wald hinauf und rechts zu einem Tor. Wenige Schritte da-

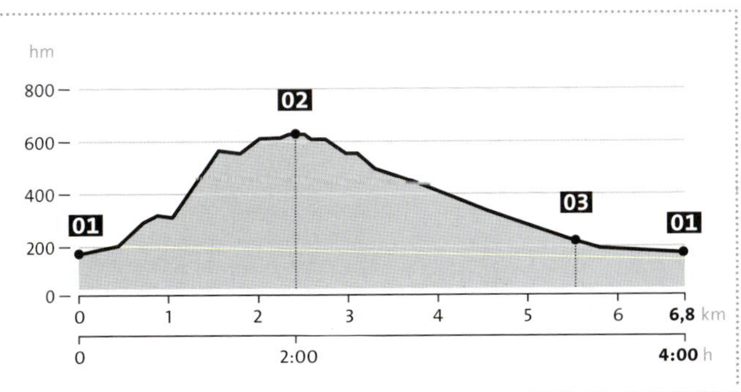


**01** Parkplatz, 174 m; **02** Puig de s'Alqueria, 609 m;
**03** Alqueria d'Avall, 212 m

hinter steigt man links zu kleinen Mauern an – dort geht's links wieder auf dem (stellenweise etwas überwucherten) Pfad weiter. Vorbei an einer **Hütte mit Backofen** zu einem Zaun, davor scharf nach rechts und wieder nach links. Nun wandert man flach zwischen dem Maschendraht und Felsen dahin. Vom Zaunende gelangt man zu einer Hüttenruine im Wald. Dahinter steigt die Route mit einer Rechtskehre wieder an. Stellenweise ist sie im Gras und Gestein nur schwer zu verfolgen (Steinmännchen, rote Punkte). Im Zickzack geht's durch den felsigen Waldhang in einen Graben hinauf (kleine Felsstufen). Oberhalb davon lichtet sich der Baumbestand. Über schräge Felsplatten erreicht man eine Gabelung: Links führt eine direkte, aber sehr steile und felsige Route auf den Gipfel des **Puig de s'Alqueria**. Einfacher ist der rechts abzweigende Pfad, der sich in den **Sattel** (495 m) unter dem **Puig de Son Nassi** emporschlängelt (Zaun, Leiter-Überstieg). Dahinter wandert man auf einem breiten Weg unter einer Felswand abwärts und erreicht nach einigen Kehren die Schotterstraße, die vom Landgut Alqueria d'Avall heraufführt. Auf dieser nach links, in Kehren durch den Waldhang hinauf und an einem Brunnen vorbei zum **Coll de sa Gubia** (539 m). Bei einem **Steinsockel** zur Erinnerung an den Wanderführer Leandro Ximenis links abzweigen und auf einem Pfad (Stufen, Leiter-Überstieg) in 15 Min. zur offenen S**chutzhütte** auf dem höchsten Punkt des **Puig de s'Alqueria** **02** (609 m). Von der Steinmauer davor genießt man einen herrlichen Blick über die halbe Insel – von den höheren Gipfeln der Tramuntana bis zur Bucht von Palma und natürlich hinunter nach Bunyola. 2:00 h

**Abstieg:** Zurück zur Schotterstraße und auf dieser talwärts. Vorbei an zwei Steingebäuden, über viele Kehren und durch mehrere Tore geht's hinter dem **Puig de Son Nassi** und dem **Puig de Son Poc** ins Kulturland hinunter. Unten erreicht man gleich nach dem **Landgut Alqueria d'Avall** **03** die verkehrsreiche **Ma-11**. Neben dieser muss man nun rechts zum mehr als 1 km entfernten **Startpunkt** **01** marschieren. Fast doppelt so lang, aber viel ruhiger ist der Umweg über **Bunyola** – auf der gegenüber abzweigenden, schmalen Asphaltstraße, von der man die „Drei Zinnen" besonders schön sieht. 2:00 h

## Jardins d'Alfàbia

Die Wasserspiele der dschungelartigen Gärten des Landguts Alfàbia gehen vermutlich auf das 12. Jahrhundert zurück. Das Anwesen, das der Wesir Ben-Abet damals seiner Lieblingsfrau schenkte, bezieht sein Wasser aus einer großen Quelle (alfàbia bedeutet so viel wie „Krug"). Eingang vor der Mautstation des Sóller-Tunnels, 1 km nördlich von Bunyola (April – Oktober Mo – Sa 9.30 – 18.30 Uhr, November – März Mo – Fr 9.30 – 17.30 Uhr, Sa 9.30 – 13 Uhr, www.jardinesdealfabia.com).

Das ebenfalls mit schönen Gärten umgebene Landgut Raixa südlich von Bunyola ist derzeit geschlossen.

# AUF DIE PENYALS D’HONOR • 808 m

## Überraschungen im „Gemeindewald“ von Bunyola

 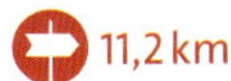 11,2 km 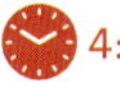 4:00 h 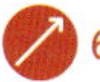 600 hm  600 hm

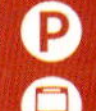

START | Bunyola (210 m), südlicher Ortsrand. Von der Ma-11 (Palma – Sóller) ins Ortszentrum, an der Kirche vorbei und auf der Hauptstraße Richtung Santa Maria ca. 700 m bis zur Einmündung der Carretera de sa Comuna (Parkplatz, Bushaltestelle) [GPS: UTM Zone 31S x: 474515 y: 4392880]
CHARAKTER | Bergwanderung auf Schotterstraßen, breiten Wegen und schmalen Waldpfaden, abschnittsweise beschildert. Viel Schatten. Unterwegs keine Einkehrmöglichkeit; Bars/Restaurants in Bunyola

Der ausgedehnte „Gemeindewald“ von Bunyola erstreckt sich im Bereich der Penyals d’Honor, einer großen, von tiefen Gräben zerteilten Hügelgruppe. Zahlreiche verschlungene Wege führen durch dieses stille Gebiet, dessen Hauptgipfel eine überraschend weite Fernsicht bietet. Sehenswert ist auch das Höhlenhaus Sa Cova.

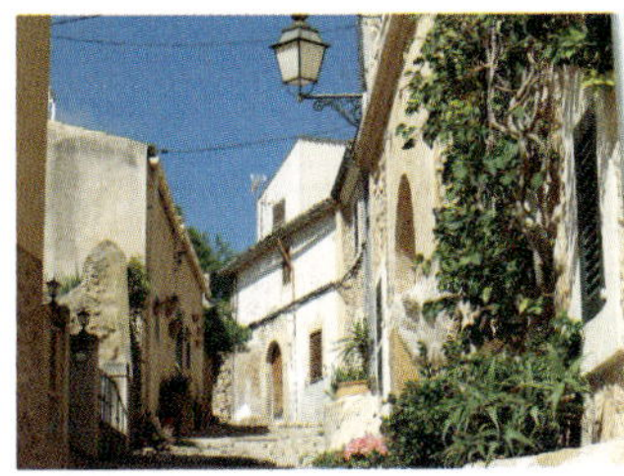
Auftakt in Bunyola

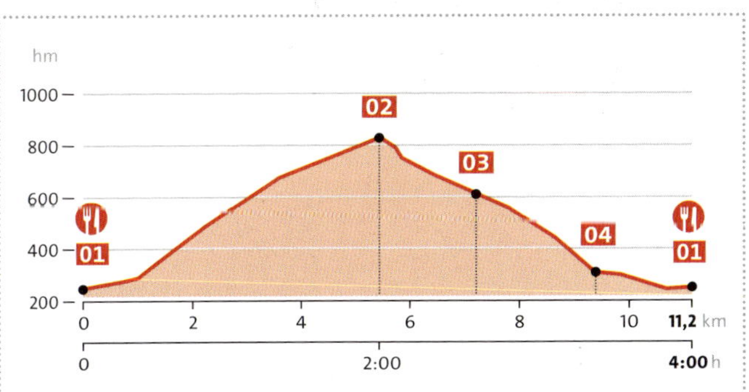


01 Bunyola, 210 m; 02 Penyals d’Honor, 808 m;
03 Forsthaus Cas Garriguer, 620 m;
04 Höhlenhaus Sa Cova, 315 m

▶ Vom **Parkplatz** am südlichen Ortsrand von **Bunyola** 01 gehen Sie Richtung Dorfzentrum – aber nicht auf der Hauptstraße, sondern auf der halbrechts abzweigenden Seitenstraße (gegen die Einbahn). Dies ist der C/. de Santa Catalina Thomàs, dem Sie etwa 500 m folgen. Nach einer **Parkgarage** (mit Kinderspielplatz) gehen Sie scharf nach rechts über die Treppe zum C/. d'Orient hinauf. Von dieser Straße biegen Sie wiederum rechts auf einen Treppenweg (Carreró de la Luna) ab.

Zugang vom **Bahnhof:** Zur Kirche und dahinter beim Café Paris links auf den C/. de Mare de Déu de Neu abzweigen. Bei der Einmündung in den C/. de Santa Catalina Thomàs zwei Schritte nach links, dann über die Treppe des C/. de la Luna.

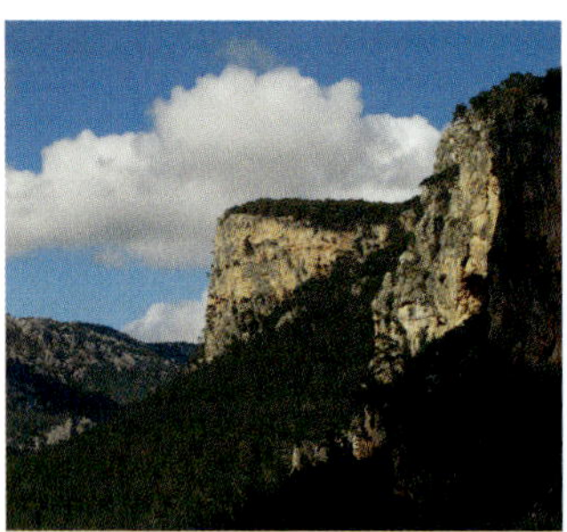

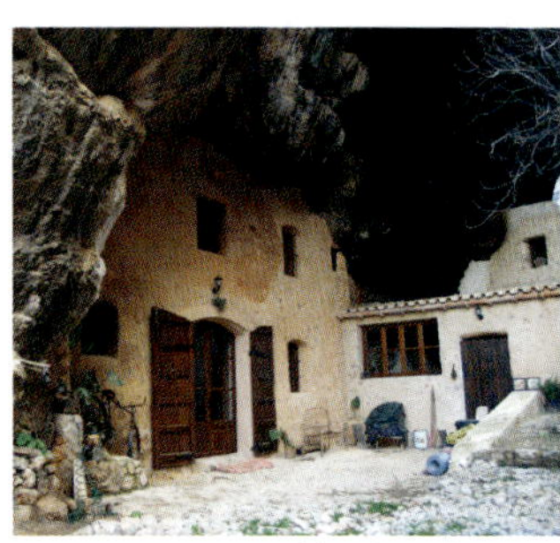

Die felsigen Penyals d'Honor und ihr eigenartiges „Höhlenhaus"

Nun wandern Sie bis zum C/. d'Orient hinauf und auf dieser Straße nach rechts, an einem abzweigenden Treppenweg vorbei. Der zweite Treppenweg links ist der Carreró de la Luna. Auf diesem geht's bergwärts, vorbei an der **Villa Teresa** und dem Wegweiser „Sa Comuna, Camí des Grau". Den ersten Blickfang bildet ein rötlicher, von Höhlen zerfressener Felsberg. Von der folgenden Abzweigung geht's links auf einem schmalen, flachen Weg (Schild „Camí des Grau, Cas Garriguer") in den Wald. Von der nächsten Gabelung geradeaus weiter, vorbei an einem Kalkofen und einer Zisterne. In Kehren auf eine Anhöhe, dort rechts (Richtungspfosten) und auf einem teils gepflasterten Weg steiler bergauf. Links bricht der Berg mit steilen Wänden ab – kurzer Abstecher zum Aussichtspunkt **Mirador des Grau** (300 m). Nach einigen Schritten abwärts mündet bei einem weiteren Kalk-ofen ein breiter Weg ein – folgen Sie dem Wegweiser „Camí des Grau" nach links. Durch eine Waldschlucht, vorbei an den nächsten beiden Kalköfen, erreichen Sie eine Kreuzung. Scharf nach rechts weiter (Wegweiser „Cas Garriguer"). Nach 150 m bleibt man bei einem Löschwassertank geradeaus, bald darauf mündet der Weg in die Kurve einer Schotterstraße. Dort verlassen Sie den Weg nach Cas Garriguer und folgen dem links abzweigenden, schmaleren Schotterweg Richtung Penyals d'Honor zu einem Gatter (seitlich umgehen). Nach ca. 10 Min. lässt sich eine Kehre links auf einen Waldweg abkürzen. Ca. 15 Min. weiter oben quert ein Pfad, dem Sie nach links folgen. Ein kurzer, aber steiler Aufstieg bringt Sie auf den westlichen der beiden **Penyals d'Honor** 02 (808 m, Feuerwachehütte), die nach Nordwesten mit hohen Wänden abbrechen und – knapp über den Baumwipfeln – eine weite Aussicht bieten. 2:00 h

**Abstieg** zur Schotterstraße, dort gerade auf dem steinigen Pfad abwärts und durch einen **Waldgraben** zu einer Schotterpiste, die links zum **Picknickplatz** beim **Forsthaus Cas Garriguer** 03 (620 m, Àrea Recreativa Comuna de Bunyola) führt. Dort geradeaus zum **Brunnen** und auf einem breiten, steinigen Weg ins 3 km lange, mit Steineichen bewachsene Tal der **Coma Gran** hinunter. An einem Felsdurchgang passieren Sie ein Gatter, dann folgt ein kurzes betoniertes Wegstück. Nach einer Viehtränke geht's links oberhalb des Talbodens bergab; von rechts und links münden Seitenwege ein. Unten wandert man zwischen Terrassen weiter (zwei Tore beim **Anwesen Can Jaume Fundo**) und durch eine schluchtartige **Talenge**. Nach einem Tor passiert man das **Höhlenhaus Sa Cova** 04 (315 m, aus dem 14. Jahrhundert) und seine Pferdekoppel. Bald wandern Sie flacher zwischen Gärten talauswärts; bei einer Abzweigung neben dem **Haus Ca na Moragues** beginnt der Asphaltbelag. In der Urbanisation **Es Cocons** links bleiben, bei der nächsten Abzweigung geradeaus zum Umspannwerk und zur **Hauptstraße Ma-2020**. Auf dem Gehweg daneben nach rechts und 500 m – am Friedhof vorbei – bis zum **Ausgangspunkt** 01. 2:00 h

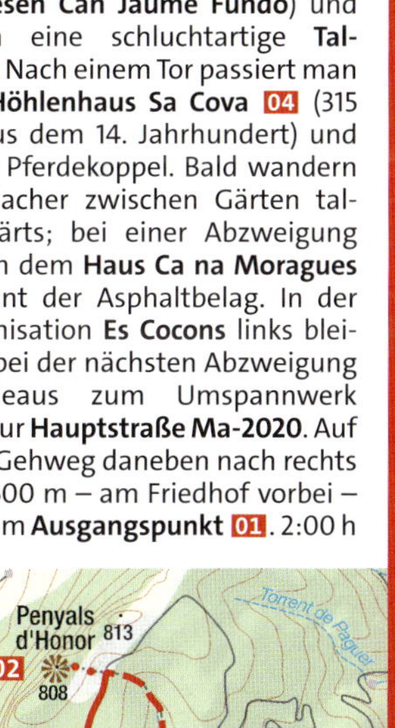

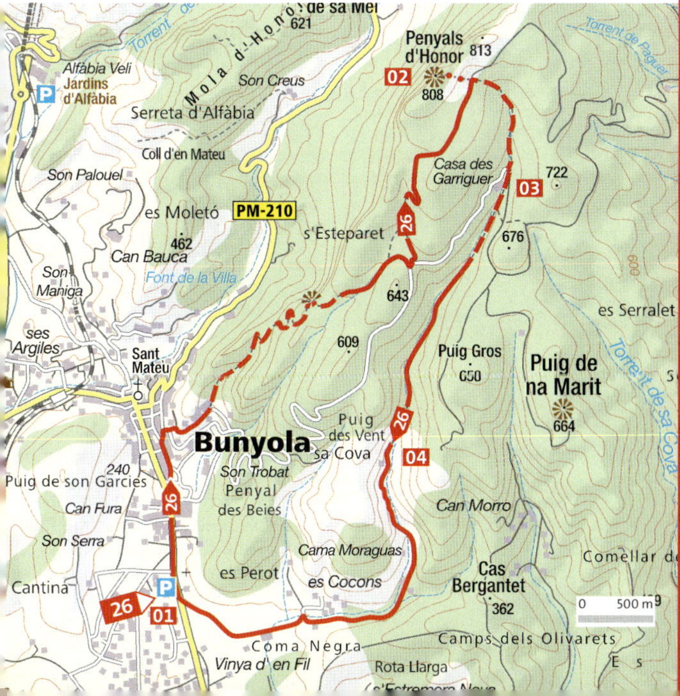

27

# ORIENT: KATARAKTE IM WALDGEBIRGE

## Zu den Salt des Freu

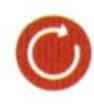  5,5 km  1:45 h 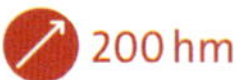 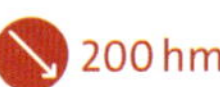

START | Orient (550 m). Zufahrt von Alaró oder Bunyola auf der schmalen Ma-2100. Busverbindung von Bunyola (Linie 221) [GPS: UTM Zone 31S x: 479447 y: 4398370]
CHARAKTER | Wanderung auf stellenweise steinigen Wegen und Pfaden mit einigen Wegweisern. Viel Schatten. Unterwegs keine Einkehrmöglichkeit; Bars/Restaurants in Orient

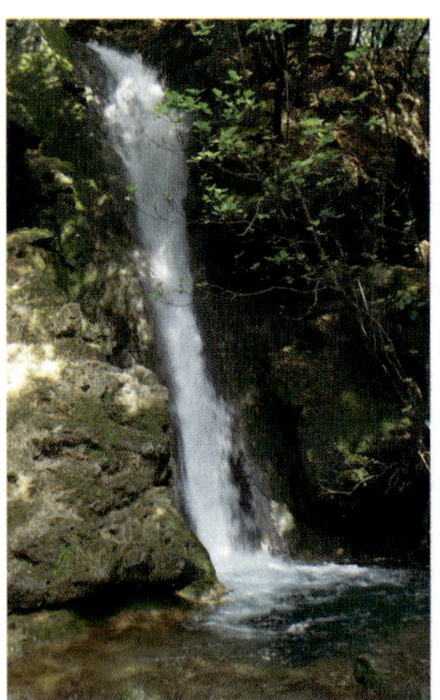

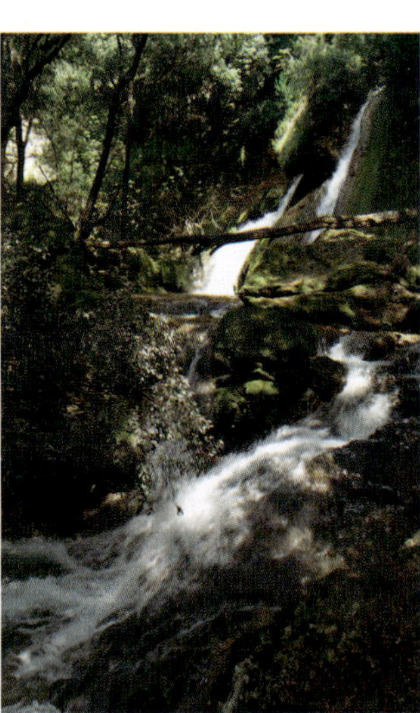

Wasserspiele mitten im Wald: Salt des Freu bei Orient

Diese Waldwanderung lohnt sich vor allem nach stärkeren Regenfällen – nur dann sind die üppig grün überwucherten Wasserfälle in der Schlucht zwischen Orient und Santa Maria del Camí „in Betrieb". An Wochenenden und Feiertagen können Sie dazu auch die Variante zum Avenc de Son Pou „anhängen".

▶ Von **Orient** 01 marschieren Sie zunächst gut 1,5 km auf der Straße Richtung Bunyola durch das ebene Hochtal. Nach dem Km-Stein 9 steht rechts eine Finca, dann geht's in den Wald und an einem **weiteren Gebäude** 02 vorbei. 150 m weiter – noch vor der Finca Son Peret – zweigen Sie links auf einen Schotterweg ab (der dort ange-

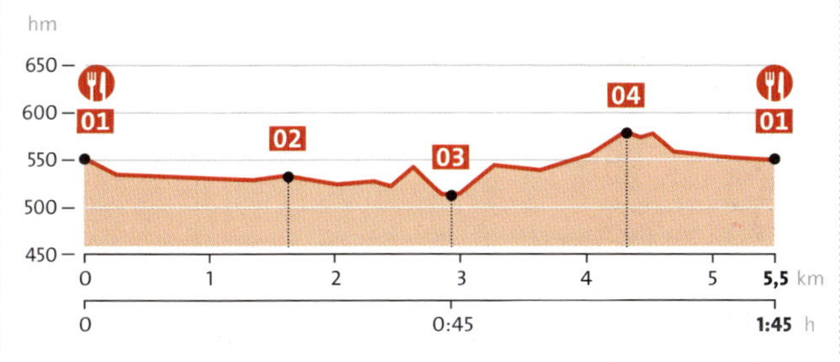


01 Orient, 550 m; 02 Abzweigung vor der Finca Son Peret; 03 Salt des Freu; 04 Pas de s'Estaló, 564 m

brachte Wegweiser „verschwindet“ immer wieder). Die steinige Piste führt an einem Steingebäude vorbei zu einem Leiter-Überstieg und dann zwischen alten Mauern zur Quelle Font des Freu. Gleich danach kommt man an den Cases des Freu vorbei (Gatter mit Überstieg). Zum Bachbett hinab und über eine **Furt**. **Wegteilung bei einem Köhlerplatz** zwischen großen Felsblöcken. Auf dem rechten Karrenweg gelangt man oberhalb des Grabens – vorbei an der vom Wald überwucherten **Ruine einer Wassermühle** – nach unten. Über Kehren und durch künstliche Felseinschnitte erreicht man den Talgrund (ca. 360 m) – dort und auch schon ein kurzes Stück

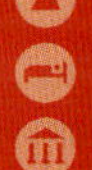

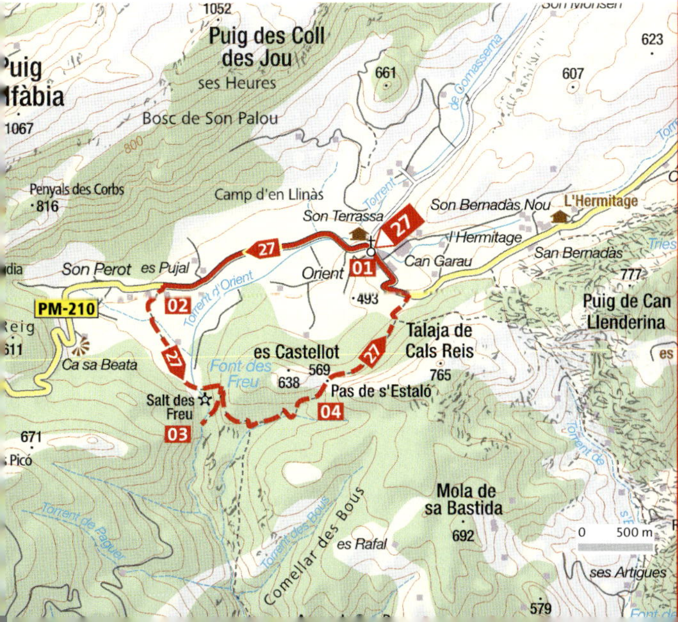

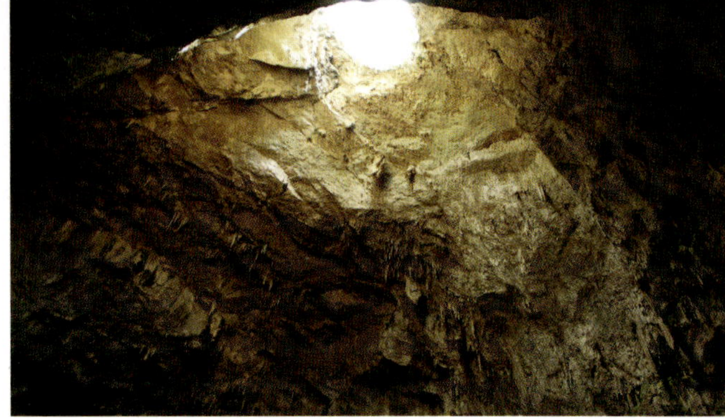

Nur wenige Sonnenstrahlen dringen in den Avenc de Son Pou.

weiter oben kann man rechts auf Pfadspuren (ausgewaschenes Gestein) in den Kessel der periodisch aktiven Wasserfälle **Salt des Freu** 03 vordringen. 0:45 h. Wenn das Bachbett trocken ist, dann lässt sich die enge Felsschlucht des **Torrent de Coanegra** noch ca. 1 km talabwärts erkunden – bis ein hoher Felsabbruch ein weiteres Vordringen beendet. Zusätzlich etwa 0:30 h hin und retour

## Abstecher zum Avenc de Son Pou

Folgt man dem beschilderten Weg Richtung Santa Maria del Camí abwärts, dann steht man nach etwa 1,5 km an einer beschilderten Abzweigung. Der linke Pfad führt in 15 Min. zum Avenc de Son Pou (340 m) hinauf. Der Tunnel, den man vor Jahren als Zugang zu diesem gewaltigen Höhlenraum sprengte, ist mit einem massiven Gitter gesperrt, um Vandalen abzuhalten. Daher ist der Avenc derzeit nur an Wochenenden und Feiertagen von 11 bis 17 Uhr zugänglich (kleine Eintrittsgebühr). Info: Tel. 610/007383. Rückweg auf derselben Route. 2:00 h hin und retour. Taschenlampe nicht vergessen!

Zurück zur **Wegteilung oberhalb der Wasserfälle**. Nun rechts und auf einem breiten Serpentinenweg auf eine **Anhöhe** (Hausruine). Von der dahinter gelegenen **Kreuzung** gerade abwärts und auf dem kurz darauf einmündenden Weg nach links. Erst sanft, dann steiler ansteigend zur nächsten Gabelung. Links auf dem (nun nur mit Steinmännchen gekennzeichneten) Pfad in Kehren aufwärts. Vorbei an weiteren Köhlerplätzen zum Felseinschnitt des **Pas de s'Estaló** 04 (564 m, Gatter, Blick auf Orient). Nach rechts und unter Felswänden in den Wald abwärts. Bei der folgenden Gabelung nach links, alle weiteren Abzweigungen ignorieren. Kurz aufwärts und bei einem Köhlerplatz am Waldrand links zu einem Tor. Auf einem Feldweg durch Terrassenkulturen abwärts, bis man rechts über die Stützmauer zur **Asphaltstraße** hinabklettern kann. Auf dieser links nach **Orient** 01 zurück. 1:00 h

# ZUM CASTELL D'ALARÓ • 821 m



## Erlebnis Burgberg

  13 km  3:45 h  620 hm  620 hm

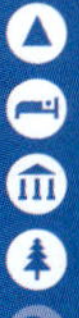

START | Alaró (228 m). Zufahrt von der Autobahn Ma-13, Ausfahrt 17 Consell/Alaró. Auf der Ma-2022 ins Ortszentrum, beim Wegweiser „Orient" rechts abzweigen und bei der zweiten Kreuzung links („Centre Vila"). An einer Abzweigung vorbei, dann links auf den C/. de Can Manyoles einschwenken. Bleibt man bei der folgenden Kreuzung geradeaus („Centre"), dann gelangt man rechts zum beschilderten Orts-Parkplatz. Die Straße zum Restaurant Es Verger und zum Parkplatz am Pla des Pouet unterhalb der Burg ist sehr schmal und zuletzt nur eine raue Schotterpiste. Mit der Bahn nach Consell, von dort Busverbindung (Linie 320)
[GPS: UTM Zone 31S x: 482003 y: 4395362]
CHARAKTER | Beschilderte Wanderung auf einen herrlichen Aussichtsberg, anfangs auf der Straße (am Wochenende mitunter stark befahren), weiter oben auf schön renovierten Pflaster- und Treppenwegen. Wenig Schatten. Einkehr: Restaurant Es Verger, einfache Verpflegung im Castell d'Alaró (Übernachtung nur nach Voranmeldung, Tel. 971/182112 – spartanisch, aber herrlicher Sonnenunter- und -aufgang); Bars/Restaurants in Alaró

Der 821 m hohe, fast allseits von Felswänden umgebene und weithin sichtbare Puig d'Alaró gehört zu den großen historischen Stätten Mallorcas. Er erhebt sich mit seinem „Bergzwilling", dem Puig de s'Alcadena, am Südostrand der Serra de Tramuntana, gleich oberhalb des Ortes Alaró. Der sagenumwobene Berg bietet eine Traumsicht bis zum Meer.

▶ Von der Plaça de la Vila im **Ortszentrum von Alaró** **01** schwenkt man zwischen Rathaus und Kirche auf den C/. Petit ein. Geradeaus am Hostal Can Tiu vorbei und auf den C/. de Can Ros zu einem kleinen Platz, von dem man geradeaus dem Wegweiser „Castell d'Alaró" folgt. Am **Waschhaus** vorbei erreicht man nach 15 Min. den **östlichen Dorfrand** (Wegweiser „Castell d'Alaró"). Noch etwa 500 m auf der Landstraße weiter, dann zweigt man links ab (Wegweiser „Castell d'Alaró") und erreicht nach 300 m eine Querstraße. Auf dieser nach rechts (Wegweiser). Langsam stärker ansteigend passiert man die Zufahrten der Fincas **Son Curt** und **Son Penyaflor de Dalt**, dann geht's über Kehren hinauf.

Bei einem Wegweiser zweigt ein alter Treppenweg ab, der die Kehren abkürzt. Wieder auf der Straße gelangt man zur beschilderten Abzweigung zum Castell (Ihr Rückweg). Geradeaus weiter zum Bauernhof **Es Verger** **02** (560 m) – dort

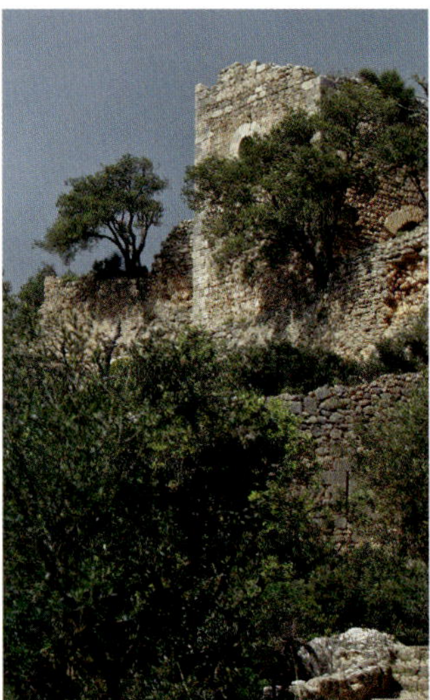

Ruinen mit langer Geschichte

erwarten Sie rustikale Spezialitäten in noch rustikalerem Ambiente. 1:10 h

Weiter in Kehren hinauf (Abkürzungspfade) zum Parkplatz am **Pla des Pouet** 03 (702 m). Von dort geht's rechts auf dem schön angelegten Pflasterweg (Wegweiser „Castell d'Alaró") über einen kleinen Pass und im Auf und Ab durch den Hang zu den Felswänden des Burgberges. Unterhalb Wegteilung: Scharf nach links abbiegen (Wegweiser), in Kehren aufwärts und durch die beiden Burgtore auf das Gipfelplateau (links befindet sich ein exponierter Aussichtspunkt). Der stellenweise steinige Weg führt schließlich zur Kapelle Nostra Senyora del Refugi mit dem kleinen Gasthaus. Gleich dahinter befindet sich der Gipfel des **Puig d'Alaró** 04 (821 m, Hütte, Gedenktafel), der mit steilen Wänden abbricht. 1:00 h

**Abstieg** auf der gleichen Route bis zur Wegteilung unter der Felswand des Gipfelaufbaus. Dort jedoch geradeaus weiter (Wegweiser „Alaró") und in einer weiten Kehre abwärts. Bei der nächsten Abzweigung links bleiben (der alte Weg wurde gesperrt) und zum Fahrweg, den man unterhalb des Restaurants **Es Verger** erreicht. Auf diesem links zum **Ausgangspunkt** 01 hinunter. 1:30 h

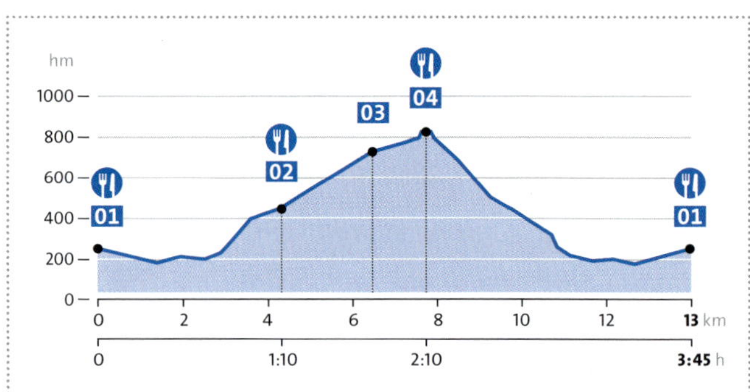


01 Alaró, 228 m; 02 Es Verger, 560 m; 03 Pla des Pouet, 702 m; 04 Puig d'Alaró, 821 m

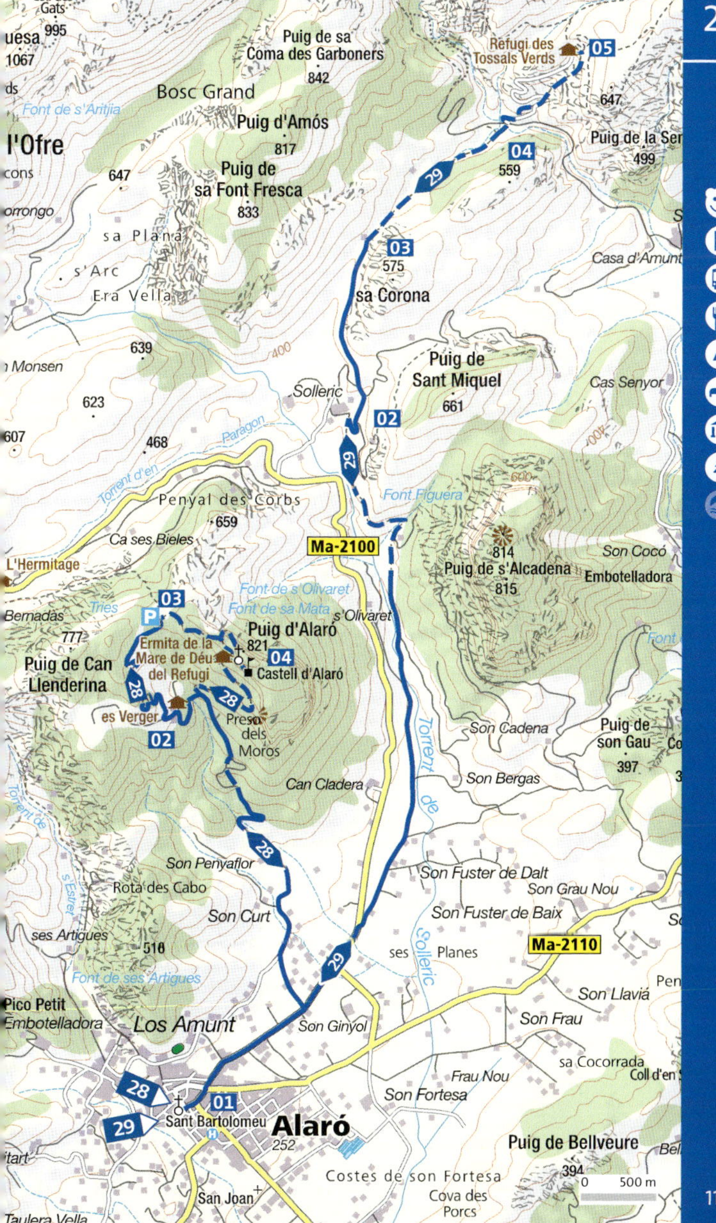

sa Rateta
Coll des Gats
995
Coll de Bosc
Pas Llis
Puig de sa Coma des Garboners
842
Refugi des Tossals Verds
05
Bosc Grand
Font de s'Aritja
Puig d'Amós
817
l'Ofre
647
Puig de sa Font Fresca
833
Puig de la Ser
499
04
559
sa Plana
s'Arc
Era Vella
03
575
sa Corona
Casa d'Amunt
639
Monsen
Puig de Sant Miquel
661
Solleric
Cas Senyor
623
02
607
468
Paragon
Torrent d'en
Penyal des Corbs
659
Font Figuera
Ca ses Bieles
Ma-2100
814
Puig de s'Alcadena
815
Son Cocó
Embotelladora
L'Hermitage
Font de s'Olivaret
Font de sa Mata
s'Olivaret
Bernadàs
Tries
777
Puig d'Alaró
821
Ermita de la Mare de Déu del Refugi
04
Castell d'Alaró
Puig de Can Llenderina
es Verger
Presa dels Moros
02
Son Cadena
Puig de son Gau
397
Torrent de
Can Cladera
Son Bergas
Son Penyaflor
Son Fuster de Dalt
Rota des Cabo
Son Grau Nou
Son Curt
Son Fuster de Baix
ses Artigues
510
ses
Planes
Solleric
Ma-2110
Font de ses Artigues
Son Llavià
Pico Petit
Embotelladora
Los Amunt
Son Ginyol
Son Frau
sa Cocorrada
Frau Nou
Son Fortesa
01
Sant Bartolomeu
Alaró
252
Puig de Bellveure
394
Costes de son Fortesa
Cova des Porcs
0
500 m
San Joan
Taulera Vella
Son Penyaflor

29

# ZUM REFUGI DES TOSSALS VERDS |GR-221|

## Der alte Weg von Alaró ist wieder begehbar

 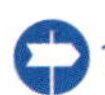 18 km  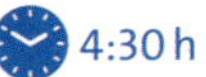 4:30 h  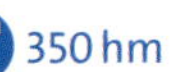 350 hm  350 hm

START | Alaró (228 m). Zufahrt siehe Tour 28
[GPS: UTM Zone 31S x: 482003 y: 4395362]
CHARAKTER | Lange, aber schöne und gut beschilderte Wanderung auf Asphalt- und Schotterstraßen und Pfaden. Wenig Schatten. Unterwegs keine Einkehrmöglichkeit; Bars/Restaurants in Alaró; Refugi des Tossals Verds (Getränke und Pa amb oli, Essen und Nächtigung nach Voranmeldung, Tel. 971/173700)

Seit 2010 ist der Fernweg GR-221 um eine Zugangsvariante reicher: Lange Zeit war die historische Route durch die Kulturlandschaft am Fuß der „Zwillingsberge“ Puig d'Alaró (821 m) und Puig de s'Alcadena (815 m) zur Finca Solleric und hinüber zum Torrent d'Almadrà für Wanderer tabu. In den letzten Jahren wurden Abschnitte dieses Weges von der „Mauerbauerschule“ der Inselregierung renoviert, dann beschilderte man die gesamte Route bis zum Refugi des Tossals Verds, der ältesten und wohl bekanntesten Berghütte Mallorcas. Ein langer Weg, gewiss, und Nicht-Weitwanderer müssen sie hin und retour gehen – aber es lohnt sich, allein schon wegen der Rast vor der Wanderherberge: Das einstige Landgut steht inmitten schöner Gärten am Fuß der Tossals verds,

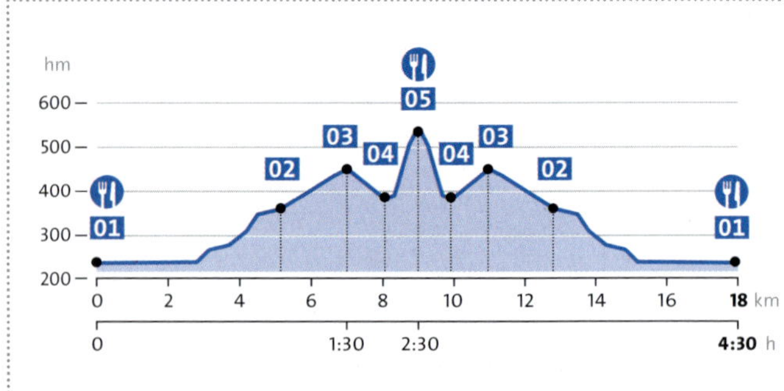


01 Alaró, 228 m; 02 Landgut Solleric, 360 m;
03 Sattel mit Steinhütte, 465 m; 04 Torrent d'Almadrà, 388 m;
05 Refugi des Tossals Verds, 540 m

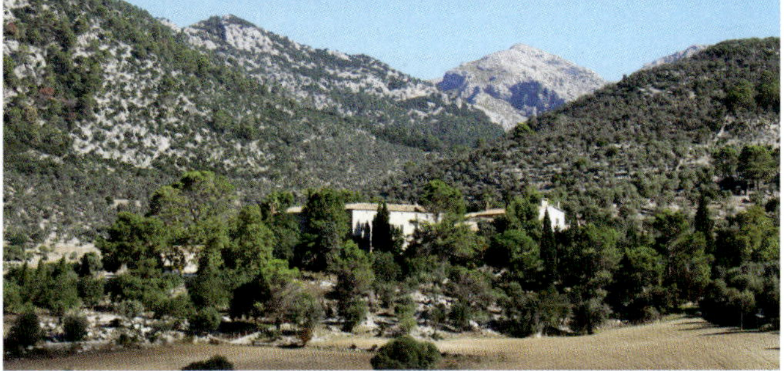

Die Finca Solleric vor der Kulisse der Serra de Tramuntana

der durchaus felsigen „Grünen Hügel".

▶ Wie bei Tour 28 vom Ortszentrum von **Alaró** 01 zum östlichen Ortsrand und zur Abzweigung zum Castell d'Alaró. Dort folgen Sie dem Wegweiser „Refugi des Tossals Verds" geradeaus. Vorbei an der Einmündung der Landstraße **Ma-2100** marschieren Sie Richtung Orient (Wegweiser, Gehstreifen neben der Fahrbahn). Vorbei am Km-Stein 18 und einer Straßenabzweigung (Holzbrücke) erreichen Sie 5 Min. später eine Gabelung, von der Sie rechts auf dem Camí de Solleric weitergehen (Wegweiser). Zwischen Olivenhainen und Mandelplantagen zur nächsten Abzweigung, dort geradeaus und auf den Felsklotz des **Puig de s'Alcadena** zu. Nach gut 1 km geradeaus auf einem Schotterweg weiter (Wegweiser). Man passiert ein Tor, wandert an einem Landgut vorbei, trifft auf ein weiteres Tor und überquert das Bachbett des Torrent de Solleric. In der Folge geht's sanft bergauf (Richtungspfosten) und auf einen schön renovierten Wegabschnitt und in Kehren zum **Landgut Solleric** 02 (360 m). Dieses große Anwesen geht auf die Araber zurück und war im 19. Jahrhundert einer der größten Ölproduzenten der Insel. Man folgt der Beschilderung des GR-221 zu einem offenen Eisentor. Dahinter führt der breite Weg in weiten Kehren bergauf (beschilderte Abkürzung) und wieder zwischen alten Olivenbäumen in einen **Sattel mit Steinhütte** 03 (465 m). 1:30 h von Alaró

Die Olivenhaine setzen sich auch jenseits des Sattels fort, wo der Pfad rechts (Wegweiser) durch einen Graben hinabzieht. Vorbei an einer Hütte erreicht man nach 0:30 h das Tal des **Torrent d'Almadrà** 04, wo von links ein Karrenweg einmündet (Wegweiser) und kurz darauf die Wasserleitung vom Cúber-Stausee zu sehen (und zu hören) ist. Nach einem Gatter (Durchgang) und der Brücke erreicht man die Straße, die von **Lloseta** über **Ses Ordines** zum **Refugi des Tossals Verds** führt. Auf dieser gehen Sie nach links, zweigen aber nach wenigen Schritten auf den beschilderten Abkürzungsweg ab. Dieser schlängelt sich – stellenweise schön renoviert – durch einen Hang mit alten Olivenbäumen hinauf, quert die Straße und erreicht sie schließlich nach 15 Min. kurz vor dem **Refugi des Tossals Verds** 05 (540 m).
1:00 h ab Solleric

**Rückweg** auf derselben Route, 2:00 h. **Karte auf Seite 117**

# DURCH DAS „GOLDENE TAL" |GR-221|

## Vom Hafen in die „Horta", den Garten von Sóller

  10,6 km  2:45 h  90 hm 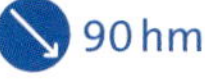

START | Port de Sóller, Sandstrand der Platja d'en Repic im Süden der Bucht. Zufahrt von Sóller auf der Ma-11, vor dem Tunnel (Túnel de sa Mola) rechts Richtung „Port de Sóller, en Repic" abzweigen, Parkplatz links vor dem Strand. Haltestelle der Tranvía (Trambahn) von Sóller (von Palma mit dem Tren de Sóller erreichbar). Billiger ist der Bus (Linien 210, 211)
[GPS: UTM Zone 31S x: 473857 y: 4404608]
CHARAKTER | Gemütliche Wanderung mit nur geringen Höhenunterschieden. Man wandert auf wenig befahrenen Straßen sowie beschilderten Wegen und Pfaden. Nur wenig Schatten. Bars/ Restaurants in Sóller und Port de Sóller

Dieser lange, aber sehr beschauliche Spaziergang führt durch die fruchtbare Gartenlandschaft von Sóller, vorbei an vielen Orangen- und Zitronenplantagen, Gemüsegärten und Olivenhainen. Beim Rückweg lernen Sie ein stilles Tal im „Hinterland" von Port de Sóller kennen. Da wie dort lassen sich die Berge der Tramuntana einmal ganz ohne Schweißvergießen bewundern – wie Felsburgen ragen die Cornadors und der Penyal des Migdia empor. Und im Frühling verströmen die Blüten der Zitrusfüchte ihren betörenden Duft.

▶ Von der Trambahn-Haltestelle **Sa Torre** 01 spazieren Sie auf der Strandpromenade neben der **Platja d'en Repic** (Brücke) zum **Hotel Los Geranios**. Dahinter links abzweigen und auf der Straße Camp de sa Mar geradeaus (Beschilde-

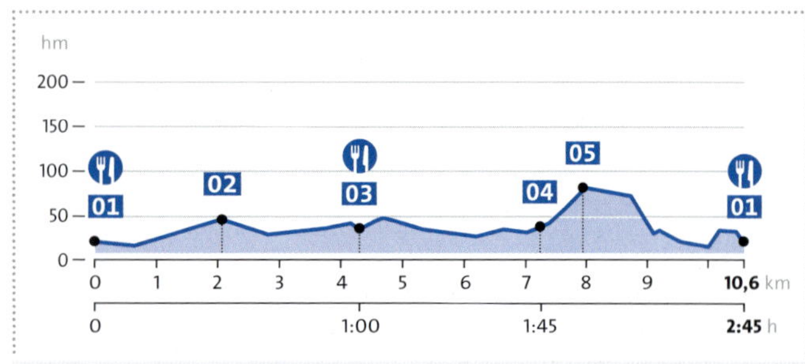


01 Port de Sóller, 5 m; 02 Finca Binidorm, 38 m; 03 Sóller, 40 m; 04 Ma-10; 05 Coll d'en Borrasar, 92 m

rung „Sóller, Palma") taleinwärts. Nach 10 Min. beim Wegweiser „Deià, Sóller, Muleta" rechts zum nahen **Fernweg GR-221**, dem Sie taleinwärts Richtung „Sóller" folgen. Neben dem Bachbett zu einer Gabelung, rechts aufwärts und hinter einem **Ausichtspunkt** ins Gebiet der **Finca Binidorm** 02 hinab. Von der nächsten Abzweigung links auf den Camí de Son Sales. Vorbei an der **Finca Ca n'Ai** zu einer Straße, die rechts zur nahen Ma-10 führt (Wegweiser). Davor links auf eine Parallelstraße einschwenken (Wegweiser) und schließlich neben der **Ma-10** links zu einem Kreisverkehr. Davor rechts über den Zebrastreifen, links über die **Ma-11** und neben dieser 80 m nach rechts (Wegweiser). Dann links dem Camí des Cap Llarg einschwenken. Die GR-221-Wegweiser führen Sie ins Stadtzentrum um die **Plaça de la Constitutió** 03. (40 m) 1:00 h

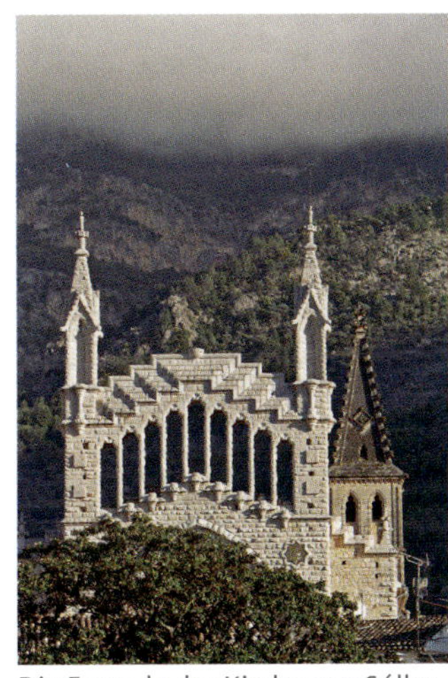
Die Fassade der Kirche von Sóller

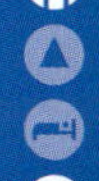

## Sóller: Vitamine als Verkaufsschlager

„Unstreitbar ist Sóller die schönste Ortschaft der Insel, ja man kann ruhig sagen, eine der schönsten der Welt". Erzherzog Ludwig Salvator war vom Tal im Südwesten des Puig Major ebenso begeistert wie schon lange vor ihm die Araber: Suliar nannten sie das Gebiet am Fuß der Serra d'Alfàbia, „das Tal des Goldes". Durch die Jahrhunderte blieben das Städtchen und sein Hafen vom Rest der Insel fast abgeschnitten, erreichbar nur übers Wasser und auf dem kurvigen Saumweg über den 500 m hohen Coll de Sóller. Im 18. Jahrhundert, nach der Entdeckung des Vitamins C, begann man im großen Stil mit dem Anbau und Handel von Zitrusfrüchten. Noble Häuser und die einzigartige Jugendstilfassade der Pfarrkirche erinnern noch an den Wohlstand, den die Früchte einst brachten.

Sehenswert: Museu Modernista Can Prunera (Jugendstilmuseum am C/. de sa Lluna, 90, Di – So 10.30 – 8.30 Uhr), Museu de Sóller (C/. de la Mar, 13, Mo – Fr 11 – 16.30 Uhr, So/Fei 10 – 14 Uhr), der Hafen Port de Sóller, über dem das Museu de la Mar zu besichtigen ist (C/. de Santa Caterina d'Alexandria, Di – Sa 10 – 18 Uhr, So/Fei 10 – 14 Uhr), Jardí Botànic de Sóller (botanischer Garten, Naturkundemuseum, an der Ma-11, März – Oktober täglich 10 – 18 Uhr, im Winter bis 14 Uhr, So/Fei geschlossen, www.jardibotanicdesoller)

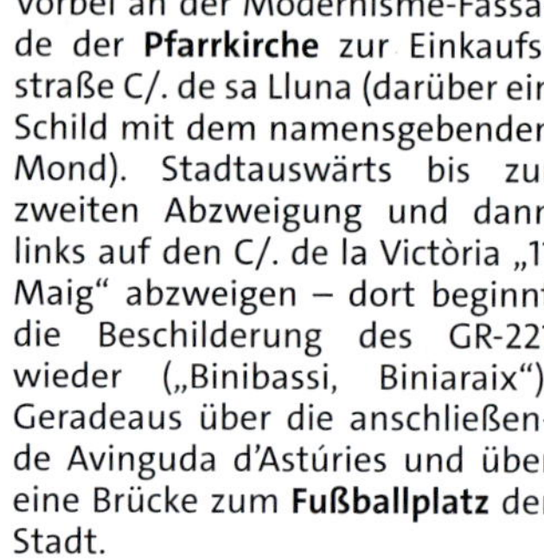

Vorbei an der Modernisme-Fassade der **Pfarrkirche** zur Einkaufsstraße C/. de sa Lluna (darüber ein Schild mit dem namensgebenden Mond). Stadtauswärts bis zur zweiten Abzweigung und dann links auf den C/. de la Victòria „11 Maig“ abzweigen – dort beginnt die Beschilderung des GR-221 wieder („Binibassi, Biniaraix“). Geradeaus über die anschließende Avinguda d'Astúries und über eine Brücke zum **Fußballplatz** der Stadt.

Links daran vorbei (Beschilderung „Port Sóller, Palma“) und auf der Asphaltstraße, dem Camí de sa Figuera, zur nächsten Gabelung. Links weiter, zwischen Häusern und gepflegten Gärten dahin und geradeaus an einer Abzweigung vorbei. Bei der nächsten Gabelung wendet sich der Camí de sa Figuera etwas nach rechts, um gleich darauf gerade an einer weiteren Abzweigung vorbeizuziehen. So erreichen Sie die Kirche der Horta und etwa 500 m danach die **Hauptstraße Ma-10** **04**. 0:45 h

Nach der schrägen Überquerung der Fahrbahn wandern Sie auf dem ebenfalls asphaltierten Camí de Can Tamany weiter (Wegweiser „Port de Sóller). Bei der nächsten Abzweigung nach links (Wegweiser), über eine Brücke und geradeaus auf dem schmalen Asphaltband des Camí de Cas Pagès zu den **Cases de Can Tamany**. Davor wenden Sie sich nach rechts und gehen unter der überwachsenen Pergola des Anwesens weiter. Danach weiter zwischen Gärten zu einem Tor, vor dem Sie links abbiegen (Pfosten). Ein gepflasterter Fahrweg führt zwischen weiteren Häusern dahin und dann rechts zum **Haus Can Cerés**. Davor links auf einem schmalen Pflasterweg (Pfosten) aufwärts und bald rechts auf einem ebenen Fahrweg weiter. Bei zwei Abzweigungen geradeaus bleiben und eine Schotterstraße überqueren. Einige Stufen und ein Pfad bringen Sie zur nächsten Straßenquerung. Danach wandern Sie auf einem breiten Pflasterweg aufwärts und schwenken schließlich rechts auf die emporziehende Schotterstraße ein. Sie führt über den fruchtbaren Gärten des Tals zum **Coll d'en Borrasa** **05** (92 m) hinauf.

Kurz vor dem Sattel links abzweigen (Pfosten) und auf einem Fahrweg wieder bergab. Die Torre Picada, der alte Wachturm hoch über Port de Sóller, ist bereits zu sehen. Kurz darauf links abbiegen (Wegweiser), über einige Stufen hinunter und weiter auf einem schmalen Pfad, der zwischen zwei Toren durch Olivenkulturen in den Wald führt. Vorbei am großen Anwesen Son Llampaies, dann nach rechts über ein Bachbett und neben einer Mauer wieder etwas aufwärts, wobei eine Wasserrinne überquert wird. In der Folge führt ein Waldweg eben dahin und nach links hinab, bis Sie bei einem Pfosten rechts abzweigen. In Kehren zwischen Terrassenmauern abwärts und zur Zufahrtsstraße nach Port de Sóller, die nahe dem **Sa-Mola-Tunnel** erreicht wird. Der Beschilderung folgend zum Verkehrskreisel (Infotafel). Rechts um ihn herum und zwei abzweigende Straßen überqueren, dann dem Gehsteig auf der rechten Straßenseite zum nächsten Kreisel folgen. Von dort führt der breite Carrer Antoni Montis zur **Hafenpromenade von Port de Sóller**. Auf dieser links zum **Ausgangspunkt** **01** zurück. 1:00 h

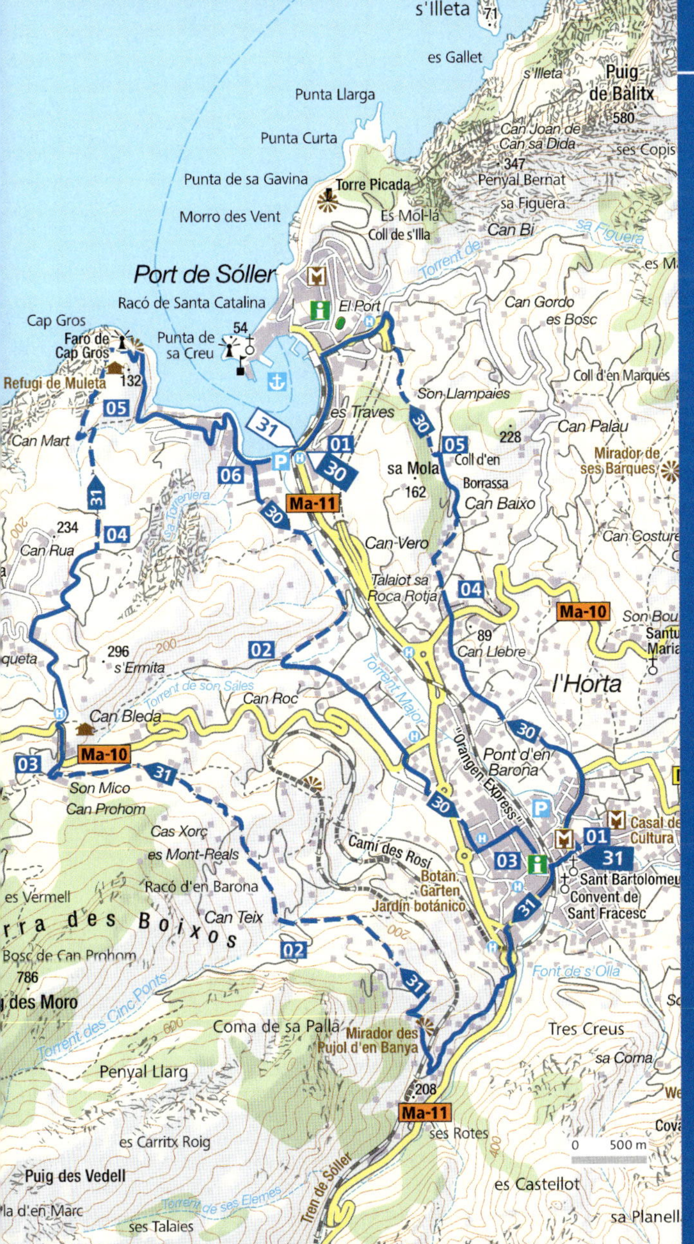

s'Illeta
es Gallet
Punta Llarga
Punta Curta
Punta de sa Gavina
Torre Picada
Morro des Vent
Es Mol-lá
Coll de s'Illa
Puig de Bàlitx
580
Can Joan de Can sa Dida
ses Copis
347
Penyal Bernat
sa Figuera
Can Bi
Port de Sóller
Racó de Santa Catalina
El Port
Cap Gros
Faro de Cap Gros
Punta de sa Creu
54
Refugi de Muleta
132
Can Gordo
es Bosc
Coll d'en Marquès
Son Llampaies
es Traves
228
Can Palau
Mirador de ses Barques
Can Mart
sa Mola
162
Coll d'en Borrassa
Can Baixo
Ma-11
234
Can Rua
Can Vero
Can Costure
Talaiot sa Roca Rotja
Ma-10
Son Bou
89
Can Llebre
296
s'Ermita
Torrent de son Sales
Can Roc
Torrent Major
l'Horta
Can Bleda
"Orangen Express"
Pont d'en Barona
Son Mico
Can Prohom
Cas Xorç
es Mont-Reals
Camí des Rosí
Casal de Cultura
Sant Bartolomeu
Convent de Sant Fracesc
Botan. Garten
Jardín botánico
es Vermell
Racó d'en Barona
Can Teix
Bosc de Can Prohom
786
Font de s'Olla
Torrent des Cinc Ponts
Coma de sa Palla
Mirador des Pujol d'en Banya
Tres Creus
sa Coma
Penyal Llarg
208
es Carritx Roig
ses Rotes
Puig des Vedell
Tren de Sóller
Torrent de ses Elemes
es Castellot
ses Talaies
sa Planell
Porxo del Bisbe
0
500 m

# VOM GEBIRGE ZUM MEER |GR-221|

## Hoch über Sóller zum Leuchtturm am Cap Gros

  10,9 km  2:45 h 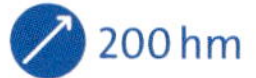 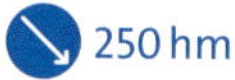

START | Sóller (40 m), Stadtzentrum. Zufahrt aus Richtung Palma auf der Ma-11. Beschilderte Gebührenparkplätze im Stadtgebiet, gebührenfreie Parkplätze entlang der Ma-11 nahe dem Jardí Botànic de Sóller (Botanischer Garten, von dort zu Fuß 10 Min.). Zufahrt aus Richtung Palma am besten mit dem Tren de Sóller (Bahnhof im Stadtzentrum) oder per Bus (Linie 210, Haltestelle am C/. de Crete im westlichen Stadtbereich). Rückfahrt von Port de Sóller mit der Trambahn oder per Bus (Linien 210, 211)
[GPS: UTM Zone 31S x: 475612 y: 4401853]
CHARAKTER | Abwechslungsreiche Wanderung auf Straßen, breiten Wegen und schmalen Pfaden. Die Strecke ist abgesehen vom ersten Aufstieg durchgehend beschildert, zuletzt als GR-221. Im ersten Abschnitt mehr, dann weniger Schatten. Einkehr: Kuchen und frisch gepressten Orangensaft gibt's in der Finca Can Prohom, frischen Orangensaft zeitweise auch in der Finca Muleta de Ca s'Hereu; Bars/Restaurants in Sóller und Port de Sóller

Das Tal von Sóller zählt zu den schönsten Wanderregionen Mallorcas – das wird auch bei dieser Tour auf seiner Westseite sehr deutlich: Sie ist gut mit öffentlichen Verkehrsmitteln „zu machen", verläuft über weite Strecken auf beschilderten Wegen und schenkt großartige Ausblicke, u. a. zum höchsten Berg der Insel, dem Puig Major. Schritt für Schritt erkunden Sie dabei die große landschaftliche Vielfalt dieser Region – vom Start am Fuß des Gebirges über die gepflegten Terrassen oberhalb der Stadt und die uralten Olivenhaine von Muleta bis zum Finale am Meer.

▶ Von der Plaça de la Constitució im Zentrum von **Sóller** 01 gehen Sie zwischen der **Pfarrkirche** und dem **Rathaus** auf der Avinguda des Born – neben den Schienen der Straßenbahn – zur Plaça d'Espanya (Tourismusbüro). Davor nach rechts, vorbei am Taxi-Standplatz und nach dem Wegweiser „Palma, Port, Deià" auf dem C/. d'Isabel II. zur Placeta de Francesc Saltir vor dem **Franziskanerkloster**.

Links zum Kreisverkehr an der Ortseinfahrt, kurz stadtauswärts Richtung Palma und nach dem ersten Haus rechts auf die Betonstraße abzweigen. Bei den beiden folgenden Abzweigungen links bleiben und auf der Asphaltstraße in Kehren aufwärts, eine Straßeneinmündung und eine Linksabzweigung ignorieren. Nach weiteren Kehren bei einer Abzweigung rechts zu einem Gatter und an einem Haus vorbei zum Bahn-

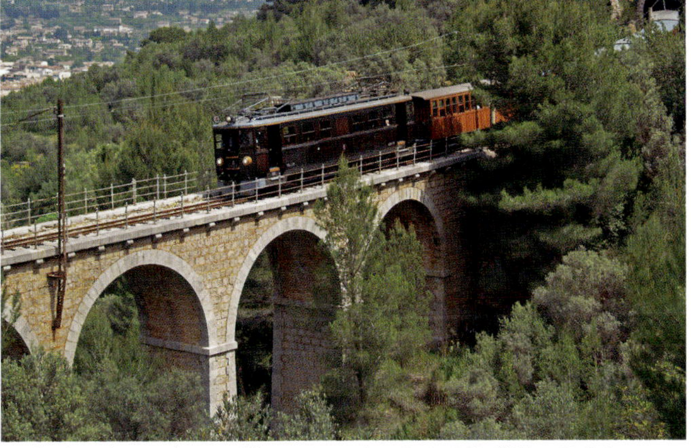

Hoch über dem Tal von Sóller rattert der „Rote Blitz“ über Brücken.

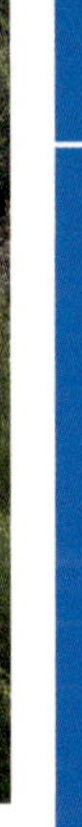

übergang. Weiter bergan und unter einer Hochspannungsleitung durch zur **Finca Pujol d'en Banya** (240 m). Beim dortigen Tor rechts auf dem ebenen, aber schmalen und verwachsenen Camí de Castelló (Wegweiser „por s'Heretat y Can Prohom“) einschwenken. Bald mündet von links ein Fahrweg ein, dem man durch die Terrassenkulturen zu einem weiteren Tor folgt. Weiter auf dem schmalen Weg, an einem kleinen Gebäude vorbei und nach kurzem, steilen Abstieg zur **Abzweigung des Camí de Rocafort** 02 (auf dem man direkt nach Sóller hinunterwandern könnte). Die weitere Route ist beschildert, und so folgen Sie dem Wegweiser „Deià“ bergab. Nach einem Zaundurchlass geradeaus auf dem breiteren Weg und über den **Torrent des Cinc Ponts**. Nach einer betonierten Passage rechts (Pfosten) zu einer Betonstraße (die ebenfalls nach Sóller zurückführt). Wenige Schritte nach links, dann rechts den Betonfahrweg hinauf und beim Anwesen **Can Palles** rechts auf dem flachen Weg wei-

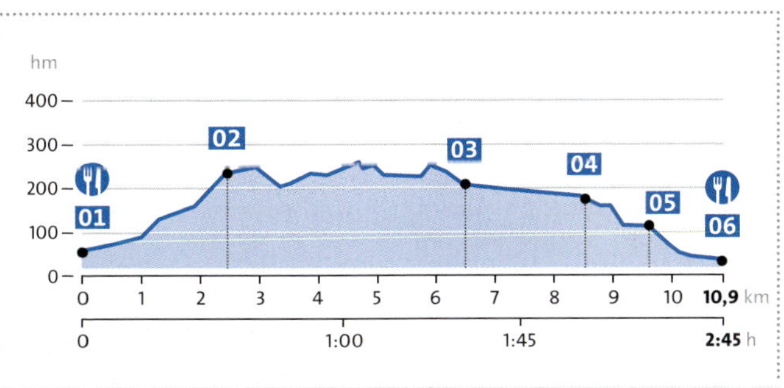


01 Sóller, 40 m; 02 Camí de Rocafort; 03 Hauptstraße Ma-10, 220 m; 04 Muleta Gran, 185 m; 05 Refugi de Muleta, 132 m; 06 Port de Sóller

ter. Nach einem Zaundurchlass abwärts, bei der Einmündung des Camí des Mont-reials links Richtung „Deià" empor. Gleich darauf rechts auf eine Finca-Zufahrt und zwischen den Gebäuden zu einem Gatter. Danach rechts abbiegen und auf einem breiten Weg zu einem Zaundurchlass hinauf. Dahinter – vor einem Haus – rechts auf dem geschotterten Fahrweg bergab und flach zum Tor des **Hotels Ca's Xorc**. Auf der Asphaltzufahrt abwärts, bis rechts der Camí des Rost einmündet (er bietet die dritte Möglichkeit für einen kürzeren Rückweg nach Sóller).

Hier links auf dem breiten und beschilderten Camí de Castelló Richtung „Deià" bergauf. Über eine kleine Anhöhe und rechts auf dem stellenweise gepflasterten Weg zur baufälligen **Capella de Castelló**. Links wäre ein kurzer Abstecher zur **Doppelfinca Can Prohom/Son Mico** möglich. Der Weg nach Port de Sóller folgt jedoch rechts dem Fahrweg hinab. Rechts abbiegend erreichen Sie die **Hauptstraße Ma-10** 03 (220 m, Bushaltestelle beim Hotel Son Bleda). 1:45 h

Weiter wie bei Tour 24 bis zum Landgut **Muleta Gran** 04 (185 m).

Vor dem Gutshof weist die Beschilderung des GR-221 „Refugi de Muleta" nach links. Der Weg führt – sanft ansteigend – zwischen Olivenbäumen zu einer Wegteilung. Nach rechts und auf einem teils gepflasterten Weg flach weiter. Geradeaus an einer Abzweigung vorbei und durch schütter bewaldetes und grasiges Gelände abwärts. Vorbei an kleinen Felsblöcken und alten Mauern kommt man zum Graben des **Torrent de s'Argentera**. Davor nach links zum Bachbett und jenseits im sanften Anstieg zu einer Hausruine. Durch licht bewaldetes Gelände mit Steinblöcken zu einer Mauer, neben der ein breiterer Weg einmündet. Rechts zum nahen **Refugi de Muleta** 05 (132 m). 1:15 h

**Abstieg** nach **Port de Sóller** 06 auf der Asphaltstraße – vorbei am Leuchtturm über dem Cap Gros. Unten links zum Sandstrand und zur Straßenbahn-Station. 0:30 h

**Karte auf Seite 123**

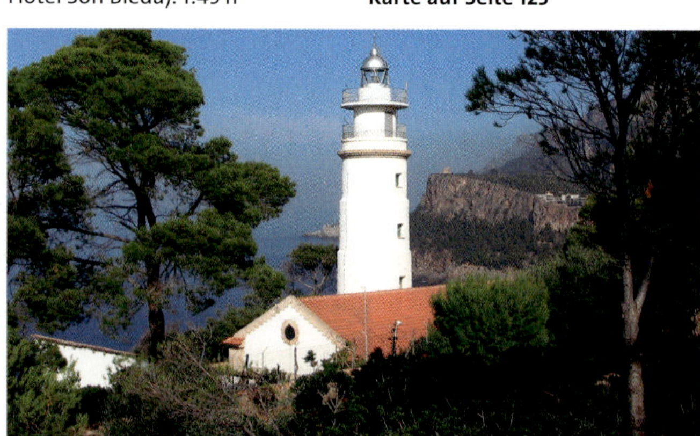

Leuchtet 13 Seemeilen weit: der 1859 erbaute Leuchtturm am Cap Gros

# INS SCHÖNSTE DORF SPANIENS

## Über den Mirador de ses Barques nach Fornalutx

 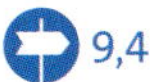 9,4 km  3:30 h  350 hm  350 hm

START | Sóller (40 m), Stadtzentrum. Zufahrt wie bei Tour 31. [GPS: UTM Zone 31S x: 475708 y: 4402558]
CHARAKTER | Abwechslungsreiche Wanderung auf Nebenstraßen und beschilderten Wegen, kurzzeitig auch auf schmalen Pfaden. Immer wieder Schatten. Einkehr: Bar/Restaurant beim Mirador de ses Barques; Bars und Restaurants in Sóller und Fornalutx

Diese Tour wartet mit gleich zwei Top-Zielen auf: mit dem Mirador de ses Barques, der Schauwarte Nr. 1 über Sóller, und dem kleinen Dorf Fornalutx, das bereits mehrfach für seine Schönheit und Ursprünglichkeit prämiert wurde. Die uralten, teils gepflasterten Wege dazwischen bieten herrliche Ausblicke ins Gebirge.

▶ Von der Plaça de la Constitució im Zentrum von **Sóller** 01 folgen Sie der schmalen Geschäftsstraße C/. de sa Lluna (Centre Comercial) 100 m weit und biegen bei der zweiten Abzweigung links auf den C/. de la Victoria 11 Maig ab. Diese Straße und die anschließende Avinguda d'Astúries zum etwa 500 m entfernten Fußballplatz der Stadt. Von dort wandern Sie geradeaus und stets Richtung „Port de Sóller" weiter. Nach ca. 180 m schwenken Sie rechts ein (Wegweiser „poliesportiu"). Nun wandern Sie 500 m auf dem asphaltiereten Cami de ses Argiles durch die Gartensiedlung S'Horta und folgen dann der Beschilde-

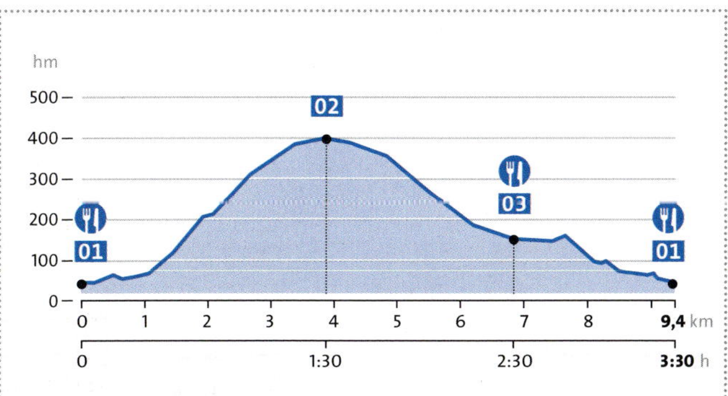


01 Fußballplatz, 40 m; 02 Mirador de ses Barques, 400 m;
03 Fornalutx, 150 m

rung „Port de Sóller, Palma“ nach rechts.

Nach weiteren 200 m biegen Sie schließlich rechts auf den Camí de Son Blanco ab (Wegweiser „Camí Vell de Bàlitx, Tuent, Sa Costera“). Bei der folgenden Wegteilung links, bald darauf rechts den Betonweg hinauf. Auf gepflasterter Trasse zur Hauptstraße **Ma-10**, der Sie 30 m nach links folgen. Dann jenseits scharf rechts auf einem Beton-Fahrweg empor (Wegweiser), links auf dem Pflasterweg weiter (Zauntor). Durch Olivenkulturen, an einem großen Haus vorbei (Gatter) und zu einer Asphaltstraße. Auf dieser 10 Schritte nach rechts, dann links über einige Stufen und auf einem Betonweg zu einem Gebäude. Links auf dem Schotterweg weiter (Pfosten), in einer Rechtskurve links auf den schmaleren Pfad abzweigen und nun auf der gepflasterten Trasse zu einem quer verlaufenden Fahrweg (Camí de sa Figuera) hinauf. 20 m nach links (Wegweiser „Port de Sóller, Sa Figuera, Tuent“), dann auf dem geradeaus abzweigenden Camí Vell de Bàlitx Richtung „Tuent, Sa Calobra“ bergauf. Nach einem Gatter nach rechts, flach zwischen Terrassen dahin und dann wieder aufwärts (Gatter). Nach einem Haus wird ein Fahrweg überquert. Flacher zwischen Mauern zu einem Zauntor, neben einem Graben zu einem Mauerdurchlass und durch freies Gelände zu einer Schotterstraße (Stromleitung). Auf dieser nach rechts. Gleich darauf links abzweigen (Wegweiser „Sóller, Fornalutx, Mirador de ses Barques“) und flach zwischen kleinen Häusern dahin. Zuletzt geht‘s auf einem Pflasterweg hinab zum **Mirador de ses Barques** 02 (400 m) an der **Ma-10** (Bushaltestelle). 1:30 h

**Abstieg nach Fornalutx**: Über den Parkplatz und einige Schritte rechts neben der Fahrbahn der Ma-10 zum Wegweiser „Sóller, For-

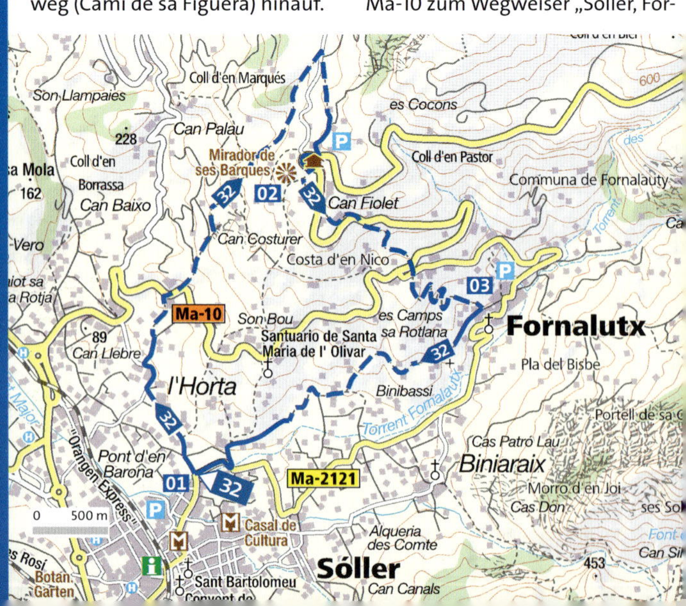

nalutx, Port de Sóller". Dort rechts auf einen schmalen Pfad abzweigen, kurz unterhalb der Straße dahin (Drahtseil) und auf dem alten Weg weiter. Nach einem Gatter wird ein Fahrweg überquert. Bei der folgenden Abzweigung links Richtung „Fornalutx" zur **Costa d'en Nicó**, wo man die Straße wieder erreicht. Daneben 100 m talwärts, dann kürzt man ihre Kurve auf einem beschilderten Fahrweg (Schranke) und dem alten, stellenweise gepflasterten Weg zwischen Olivenbäumen ab. Wo man die Fahrbahn wieder erreicht, folgt man ihr etwa 100 m, um dann rechts auf eine Seitenstraße abzuzweigen (Wegweiser). Diese verengt sich wieder zu einem Pfad, der in einen weiteren Fahrweg mündet. Dieser führt Sie ein letztes Mal zur Hauptstraße Ma-10 (Wegweiser). Auf einem Betonweg nahe der Zufahrtsstraße nach **Fornalutx** hinab. Unterhalb der Straße folgt man einem asphaltierten Fahrweg, dessen Kurven vom alten Weg abgekürzt werden. Unten auf dem flacheren, stellenweise betonierten C/. dels Toros weiter. Kurz vor dem Dorfrand rechts auf eine Treppe abzweigen und zu einer Hauszufahrt. Links den C/. de Joan Albertí Arbona hinab, dann kurz links hinauf und rechts auf dem C/. de sa Plaça zur **Plaça d'Espanya** im Ortszentrum von **Fornalutx** 03 (150 m). 1:00 h

**Rückweg:** Auf dem C/. de sa Plaça wandern Sie aus dem Dorf hinaus, schwenken bei der Einmündung des C/. dels Toros links auf den C/. des Sol ein, um nach wenigen Schritten rechts auf dem C/. de Joan Albertí weiterzugehen. Bei allen Abzweigungen geradeaus und am Sportplatz vorbei. Die mittlerweile betonierte Trasse führt zum

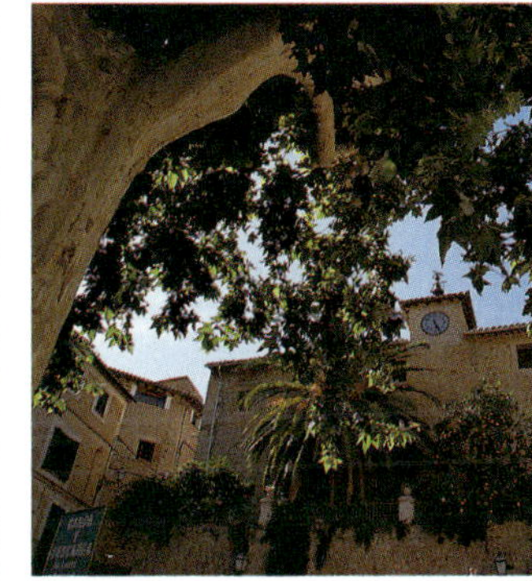
Fornalutx, die Dorfschönheit

**Friedhof** und endet nach einem kleinen Graben. Nun auf dem schmalen Camí Vell de Fornalutx Richtung „Sóller, Binibassí" durch einen weiteren Graben. Dann links auf dem breiteren Weg weiter, nach rechts und auf Pfadspuren zu einer Wasserleitung, der man folgt. Nach einem Zauntor führt ein Pflasterweg zum winzigen Weiler **Binibassí** (85 m). Wo die Asphaltstraße einmündet, biegen Sie rechts auf den Schotterweg ab. Auf einem schmalen Pfad zur Villa José, dann links auf dem stellenweise gepflasterten Weg abwärts und wieder neben der Wasserleitung durchs Gebüsch. Sie erreichen einen Fahrweg, auf dem Sie links hinabgehen. Gleich darauf rechts auf die Asphaltstraße einschwenken (Wegweiser „Sóller"). Bei allen Abzweigungen geradeaus und zur Einmündung des Camí de ses Marjades, dort links zur **Pont de Can Rave** hinab. Nach rechts und auf der Straße neben dem Bach (Camí des Murterar) zum Fußballplatz von Sóller.

Von dort gelangen Sie auf dem Zugangsweg ins Stadtzentrum von **Sóller** 01 zurück. 1:00 h

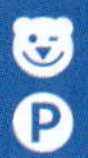

33

# AUF NACH SA CALOBRA!

## Über die Finca Bàlitx d'Avall zur Traumküste der Cala Tuent

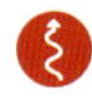 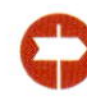 14 km  5:00 h 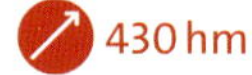 430 hm 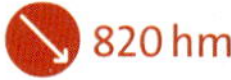 820 hm

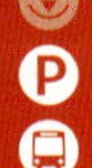

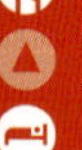
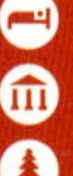

START | Mirador de ses Barques (400 m) oberhalb von Sóller. Zufahrt auf der Ma-10; großer Parkplatz bei Km 44,8. Von Port de Sóller mit Bus (Linie 354, April – Oktober Mo – Sa, erste Abfahrt 9 Uhr) oder Taxi (Tel. 971/638484). Rückfahrt mit dem Schiff von Port de sa Calobra (letzte Abfahrt täglich 16:30 Uhr) oder von Cala Tuent (Mo – Sa 16:40 Uhr, nicht Juli/August). Die Schiffe fahren nur bei ruhiger See. Erkundigen Sie sich unbedingt vor der Tour im Hafen von Port de Sóller über die aktuellen Abfahrtszeiten und lösen Sie gleich die Tickets: Barcos Azules (Tel. 971/630170, www.barcosazules.com). Rückfahrt von Port de sa Calobra per Bus (Linie 355, einzige Abfahrt 15 Uhr, in Escorca umsteigen zur Linie 354, nur April – Oktober, nicht am Sonntag) oder mit dem Taxi
[GPS: UTM Zone 31S x: 476459 y: 4404572]
CHARAKTER | Lange Tour mit zwei Aufstiegen (jeweils gut 200 Höhenmeter); Straßen, beschilderte Wege und Pfade. Stellenweise Schatten. Einkehr: Bar/Restaurant am Mirador de ses Barques; Finca Bàlitx d'Avall (frischer Orangensaft, Agroturisme Tel. 639/718506, www.balitxdavall.com); Restaurant Es Vergeret über der Cala Tuent (www.esvergeret.com); Bars/Restaurants in Port de sa Calobra und Port de Sóller

Am Beginn dieses „Wander-Klassikers" erwartet Sie der fantastische Blick vom Mirador de ses Barques zur Bucht von Port de Sóller. Dahinter tauchen Sie in die Stille des mallorquinischen Bauernlandes ein und erreichen bei einer uralten Finca den ersten Rastpunkt. Die anschließenden Anstiegsmühen werden belohnt: Hinter dem Coll de Biniamar beginnt der Camí de sa Costera, der durch einen der schönsten Küstenabschnitte Mallorcas führt, stets mit Traumblick aufs Wasser und zu schroffen Felsabstürzen. So erreicht man den Kiesstrand der Cala Tuent, von dem man nochmals ordentlich ansteigen muss (leider auf Asphalt). Jenseits des Passes mit dem gotischen Kirchlein Sant Llorenç geht's dann nur noch bergab – bis ein Schiff auf müde Wanderer wartet.

▶ Die Tour nach Sa Calobra beginnt rechts neben der Treppe zum **Mirador de ses Barques** **01** (Wegweiser „Tuent, Sa Costera, Bàlitx"), führt über einige Stufen und auf einem alten Pflasterweg bergauf. Links auf einer Betontrasse weiter und dann flach zwischen Gärten und Terrassen (Pforte) zu einer Schotterstraße. Auf dieser wandern Sie rechts durch Olivenkulturen auf die **Finca Bàlitx d'Amunt** (407 m) zu. Davor rechts abzweigen, durch ein Tor und auf dem Fahrweg ins Tal von Bàlitx hinab. Von der ersten Linkskurve geradeaus auf dem Pflasterweg bergab (von der nächsten Linkskurve gelangt man rechts mit wenigen Schritten zum Quellportal der **Font de Bàlitx**). Weiter unten folgt man wieder dem Fahrweg, vorbei an der renovierten **Finca Bàlitx d'en Mig**. Etwa 800 m danach zweigt der alte Pflasterweg wieder links ab (Wegweiser). Er führt durch Olivenhaine und einen mit Kiefern bewachsenen Hang in den Talgrund, wo man die jahrhundertealte **Finca Bàlitx d'Avall** 02 (160 m) mit ihrem halbrunden Wachturm erreicht. 1:30 h

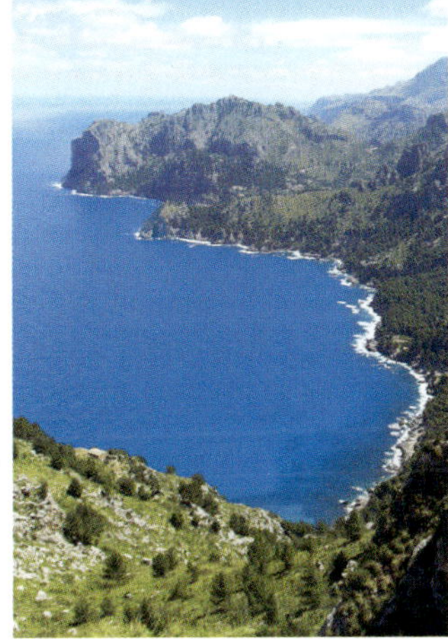
Die Traumküste von Sa Costera

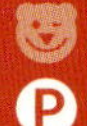

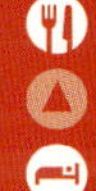

Beim Anwesen überqueren Sie auf der Schotterstraße den **Torrent de na Mora** und wandern durch den Waldhang bergauf. Bald geht's auf dem rechts abzweigenden alten Weg weiter und schließlich wieder auf dem Fahrweg in mehreren Kehren zum Sattel des **Coll de Biniamar** 03 (365 m). 0:40 h

Dahinter schlängelt sich die Schottertrasse abwärts (Abkürzungspfad), wird schmaler und wendet sich nach links zum verlassenen **Gehöft Sa Costera**. Dort zweigen Sie rechts auf den Camí de sa Costera ab und wandern im sanften Auf und Ab durch den lichten Kiefernwald über dem Meer. Nach etwa 1 km führt links ein beschilderter Pfad zum einstigen **Kraftwerk Sa Fàbrica** (mit dem fast trockengelegten Wasserfall der Font des Verger) hinunter. Die Route zur Cala Tuent zieht jedoch geradeaus quer durch den Hang weiter. Durch eine Maueröffnung und im kurzen Zickzack-Aufstieg auf die Anhöhe des **Coll de na Polla** (150 m) nahe der felsigen Halbinsel mit der Torre des Forat. Durch ein Tor, kurz auf einem breiten Waldweg zu einigen Häusern hinab und nach der Beschilderung „Cala Tuent" auf einem steinigen Weg weiter. Bald danach weist ein Pfeil an einem Olivenbaum scharf nach links zum **Restaurant Es Vergeret** oberhalb der **Cala Tuent** 04. 1:20 h

Zum Schluss muss man 3,5 km auf der Asphaltstraße marschieren. Kurz hinab und im Bogen um die Kiesbucht der **Cala Tuent** herum (links führt ein alter Treppenweg zum Strand; Kiosk in der Sommersaison, Bootssteg an seinem vorderen Ende). In der Folge geht's über zwei Kehren zum **Coll de Sant Llorenç** 05 (229 m) empor. Nach knapp 1:00 h ist der Pass mit der alten Kirche erreicht. Hinter dem Gebäude zweigen Sie links ab (Metallgatter) und marschieren auf dem alten Weg zu den Häusern von **Sa Calobra** hinab. Weiter zur nahen Straße, auf der Sie links zum **Port de sa Calobra** 06 am Meer gelangen (Bushaltestelle, Restaurants, Schiffsanlegestelle). 1:30 min

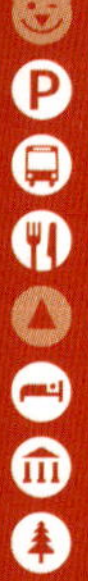

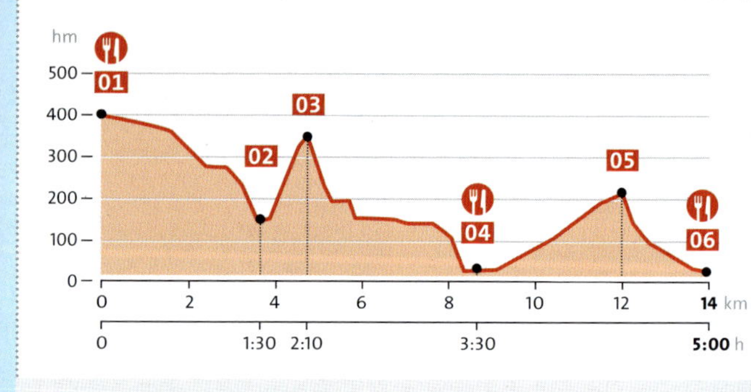


**01** Mirador de ses Barques, 400 m; **02** Finca Bàlitx d'Avall, 160 m; **03** Coll de Biniamar, 365 m; **04** Cala Tuent; **05** Coll de Sant Llorenç, 229 m; **06** Port de sa Calobra

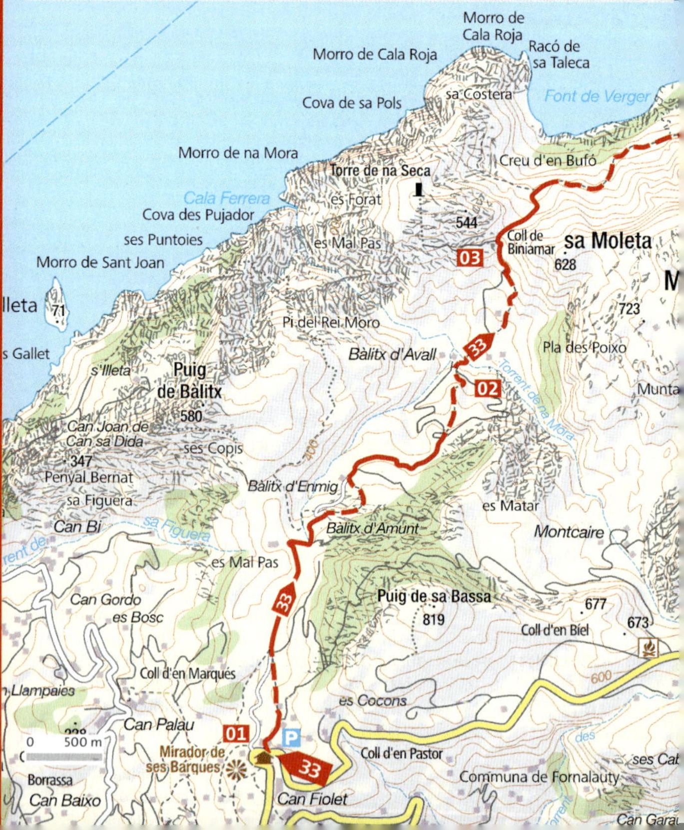

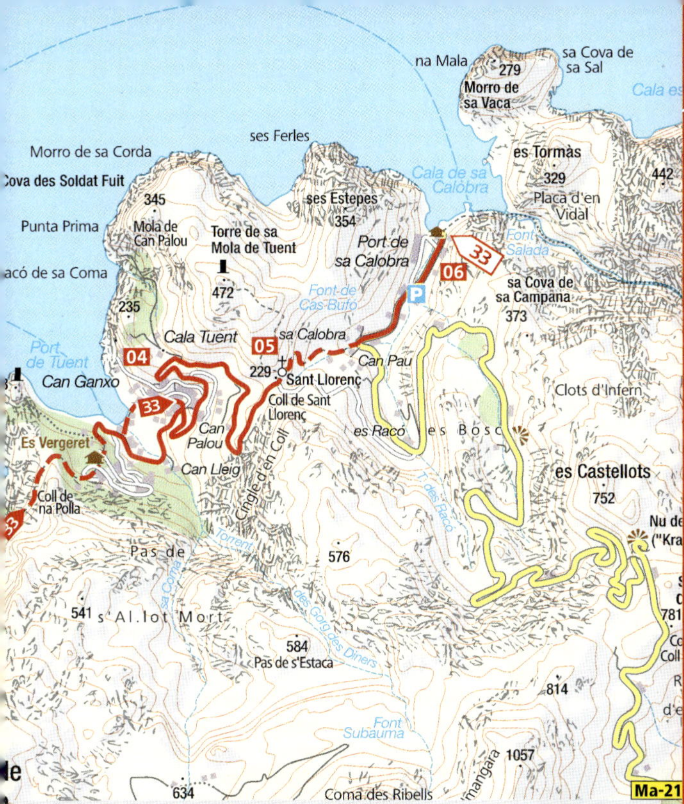

na Mala
279
Morro de sa Vaca
sa Cova de sa Sal
Cala es
ses Ferles
Morro de sa Corda
Cova des Soldat Fuit
Cala de sa Calobra
es Tormàs
329
Plaça d'en Vidal
442
345
ses Estepes
354
Punta Prima
Mola de Can Palou
Torre de sa Mola de Tuent
Port de sa Calobra
Font Salada
Racó de sa Coma
472
06
sa Cova de sa Campana
373
Font de Cas Bufo
235
Cala Tuent
05
sa Calobra
Port de Tuent
04
229
Sant Llorenç
Can Pau
Clots d'Infern
Can Ganxo
Coll de Sant Llorenç
Can Palou
es Racó
es Bosc
Es Vergeret
Can Lleig
Cingle d'en Coll
es Castellots
752
Coll de na Polla
T. des Racó
Nu de ("Kra
Pas de
Torrent de sa Coma
576
541
s'Al.lot Mort
des Gorg des Diners
781
584
Pas de s'Estaca
814
Font Subauma
1057
634
Coma des Ribells
Ma-21

## Abstecher oder eigenes Tourenziel? Panoramaplatz Torre de na Seca

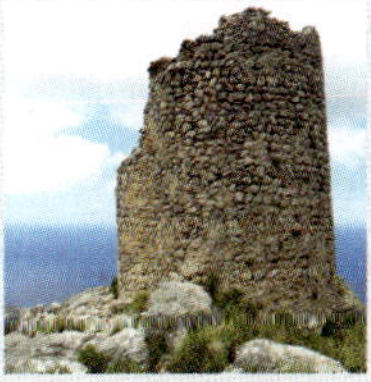

Zwischen dem Torrent de na Mora und der Küste von Sa Costera thront ein Wachturm auf einem Felskamm. Die Route dorthin zweigt in der obersten Fahrweg-Kurve vor dem Coll de Biniamar links ab. Ein Karrenweg führt zu einem Felsturm hinauf und dann im Auf und Ab durch den Hang über der Finca Bàlitx d'Avall. Vom Straßenende nach rechts und auf steilen, verzweigten Pfadspuren durch hohes Gras, gestuftes Gestein und schräge, glatte Felsplatten empor. Oben auf dem Grat des Castelló links zum Torre de na Seca (514 m). Bei diesem 1579 erbauten, leider schlecht erhaltenen Wachturm tut sich eine prachtvolle Rundsicht von den Bergen um Sóller über den Puig Major bis zur Traumküste von Sa Costera auf. Vom Coll de Biniamar 0:40 h, Abstieg 0:30 h

Puig de sa Font

# IN DEN BARRANC DE BINIARAIX |GR-221|

## und auf den 956 m hohen Cornador Gran

  9,4 km  4:00 h 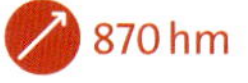 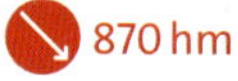

870 hm 870 hm

START | Biniaraix (86 m), 2 km östlich von Sóller. Zufahrt wie bei Tour 32 nd nach der Beschilderung „Fornalutx“, bis ein Wegweiser rechts nach Biniaraix zeigt; sehr eingeschränkte Parkmöglichkeit am Ortsrand. Bus von Sóller (Linie 212, Haltestelle l'Horta de Biniaraix, von dort zu Fuß 10 Min.)
[GPS: UTM Zone 31S x: 477199 y: 4402337]
CHARAKTER | Großartige Schlucht- und Bergwanderung auf beschilderten Pflasterwegen (die bei Nässe einen sicheren Tritt erfordern); Gipfelaufstieg auf einem schmalen, unmarkierten Pfad. Im unteren Bereich Schatten. Unterwegs keine Einkehr; Bar in Biniaraix

Der Weg von Sóller zum Heiligtum von Lluc zählt zu den beliebtesten Wanderstrecken der Insel. Er ist seit dem 14. Jahrhundert urkundlich belegt, geht aber wahrscheinlich schon auf die Römerzeit zurück. Einst zogen die Wallfahrer durch den Barranc de Biniaraix, die Schlucht hinter dem Dorf, ins Bergland empor. Heute erfreut seine renovierte Trasse naturverbundene Freizeitgenießer. Im unteren Bereich des Barranc besteht noch ein zweiter, viel älterer Weg – der Camí Vell, der die felsige Engstelle S'Estret über die Abhänge am Fuße der wilden Cornadors umgeht. Da wie dort ist die enge Verzahnung von Natur- und Kulturlandschaft sehr eindrucksvoll: Immer wieder wechseln Felsszenerien mit jahrhundertelang gepflegten Olivenkulturen auf kunstvoll angelegten Terrassen ab. Wer höher hinaus will, sollte zum Mirador Joaquim Quesada weiterwandern. Bis zu diesem viel besuchten Aussichtspunkt auf dem höheren der beiden felsigen „Hörner“ über Sóller sind zwar 900 Höhenmeter zu überwinden – doch der fulminante „Flugzeugblick“ über das „Goldene Tal“ und seine Bergumrahmung ist jeden Schweißtropfen wert!

▶ Von der Plaça de la Concepció vor der **Kirche in Biniaraix** **01** folgen Sie der Beschilderung „Lluch a pie“ über den C/. de Sant Josep. Beim **Waschhaus** biegen Sie rechts ab (Wegweiser „Barranc de Biniaraix, Cúber“) und wandern auf dem abschnittsweise gepflasterten **Camí des Barranc**, dem historischen Pilgerweg, in die große Schlucht des **Barranc de Biniaraix** hinein. Rechts an einem Tor vorbei, über eine Brücke bzw. Furt und in Kehren aufwärts. Bei einer Abzweigung links weiter, kurz sanft abwärts und wieder bergauf. Achtung: Etwa 300 m nach der Brücke zweigt man bei einem Johannisbrotbaum rechts auf den Camí Vell (Wegweiser). Nach 25

Schritten links durch ein Metalltor, dann führt der stellenweise gepflasterte Weg in vielen Kehren durch den Hang und neben einer Schutthalde hinauf (Richtungspfosten). Unter einem Felsen nach links, durch einen Zaundurchlass in eine Mulde und zu einer **kleinen Steinhütte**. Gleich dahinter zweigen zwei Pfade ab – der obere davon (Steinmännchen) führt in wenigen Minuten zur Felswand über der **Cova de ses Alfàbies**. Der Camí Vell zieht dagegen zum nahen **Coll d'en Se** 02 (440 m), einem Sattel neben einem markanten Felsturm (herrlicher Blick auf das Tal von Sóller). 1:00 h

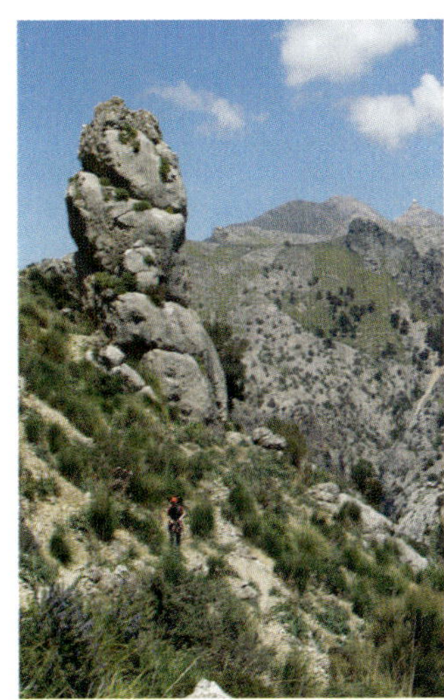

Puig Major vom Cornador Gran

Dahinter wandern Sie eben neben einem Zaun zu einem Durchlass und unter einer Hausruine vorbei. Links abzweigen und auf einem schmalen Pfad neben Mauern in den hinteren, von vielen Terrassen gegliederten Bereich des **Barranc de Biniaraix** hinab. Bald wird der Weg wieder breiter und führt unter Steineichen zum Bachlauf unter dem **Gorg de Can Catí** – wenn hier Wasser plätschert, lohnt sich der 5-Minuten-Abstecher rechts zu einem 20 m hohen **Wasserfall** (400 m). Bald danach erreichen Sie wieder den **gepflasterten Pilgerweg** (Richtungspfosten), dem Sie bergauf folgen. Er schlängelt sich in vielen Kehren zwischen dem Torrent des Verger und dem Torrent de l'Ofre empor. Hoch über der Schlucht durchqueren

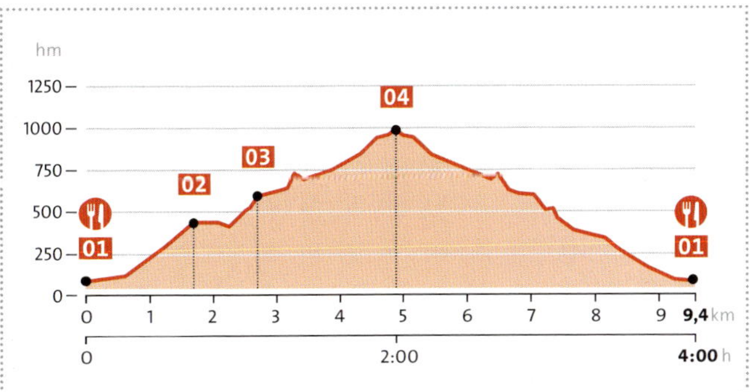


01 Biniaraix, 86 m; 02 Coll d'en Se, 440 m;
03 Abzweigung im Barranc de Biniaraix, 650 m; 04 Cornador Gran, 956 m

Sie dann auf einer schmalen Terrasse die Wandabstürze (Tiefblick zum Wasserfall **Salt des Cans**, tolle Sicht zu den gegenüber aufragenden Felsabstürzen der Cornadors). Durch ein Gatter gelangen Sie zu einer **Abzweigung** 03 (650 m).

Folgen Sie nun dem Wegweiser „Mirador Joaquim Quesada, Es Cornadors" nach rechts. Neben der **Betonmauer** eines ehemaligen Staubeckens geht's hinab zum **Bachbett**, das auf Trittsteinen übersetzt wird. Jenseits führt ein Pfad, der sich verzweigt, durch den steilen Grashang aufwärts (die beiden Routen führen bald wieder zusammen). In der Folge wandern Sie auf einem schön angelegten, stellenweise aufgemauerten Weg in Kehren bergauf (Blick ins Hochtal der **Finca l'Ofre** unter dem gleichnamigen Gipfel). Vorbei an einem Felsturm erreichen Sie einen mit einigen Kiefern bewachsenen **Sattel** (Stein mit Wegpfeil). Hier nach links und unter zwei weiteren Felszacken vorbei (rechts des Pfades klafft ein schmaler, aber tiefer avenc, ein Karstschlund). In Serpentinen erreichen Sie den breiten **Grassattel** zwischen dem Cornador Gran und dem felsigen Sementer Gran. Rechts zur nahen **Unterstandshütte** und weiter auf den Gipfel des **Cornador Gran** 04 (956 m, Steinpyramide).

Von dort zieht ein Pfad ca. 50 m durch felsiges Gelände zum **Mirador Joaquim Quesada** hinab – von diesem kleinen gemauerten Aussichtsbalkon überblickt man den gesamten Barranc de Biniaraix und – über den Cornador Petit hinweg – das Tal von Sóller. 2:00 h

## Auf dem GR-221 von Sóller zum Cúber-Stausee

Fernwanderer beginnen die Tour durch den Barranc de Biniaraix schon in Sóller, folgen der Einkaufsstraße C/. de sa Lluna bis zum Museum Can Prunera und biegen dort links auf den C/. de la Victòria 11 Maig ab – dort zeigt ein blau-rotes Schild den Beginn des GR-221 Richtung „Binibassí, Biniaraix" an. Vorbei am Fußballplatz der Stadt geht's in den Weiler Binibassí (86 m). Von dort folgt der GR-221 rechts der schmalen Asphaltstraße des Camí de Binibassí zur Carretera de Fornalutx, der man links zu einer Bushaltestelle folgt. Davor rechts auf dem Camí de Horta de Biniaraix nach Biniaraix (86 m). Man erreicht das Ortszentrum nach 1:15 h. Um 0:30 h kürzer ist die Wanderung, wenn man vom C/. de sa Lluna einfach geradeaus weitergeht – vorbei am Jugendstilgebäude Ca na Lluisa.

Der GR-221 führt nun durch den Barranc de Biniaraix hinauf (gesamter Höhenunterschied: 780 m). Von der Wegabzweigung zum Cornador Gran geht's auf dem alten Pilgerweg weiter bergwärts, links an der Finca l'Ofre vorbei und auf Abkürzungspfaden neben einem Fahrweg zum Coll de l'Ofre (875 m). Abstieg wie bei Tour 36 bis zum Embassament de Cúber (Cúber-Stausee) und zum dortigen Parkplatz an der Ma-10 (Bushaltestelle, Linie 354). Gehzeit von Biniaraix 3:30 h

Der **Abstieg** erfolgt auf der gleichen Route. Beim Rückweg in den **Barranc de Biniaraix** genießt man erst so recht den Blick hinaus ins Tal von Sóller. Wo der Camí Vell einmündet, gehen Sie rechts auf dem Hauptweg weiter (Richtungspfosten). So gelangen Sie in den breiten Talkessel in der Mitte des **Barranc de Biniaraix**, in dem kleine Anwesen zwischen Olivenkulturen liegen. Bei einem **Haus** an der Einmündung des Torrent des Verger geradeaus bleiben (Wegweiser), über einige Stege und durch den kurzen **Estret**, den engsten Abschnitt der Felsschlucht. Es folgen kunstvoll aufgemauerte Wegkehren (Ses Voltetes), über die Sie hoch über dem Talgrund zur unteren Abzweigung des Camí Vell absteigen. Auf der Zugangsroute zurück ins Dorfzentrum von **Biniaraix** 01. 2:00 h

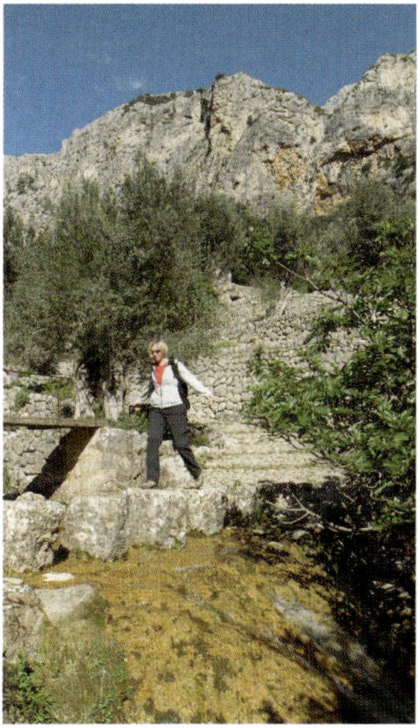

Balancieren im Barranc

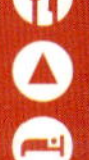

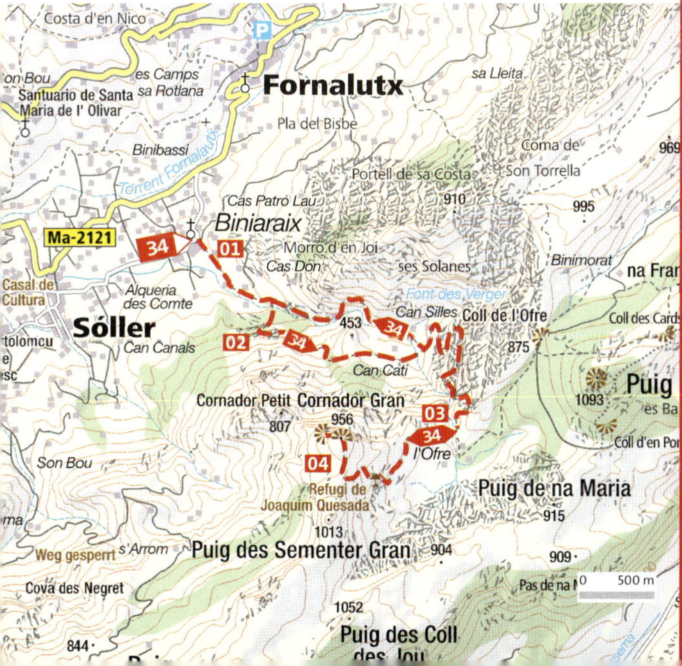

35

# HOCH HINAUS AM PUIG MAJOR

Verborgene Wege unter dem höchsten Berg der Insel

  3 km  2:45 h  340 hm  340 hm

START | Am Parkplatz an der Ma-10 vor dem Westportal des Tunnels durch die Serra de Son Torrella (Túnel de Monnàber) bei Km 37 (850 m) zwischen Fornalutx und dem Cùber-Stausee. Zufahrt von Sóller/Port de Sóller oder Lluc
[GPS: UTM Zone 31S x: 480683 y: 4404546]
CHARAKTER | Eindrucksvolle Bergtour auf einem schmalen und stellenweise steinigen, aber meist gut kenntlichen und mit Steinmännchen markierten Pfad. Vor allem im unteren Bereich und am Nachmittag Schatten. Unterwegs keine Einkehrmöglichkeit; Bars/Restaurants in Sóller und Fornalutx

Der allseits mit Felsen gepanzerte Puig Major ist von vielen Punkten der Insel aus zu sehen – aber leider militärisches Sperrgebiet. Für die Radarstation, die ihn heute „krönt", wurden die obersten Felsen abgesprengt, daher misst der höchste Gipfel der Insel nur noch 1436 m. Sogar eine (ebenfalls gesperrte) Straße zieht hinauf. Erhalten blieb jedoch der untere Abschnitt des Gipfelweges, auf dem Bergsteiger schon um 1920 in der Nacht anstiegen, um den Sonnenaufgang zu erleben. Diese Route führt durch die Coma de n'Arbona, ein steiles Tal, in dem einst Schnee gesammelt wurde (siehe Kasten auf der rechten Seite). Auf dem Sattel daüber – auf fast 1200 m Seehöhe – ist die Aussicht auch ohne Gipfelerlebnis einmalig: Das Panorama reicht vom Puig Tomir und dem Puig de Massanella im Osten über den Cúber-Stausee in der Tiefe bis zum Castell d'Alaró und hinaus in die Inselebene. Und ganz nahe bauen sich die gewaltigen Felsflanken des Penyal des Migdia auf.

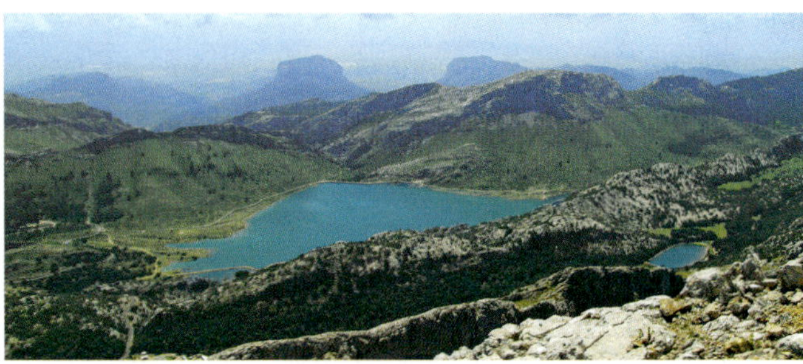

„Scharten-Blick": Cúber-Stausee und die „Zwillingsberge" von Alaró

▶ Vom **Parkplatz** 01 der **Ma-10** ca. 300 m entlang bergab. Zwischen Km 37,6 und 37,7 – unterhalb von Felsblöcken – zweigen Sie rechts auf einen schmalen Pfad ab, der in den Wald führt und bald einen steinigen Fahrweg erreicht. Auf diesem rechts aufwärts. Nach einer S-Kurve biegen Sie bei einer großen Steineiche (grünes Farbzeichen) rechts ab. Nach wenigen Metern führt ein Pfad in einen **Graben** und unter einer Schutthalde links über das **Bachbett**. Dann geht's durch das von Felsen begrenzte Tal der **Coma de n'Arbona** hinauf zur **Font des Coloms**, der „Taubenquelle" unter einen Felsturm. Im Zickzack über eine Steilstufe neben schroffen Wandabstürzen auf eine knapp 1000 m hoch gelegene **Anhöhe**, von der man in den oberen Bereich des Tals ansteigt. Die rötlichen, bis zu 300 m hohen Wände des **Penyal des Migdia** (auf der linken Seite) und die Nordwestabbrüche der **Serra de Son Torrella** (rechts) bilden einen eindrucksvollen Felszirkus. Wie die hellen Flächen im Gestein beweisen, stürzen immer wieder große Brocken in die Tiefe. Im Tal befinden sich zwei noch recht gut erhaltene „Schneehäuser" – die untere Grube klafft direkt unter der Felswand der **Regana** (1123 m). Der Pfad schlängelt sich durch den rechten Bereich des Schutt- und Grashangs zu einer alten Mauer empor. Gleich dahinter liegt der **Coll de sa Coma de n'Arbona** 02 (1189 m), ein breiter, flacher Sattel am Ansatz der felsigen Gratschneide der **Serra de Son Torrella**, die oberhalb von Fornalutx nach Südwesten zieht. 1:30 h

**Abstieg** auf derselben Route. 1:15 h Achtung: Die nahe **Militärstraße** darf nicht betreten werden!

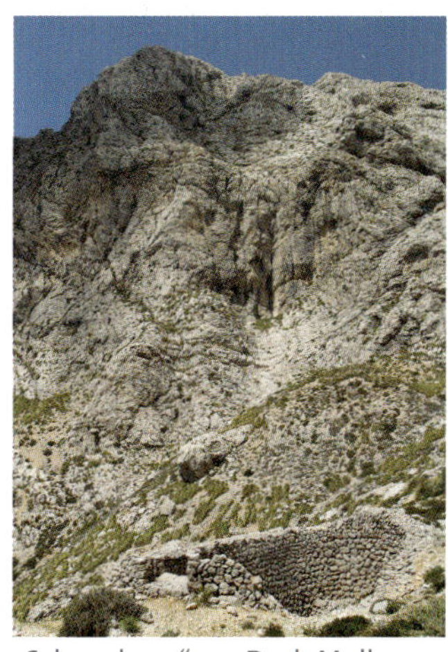

„Schneehaus" am Dach Mallorcas

## Eiskalte Geschäfte

In der Serra de Tramuntana gab es einst ein seltsames Gewerbe: Jeden Winter wurde Schnee, der dort oben reichlich fällt, in cases de neu („Schneehäuser") geschaufelt. In diesen mehrere Meter tiefen, mit Steinmauern ausgekleideten Gruben überdauerte er – zu Eis verdichtet und unter einem Grasdach geschützt – bis zum Sommer. Dann brachten die nevaters („Schneesammler") den kalten Schatz in der Nacht mit Eseln oder Maultieren ins Tal. Bis 1927 kühlte man damit Lebensmittel und Medikamente; der Schnee der Berge war aber auch die Grundlage für Erfrischungsgetränke und Speiseeis. Noch heute findet man in Mallorcas Bergen die Ruinen von mehr als 40 „Schneehäusern".

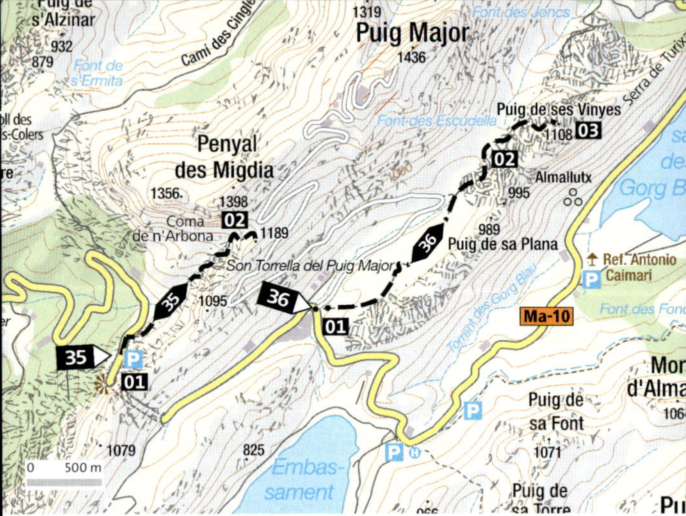

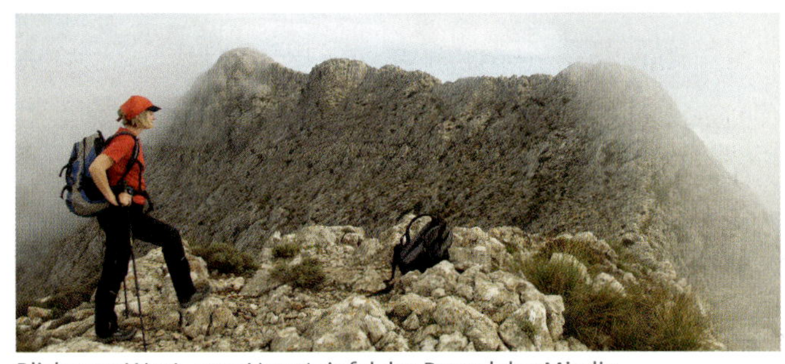

Blick vom West- zum Hauptgipfel des Penyal des Migdia

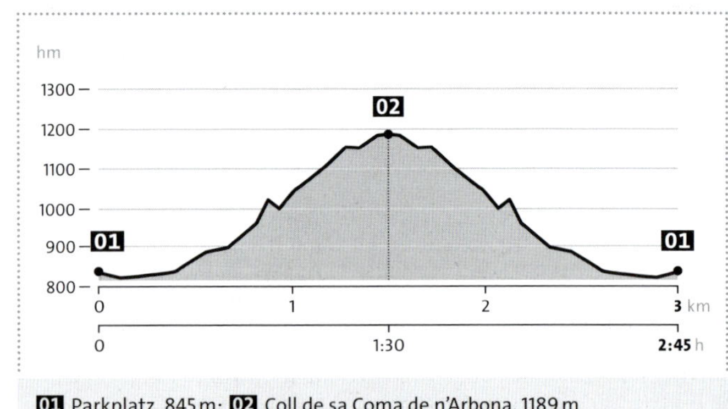


01 Parkplatz, 845 m; 02 Coll de sa Coma de n'Arbona, 1189 m

Der Gipfelgrat – in der Ferne Puig Tomir und Puig de Massanella

## Die „Himmelsleiter" des Penyal des Migdia (1398 m)

Die mächtige südwestliche Vorlagerung des Puig Major trägt drei Gipfel – die östliche Spitze ist der höchste Punkt Mallorcas, den man betreten darf. Sie bietet eine weite Aussicht (u. a. zur Nordwestküste, zum nahen Puig Major und zur Inselebene), erfordert aber Orientierungsvermögen, Kletterkönnen (1. Schwierigkeitsgrad), absolute Schwindelfreiheit und sicheres Wetter! Man geht etwa 5 Min. nach der oberen Schneegrube links ins weglose Gras- und Schuttkar, durch das man neben den Felsabbrüchen des Penyal des Migdia steil in eine kleine Scharte ansteigt (1220 m). Links haltend durch steiles Geröll- und Felsgelände zum Gipfelaufbau (Tiefblick in die Coma de n'Arbona). Durch eine sehr steile, aber gestufte Felsrinne erklettert man in 10 Min. die schmale Gratschneide. Rechts geht's auf den höchsten Punkt des Berges (1398 m, Gedenktafel), links zum Mittelgipfel (1370 m, Kreuz). 2:15 h

Abstieg wie Aufstieg. Oder vom Mittelgipfel rechts des Grataufschwungs (gut gestuft) in eine breite Scharte hinab. Abstecher über den Rücken auf den Westgipfel (1356 m). Von der Scharte rechts durch das große nordseitige Schuttkar hinunter. Achtung: Auf etwa 1050 m Seehöhe (Steinpyramide!) nach links (weiter unten Felsabbrüche, leicht zu übersehen). Eine kleine Schlucht, die auf glatten Gesteinsplatten überquert wird. Jenseits rechts 10 m abklettern und dann durch den steilen Waldhang (hohes Gras) schräg links hinunter zur Schotterstraße. Auf dieser links zum Coll des Cards-Colers (Kreuz), an einem Brunnen und einem Gatter vorbei zur Ma-10 und daneben kurz zum Startpunkt aufwärts. 1:45 h

# AUF DEN PUIG DE SES VINYES • 1108 m

## Mallorcas „Matterhorn" – ein alpines Bergabenteuer

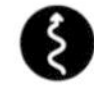  5 km  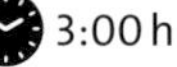 3:00 h 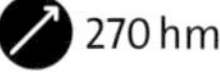 270 hm 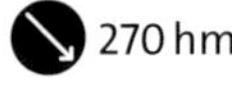 270 hm

START | An der Ma-10 zwischen Sóller und dem Cúber-Stausee bei Km 35,5 (835 m); eingeschränkte Parkmöglichkeit gegenüber der Kaserne (Base Militar) neben dem Tor eines Karrenweges – die Einfahrt nicht verstellen! Bushaltestelle beim Cúber-Stausee (Linie 354), von dort zu Fuß neben der Straße in 0:20 h
[GPS: UTM Zone 31S x: 482060 y: 4405013]
CHARAKTER | Anspruchsvolle und nur mit Steinmännchen markierte Bergtour – erst weglos durch verwachsenes Wald- und Wiesengelände, dann auf einem breiten Weg und zuletzt auf kaum kenntlichen Pfadspuren im steilen Felsgelände, das Schwindelfreiheit und Klettergewandtheit erfordert (eine kurze, aber sehr abschüssige Kletterpassage). Kaum Schatten. Die Militärstraße auf den Puig Major darf nicht betreten werden! Unterwegs keine Einkehrmöglichkeit; Bars/Restaurants in Sóller und Fornalutx

Im Gegensatz zum Puig Major lässt sich sein südöstlicher Nachbarberg durchaus erklimmen – vorausgesetzt, man verfügt über Orientierungsvermögen und den Mut für die Überwindung der glatten Felsplatten unter seinem Gipfel. Sie verhalfen dem Puig de ses Vinyes zu seinem Beinamen „Matterhorn Mallorcas". Der lange Kamm des weithin sichtbaren Dreikants liegt nicht im militärischen Sperrgebiet. Als Lohn für den schweißtreibenden Aufstieg winkt ein atemberaubender Tiefblick zu den beiden Stauseen, aber auch ein herrliches Panorama der benachbarten Tramuntana-Berge und vor allem eine exklusive Einsicht in die wilde Südostflanke des „großen Bruders", in der sich die Kletterwand der Pa de sa Figa („Feigenbrot") und die Steinnadel der Agulla des Frare („der Mönch") zeigen.

▶ Diese Tour beginnt bei der Abzweigung der gesperrten Puig-Major-Militärstraße (rote Schilder „Einfahrt verboten") gegenüber dem **Base Militar 01**. In Blickrichtung zum Wachposten (Gatter) sehen Sie rechts daneben eine niedrige Steinmauer, die Sie übersteigen. Dahinter geht man unter der Stromleitung durch und weglos in einen kleinen, mit Dissgras und Steineichen bewachsenen Graben. Über eine kleine Felsstufe empor, an zwei Köhlerplätzen vorbei und dann – sich links haltend – durch den Grashang hinauf. Über eine alte Mauer (Blick zum Puig Major) und durch ein sanft ansteigendes **Hochtal** in östlicher Richtung auf eine flache, grasig-felsige **Anhöhe**, auf der man nach 15 Min. eine hohe Mauer mit Drahtzaun erreicht. Neben dem Tor über die Leiter, dahinter etwa 10 Min. auf einem grasigen

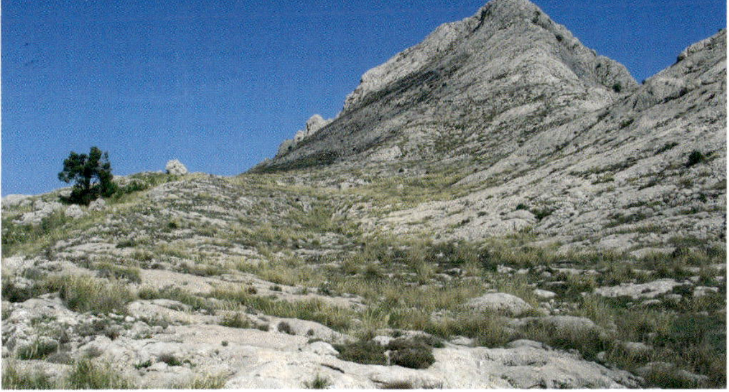

Der Puig de ses Vinyes über dem Coll de s'Escudella

Fahrweg durch das ebene **Hochtal** dahin und kurz zu einem Zauntor hinab. Nach dem Leiterüberstieg rechts auf dem steinigen Fahrweg weiter – gehen Sie keinesfalls links zur Militärstraße hinunter! Hinter drei großen Bäumen an einem verlassenen Steinbruch vorbei. Wieder aufwärts zu einer weiten Linkskurve, aus der Sie rechts auf einem verwachsenen Pfad durch den Grashang ansteigen. Weglos an einer Kiefer vorbei und zwischen Felsblöcken in den **Coll de s'Escudella** **02** (929 m), den flachen Sattel zwischen dem Puig Major und dem Puig de ses Vinyes. Nun nach rechts (rote Punkte) auf eine **flache Anhöhe** und zu einem **auffälligen Felsblock** mit einem „Kopf". Den Steinmännchen folgend zu einem Drahtzaun (Leiterüberstieg) und dann schräg durch den felsigen Westhang des **Puig de ses Vinyes** hinauf (rote Farbpunkte). Nach der Querung sehr steiler und abschüssiger Felsplatten geht's über einem Abbruch rechts über den leichter gangbaren Nordwestgrat auf den **Gipfel** **03** (1108 m, kleine Krippe aus Metall). Der kurze Übergang zum Südwestgipfel lohnt sich. 1:30 h

**Abstieg** auf der gleichen Route. 1:00 – 1:30 h

**Karte auf Seite 140**

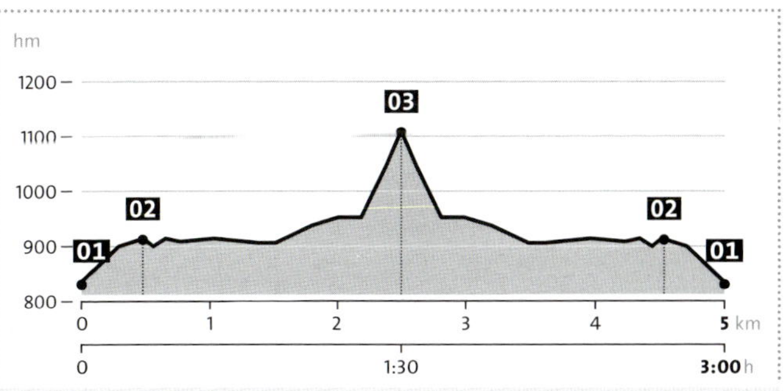


**01** Base Militar, 835 m; **02** Coll de s'Escudella, 929 m; **03** Gipfel, 1108 m

# AUF DEN PUIG DE L'OFRE • 1093 m

## Der schönste Aussichtsberg der zentralen Tramuntana

  11,7 km 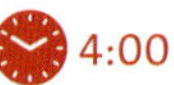 4:00 h 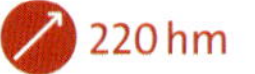 220 hm 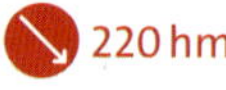 220 hm

START | Embassament de Cúber (Cúber-Stausee, 750 m) nordöstlich von Sóller. Zufahrt auf der Ma-10 von Sóller oder Pollença; bei Km 34 Parkplatz und Haltestelle der Buslinie 354
[GPS: UTM Zone 31S x: 482614 y: 4404165]
CHARAKTER | Eindrucksvolle Bergtour auf breiten Wegen und schmalen Pfaden; der oberste Gipfelgrat erfordert Trittsicherheit und Schwindelfreiheit. Bis zum Coll de l'Ofre Wegweiser, im Gipfelbereich nur Steinmännchen. Im oberen Bereich Schatten. Unterwegs keine Einkehrmöglichkeit; Bars/Restaurants in Sóller und Fornalutx

In einem Ranking der beliebtesten Berge Mallorcas läge der Puig de l'Ofre mit Sicherheit ganz vorne. Der ebenmäßige Kegel regt nicht nur Wanderwünsche an, sondern auch so manche Fantasie – Wikipedia verbreitete sogar, „dass er vulkanischen Ursprungs ist". Ist er natürlich nicht; er besteht wie alle seine Bergnachbarn aus Kalk. Eine Besonderheit bietet er aber doch: Er bewahrte sich den Waldmantel,

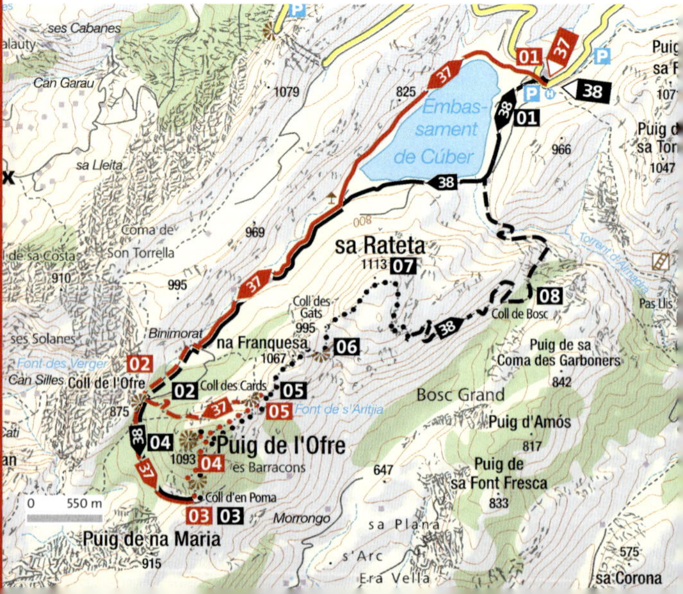

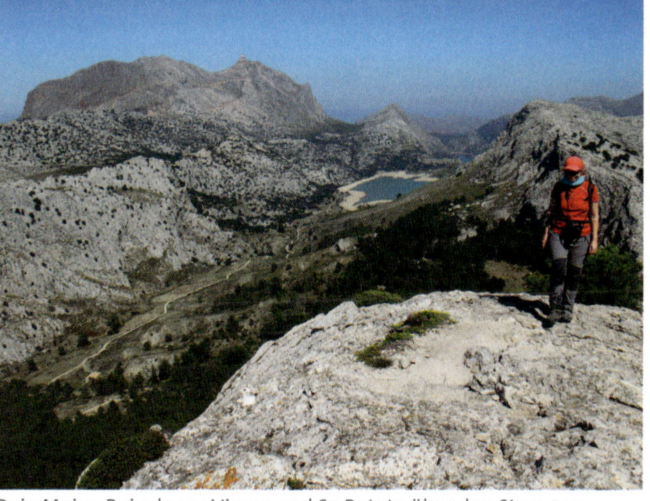

Puig Major, Puig de ses Vinyes und Sa Rateta über den Stauseen

der einst alle Berge der Insel umhüllte, fast bis oben hinauf. Aber eben nur fast: Der Puig de l'Ofre ist für sein Panorama berühmt; sie schließt die höchsten Gipfel Mallorcas, die beiden Stauseen und die Bucht von Palma mit ein.

▶ Hinter dem Gatter beim **Parkplatz** 01 am Cúber-Stausee leitet Sie der Wegweiser „Barranc de Biniaraix" rechts auf einem Pfad zu einem Fahrweg, dem Sie nach rechts folgen. Bei einem Pfosten geht's links über die Wiese. Über eine Wasserleitung und auf einem Damm zum **Cúber-Stausee**. Dem Nordwestufer entlang, nahe dem unbewirtschaften **Refugi de Cúber** über das Bachbett des Tor-

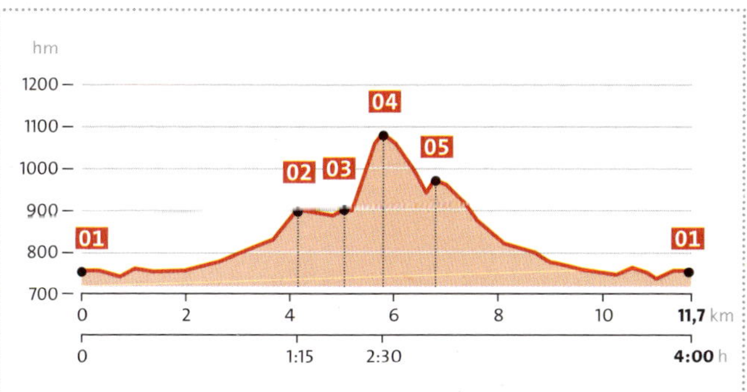


01 Cúber-Stausee, 750 m; 02 Coll de l'Ofre, 875 m; 03 Coll d'en Poma, 887 m; 04 Puig de l'Ofre, 1093 m; 05 Coll des Cards, 963 m

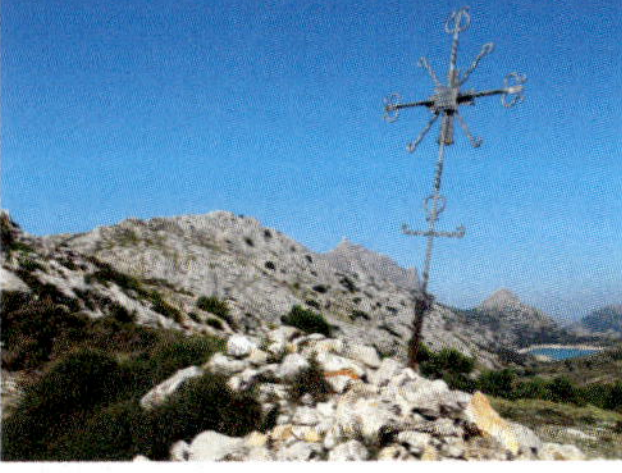

Das Kreuz auf dem Coll de l'Ofre

rent de Binimorat und zu einem Zaun. Durch das Tor und nach der Beschilderung „Barranc de Biniaraix“ auf der Schotterstraße zwischen der Serra de Cúber und dem Puig de sa Rateta taleinwärts. An einem Steingebäude vorbei zum Haus **Binimorat**. Dort rechts (Wegweiser) zum Bachbett und auf dem alten, stellenweise gepflasterten Weg durch Kiefernwald aufwärts. Nach einem Köhlerplatz verzweigt sich der Pfad, beide Routen treffen aber vor dem Sattel des **Coll de l'Ofre** 02 (875 m) wieder zusammen. 1:15 h

## Beliebte Bergabtour: Cúber-Stausee – Sóller

Viele Wanderer überschreiten den Coll de l'Ofre und steigen dann durch den Barranc de Biniaraix ab. Die Straßenkehren ins Hochtal der Finca l'Ofre (680 m) kürzt man dabei auf einem Wanderweg ab. Nach einem Aussichtspunkt (mit Fernrohr!) erreicht man eine beschilderte Abzweigung. Der GR-221 führt rechts am Anwesen vorbei (Tiefblick in den Barranc). Hinter einem Tor erreicht man die Abzweigung des Pfades zum Cornador Gran – weiter wie bei Tour 34. Vom Coll bis Sóller 2:30 h

Auf der Schotterstraße weiter, vorbei am **Creu de la Pau** (kleines Kreuz) und der Abzweigung des GR-221. Wenige Meter danach treffen Sie auf eine Gabelung, von der Sie dem linken Fahrweg folgen. Er führt flach durch die bewaldete Westseite des Puig de l'Ofre in etwa 10 Min. zum **Coll d'en Poma** 03 (887 m). Hinter einer Mauer zweigen Sie links auf einen Pfad ab. Dieser wird bald steiler und schlängelt sich über den felsigen Südhang des Berges empor. Nach weiteren 15 Min. Gehzeit – unter dem Gipfelaufbau – zweigen Sie nochmals links ab. Über steile Felsen erreichen Sie den Grat und links den höchsten Punkt des **Puig de l'Ofre** 04 (1093 m). 0:45 h

**Abstieg** auf derselben Route zur obersten Wegteilung. Nach links und über den felsigen, aber mit Kiefern bewachsenen Nordostgrat abwärts. Nach einer kurzen Kraxelstelle erreichen Sie den **Coll des Cards** 05 (963 m) neben dem Masten einer Stromleitung. Dort nach links, über eine alte Mauer und auf Felsstufen steil hinab zu einer großen Wiese. Dort beginnt ein Fahrweg, der links in den Wald und zum **Coll de l'Ofre** 02 hinüberführt. Zum Cúber-Stausee gelangt man schneller zurück, wenn man dem Pfad geradeaus weiter folgt. Neben der Stromleitung und an einer verfallenen Schneegrube vorbei zu einer grasigen Plattform hinab. Davor wendet man sich nach links und wandert auf einem Karrenweg talwärts, vorbei an der Quelle **Font de s'Aritja** und eine kleine Hütte. Kurz danach biegt man rechts auf eine Schotterstraße ab und wandert zum nahen Haus **Binimorat**, bei dem man den Zugangsweg erreicht. Auf diesem zurück zum **Stausee** 01. 1.30 h

# NA FRANQUESA – SA RATETA • 1113 m

## Auf hohen Wegen über dem Cúber-Stausee

 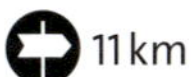 11 km  4:30 h  600 hm  600 hm

START | Embassament de Cúber (Cúber-Stausee, 750 m); Zufahrt siehe Tour 37 [GPS: UTM Zone 31S x: 482614 y: 4404165]
CHARAKTER | Anspruchsvolle Bergtour – Zugang auf breiten Wegen, dann ist man nur mehr auf Pfadspuren bzw. im weglosen Felsgelände unterwegs – Trittsicherheit, Schwindelfreiheit und gutes Orientierungsvermögen sind notwendig. Schatten nur im Bereich des Puig e l'Ofre und am Schluss der Tour. Unterwegs keine Einkehrmöglichkeit; Bars/Restaurants in Sóller und Fornalutx

Die Tour auf den Puig de l'Ofre lässt sich mit einer der schönsten Kammüberschreitungen der Insel verbinden. Auf der um 20 m höheren Rateta (der „kleinen Ratte") herrscht meist die Stille der zentralen Tramuntana. Die herrliche Panoramasicht von den klotzigen „Zwillingsbergen" von Alaró über den Puig Major bis zum Meer genießt man schon beim Weg über die Felskuppe der Franquesa, die zwischen den beiden so gegensätzlichen Gipfeln aufragt.

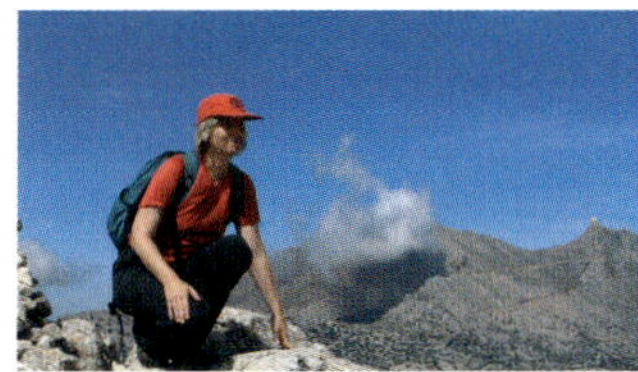

Fern-Sehen auf der Franquesa

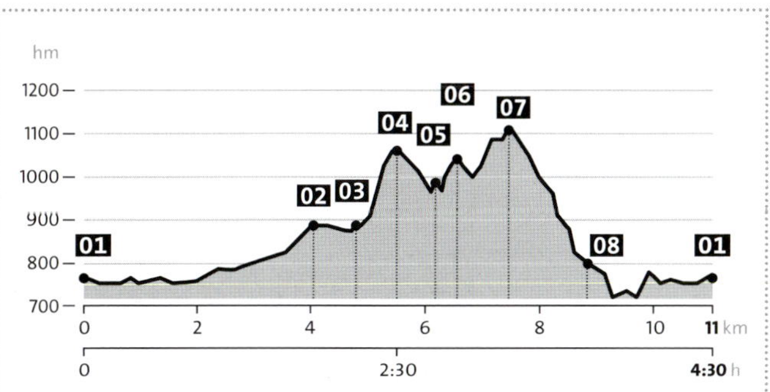


**01** Cúber-Stausee, 750 m; **02** Coll de l'Ofre, 875 m; **03** Coll d'en Poma, 887 m; **04** Puig de l'Ofre, 1093 m; **05** Coll des Cards, 963 m; **06** Na Franquesa, 1067 m; **07** Sa Rateta, 1113 m; **08** Coll des Bosc, 799 m

▶ Wie bei Tour 37 vom **Cúber-Stausee** 01 über den **Puig de l'Ofre** 04 zum **Coll des Cards** 05. 2:15 h

Geradeaus weiter und rechts der Gratkante weglos über kleine Felsstufen bergan. Nach einem steilen Aufschwung gelangt man zu einer großen Mauer, die man an einer Unterbrechungsstelle übersteigt. Über einen Felsabsatz auf den Gipfel **Na Franquesa** 06 (1067 m).

**Abstieg** nach rechts über Felsplatten zu den obersten Steineichen und in die felsige Mulde im Südostabhang. Durch diese so weit hinunter, bis man links durch den Grashang unter den Wandabbrüchen (Pfadspuren) gehen kann. Unter einem großen Felsblock vorbei zur Mauer, die über den **Coll des Gats** zieht. Rechts daneben bis zu ihrem oberen Ende ansteigen, dann nahe dem Grat und durch den steinigen Hang auf das Plateau mit den drei Gipfelkuppen der **Rateta** 07. Links haltend über Felsplatten auf den höchsten Punkt (1113 m). 1:15 h

**Abstieg** rechts durch die Mulde zwischen Süd- und Ostgipfel. An ihrem vorderen Rand findet man die Reste eines „Schneehauses", von denen ein alter Weg in Serpentinen durch einen Felshang in eine weite Mulde hinunterführt. An ihrem linken Rand durch Gras in steiniges Gelände, in dem der Pfad wieder sichtbar wird. Oberhalb einer Felsflanke scharf nach rechts und durch die Roca mala abwärts. Kurze zerstörte Passagen und umgestürzte Bäume müssen umgangen werden (grüne Punkte). So erreicht man den Waldsattel des **Coll des Bosc** 08 (799 m).

Dort links in ein kleines Tal. Nach einer moosbewachsenen Quelle – vor einem Felsaufbau – nach links und etwas aufwärts (nicht im Graben weitergehen). Nach einen schwach ausgeprägten Sattel zu einem Köhlerplatz und auf dem stellenweise wieder gepflasterten Weg unter überhängenden Felswänden hinunter zur Wasserleitung im **Torrent d'Almedrà**. Auf dem breiten Begleitweg links zum Bachbett hinab und jenseits steil zu einem **Tunnelportal** empor. Links daran vorbei, zur **Staumauer** und rechts auf der Asphaltstraße neben dem **Cúber-Stausee** zum **Ausgangspunkt** 01. 1:30 h

**Karte auf Seite 144**

Das „Schneehaus" unterhalb der Rateta gegen den Puig d'Alaró

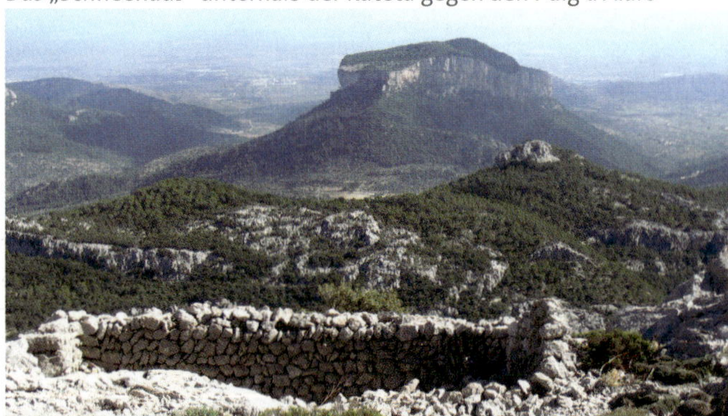

# RUND UM DIE TOSSALS VERDS |GR-221|

## Unterwegs auf alten und auf neuen „Wasserwegen“

 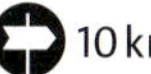 10 km 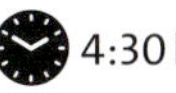 4:30 h  430 hm 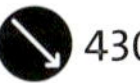 430 hm

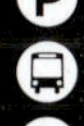 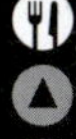 

START | Àrea Recreativa sa Font des Noguer an der Ma-10 nahe dem Cúber-Stausee (750 m). Zufahrt auf der Ma-10 zwischen Sóller und Lluc; bei Km 33,8 Parkplatz. Auch per Bus erreichbar (Linie 354). [GPS: UTM Zone 31S x: 482823 y: 4404149]
CHARAKTER | Der erste Teil dieser Rundtour ist anspruchsvoll, der zweite Teil viel einfacher. Breite Wege und schmale Pfade, die stellenweise durch steile, felsige Hänge führen. Eine abschüssige Passage ist mit einer Kette gesichert. Schatten nur an einigen Stellen. Einkehr: Refugi des Tossals Verds (Getränke und Pa amb oli, Essen und Nächtigung nach Voranmeldung, Tel. 971/173700)

Auf dieser Rundtour folgen Sie vielfältigen Spuren des Wassers. Im wilden Torrent d'Almedrà ist eine durch Tunnels geführte Wasserleitung zu sehen, die vom Cúber-Stausee zur Aufbereitungsanlage bei Lloseta führt und die Trinkwasserversorgung von Palma sichert. Beim Rückweg entdecken Sie die steinerne Bogenbrücke der Canaletta de Massanella, die 1748 von einem Schweinehirten konstruiert wurde; sie leitet das kühle Nass der Berge bis heute ins Dorf Mancor de la Vall. Zuletzt begleiten Sie die betonierte Leitung, durch die das Wasser des Stausees Gorg-Blau in den Cúber-Stausee gepumpt wird – nicht so romantisch, aber dafür mit schönen Panoramablicken zum gegenüber aufragenden Puig Major.

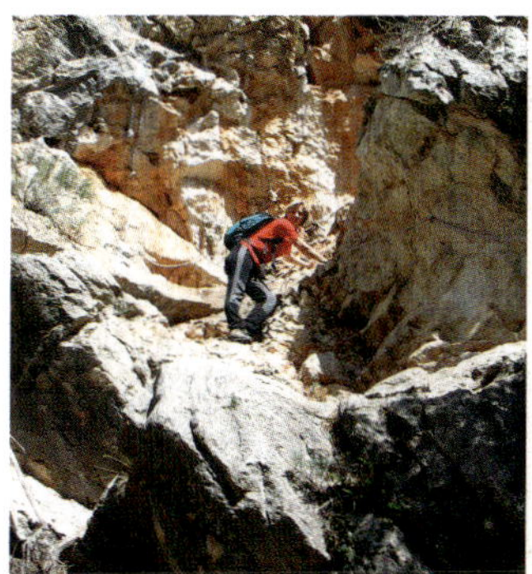

Die „Schlüsselstelle“ am Pas Llis

▶ Von der **Àrea Recreativa sa Font des Noguer** **01** folgen Sie der Beschilderung des Weitwanderweges GR-221 rechts Richtung „Biniaraix, Sóller“ über einen Leiterüberstieg und gehen oberhalb der Straße zu einer verfallenen Mauer. Davor biegen Sie beim Wegweiser „Pas Llis“ links ab und folgen dem steilen Pfad zu einem Felskopf hinauf. Links in den **Coll de sa Coma des Ases** **02** (903 m), den Sattel zwischen dem Morro de Cúber und dem Puig de sa Font. Dahinter lässt eine große Mauer einen Durchschlupf offen, von dort geht's in weiten Kehren in eine grasige Mulde hinab. Über ein Bachbett (neben dem ein Flugzeugwrack liegt) und flach

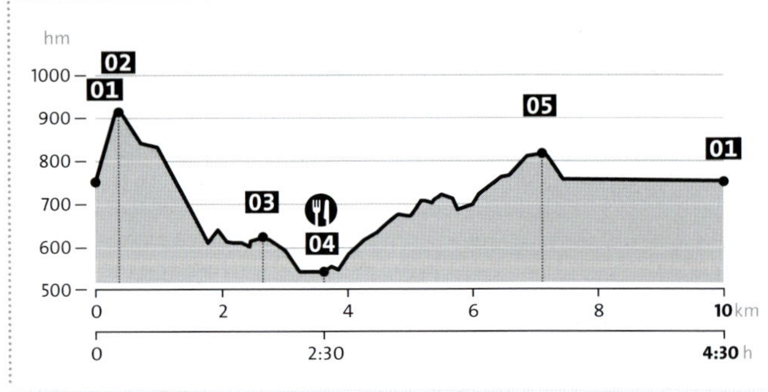


**01** Àrea Recreativa sa Font des Noguer, 750 m;
**02** Coll de sa Coma des Ases, 903 m; **03** Pas Llis;
**04** Refugi des Tossals Verds, 540 m; **05** Coll des Coloms, 808 m

zu einer felsigen Anhöhe. Wieder abwärts und nach einer weiteren Anhöhe (Mauerreste) zu einer Schutthalde absteigen. Nach ihrer Querung in Kehren bergab, wieder durch Geröll und zu einer großen Kiefer über dem Torrent d'Almedrà hinunter. Nun muss der **Pas Llis** **03** überwunden werden: Hoch über der Schlucht führt der teils renovierte Pfad über eine Kante und am Fuße hoher Wände zu einer 3 m hohen Felsstufe, über die man absteigt. Nach der nächsten Kante erleichtert eine Kette den Aufstieg über eine steile Felsrampe unter überhängenden Wänden. In der Folge wandern Sie an

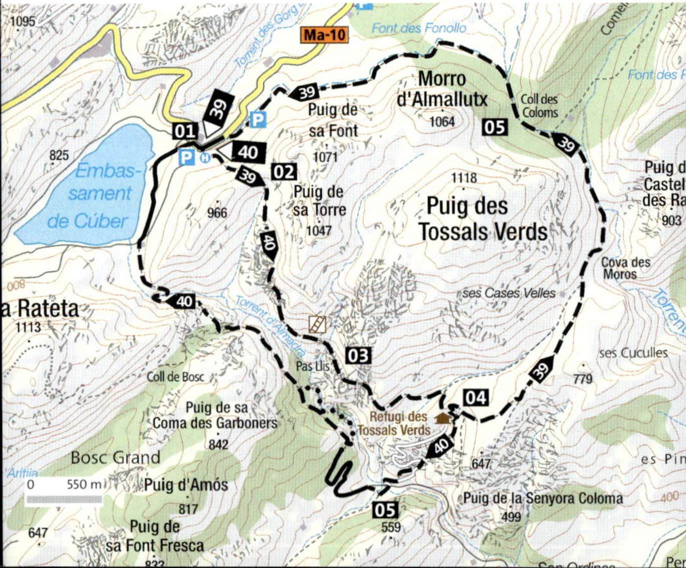

Karrenfelsen vorbei, im Auf und Ab unter einem großen Felsturm vorbei und in einen Graben hinab. In der nächsten Rinne zweigt links ein mit „Tossals" beschrifteter Pfad ab – gehen Sie jedoch geradeaus weiter. Hinter einer Art natürlichem Felszaun über eine Anhöhe, wieder abwärts und durch einen Mauerdurchlass in einen Graben, aus dem man zu einer Quellfassung ansteigt. Dahinter links zur Felswand, unter der man einen quer verlaufenden Weg erreicht. Auf diesem gelangt man links zu den **Cases Velles**. Schöner ist es jedoch, rechts neben dem Holzgeländer zum nahen **Refugi des Tossals Verds** **04** (540 m) zu gehen. 2:30 h

**Rückweg:** Von der Hütte wandern Sie, der Beschilderung „Font des Noguer" folgend, auf einem stellenweise gepflasterten Serpentinenweg an einer grasgedeckten Hütte vorbei und auf eine Anhöhe. Quer durch den Hang über einem Tal zu einer Abzweigung, geradeaus an zwei Abzweigungen vorbei und in den breiten Wiesensattel zwischen den **Cases Velles** (von dort mündet die direkte Wegvariante ein) und dem Brunnen **Pou de sa Bassola**. Geradeaus Richtung „Font des Noguer" und durch den Steineichenwald abwärts. Nach einem Mauerdurchlass hoch über der breiten Felsschlucht des **Torrent des Prat** wieder aufwärts und durch ein Gatter – rechts wird die steinerne Bogenbrücke der **Canaleta de Massanella** sichtbar. Rechts geht's über den Bach, kurz daneben taleinwärts und dann links über eine kleine Holzbrücke. Weiter zur Abzweigung nahe der Quelle Font des Prat. Von dort wandern Sie links Richtung „Font des Noguer" auf den **Coll des Coloms** **05** (820 m).

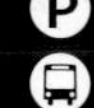

Vom Sattel führt der Weg durch den Steineichenwald bergab und an einigen Köhlerplätzen vorbei. So erreicht man den Steg über die Betonrinne des **Canal des Embassaments**. Dort nach links und auf dem ebenen Weg neben der Wasserleitung – hoch über dem Gorg-Blau-Stausee – zum 2,5 km entfernten **Startpunkt** **01**. 2:00 h

## Puig des Tossals Verds & Morro d'Almallutx

Knapp unter dem Coll des Coloms zweigt ein beschilderter Waldpfad ab. Er zieht in Kehren aufwärts und am spitzen Felsturm Pa de Figa vorbei. 5 Min. danach erreicht man einen Sattel (hinter einer Mauer Reste eines „Schneehauses"). Links führen sanft ansteigende Pfadspuren durch den mit Dissgras bewachsenen Hang, der über einem Tal ansteigt. Nach etwa 20 Min., bei einen markanten Felsen, nach links und über die Westseite auf den linken der beiden Kuppen des Puig des Tossals Verds (1118 m).

Nicht viel schwieriger, aber mühsamer ist der Aufstieg vom Sattel auf den Ostgipfel des Morro d'Almallutx (1058 m): Man steigt weglos über den felsigen Südhang empor und genießt oben einen tollen (Tief-)Blick nach Norden. Abstieg auf der gleichen Route. Jeweils 1:45 h hin und retour, beide Gipfel insgesamt 2:30 h

40

# ABENTEUER „KANALTUNNELWEG“

## Spektakuläre Pfade rund um den Torrent d‘Almedrá

  9,3 km  4:45 h  520 hm  520 hm

START | Àrea Recreativa sa Font des Noguer (750 m); Zufahrt siehe Tour 39 [GPS: UTM Zone 31S x: 482823 y: 4404149]
CHARAKTER | Anspruchsvolle Rundtour großteils auf schmalen Pfaden, die durch steile, felsige Hänge führen; eine Stelle ist mit einer Kette gesichert. Der Rückweg führt durch fünf bis zu 200 m lange Tunnels, in denen man eine Taschenlampe braucht. Schatten nur an einigen Stellen. Einkehr: Refugi des Tossals Verds (Getränke und Pa amb oli, Essen und Nächtigung nach Voranmeldung, Tel. 971/173700)

Vor der Etablierung der Route über den Pas Llis mussten alle „Tossals-Wanderer“ die Westseite des 3 km langen Torrent d‘Almadrà durchqueren – neben der Rohrleitung, in der das (Trink-)Wasser vom Cúber-Stausee Richtung Palma fließt. Durch die fünf Tunnels, die man dafür aus dem Fels sprengte, führt auch der spektakuläre Begleitweg. Grund genug also, die Schlucht, die zu den wildesten der Insel zählt, zu umrunden.

▶ Der erste Routenabschnitt bis zum **Refugi des Tossals Verds** 04 ist mit Tour 39 identisch. 2:30 h

Vom Vorplatz der Wanderherberge wandern Sie auf der Zufahrtsstraße bergab und zweigen nach knapp 100 m links auf den be-

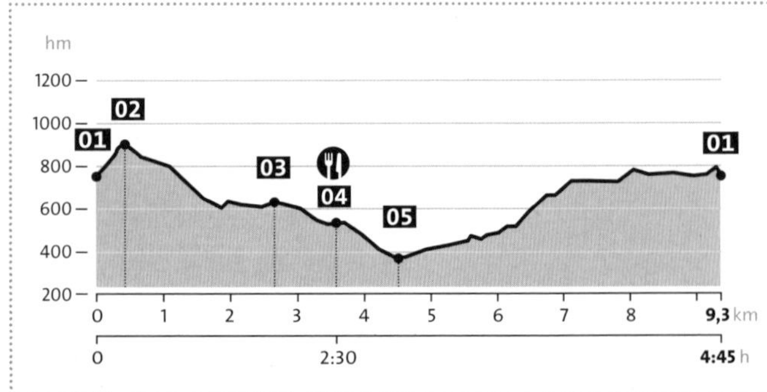


01 Àrea Recreativa sa Font des Noguer, 750 m;
02 Coll de sa Coma des Ases, 903 m; 03 Pas Llis;
04 Refugi des Tossals Verds, 540 m; 05 Torrent d‘Almadrà, 380 m

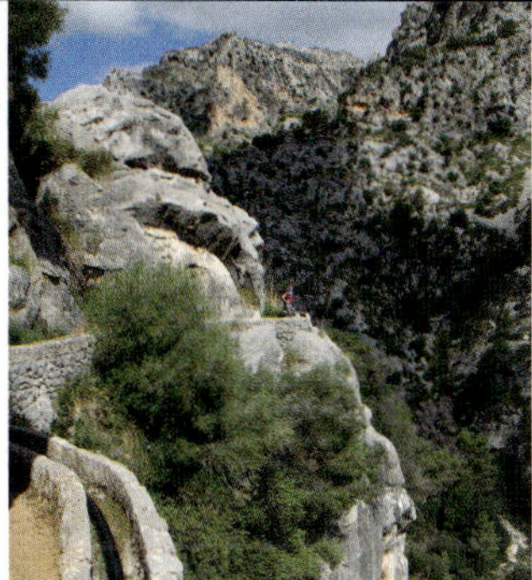
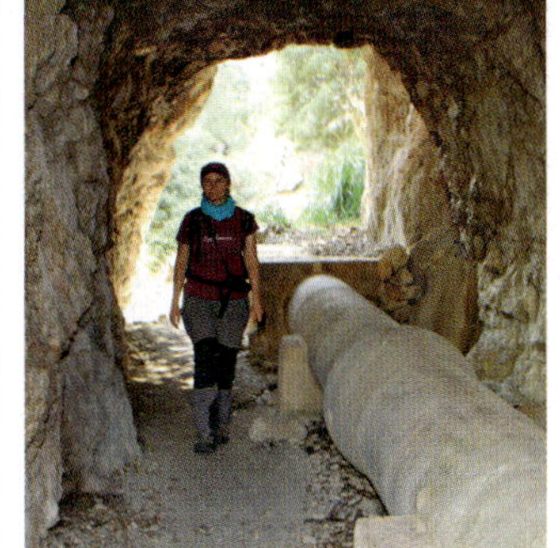
Hoch über der Schlucht: die alte Wasserleitung und die neuen Tunnels

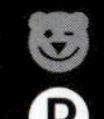

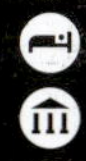

schilderten Abkürzungsweg ab. Er führt durch alte Olivenbestände hinunter, quert die Straße und endet nach 15 Min. Gehzeit im Tal des **Torrent d'Almadrà 05**. Dort auf der Straße links (talauswärts). Nach wenigen Schritten biegen Sie rechts auf den GR-221 Richtung Alaró ab (siehe Tour 29) und gehen über eine **Brücke** – daneben verläuft das **Rohr der Wasserleitung**, neben der Sie zum **Cúber-Stausee** zurückkehren werden. Nach einem Gatter (Durchgangstor) folgen Sie dem steinigen Fahrweg bergauf, bleiben bei der Abzweigung des Fernwanderweges GR-221 geradeaus und wandern von der folgenden Gabelung rechts in einen Graben. Dann in Serpentinen durch den Waldhang aufwärts, bis Sie die Rohrleitung wieder erreichen. Gleich hinter einem Wasserbehälter (Betonkubus) öffnet sich der erste **Tunnel**.

Sie können nun der Rohrleitung etwa 100 m durch den Berg folgen und auch die beiden nächsten Tunnels (ca. 50 m und 150 m) durchschreiten. Viel interessanter ist es jedoch, der unscheinbaren **Siquia de Solleric**, die Sie kurz zuvor überschritten haben, zu folgen: Die schmale, offene Wasserleitung, in der heute ein Schlauch bis zum Landgut Solleric verläuft, führt auf atemberaubender Trasse quer durch die senkrechten Felswände des **Torrent d'Almadrà**. Schwindelfreie können ihr auf einem ganz schmalen Pfad hart an der Wand in die Schlucht hinein folgen – der 100-m-Tiefblick in den zerklüfteten Talgrund ist wirklich einzigartig. Zwischendurch berührt die Wasserleitung die zwei kurzen Abschnitte des Tunnelweges zwischen den Röhren – dort könnte man jeweils „umsteigen".

Nach dem dritten Tunnel zieht die Rohrleitung steil zu einem weiteren Wasserbehälter hinauf. Dann folgt der vierte, 200 m lange und anfangs recht niedrige Felsdurchgang (gestufter Boden). Der Ausgang befindet sich im engsten Teil der Schlucht, gegenüber dem **Pas Llis**. Kurz danach geht's durch den letzten, ebenfalls 200 m langen Tunnel. Dann führt der Weg auf eine **Anhöhe** und wieder in die **Schlucht** hinunter, vorbei an der Einmündung des Pfades von der Rateta. Wie bei Tour 38 beschrieben kommen Sie zum **Cúber-Stausee** und zum **Parkplatz an der Ma-10.** Vor dem Tor führt der GR-221 rechts zum **Startpunkt 01**. 2:15 h

**Karte auf Seite 150**

# CÙBER – COLL DES PRAT – LLUC |GR-221|

## Ein großartiger Übergang im Herzen der Tramuntana

  12,6 km  5:15 h 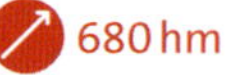 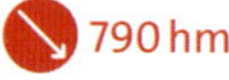

START | Àrea Recreativa sa Font des Noguer (750 m); Zufahrt siehe Tour 39. Rückfahrt von Lluc per Bus (Linie 354, nur April – Oktober Mo – Sa) oder mit dem Taxi (Tel. 608/631707, 639/287055) [GPS: UTM Zone 31S x: 482823 y: 4404149]
CHARAKTER | Eindrucksvolle Bergwanderung auf durchgehend beschilderten Wegen und Pfaden. Im ersten Abschnitt stellenweise, im zweiten Abschnitt nur wenig Schatten. Unterwegs keine Einkehrmöglichkeit; Bars/Restaurants in Lluc

Zwischen Cùber (bzw. dem Refugi des Tossals Verds) und der Wallfahrtskirche von Lluc verläuft eine der eindrucksvollsten Etappen des Fernweges GR-221. man wandert dort durch ein Hochtal, über zwei hoch gelegene Pässe unter schroffen Felsabstürzen und vorbei an mehreren „Schneehäusern".

▶ Von der **Àrea Recreativa sa Font des Noguer** 01 folgen Sie dem Wegweiser „Tossals Verds" zur Betonrinne des **Canal des Embassaments**. Auf ihrem ebenen Begleitweg geht's ca. 2,5 km quer durch die teils bewaldeten Hänge des Puig de sa Font und des Morro d'Almallutx. Dann rechts auf einem Betonsteg über die Rinne und auf einem breiten Waldweg (Zauntor, Mauerbresche) hinauf zum Sattel des **Coll des Coloms** 02 (808 m). Jenseits führt die Route zu einer **Abzweigung** hinab. Dort links nach der Beschilderung „Lluc" weiter. Kurz abwärts zur nächsten Gabelung, von der man links zum nahen Quellportal der **Font des Prat** kommt. Der GR-221 folgt dagegen dem rechten Pfad, der durch das 3 km lange, anfangs bewaldete Tal des **Comellar des Prat** ansteigt. Links erhebt sich die **Serra des Teixos**, rechts der **Puig des Bassetes**. Oberhalb davon baut sich schließlich die Nordwestabstürze des **Puig de Massanella** auf. An ihrem Fuß schlängelt sich der Pfad zur 1205 m hoch gelegenen Passhöhe des **Coll des Prat** 03 empor (lange Mauer, Wegweiser). 2:30 min

Dort links zu einer **Scharte** (Pfosten) und jenseits über kleine Felsstufen hinab. Dann geht's unter den Felswänden der **Serra des Teixos** an einer casa de neu (Schneespeichergrube) vorbei und rechts in Kehren zum Sattel des **Coll des Telègraf** 04 (Coll de ses cases de Neu, 1126 m) hinunter. Links dahinter befindet sich ein weiteres „Schneehaus". Von dort führt der GR-221 rechts (Wegweiser) ein Stück ins Tal des **Torrent de Coma Freda** hinab, vorbei an einer dritten Schneespeichergrube. 10 Min. nach dem Pass zweigt man bei einer Gabelung scharf nach links ab, überquert den Talgrund

und steigt auf einem stellenweise gepflasterten Pfad durch den Gras- und Felshang zum Rücken des **Puig d'en Galileu** 05 an. Über eine Senke nach links (der rechts abzweigende Pfad führt in 15 Min. auf den 1181 m hohen, aussichtsreichen **Ostgipfel**). Im sanften Auf und Ab durch die Gras- und Felshänge erreichen Sie die nächste Abzweigung (Wegweiser), von der Sie links in 2 Min. zur renovierten Casa de neu d'en Galileu („Schneehaus") gelangen.

Der GR-221 biegt dort scharf nach rechts ab und überquert ein Grasplateau. Von seinem vorderen Rand folgt er einem wieder aufgebauten Schneesammlerweg in Serpentinen durch die steile Fels- und Waldflanke hinunter (schöner Blick über das Waldgebiet um Lluc und zu den umliegenden Bergen). Nach 0:30 h Abstieg erreichen Sie bei einem alten Kalkofen den Beginn einer Schotterstraße, der Sie bergab folgen. Zwei links abzweigende Straßen bleiben unbeachtet. Nach etwa 800 m biegen Sie rechts auf

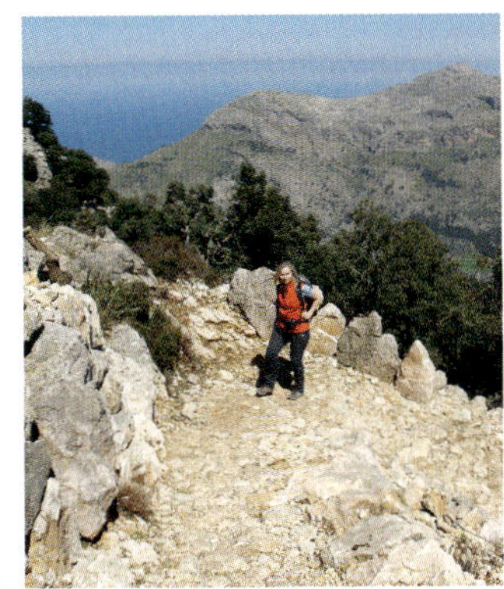

Schneesammlerweg, renoviert

einen Pfad ab (Pfosten), passieren einen Mauerdurchlass und gehen links zur **Hauptstraße Ma-10** nahe der **Urbanisation Son Macip** 06 (Infotafel). Jenseits wandern Sie, dem Wegweiser „Lluc, Son Amer" folgend, in Serpentinen durch Wald und zwischen Oliventerrassen (zwei Gatter) bergab, folgen bei den Abzweigungen stets den Richtungspfosten und erreichen den Parkplatz in **Lluc** 07 (490 m). 2:45 h

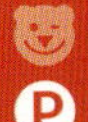

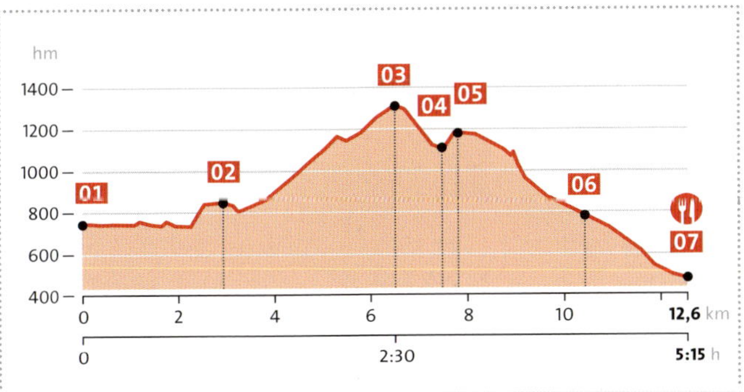


01 Àrea Recreativa sa Font des Noguer, 750 m; 02 Coll des Coloms, 808 m; 03 Coll des Prat, 1365 m; 04 Coll des Telègraf, 1126 m; 05 Puig d'en Galileu, 1181 m; 06 Ma-10; 07 Lluc, 490 m

41

## Abstecher auf die Serra des Teixos

Vor der Mauer am Coll des Prat kann man links weglos durch den steinigen Hang auf den Felsgrat der Serra des Teixos (1259 m) hinaufsteigen. Interessanter Blick nach Norden und zum gegenüber aufragenden Puig de Massanella. 0:45 h hin und retour

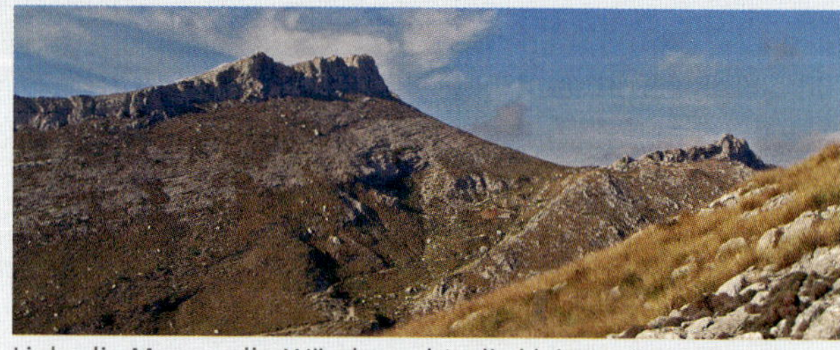

Links die Massanella-Wände, rechts die kleinere Serra des Teixos

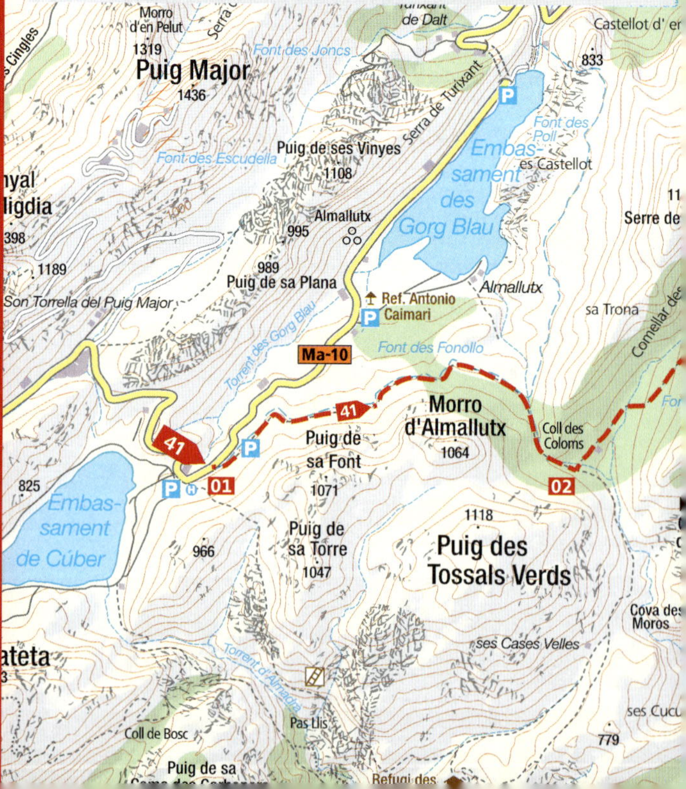

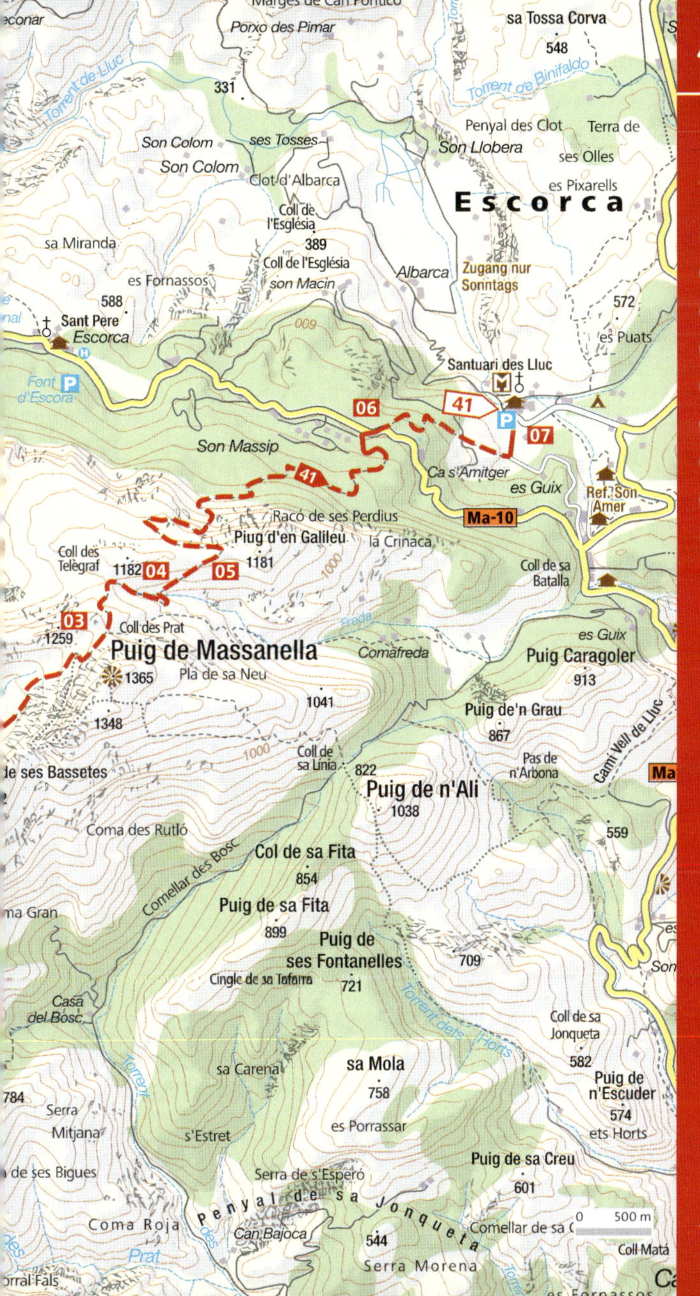

Marges de Can Pontico
Porxo des Pimar
sa Tossa Corva
548
Torrent de Lluc
331
Torrent de Binifaldo
Penyal des Clot
Terra de ses Olles
Son Colom
ses Tosses
Son Llobera
Son Colom
Clot d'Albarca
es Pixarells
Escorca
Coll de l'Església
sa Miranda
389
Coll de l'Església
son Macin
Albarca
Zugang nur Sonntags
es Fornassos
588
572
Sant Pere
Escorca
es Puats
Font d'Escorca
Santuari des Lluc
41
06
07
Son Massip
41
Ca s'Amitger
es Guix
Ref. Son Amer
Ma-10
Racó de ses Perdius
Piug d'en Galileu
la Crinaca
Coll des Telègraf
1182
04
05
1181
1000
Coll de sa Batalla
03
Coll des Prat
1259
Puig de Massanella
Comafreda
es Guix
Puig Caragoler
1365
Pla de sa Neu
913
1041
Puig de'n Grau
1348
867
Cami Vell de Lluc
Coll de sa Línia
822
Pas de n'Arbona
de ses Bassetes
1000
Puig de n'Ali
1038
Coma des Rutló
559
Col de sa Fita
Comellar des Bosc
854
Puig de sa Fita
ma Gran
899
Puig de ses Fontanelles
709
Cingle de sa Tafarra
721
Casa del Bosc
Torrent dels Horts
Coll de sa Jonqueta
582
sa Mola
sa Carena
Torrent
758
Puig de n'Escuder
784
574
Serra Mitjana
es Porrassar
ets Horts
s'Estret
Puig de sa Creu
de ses Bigues
Serra de s'Esperó
601
Penyal des
Jonqueta
0
500 m
Coma Roja
Can Bajoca
544
Comellar de sa
Prat
Coll Matá
Serra Morena
orral Fals
es Fornassos

42

# DIE SCHLUCHT DES TORRENT DE PAREIS

## Bergab-Klettertour durch Europas zweitgrößte Klamm

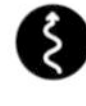  6,7km  5:15 h  300 hm  940 hm

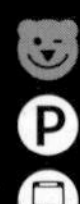
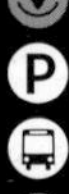
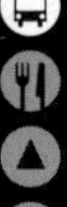
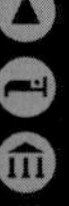
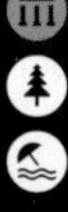

START | Restaurant Escorca im Bergland zwischen Sóller und Lluc. Zufahrt auf der Ma-10; Parkmöglichkeit bei Km 25,2 gegenüber des Restaurants, kleine Parkbuchten neben der Straße (meist von Ausflüglern belegt). Haltestelle der Buslinien 354, 355. Rückfahrt per Bus (Linie 355, letzte Abfahrt 15:00, nur April – Oktober Mo – Sa) oder mit einem Taxi (Tel. 608/631707, 639/287055) [GPS: UTM Zone 31S x: 486971 y: 4408459]

CHARAKTER | Diese Schluchtdurchquerung zählt trotz ihrer Popularität zu den gefährlichsten Touren der Insel. Nach dem Abstieg auf einem stellenweise verwachsenen Pfad erwarten Sie zahlreiche kurze Kletterpassagen, die an einigen Stellen durch künstlich ausgehauene Tritte entschärft wurden. Das glattgescheuerte Gestein bietet kaum Möglichkeiten zum Anhalten. Die Überwindung bis zu 2 m hoher Felsstufen und ausgewaschener, oft mit Wasser gefüllter Gesteinslöcher erfordern Trittsicherheit und Klettergewandtheit, aber auch gute Nerven und Mut zum Springen. Selbst die Schuttbänke sind mühsam zu begehen. Die Länge und die durchgehenden Anforderungen der Schlucht werden immer wieder unterschätzt; jedes Jahr gibt es schwere Unfälle.

Die Durchquerung des 3,3 km langen und bis zu 300 m tiefen Torrent de Pareis ist eine anspruchsvolle und vor allem lange Unternehmung. Zwischen dem Frühjahr und dem Herbst liegt das Naturdenkmal immer wieder trocken. Stehen die Felsbecken jedoch unter Wasser, dann muss man durchwaten oder schwimmen – wasserdichten Beutel mitnehmen! Starten Sie also nur nach längeren Trockenperioden und bei stabilem Schönwetter. Meist ist der Torrent etwa zehn Tage nach Regenfällen wieder begehbar. Auskunft über die aktuelle Situation erhalten Sie in der Sommersaison in den Infohütten am Startpunkt (täglich 7 – 13 Uhr) und in Port de sa Calobra (11 – 19 Uhr), Tel. 971/517100. Weitere Infos auf www.torrentpareis.info. Am sichersten ist es, ein oder zwei Tage vor der Tour nachmittags zur Mündung des Torrents zu spazieren und ankommende Schluchtbegeher zu fragen.

Planen Sie genug Zeit für die Tour ein – auch für die Wegsuche, denn an einigen Stellen finden Sie vielleicht nicht gleich den besten Durchstieg. Starten Sie möglichst früh, denn am Nachmittag kann es in der Schlucht sehr heiß werden. Nehmen Sie unbedingt genug zu Trinken mit. Gehen Sie niemals alleine los und bedenken Sie: kein Handyempfang im Torrent!

▶ Der „Einstieg" zum **Torrent de Pareis** befindet sich neben einer Infotafel am **Parkplatz 01**. Ein schmaler Pfad führt zu einem Zaun (Tor) hinab und weiter zu einer Mauer mit Zaun, neben der Sie rechts an Feldern entlanggehen. Unter Steineichen links zu einem Mauerdurchlass (grüner Pfeil). Dahinter durch freies, felsiges Gelände zu einem Steinmännchen. Dort scharf nach links (geradeaus erreicht man nach 20 Schritten eine **natürliche Felsbrücke 02**; toller Blick in den Torrent). Auf einem stellenweise gepflasterten Weg geht's nun neben einem Felsgraben bergab, über eine Anhöhe und und in Kehren durch Grashänge in den **Torrent de Lluc** (stellenweise bestehen Abkürzungspfade, etwas unübersichtlich). Unter einer überhängenden Felswand erreichen Sie das Bachbett**, dem Sie nach links folgen.** Zwischen den großen Felsblöcken müsen Sie den besten Durchgang suchen (links oben besteht auch ein Pfad). Nach 500 m stehen Sie unter den hohen Felswänden der Talgabelung **S'Entreforc 03** (250 m) – hier mündet von links der **Torrent des Gorg Blau** ein. 1:15 h

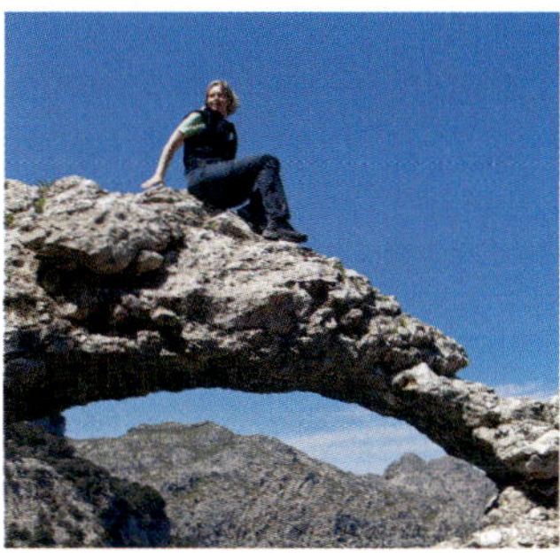

Zum Auftakt eine Felsbrücke

Dort lohnt sich der Abstecher in die Seitenschlucht **Sa Fosca 04** („die Dunkelheit"): Nach links, über Schutt und einige glatte Felsstufen zum Bachbett ansteigen und in die ganz enge Klamm empor. Dort legen hohe Felsstufen und rutschiges, von feinem Moos überzogenes Gestein die Umkehr nahe. Die Seitenwände treten hier so nah zusammen, dass kaum ein Sonnenstrahl eindringt, dazwischen blieben herabgestürzte Felsbrocken „auf halber Höhe" stecken. 0:30 h hin und retour

Nun geht's links in den **Torrent de Pareis**, wo man bald die ers-

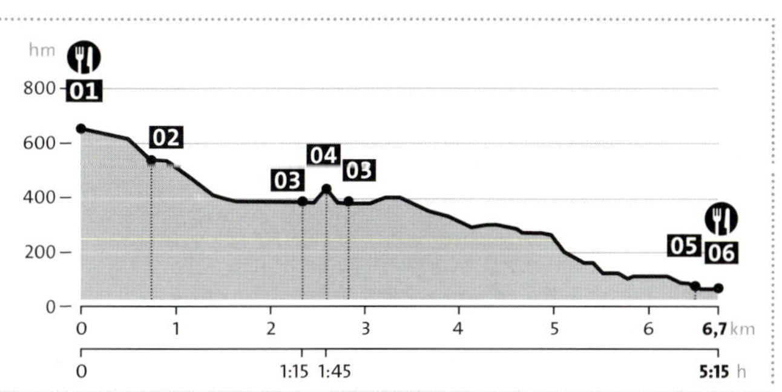


**01** Parkplatz, 640 m; **02** natürliche Felsbrücke; **03** S'Entreforc, 250 m; **04** Sa Fosca; **05** Mündung des Torrent de Pareis; **06** Port de sa Calobra

te unpassierbare Stelle erreicht (Umgehung rechts etwas höher, Steinmännchen und Farbpunkte). In der Folge behindern große Gesteinstrümmer das Durchkommen; bald weicht man neuerlich rechts aus. Es folgt ein schmaler Durchschlupf auf der linken Seite, zwischen der Wand und einem Felsblock. Nach weiteren Kletterstellen folgt ein kurzer einfacherer Abschnitt, bis links ein Pfad durch Gebüsch emporzieht. Auf diesem umgeht man die nächste Steilstufe (rechts oben klafft die Felsöffnung der **Cova des Soldat Pelut**). Nach den folgenden Kletterstellen wird die Schlucht wieder enger. Ein riesiger Felsblock lässt nur rechts vor der Wand einen Durchschlupf frei – Gewandtheit ist gefragt! Gleich danach, an der **engsten Stelle des Torrent de Pareis**, muss links ein Einschnitt über einem Wasserloch überklettert werden – dort heißt es: Grassos estrenyeu-vos („Dicke, macht euch dünn"). Nach dem **Pas de s'Estaló**, – einem schmalen Felsspalt mit einem runden, glatt polierten Stein – ist der Talgrund zwar immer noch voller Steinbrocken, aber doch einfacher zu begehen. Sie passieren die umwucherte Tropfquelle **Font des Degotis** und einen auffälligen Felszacken. Man muss noch unter Steinblöcken und Gebüsch durch und einen riesigen Felsblock neben einem meist gefüllten Wasserbecken umgehen, dann gelangt man auf Schotterbänken – vorbei an weiteren Tümpeln – zur **Mündung des Torrent de Pareis 05**. Zwischen Felswänden ist dort ein kleiner Kiesstrand eingezwängt. Davor führt links ein Weg zu zwei Tunnels. Auf der **Uferpromenade** geht's zum nahen **Port de sa Calobra 06** (Restaurants, Schiffsanlegestelle, Parkplatz und Bushaltestelle) 3:00 h

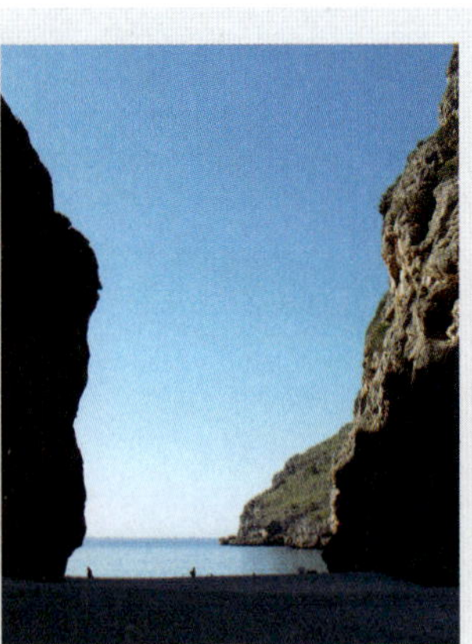

## Schluchterlebnis light

Den meisten Gefahren (und allen Problemen mit der Rückfahrt) entgeht man, wenn man nur bis zur Entreforc hinuntersteigt und nach dem Kraxel-Abstecher in die Fosca wieder zum Startpunkt zurückkehrt. Prägen Sie sich beim Abstieg jedoch alle unübersichtlichen Passagen ein, vor allem jene Stelle, an der Sie den Torrent de Lluc wieder verlassen müssen. Abstieg 1:30 h, Wiederaufstieg (oft heiß!) 1;45 h

Oder Sie wandern von Port de sa Calobra zur Schluchtmündung und dringen soweit in den Torrent vor, wie es die Wasserbecken und der eigene Mut zulassen. Wenn Sie vor der ersten Engstelle umkehren, brauchen Sie hin und retour 1:30 – 2:00 h.

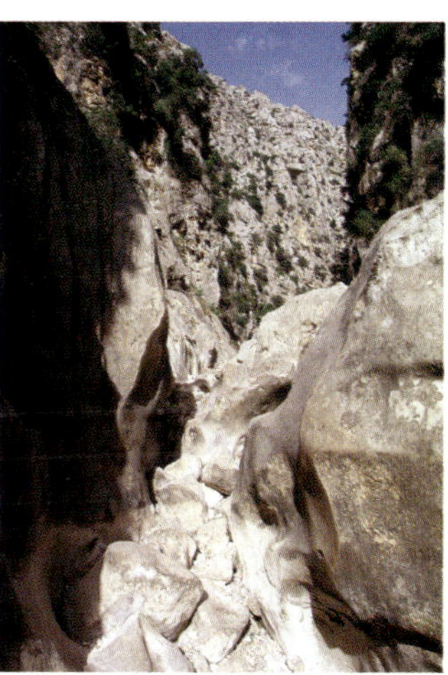

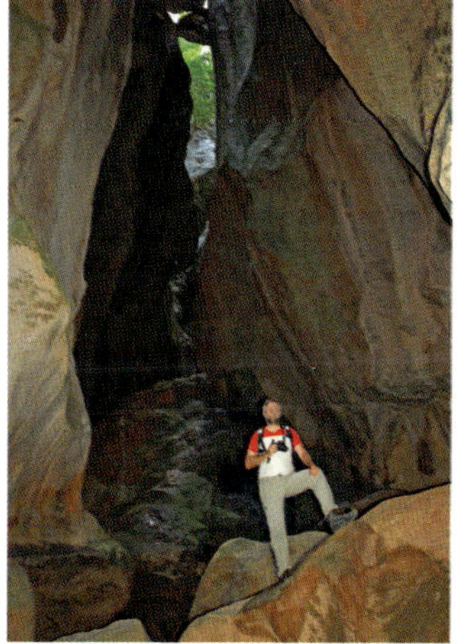

Monumentale Landschaft: der Torrent de Pareis und Sa Fosca

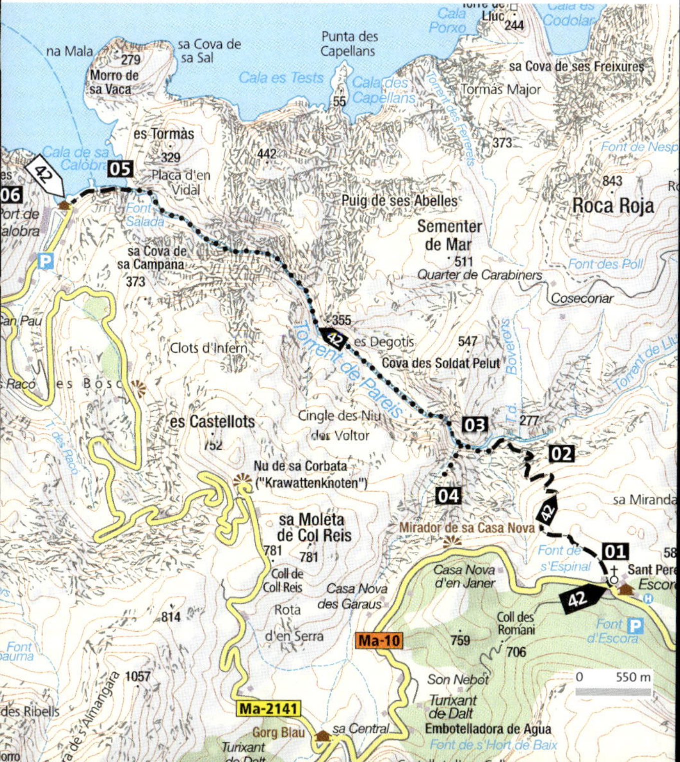

# RUND UM DAS SANTUARI DE LLUC

## Mystische Wälder, seltsame Felsfiguren

  11,4 km  4:00 h 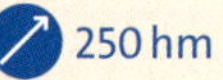 

START | Santuari de Lluc (477 m). Zufahrt auf der Ma-10 von Sóller oder Pollença bzw. von Inca auf der Ma-2130; großer Gebührenparkplatz, Haltestelle der Buslinien 330, 332 (von Palma bzw. Inca), 354, 355 (von Can Picafort bzw. Port de Sóller, nur April – Oktober Mo – Sa) [GPS: UTM Zone 31S x: 490115 y: 4407846]
CHARAKTER | Einfache Wanderung auf Schotterstraßen, breiten Wegen und Waldpfaden; stellenweise Beschilderung, sonst Farbpunkte und Steinmännchen. Viel Schatten. Unterwegs keine Einkehrmöglichkeit; Bars/Restaurants in Lluc (Nächtigung Tel. 971/871525, www.lluc.net); Refugi de Son Amer (Nächtigung und Essen nach Voranmeldung, Tel. 971/173700, 971/173731)

Die Steineichenwälder rund um Lluc sind ein Schmuckstück der Serra de Tramuntana. Vielleicht deutet selbst der Name der wichtigsten Wallfahrtskirche Mallorcas auf die immergrüne Wildnis hin – das lateinische Wort lucus bedeutet soviel wie „heiliger Hain“. Die Gründungslegende des Heiligtums erzählt dagegen von einem arabischen Hirtenjungen, der zum Christentum übertrat und den Namen Lukas (mallorquinisch Lluc) annahm. Mystische Plätze und Überraschungen birgt das Gebiet zwischen dem Puig de Massanella und dem Torrent de Pareis jedenfalls bis heute: bizarre Felsfiguren,

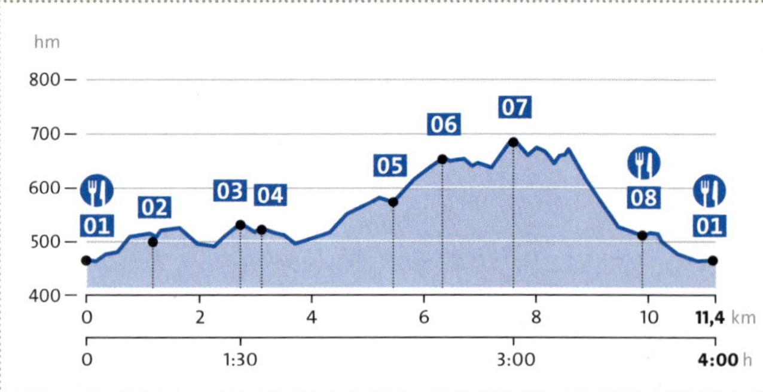


**01** Lluc, 477 m; **02** Es Camell; **03** Àrea Recreativa es Pixarells, 550 m; **04** Àrea Recreativa Menut I, 532 m; **05** Finca Binifaldó, 580 m; **06** Coll des Pedregaret, 650 m; **07** Coll Pelat, 686 m; **08** Refugi de Son Amer, 529 m

Picknick- und Aussichtsplätze, eine Einsiedelei, ein zur Herberge umgebautes Landgut und Mallorcas ersten Wanderweg für Blinde.

▶ Zum Auftakt empfiehlt sich der kurze Aufstieg zum Kreuz auf dem **Pujol dels Misteris**, dem „Gipfel der Geheimnisse“ über dem Gebäudekomplex (vom Haupteingang nach links). 0:30 h

Die Rundtour selbst beginnt beim **Tor neben dem Souvenir- und Buchladen** 01 im vorderen Innenhof des Heiligtums. Dahinter führt ein Asphaltweg am Jardí botànic de Lluc vorbei (Wegweiser „Es Camell, Puig Tomir, Pollença“) und neben einem Gerinne weiter, bis man links zum **Sportplatz** gelangt. An seiner Vorderseite geht's links zu einem breiten Schotterweg, der rechts neben einem Bach dahinführt. Nach wenigen Schritten gehen Sie links über eine **kleine Brücke** und auf einem Pfad zwischen Felsen in den Steineichenwald hinauf. Bald erreichen Sie die beschilderte Abzweigung zum „Camell“. Dieser Abstecher lohnt sich, denn nach wenigen Minuten stehen Sie vor der verwitterten Felsformation **Es Camell** 02, die tatsächlich an ein Dromedar erinnert (Aussichtsplatz).

Zurück zum Hauptweg, der rechts zur nächsten Gabelung zieht. Links abzweigen (Wegweiser „Es Pixarells“), kurz eben durch den Wald zu einem **Aussichtsplatz** und in Kehren in ein kleines Tal hinab. Auch dort säumen seltsame Felsgestalten den Weg. Bald wandern Sie in sanft ansteigenden Kehren zur **Àrea Recreativa es Pixarells** 03 (550 m). 1:00 h

Nach dem Tor des Picknickplatzes marschieren Sie links 500 m auf einem Waldpfad (oder neben der Ma-10) bis zur **Àrea Recreativa Menut I** 04 (532 m). Dieser Picknickplatz liegt bei Km 16,7 rechts der Straße. Man betritt ihn neben einem Gebäude (WC), geht über Stufen hinab und durch das Erholungsgelände, vorbei an einer Brücke der Ma-10. Bei einem Tor rechts auf eine Schotterstraße abbiegen und in die Mulde der **Coma de Binifaldó**. Von der nächsten Abzweigung links, an einer Quelle vorbei und zum unbewirtschafteten **Refugi de la Coma de Binifaldó**. Rechts auf einem stellenweise betonierten Fahrweg hinauf zu einer kleinen Hochfläche unter dem Puig Tomir (600 m). Dort schwenken Sie bei zwei Mauersäulen rechts auf den **Fernweg GR-221** ein (Holzpfosten mit Richtungspfeil). Sie folgen

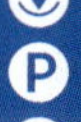

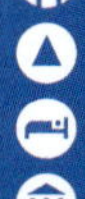
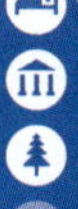

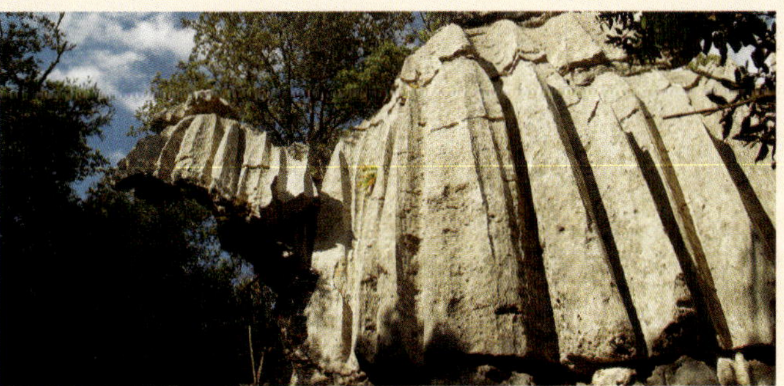

Es Camell, das Kamel aus bizarr verkarstetem Kalk

## Moleta de Binifaldó

Wer ein wenig „Pfadfinderei" nicht scheut, kann vom Coll Pelat aus einen Gipfelabstecher „anhängen". Dazu steigt man rechts auf den Waldrücken. Über einige felsige Abschnitte gelangt man auf den 837 m hohen Gipfel der Moleta de Binifaldó. Unter ihrem Sendemast genießt man einen schönen Blick über das Gebiet um Lluc, zu den Bergen der Umgebung und bis in die Ebene hinaus. Auf der gleichen Route kehrt man wieder zum Coll Pelat zurück.
1:00 h hin und retour

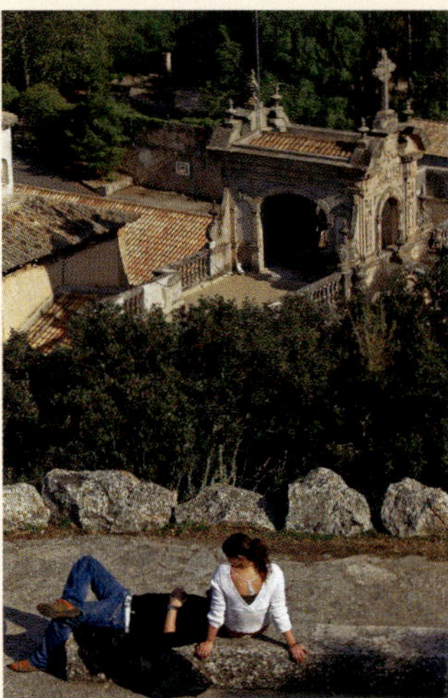
Rast oberhalb des Heiligtums

hier einem eigens entwickelten Wanderweg für Blinde, vorbei an einer riesigen Steineiche (Alzinar d'en Pere), bis zur 1 km entfernten **Finca Binifaldó** **05** (580 m, Naturschutz-Zentrum). Links auf der ansteigenden Asphaltstraße zur geschlossenen Wasserabfüllanlage am **Coll des Pedregaret** **06** (650 m). Vor dem Tor geradeaus zu einer Mauer (Überstieg). Dahinter rechts (Wegweiser „Son Amer, Lluc") auf dem Camí des Porxo durch den **Bosc Gran** (Mauerdurchlass) zu einer Forststraße. Rechts zum nahen **Coll des Bosc Gran** hinauf. Dort links weiter zur nahen Waldsenke des **Coll Pelat** **07** (686 m). 1:30 h

Von dort auf dem linken Fahrweg zur nächsten Abzweigung. Rechts auf dem beschilderten Pfad zum 50 m entfernten **Coll de sa Font** (Leiterüberstieg). Dahinter wandern Sie – mit Blick zum mächtigen Massiv des Puig de Massanella – durch ein Tal hinab (ein rechts abzweigender Weg führt zu zwei mit Gras gedeckten Köhlerhütten und einem **Aussichtspunkt** über einer Felswand (10 Min., Blick über das Hochtal von Lluc). Der GR-221 führt – vorbei an einem verfallenen Kalkofen, der **Font de s'Ermita** und der **Ermita de Son Amer**, einer renovierten Kapelle – zu Olivenkulturen hinunter. Dort erreicht man die Ma-10, er man rechts bis zu einem Straßenübergang folgt. Jenseits kurz neben der Fahrbahn weiter zum **Parkplatz**. Auf einem beschilderten Weg gelangt man auf den Hügel, auf dem das **Refugi de Son Amer** **08** (529 m) steht – kurzer Abstecher zu einem **Aussichtspunkt**.

Hinter dem Gebäude wandert man auf einem markierten Pfad durch den Waldhang hinunter und vorbei an einer alten **Mühle** zu einem Zaun (Leiterüberstieg). Dahinter wendet man sich auf der Straße nach links und schlendert nach **Lluc** **01** zurück. 1:00 h

## Santuari de Lluc – das Heiligtum der Berge

Im höchsten Bereich der Serra de Tramuntana, in der Gemeinde Escorca, liegt das bedeutendste Heiligtum Mallorcas. Seine Gründungslegende erzählt von einem maurischen Hirtenknaben, der zum Christentum übertrat und den Namen Lukas (mallorquinisch Lluc) annahm. Er soll hier eine Madonnenstatue entdeckt haben, für die eine Kapelle erbaut wurde. Der heutige Baukomplex mit Kirche, Wirtschaftsgebäuden, Restaurant, Pilgerherberge, Gymnasium und Internat geht auf das 17. und 18. Jahrhundert zurück. Unter dem Franco-Regime galt Lluc als Symbol mallorquinischer Eigenständigkeit. Hinter dem Hauptaltar ist die moreneta (die „kleine Braune") in einem Schrein zu sehen. Die hochverehrte Marienfigur aus dunklem Holz stammt aus dem 16. Jahrhundert.

Gottesdienst Mo – Sa 11.30 Uhr und 19.30 Uhr, So 11 Uhr; der Kinderchor Els Blauets singt Mo – Sa um 13.15 Uhr. Sehenswert: Museum, Ca s'Amitger (Infozentrum der Welterberegion Serra de Tramuntana, täglich 9 – 16 Uhr), botanischer Garten (www.lluc.net)

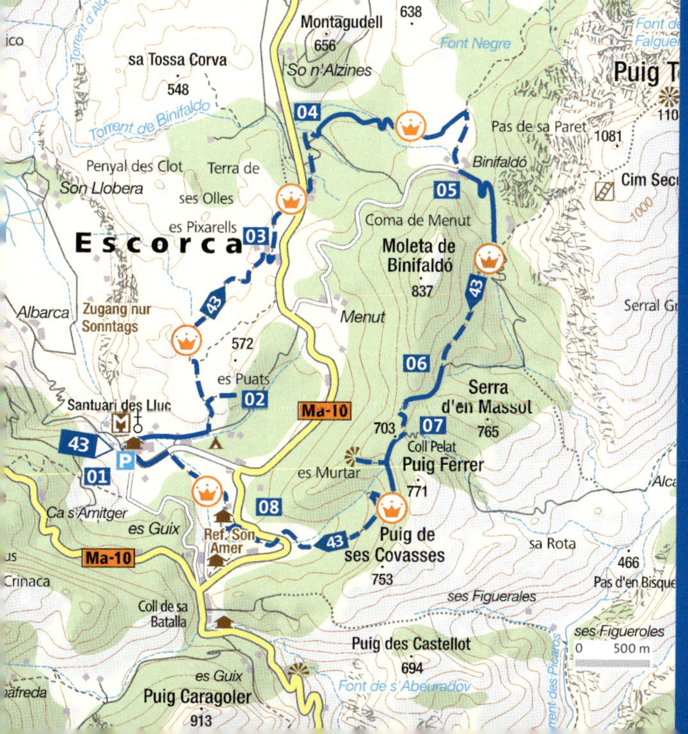

# VON LLUC NACH CAIMARI

## Auf dem Pilgerweg von den Bergen in die Ebene

  8 km 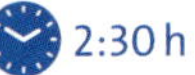  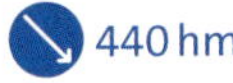


START | Santuari de Lluc (477 m). Zufahrt siehe Tour 43. Gebührenfreie Parkplätze nahe der Straßenkreuzung Ma-10/Ma-2130 vor dem Coll de sa Batalla. Rückfahrt von Caimari per Bus (Linie 330, letzte Abfahrt Mo – Sa 17.30 Uhr, So/Fei 17 Uhr) oder mit dem Taxi (Tel. 971/881020) [GPS: UTM Zone 31S x: 490115 y: 4407846]
CHARAKTER | Nach einem kurzen Anstieg folgt eine Bergab-Wanderung auf einem renovierten Pilgerweg. Immer wieder Schatten. Einkehr: Bars/Restaurants in Lluc, am Coll de sa Batalla und – sehr empfehlenswert – Ca na Toneta in Caimari (Tel. 971/515226)

Der stellenweise gepflasterte Weg von Caimari nach Lluc ist die bedeutendste der drei Pilgerrouten im Zentrum der Tramuntana – seit Jahrhunderten verbindet er die Hauptstadt mit dem Heiligtum. Bergab lässt sich die renovierte Trasse, die den Auftakt des geplanten Fernweges GR-222 bildet, besonders beschaulich begehen.

▶ Vom **Parkplatz in Lluc** 01 gehen Sie am **Picknickplatz** und am **Restaurant Font Cuberta** vorbei. Dann links (Wegweiser „Caimari per Camí vell de Lluc") auf der schmalen Asphaltstraße gut 1 km zur **Ma-10** hinauf (davor gebührenfreie Parkplätze). Nach rechts und über die Fahrbahn. Dann folgen Sie der Richtung Inca abzwei-

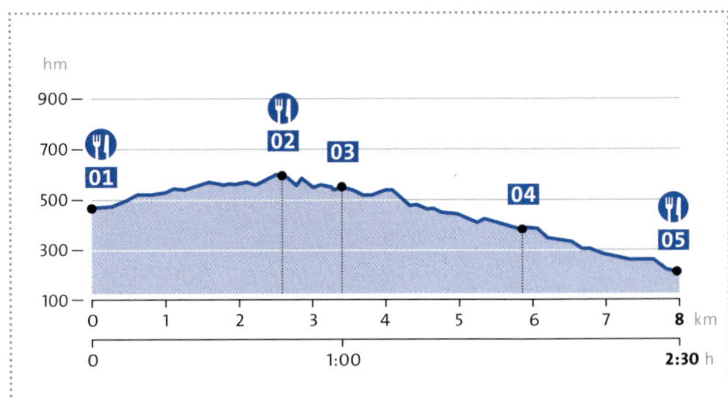


01 Lluc, 477 m; 02 Coll de sa Batalla, 618 m;
03 Bretxa Vella; 04 Àrea Recreativa sa Cometa Negra;
05 Caimari, 180 m

genden **Ma-2130** bis zum **Coll de sa Batalla** 02 (618 m). Neben der Straße noch 250 m weiter. Nach der Brücke rechts auf eine Schotterstraße abzweigen (Wegweiser „Caimari"), sanft bergan und am Brunnen **Font des Guix** vorbei. Von der nahen Weg-Dreiteilung geht's auf dem mittleren Weg geradeaus zum verlassenen **Haus Es Guix**. Kurz etwas abwärts und dann zwischen Steinblöcken am Fuß der Felswand zum Einschnitt der **Bretxa Vella** 03 hinauf (Zauntor, überraschender Blick bis ins Flachland). Dahinter ca. 700 m auf dem Pflasterweg bergab, bis Sie bei einem Markierungspfosten rechts auf einen Schotterfahrweg abzweigen. Dieser zieht zu einem nahen **Sattel** (533 m) empor und jenseits in Kehren (stellenweise betoniert) ins Tal des **Torrent de Cometa Negra** hinab. Dort zweigen Sie links ab und wandern auf dem Fahrweg zur **Ma-2130**.

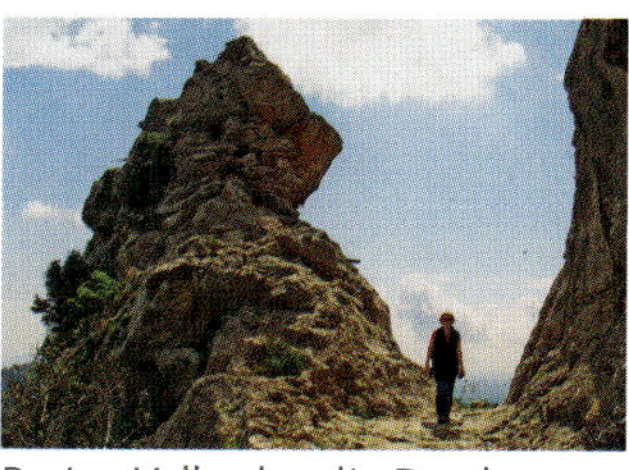

Bretxa Vella, der alte Durchgang

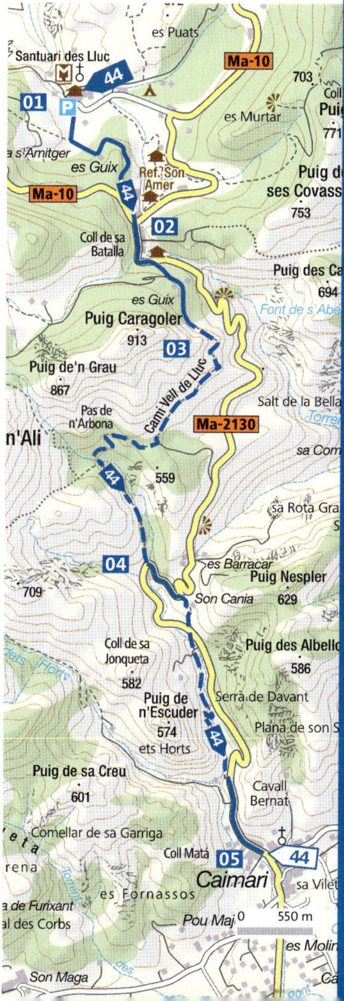

Unter der Straßenbrücke durch zum Picknickplatz **Àrea Recreativa sa Cometa Negra** 04. Von dort folgen Sie links dem beschilderten Weg unterhalb der Fahrbahn bergauf. Direkt vor den Häusern von **Son Canta** biegen Sie rechts ab und wandern auf dem gepflasterten Weg rechts hinunter (Wegweiser „Sa Costa Llarga"). Nach der Überquerung der Straße und eines Schotterweges (Wegweiser „Caimari") führt der Pilgerweg links neben dem **Torrent de Cometa Negra** talwärts. Auf der anderen Talseite sieht man die wunderschönen Terrassenmauern der (denkmalgeschützten) **Rotes de Caimari** im Steilhang. Schließlich gelangen Sie bei einem Parkplatz wieder zur Straße, auf der Sie noch 1 km ins Dorf **Caimari** 05 (180 m) hinuntermarschieren. 2:30 h

# AUF DEN PUIG DE N'ALÍ • 1038 m

## Der einsame Felsnachbar der Massanella

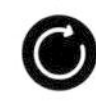 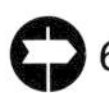 6 km 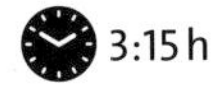 3:15 h  600 hm 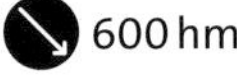 600 hm

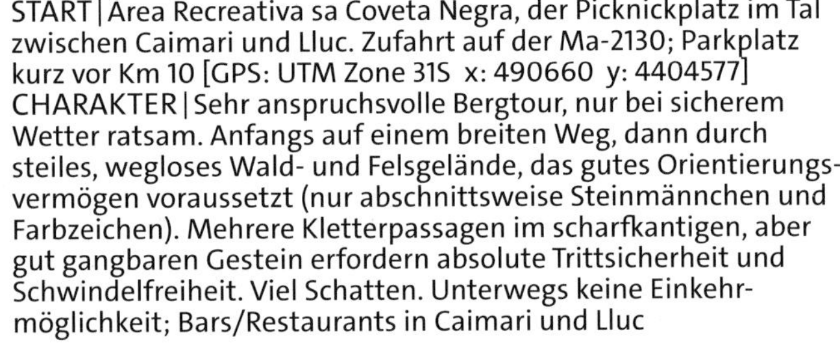
START | Àrea Recreativa sa Coveta Negra, der Picknickplatz im Tal zwischen Caimari und Lluc. Zufahrt auf der Ma-2130; Parkplatz kurz vor Km 10 [GPS: UTM Zone 31S x: 490660 y: 4404577]
CHARAKTER | Sehr anspruchsvolle Bergtour, nur bei sicherem Wetter ratsam. Anfangs auf einem breiten Weg, dann durch steiles, wegloses Wald- und Felsgelände, das gutes Orientierungsvermögen voraussetzt (nur abschnittsweise Steinmännchen und Farbzeichen). Mehrere Kletterpassagen im scharfkantigen, aber gut gangbaren Gestein erfordern absolute Trittsicherheit und Schwindelfreiheit. Viel Schatten. Unterwegs keine Einkehrmöglichkeit; Bars/Restaurants in Caimari und Lluc

Der „Flügelberg" gehört nicht zu den bekanntesten „Tausendern" der Serra de Tramuntana – der nördlich benachbarte Riesenrücken des Puig de Massanella stiehlt dem schroffen, aber kleinerem Felsdreikant die Show. Das bietet auch Vorteile, denn viele Gleichgesinnte trifft man hier selten. Viel schwieriger als der nahe Wandermagnet ist der Puig de n'Alí eigentlich nicht zu ersteigen – die Routen auf seinen Gipfel muss man allerdings erst einmal finden. Während des Aufstiegs weitet sich die Aussicht ins Flachland von Meter zu Meter. Schließlich landen Sie auf einem bizarr zerklüfteten Gipfel, der zwar nicht viel Platz fürs Picknick, dafür aber wahrlich exklusive Aus- und Einblicke in ein kaum bekanntes Stück Mal-

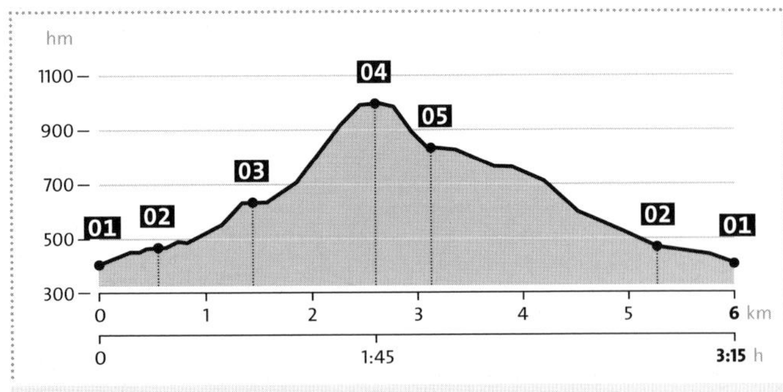


01 Picknickplatz; 02 Köhlerplatz; 03 flacher Rücken, 630 m; 04 Puig de n'Alí, 1038 m; 05 Coll de sa Línia, 824 m

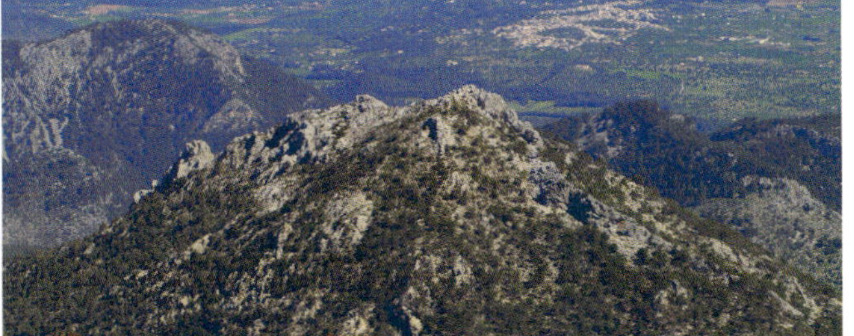

Der Puig de n'Alí über der Inselebene, gesehen von der Massanella

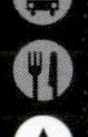

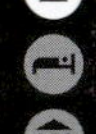

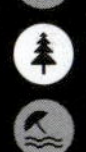

lorca bietet. Besonders schön ist die Sicht zum benachbarten Puig Caragoler und dem Puig Tomir dahinter, zur Bucht von Pollença und über die weite Inselebene.

▶ Zunächst gehen Sie in den oberen Bereich des **Picknickplatzes** **01**, dort nach links und unter einer **Straßenbrücke** durch. Jenseits erreicht man einen Karrenweg, der ins Waldtal des **Torrent de Coveta Negra** hinaufzieht. Dabei handelt es sich um ein Teilstück des Camí Vell de Lluc, des Pilgerweges nach Lluc (Fernweg GR-222), dem man bis zu einer Abzweigung folgt. Dort geradeaus auf der nun unbeschilderten und sehr steinigen Trasse weiter taleinwärts. Rechts über dem Graben erhebt sich **Puig des Grau**, links wird der **Puig de n'Alí** sichtbar. Nach vier Kehren endet der Karrenweg bei einem **Köhlerplatz** **02**. Dort teilt sich das Tal. Durch den rechten Graben verläuft der Rückweg; Sie gehen nun jedoch in den linken Graben. Weglos zu einem weiteren Meilerplatz (Steinmännchen beachten!), dann folgen Sie dem Bachbett und steigen über schräge Felsplatten zu einem großen **Felsturm** im Wald an. Dieser wird rechts steil umgangen. Schließlich gelangen Sie durch eine kleine Rinne und durch freies Gelände auf einen **flachen Rücken** **03** südwestlich unter dem Puig de n'Alí (630 m).

Dahinter öffnet sich eine weite, schütter bewaldete Mulde, der **Comellar de s'Homo**. Gehen Sie nun – ungefähr auf gleicher Höhe bleibend – etwa 200 m weglos und über schräge Gesteinsplatten bis zum Fuß der steileren Felsen. Dort finden Sie eine mit Steinmännchen und blauen Farbzeichen markierte Route, die rechts über eine Steinrampe führt und sich dann durch den steilen, zerklüfteten **Südosthang des Puig de n'Alí** hinaufwindet. Stellenweise muss man die Hände zu Hilfe nehmen; da und dort sind glatte Felsplatten „auf Reibung" zu begehen – und stets muss man nach dem nächsten Steinmännchen bzw. Farbzeichen Ausschau halten. Durch bewaldetes Gelände kommen Sie auf den **Südwestrücken** des Berges, erblicken den benachbarten Puig de Massanella und erreichen die Einmündung eines Pfades. Auf diesem nach rechts, unter einem **Felsüberhang** und zwischen bizarren Gesteinsformationen durch. Nach der Überwindung einer kleinen Felsstufe erreichen Sie eine weitere Wegteilung. Nach rechts und über Felsen auf den Gipfel des **Puig de n'Alí** **04** (1038 m). 1:45 h

**Abstieg** zur obersten Wegteilung und von dort auf dem rechten Pfad (Steinmännchen) durch den ebenfalls recht steilen **Nordwesthang** hinab. Der Weg ist zwar gut aus-

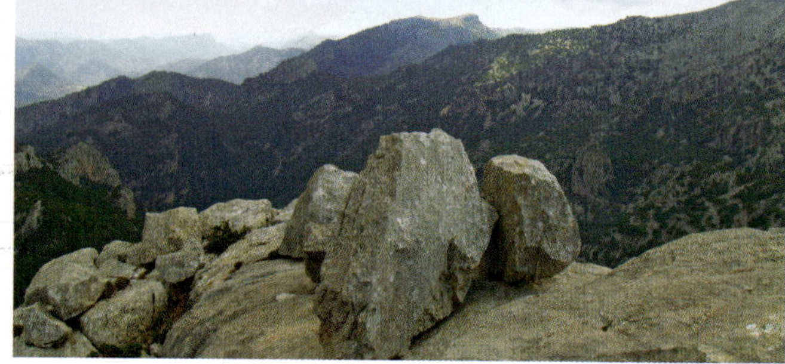

Riesenblöcke auf dem Gipfel – und der Blick nach Westen

getreten, aber stellenweise erdigrutschig und führt über schräge Felsplatten. Weiter unten im Wald verzweigt er sich ein wenig (Steinmännchen beachten!). Nach 0:30 h stehen Sie unten am Sattel des **Coll de sa Línia 05** (824 m).

Dort schwenken Sie vor den beiden **Stein-Wegweisern** rechts auf den Fahrweg ein. Er führt Neben dem Quellgebiet des **Torrent de Coveta Negra** Richtung Lluc hinab. Nach ca. 200 m – dort wo der Graben nach rechts wegführt – zeigen zwei Steinmännchen und ein roter Punkt rechts die Abzweigung eines schwach ausgetretenen Waldpfades an. Er führt an einigen Köhlerplätzen und großen Felsblöcken vorbei; dazwischen gelangt man **über das Bachbett** auf die rechte Talseite. Bevor der Torrent mit einer hohen **Wandstufe** abbricht, steigt der Pfad zu einer kleinen Anhöhe und einer aufgemauerten Plattform an. Etwa 0:30 h nach dem Coll de sa Línia durchquert man den Felseinschnitt des **Pas de n'Arbona**. Unterhalb davon befindet sich eine kleine Mauer, von der man auf steilen Pfadspuren im Zickzack zwischen großen Felsbrocken und zerklüfteten Karrenfelsen absteigt. Links zu einer Gesteinskluft, dann rechts durch einen weiteren Felspass. Nach weiteren 0:30 erreicht man den unteren Talbereich des **Torrent de Coveta Negra 02**, wo ein alter Köhlerweg in den breiten Aufstiegsweg einmündet (zwei Steinmännchen). Links zum **Ausgangspunkt 01** zurück. 1:30 h

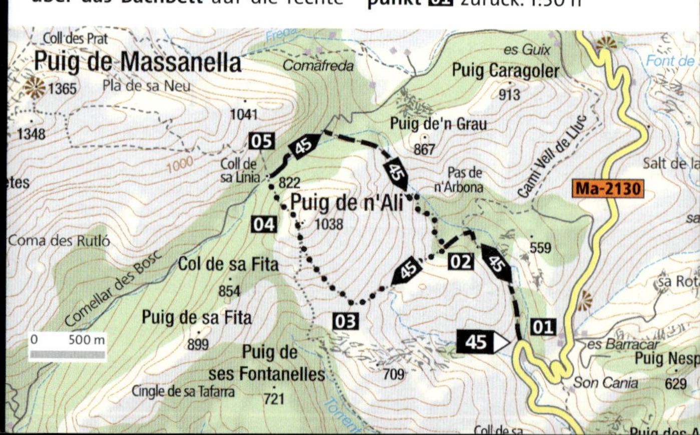

# PUIG DE MASSANELLA • 1365 m

## Der „Normalweg“ auf Mallorcas zweithöchsten Berg

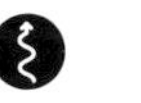

START | Coll de sa Batalla (579 m) zwischen Caimari und Lluc. Zufahrt auf der Ma-2130 (Inca – Lluc) bzw. auf der Ma-10 bis zur nahen Kreuzung oberhalb von Lluc. Parkmöglichkeit entlang der nordwärts abzweigenden Seitenstraße zum Restaurant Es Guix bzw. neben der alten Straße nach Lluc; wenige Parkmöglichkeiten an der Ma-2130 (am Coll de sa Batalla dürfen nur Restaurantbesucher parken). Haltestelle der Buslinie 332 (Inca – Lluc) [GPS: UTM Zone 31S x: 490553 y: 4406949]
CHARAKTER | Bergtour auf breiten Wegen, steilen, schmalen Pfaden und weglos durch scharfkantig verwittertes Felsgelände, das Trittsicherheit und Schwindelfreiheit erfordert. Bei Nebel im oberen Bereich schwierige Orientierung. Schatten im unteren Bereich. Beim Zugang zur Finca Coma Freda wird eine „Wegemaut“ (derzeit € 6 pro Person) eingehoben. Unterwegs keine Einkehrmöglichkeit; Bar/Restaurant am Coll de sa Batalla und in Lluc

Der zweithöchste Gipfel Mallorcas – das höchste Ziel, das „Normalwanderer“ ohne Kletterambitionen erreichen können – ist ein überaus beliebtes Tourenziel. Seinen Namen erhielt das gewaltige Bergmassiv von einem großen Landgut zwischen Caimari und Mancor de la Vall. Das Gipfelpanorama umfasst einen großen Teil der Insel. Der Normalweg fordert Kondition, verspricht aber vielfäl-

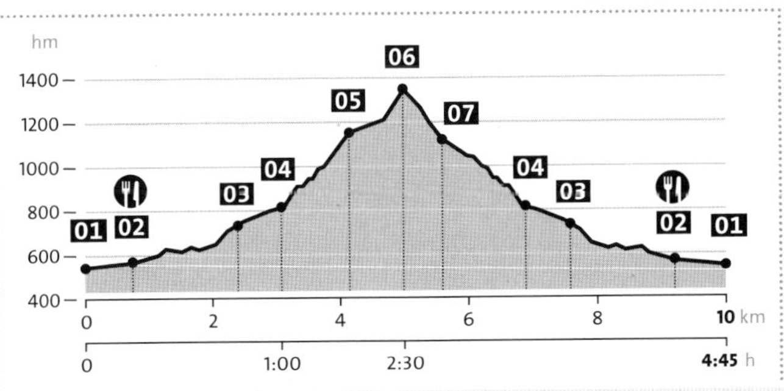


**01** Ma-10/Ma-2130; **02** Coll de sa Batalla, 579 m; **03** Finca Coma Freda; **04** Coll de sa Línia, 824 m; **05** Pla de sa Neu, 1170 m; **06** Puig de Massanella, 1365 m; **07** Font de s'Avenc

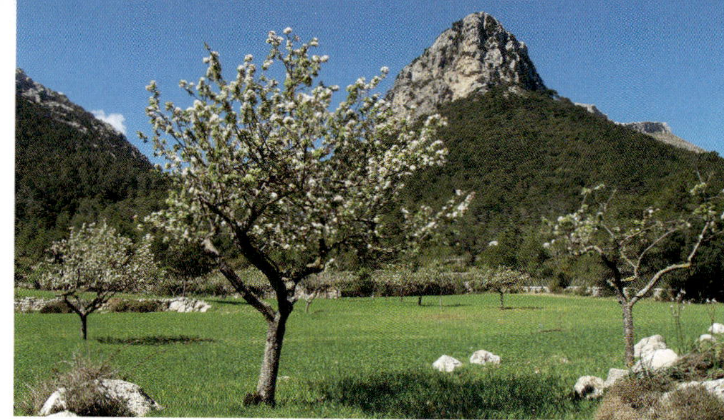

Frühling auf Coma Freda (ganz rechts der Puig de Massanella)

tige Landschaftseindrücke – vom urwüchsigen Steineichenwald bis zur verkarsteten Gipfelhochfläche und ihrer unterirdischen Quelle.

▶ Von der **Straßenkreuzung** der **Ma-10/Ma-2130** **01** folgen Sie der Straße Richtung Inca zum nahen **Coll de sa Batalla** **02** (Tankstelle) und weiter über die Brücke. Danach zweigen Sie rechts auf eine Schotterstraße ab (Wegweiser des GR-222 „Caimari"). Vorbei am Brunnen **Font des Guix** zu einer Wegdreiteilung. Dort scharf nach rechts und – nun ohne Markierung – in Kehren zu einem Tor (Überstieg) hinauf. geradeaus neben dem Bachbett zum **Tor** der **Finca Coma Freda** **03** (dort wird die „Wegemaut" kassiert). Dahinter nach links und neben der Mauer auf einem anfangs noch breiten Abkürzungsweg in den Wald hinauf (rote Punkte). Oben links auf dem Fahrweg weiter, an Köhlerplätzen vorbei und bei der folgenden Abzweigung geradeaus zum **Coll de sa Línia** **04** (824 m). 1:00 h

Bei den beiden **Stein-Wegweisern** am Sattel biegen Sie rechts Richtung „Puig" ab und steigen auf dem Weg in Kehren auf. Beim nächsten **Stein-Wegweiser** geht's ebenfalls rechts Richtung „Puig y Font" und bald durch freies, felsiges Gelände auf das grasbewachsen Karstplateau **Pla de sa Neu** **05** (Schnee-Ebene, 1170 m). Dort wandern Sie an den Mauerresten eines „Schneehauses" und etwas weiter vorne an einer einsamen Doppeleibe vorbei. Dann geht's – steiler ansteigend – in den breiten, kahlen **Felssattel** nahe dem **Vorgipfel**. Zuletzt gelangen Sie rechts in Kehren und über Felsstufen zur Vermessungssäule auf dem Hauptgipfel des **Puig de Massanella** **06** (1365 m, Felsschlund, nordseitig hohe Wandabbrüche). 1:30 h

**Abstieg** auf der gleichen Route. Man kann unterhalb des **Vorgipfels** auch rechts zu einem Stein-Wegweiser abzweigen und auf der sehr steilen Felsroute zwischen sehr scharfkantigen Karrenplatten zur **Font de s'Avenc** **07** absteigen (Treppe in die **Höhle** mit Tropfquelle und drei Wasserbecken). Von dort quert man zwischen steilen Felsplatten und den obersten Bäumen zum Aufstiegsweg hinüber. Weiter auf dem Zugangsweg über den **Coll de sa Línia** **04**. Zurück zum **Startpunkt** **01**. 2:10 h

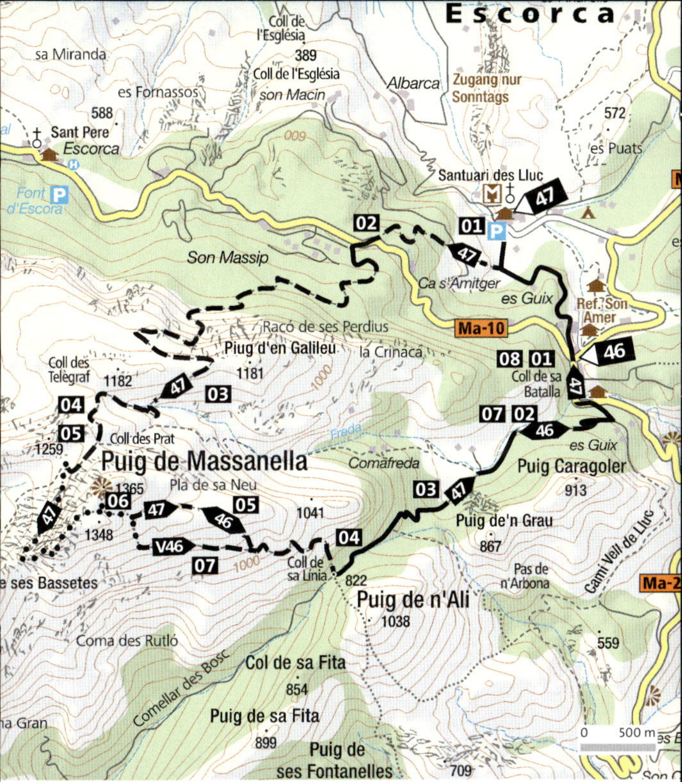

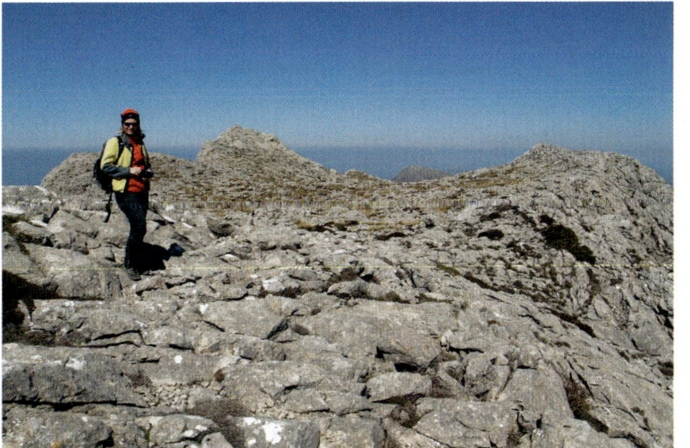

Auf dem Westgipfel des Puig de Massanella

47

# PUIG D'EN GALILEU – MASSANELLA

## Schneesammlerweg & Kletterpfad

 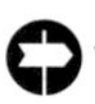 14,8 km  6:30 h 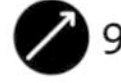 990 hm 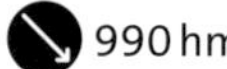 990 hm

START | Santuari de Lluc (477 m); Zufahrt siehe Tour 43
[GPS: UTM Zone 31S x: 490115 y: 4407846]
CHARAKTER | Die beschilderte Route über den Puig d'en Galileu ist mittelschwer („rot“), dann muss man jedoch eine fast 200 m hohe, nur mit Steinmännchen markierte Felsflanke erklimmen – Schwindelfreiheit und Trittsicherheit sind Voraussetzungen. Nicht bei Nebel gehen. Schatten im unteren Bereich. Unterwegs keine Einkehrmöglichkeit; Bar/Restaurant am Coll de sa Batalla
Achtung! Beim Abstieg durchquert man das Gebiet der Finca Coma Freda, wo für den Aufstieg zur Massanella eine „Wegemaut“ (derzeit € 6 pro Person) eingehoben wird – hier haben Wanderer, die nur vom Gipfel abgestiegen sind, Schwierigkeiten bekommen und wurden beinahe wieder zurückgeschickt. Auf jeden Fall ist dort die Gebühr auch nur für den Abstieg zu bezahlen.

Diese lange und landschaftlich großartige Tour bildet eine sehr anspruchsvolle Alternative zum Normalweg auf den Puig de Massanella. Alpines Flair und schier grenzenlose Aussicht sind garantiert!

▶ Vom **Parkplatz** in **Lluc** **01** gehen Sie am **Restaurant Sa Font Coberta** vorbei. Gegenüber folgen Sie dem Wegweiser „GR-221, Volta d'en Galileu, Font des Prat“ hinauf. Nach einem Tor mit Überstieg führt der stellenweise gepflasterte Weg zu einem Gatter, und in Kehren zur **Ma-10** **02** hinauf. Nach der Überquerung der Fahrbahn folgen Sie dem Wegweiser neben einer Mauer zu einer nahen Abzweigung (Holzpfosten). Rechts auf dem breiten Pfad und einem Fahrweg hinter der **Urbanisation Son Macip** vorbei. Schließlich beginnen die Voltes d'en Galileu („Kurven von Galileu“): Der renovierte Schneesammlerweg führt durch den steilen Waldhang bergauf. Über einer Schutthalde wandert man schräg durch eine Felsflanke auf eine kleine Hochfläche unterhalb des **Puig d'en Galileu** (kurzer Abstecher rechts zu den Resten der **Casa de Neu d'en Galileu**, einem „Schneehaus“ mit Hüttenruine). Der Wanderweg schwenkt nach links und steigt durch den Grashang in einen Sattel vor dem **Puig d'en Galileu** **03** (1181 m) an. Kurzer Abstecher auf den aussichtsreichen **Gipfel**. 2:00 h
Dahinter wandern Sie quer durch den Südhang in einen Graben, wo der Pfad scharf nach rechts abbiegt. Nach kurzem Aufstieg erreicht man den Sattel des **Coll des Telègraf** **04** (1125 m) – dort befinden sich ebenfalls alte Schneesammlergruben. Von dort wäre links ein Abstieg zur Finca Coma Freda möglich – Sie

wandern jedoch weiterhin auf der GR-221 über den Grashang gegen die Felsen der **Serra des Teixos** empor. An einem weiteren „Schneehaus“ vorbei und über eine kleine Felsstufe erreicht man den **Coll des Prat** 05 (1205 m) am Fuß der Massanella-Nordabstürze (lange Mauer mit Durchlass). 0:45 h

Nun dem Fernweg GR-221 nach rechts und etwa 200 m Richtung Cúber-Stausee hinab. Bei der ersten Rechtskurve links abzweigen (Steinmännchen) und auf einem schmalen Pfad quer durch den Hang unterhalb der Felsabstürze auf den dreieckigen Gipfel des **Puig de ses Bassetes** zu. Noch vor der Scharte links über Schutt gegen die Kante der Massanella-Wände hinauf. Rechts über eine **gestufte Felsrampe** zu einem Absatz über dem **Coll de n'Argentó** (Blick bis ins Flachland). Dort nach links und durch die felsige **Südwestflanke** des **Puig de Massanella** hinauf. Im oberen Bereich geht's kurz nach rechts (Steinmännchen) und wieder links über den gestuften Felsgrat auf den **Südwestgipfel** des Massivs (1352 m). Über die kleine **Hochfläche** zum nahen **Hauptgipfel** 06 (1365 m). 1:00 h

Der **Abstieg** erfolgt auf dem Normalweg nach Osten, hinab zum Karstplateau **Pla de sa Neu** (1170 m) und durch freies, felsiges Gelände zu einem Stein-Wegweiser bei einer Abzweigung. Von dort führt der Pfad in Kehren in den dichten Steineichenwald und zur Senke des **Coll de sa Línia** 04 (824 m) mit seinen beiden Stein-Wegweisern, wo Sie links abzweigen. Nun geht's auf einem breiten Weg abwärts, bis nach 15 Minuten – bei einem Felsblock – rechts ein Pfad abzweigt. Auf dieser mit Steinmännchen markierten Route umgehen Sie die Finca Comafreda. Bei einem Eisentor (Holzleiter) wird üblicherweise die erwähnte Wegemaut kassiert. Auf der Zufahrtsstraße kommen Sie dann zu einer Kreuzung dreier Wege, von der Sie scharf links zur nahen Ma-2130 gelangen. Die Fahrbahn führt links zum **Coll de sa Batalla** 08.(siehe Tour 46). An der Tankstelle vorbei zur Kreuzung mit der Ma-10 Vom Gedenkstein führt links die alte Asphaltstraße nach **Lluc** 01 hinab. 2:45 h

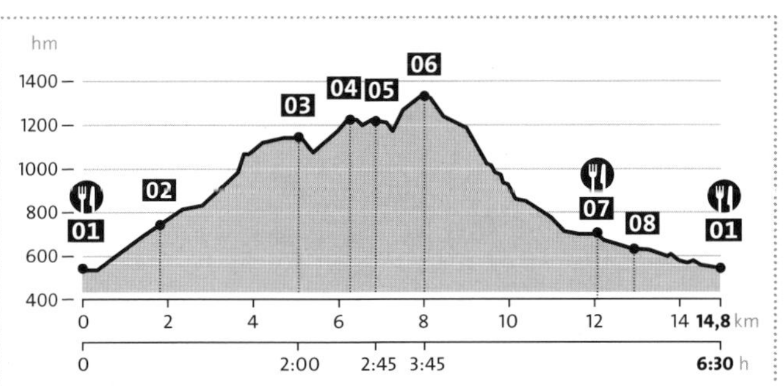


01 Lluc, 477 m; 02 Ma-10; 03 Puig d'en Galilu, 1181 m;
04 Coll des Telègraf, 1125 m; 05 Coll des Prat, 1205 m;
06 Puig de Massanella, 1365 m; 07 Coll de sa Batalla; 08 Ma-10

# VON LLUC NACH POLLENÇA |GR-221|

## Auf dem Pilgerweg in die Römerzeit

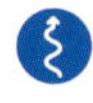  17,5 km  4:30 h  220 hm 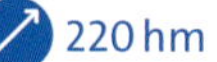 690 hm 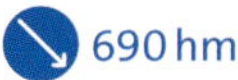

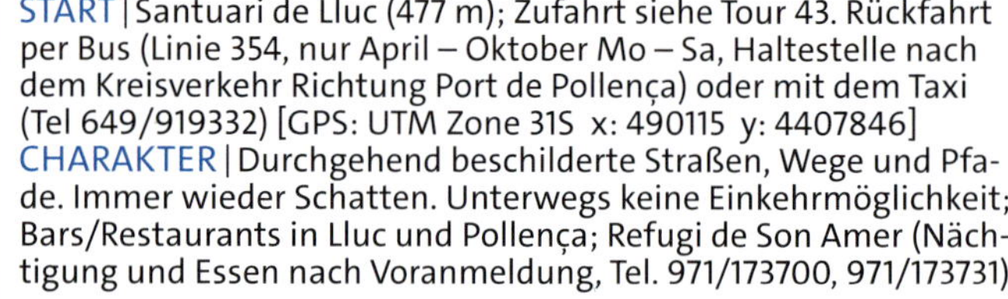
START | Santuari de Lluc (477 m); Zufahrt siehe Tour 43. Rückfahrt per Bus (Linie 354, nur April – Oktober Mo – Sa, Haltestelle nach dem Kreisverkehr Richtung Port de Pollença) oder mit dem Taxi (Tel 649/919332) [GPS: UTM Zone 31S x: 490115 y: 4407846]
CHARAKTER | Durchgehend beschilderte Straßen, Wege und Pfade. Immer wieder Schatten. Unterwegs keine Einkehrmöglichkeit; Bars/Restaurants in Lluc und Pollença; Refugi de Son Amer (Nächtigung und Essen nach Voranmeldung, Tel. 971/173700, 971/173731)

Fernwanderer marschieren auf der letzten Etappe des GR-221 am Puig Tomir vorbei ihrem Ziel Pollença entgegen. Bei dieser Route handelt es sich um einen langen, uralten und landschaftlich recht abwechslungsreichen Pilgerweg, der auch eine genussvolle Tagestour für sich verspricht. Mit dem Pont Romà besitzt er einen romantischen Schlusspunkt.

▶ Vom **Parkplatz** in **Lluc** 01 folgen Sie der Zufahrtsstraße 300 m. Nach einer Brücke zweigt der GR-221 rechts ab (Leiterüberstieg) und führt auf den Waldhügel mit dem **Refugi de Son Amer** 02 (529 m). 0:20 h

Dahinter auf einem gepflasterten Weg über den Osthang zu einer Gabelung hinunter. Nach dem

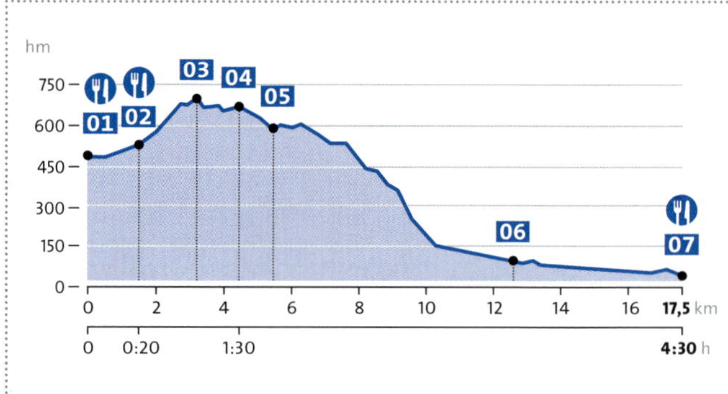


01 Lluc, 477 m; 02 Refugi de Son Amer, 529 m; 03 Coll Pelat, 690 m; 04 Coll des Pedregaret, 650 m; 05 Landgut Binifaldó, 580 m; 06 Ma-10, 105 m; 07 Refugi Pont Romà

Wegweiser des GR-221 geradeaus zum **Parkplatz** (505 m). Zu seinem rechten Rand (Wegweiser) und 150 m parallel zur **Ma-10** bis zu einem Straßenübergang. Jenseits durch ein Zauntor und neben der Fahrbahn weiter, bis man zu einer Schotterstraße gelangt (Wegweiser „Binifaldó"). Auf dieser wandert man links in ein breites Tal. Wegweiser und Richtungspfosten leiten Sie zu einem Fahrweg, der durch den Wald ansteigt. Von der nächsten Kreuzung links auf einem Pfad zur renovierten **Ermita de Son Amer**. Wieder auf dem Fahrweg geht's – vorbei an einem Kalkofen – hinauf zum **Coll de sa Font** (680 m). Knapp davor lohnt sich links der 10-Min.-Abstecher zu zwei grasgedeckten Köhlerhütten und einem **Mirador** (Blick über das Hochtal von Lluc). 50 m nach dem Überstieg am Sattel links auf einem Querweg (Wegweiser) zum nahen **Coll Pelat** 03 (690 m). Rechts auf der Schotterstraße in 5 Min. zum **Coll des Bosc Gran**. Nach kurzem Abstieg links auf einem Waldpfad (Camí des Porxo) zum **Coll des Pedregaret** 04 (650 m) am Fuß des Puig Tomir. 1:10 h

Von der geschlossenen Wasserabfüllanlage führt eine Asphaltstraße hinab zum **Landgut Binifaldó** 05 (580 m). 70 m nach dem Gebäude rechts auf den Camí Vell de Lluc a Pollença abzweigen. Folgen Sie nun stets den Wegweisern „Pollença". Vorbei an einer riesigen, 500 Jahre alten Steineiche (Alzinar d'en Pere) und der Einmündung eines Weges (Tour 43) kommt man zu einem Tor (Durchgang). Oberhalb der **Finca Montanya** zur Quelle **Font de Muntanya** (Rastplatz) hinab. Daraufhin gelangt man wieder auf dem Fahrweg zu einer Gabelung. Zwischen den beiden Straßen beginnt ein anfangs gepflasterter Weg, der weiter unten wieder auf die breite Piste trifft. Diese führt durch einen kleinen **Felseinschnitt** (mit Höhle) in den Abhängen des Puig Tomir. In einer scharfen Linkskurve zweigen Sie rechts auf einen Waldweg ab. Gleich darauf geht's links zu einem Köhlerplatz, dann neben einer Mauer am Waldrand zu einem Mauerdurchlass mit Tor (Infotafel) und weiter in Serpentinen bergab. Ein breiter Schotterweg wird überquert. Zuletzt führt ein steiniger Pfad zu einem Durchlass, hinter dem man eine Asphaltstraße erreicht. Folgen Sie dieser kurz

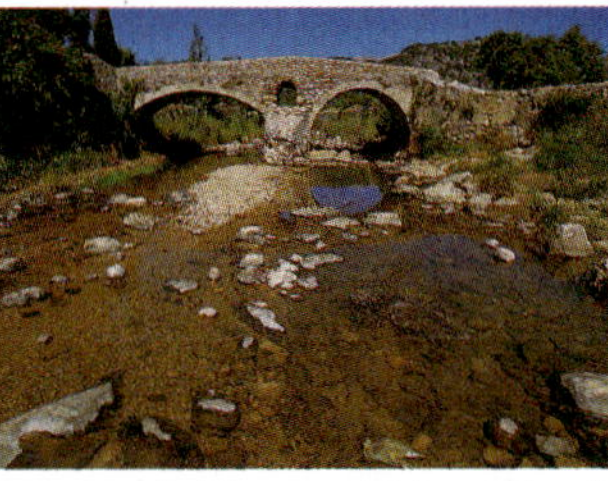

Fernweg-Schlusspunkt Pont Romà

links hinunter. Dann führt der GR-221 ca. 2 km durch das ebene Vall d'en Marc zur Hauptstraße **Ma-10** 06 (105 m). Die letzte, gut 5 km lange Etappe verläuft nahe der Fahrbahn bzw. abseits davon im Wald und neben dem Bachbett. Bei Km 2,8 (kleine Brücke, Wegweiser) zweigen Sie rechts auf einen Pfad ab. Gleich darauf links auf die Schotterstraße einschwenken und geradeaus – teils auf Asphalt – weiter. Schließlich rechts auf der **Pont d'Barqueta** über den **Torrent de la Vall d'en Marc**. Jenseits auf der Asphaltstraße zum 1 km entfernten Ortsrand von **Pollença**, wo sich das **Refugi Pont Romà** 07 befindet. 3:00 h

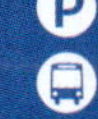

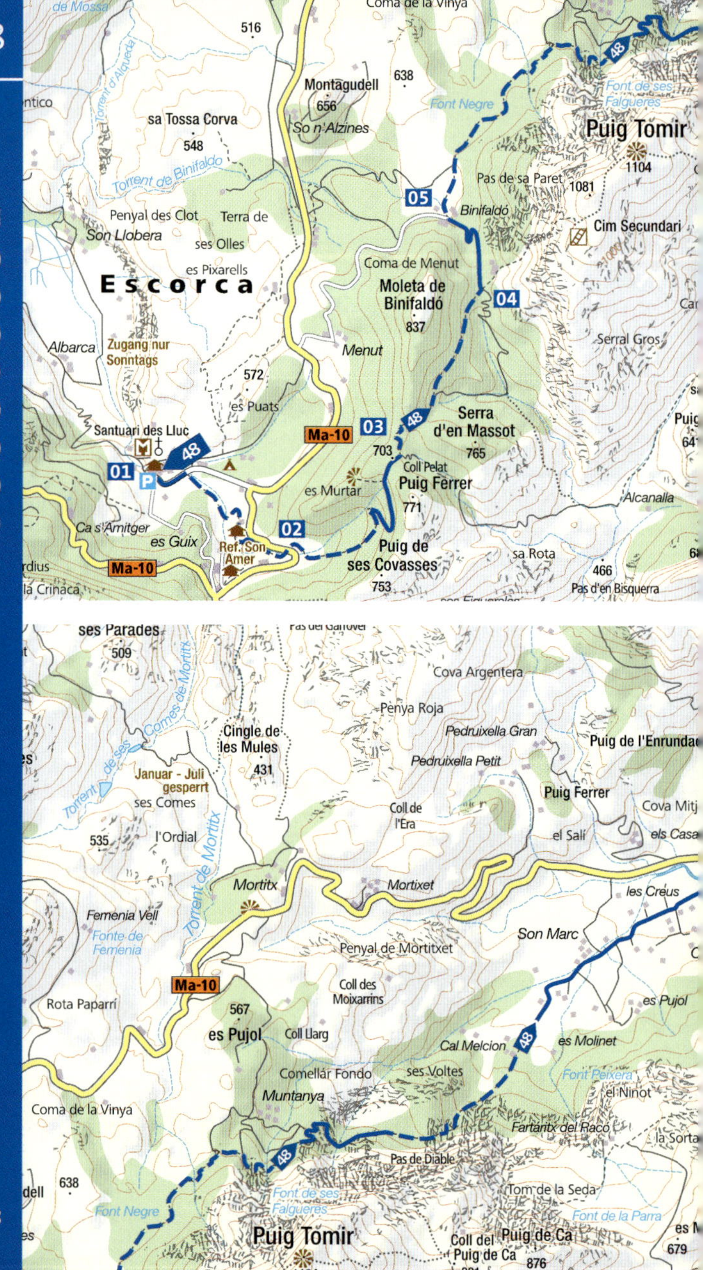

Coma de la Vinya
Muntanya
516
638
Montagudell
656
So n'Alzines
Font Negre
Font de ses Falgueres
Puig Tomir
1104
sa Tossa Corva
548
Torrent de Binifaldo
Pas de sa Paret
1081
05
Binifaldó
Cim Secundari
Penyal des Clot
Terra de
Son Llobera
ses Olles
es Pixarells
Coma de Menut
Escorca
Moleta de Binifaldó
837
04
Albarca
Zugang nur Sonntags
Menut
Serral Gros
572
es Puats
Serra d'en Massot
765
Santuari des Lluc
48
Ma-10
03
703
Coll Pelat
Puig Ferrer
771
01
es Murtar
Alcanalla
Ca s'Amitger
es Guix
02
Ref. Son Amer
Puig de ses Covasses
753
sa Rota
466
Pas d'en Bisquerra
ses Parades
509
Cova Argentera
Penya Roja
Pedruixella Gran
Puig de l'Enrunada
Cingle de les Mules
431
Pedruixella Petit
Januar - Juli gesperrt
Puig Ferrer
ses Comes
Coll de l'Era
Cova Mitj
Torrent de ses Comes de Mortitx
535
l'Ordial
el Salí
els Casa
Mortitx
Mortixet
les Creus
Torrent de Mortitx
Femenia Vell
Fonte de Femenia
Son Marc
Penyal de Mortitxet
Coll des Moixarrins
es Pujol
Rota Paparrí
567
es Pujol
Coll Llarg
Cal Melcion
es Molinet
Comellar Fondo
ses Voltes
Font Peixera
Muntanya
el Ninot
Coma de la Vinya
Fartàritx del Racó
la Sorta
Pas de Diable
638
Tom de la Seda
Font de ses Falgueres
Font Negre
Font de la Parra
Puig Tomir
Coll del Puig de Ca
Puig de Ca
876
679
1104
801
Casa de

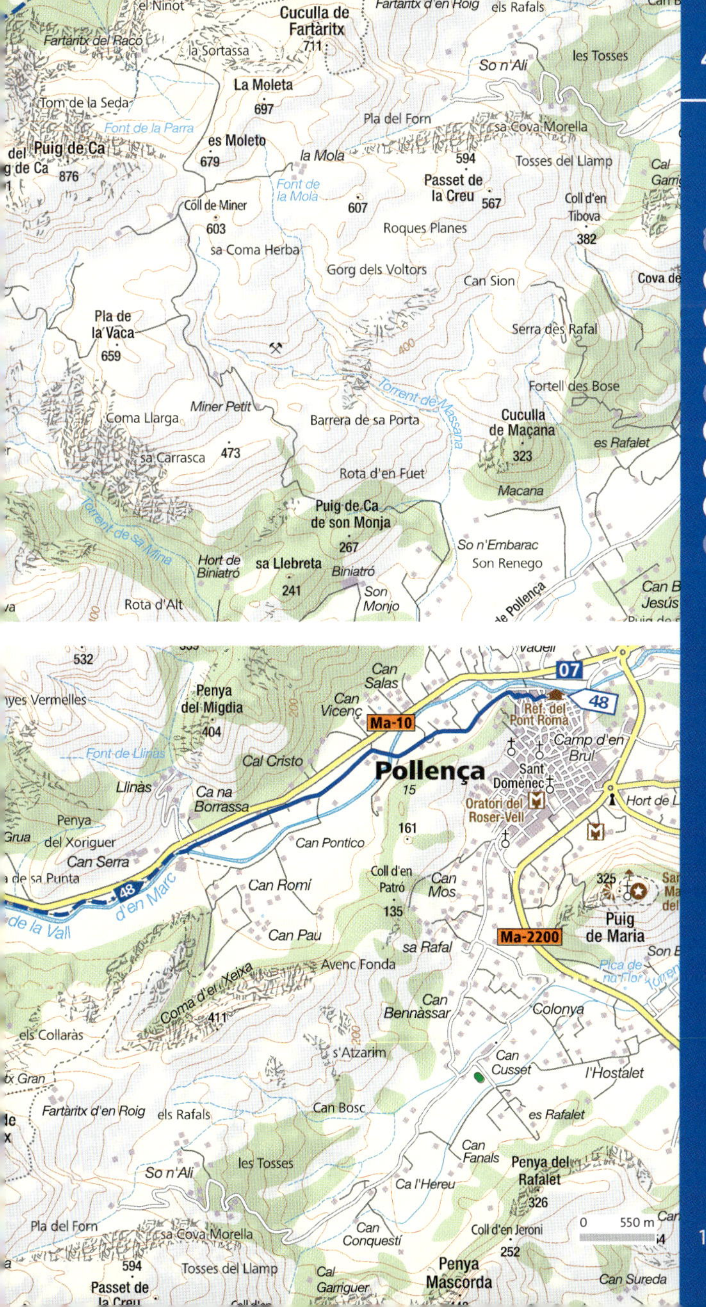
el Ninot
Cuculla de Fartàritx
711
Fartàritx d'en Roig
els Rafals
Fartàritx del Racó
la Sortassa
So n'Alí
les Tosses
La Moleta
697
Tom de la Seda
Pla del Forn
sa Cova Morella
Font de la Parra
Puig de Ca
876
es Moleto
679
la Mola
594
Tosses del Llamp
Font de la Mola
Passet de la Creu
567
Coll de Miner
603
607
Coll d'en Tibova
382
Roques Planes
sa Coma Herba
Gorg dels Voltors
Can Sion
Pla de la Vaca
659
Serra des Rafal
400
Torrent de Massana
Fortell des Bose
Miner Petit
Coma Llarga
Barrera de sa Porta
Cuculla de Maçana
323
es Rafalet
sa Carrasca
473
Rota d'en Fuet
Maçana
Torrent de sa Mina
Puig de Ca de son Monja
267
So n'Embarac
Son Renego
Hort de Biniatró
sa Llebreta
241
Biniatró
Son Monjo
Rota d'Alt
532
Can Salas
07
Penya del Migdia
404
Can Vicenç
Ma-10
48
Ref. del Pont Romà
Camp d'en Brul
Font de Llinàs
Cal Cristo
Pollença
Sant Domènec
Llinàs
Ca na Borrassa
15
Oratori del Roser-Vell
Hort de L
Penya del Xoriguer
161
Can Pontico
Can Serra
Coll d'en Patró
Can Mos
325
de sa Punta
48
d'en Marc
Can Romí
135
Puig de Maria
de la Vall
Can Pau
sa Rafal
Ma-2200
Avenc Fonda
Coma d'en Xeixa
411
Can Bennàssar
Colonya
els Collaràs
s'Atzarim
Can Cusset
l'Hostalet
Fartàritx d'en Roig
els Rafals
Can Bosc
es Rafalet
Can Fanals
les Tosses
So n'Alí
Penya del Rafalet
Ca l'Hereu
326
Pla del Forn
sa Cova Morella
Can Conquestí
Coll d'en Jeroni
0
550 m
594
Tosses del Llamp
252
Penya Mascorda
Passet de la Creu
Cal Garriguer
Can Sureda

# AUF DEN PUIG TOMIR • 1104 m

## Der „Klettersteig" auf den beliebten Aussichtsberg

  10,2 km  4:45 h 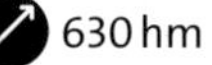 630 hm  630 hm

START | Der Parkplatz unterhalb des Refugi de Son Amer bei Lluc (505 m). Zufahrt auf der Ma-10 zwischen der Kreuzung mit der Ma-2130 und der Abzweigung nach Lluc bis Km 19,5
[GPS: UTM Zone 31S x: 490731 y: 4407559]
CHARAKTER | Anspruchsvolle Bergtour auf breiten Wegen und einem steilen, an zwei Stellen gesicherten Pfad; Trittsicherheit und Schwindelfreiheit sind notwendig. Im unteren Bereich beschildert, dort auch Schatten. Unterwegs keine Einkehrmöglichkeit; Bars/Restaurants in Lluc und Pollença; Refugi de Son Amer (Nächtigung und Essen nach Voranmeldung, Tel. 971/173700, 971/173731)

Der nordöstlichste „Tausender" der Serra de Tramuntana wird gern und oft erstiegen – auf einem kurzen, aber recht „alpinen" Aufstiegsweg, der sogar zwei gesicherte Passagen aufweist.

▶ Wie bei Tour 48 wandern Sie vom **Parkplatz 01** unterhalb des Refugi de Son Amer bis zum **Coll des Pedregaret 02** (650 m). 1:10 h

Von dort folgen Sie dem mit Nr. 2 beschilderten Gipfelpfad rechts zwischen dem Zaun der **geschlossenen Wasserabfüllanlage** und einer Mauer bergwärts. Oberhalb des Werksgeländes nach rechts und durch den felsigen Steilhang neben der großen Schutthalde zu den obersten Bäumen hinauf. Am Fuß eines Felsturms nach links, kurz abwärts und durch stellen-

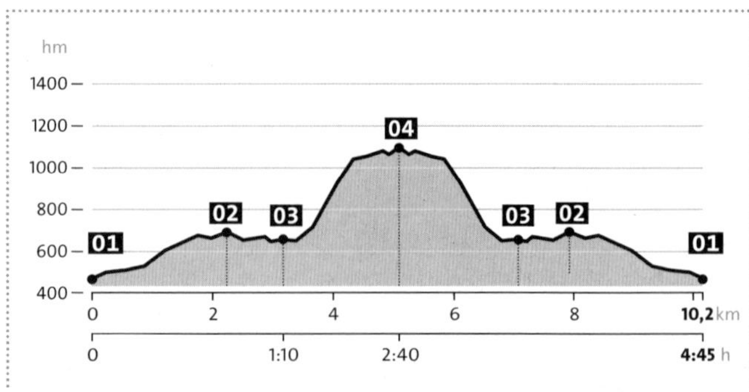


01 Parkplatz, 505 m; 02 Coll Pelat; 03 Coll des Pedregaret, 650 m;
04 Puig Tomir, 1104 m

weise rutschiges Gelände ansteigen. Nach der Querung einer Geröllrinne rechts steil zum oberen Ende der Schutthalde, weiter durch eine grasige Rinne und über steile Felsstufen (Stahlseil). Durch einen Felseinschnitt zur nächsten Schutthalde, rechts daneben empor und über gestuftes Gestein in eine kleine Mulde. Darüber baut sich eine 20 m hohe Felsbarriere auf, die mit Hilfe von Stahlseilen und Eisenklammern überwunden wird. So erreicht man ein grasiges und felsdurchsetztes Kar, aus dem der Pfad zu einem flachen Sattel zieht. Von dort links über flache Platten und zerklüftetes Gestein in eine weitere Senke (Steinmännchen beachten!) und über den felsigen Südwestrücken auf den Gipfel des **Puig Tomir** **03** (Vermessungssäule). 1:30 h

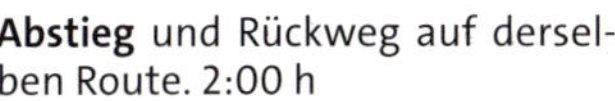

**Abstieg** und Rückweg auf derselben Route. 2:00 h

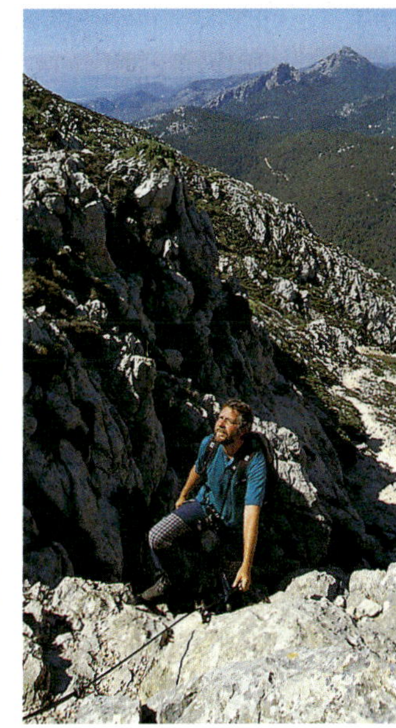

Blick zum Puig de n'Alí

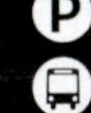

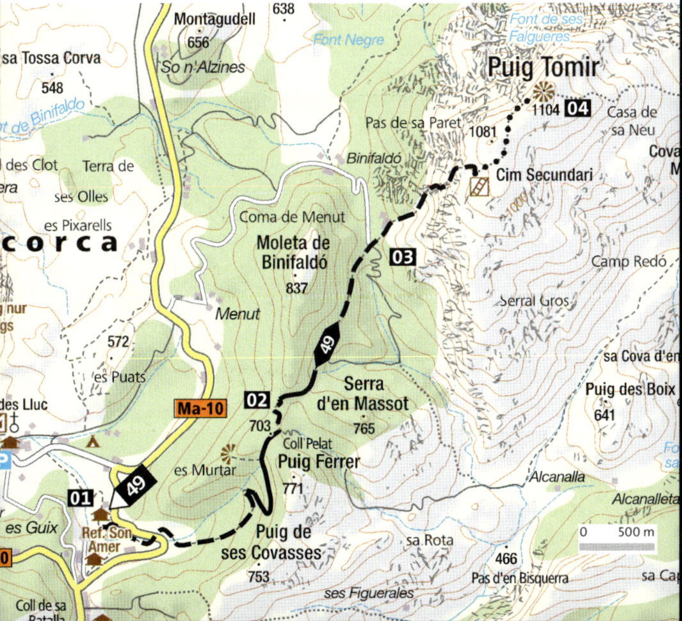

50

# PUIG TOMIR – ÜBER DEN „TEUFELSPASS“

Versteckte Routen rund um den kahlfelsigen Berg

  17,8 km  7:30 h  880 hm 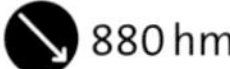 880 hm

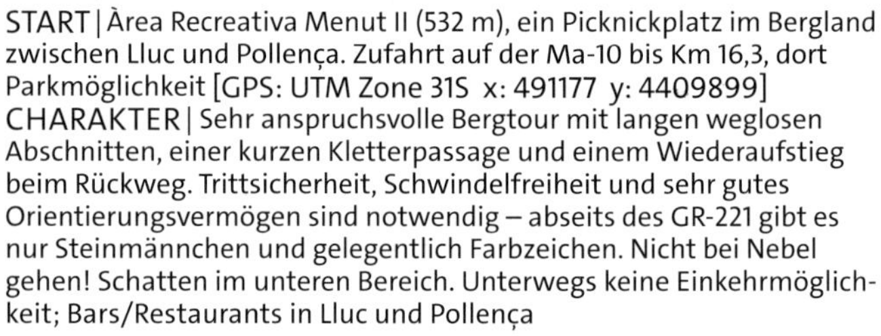
START | Àrea Recreativa Menut II (532 m), ein Picknickplatz im Bergland zwischen Lluc und Pollença. Zufahrt auf der Ma-10 bis Km 16,3, dort Parkmöglichkeit [GPS: UTM Zone 31S x: 491177 y: 4409899]
CHARAKTER | Sehr anspruchsvolle Bergtour mit langen weglosen Abschnitten, einer kurzen Kletterpassage und einem Wiederaufstieg beim Rückweg. Trittsicherheit, Schwindelfreiheit und sehr gutes Orientierungsvermögen sind notwendig – abseits des GR-221 gibt es nur Steinmännchen und gelegentlich Farbzeichen. Nicht bei Nebel gehen! Schatten im unteren Bereich. Unterwegs keine Einkehrmöglichkeit; Bars/Restaurants in Lluc und Pollença

Nach Norden hin bricht der Puig Tomir mit schroffen Felsflanken ab. Kaum zu glauben, dass einheimische Bergsteiger auch dort Durchstiege kennen. Einer davon ist der „Teufelspass“, der von zwei spitzen Felshörnern überragt wird. Dahinter liegt eine unwegsame „Mondlandschaft“ mit bizarren Karrenfelsen, aus der man auf wahrlich weltentlegenen Pfaden zurückkehrt.

▶ Vom **Parkplatz** der **Àrea Recreativa Menut II** **01** überqueren Sie die Fahrbahn der **Ma-10** und steigen über die Leiter neben einem Holztor (Schild „Refugi“). Gerade-

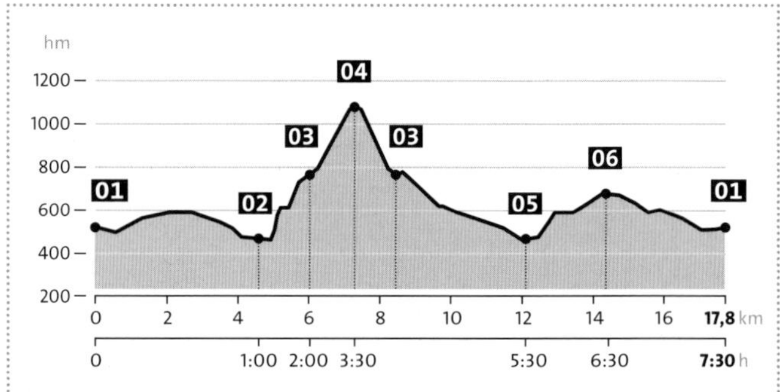


**01** Àrea Recreativa Menut II, 532 m; **02** kleiner Felseinschnitt, 520 m; **03** Coll de Fartàritx, 776 m; **04** Puig Tomir, 1104 m; **05** Finca Alcanella; **06** Coll des Pedregaret, 650 m

aus auf der Schotterstraße weiter und – wie bei Tour 43 – am unbewirtschafteten **Refugi de la Coma de Binifaldó** vorbei auf eine kleine Hochfläche am Fuß des Puig Tomir (600 m). Dort erreichen Sie den beschilderten **Fernweg GR-221**.

Auf diesem wandern Sie links Richtung Pollença (siehe Tour 48). Oberhalb der **Finca Montanya** führt der Weg hinab zur Quelle der **Font de Muntanya** und auf dem gepflasterten Abkürzungsweg wieder zur Schotterstraße. Diese führt durch Waldhänge in eine Talmulde unter den schroffen Nordabstürzen des Puig Tomir und zu einem **kleinen Felseinschnitt** **02** (520 m). 1:00 h

Am Steinmännchen, das dort rechts steht, gehen Sie vorbei. Erst knapp 20 m danach weisen rechts zwei Steinmännchen rechts auf die Route zum **Pas de Diable** hin. Ein schmaler Pfad windet sich durch den Waldhang empor (bald begleitet von roten Punkten). Kurz durch felsiges Gelände aufwärts, wieder durch Wald und dann rechts neben einer Schutthalde bergauf. Diese wird etwas weiter oben schräg nach links überquert (Blick bis zur Halbinsel Formentor). Flach unter einer Steineiche vorbei, über eine weitere kleine Geröllhalde und auf einen Felsabsatz. Durch Gras und Gebüsch und nach rechts. Über einige Felsstufen empor, nach ca. 20 m links flach zu einzelnen kleinen Steineichen. Dort nach rechts und steil durch Schutt zu einem größeren Geröllfeld ansteigen. Links daneben zu einem gut sichtbaren Steinmännchen, das an seinem oberen Ende steht. Von dort gehen Sie in den linken Bereich der Karmulde, in dem ein drittes Schuttfeld liegt.

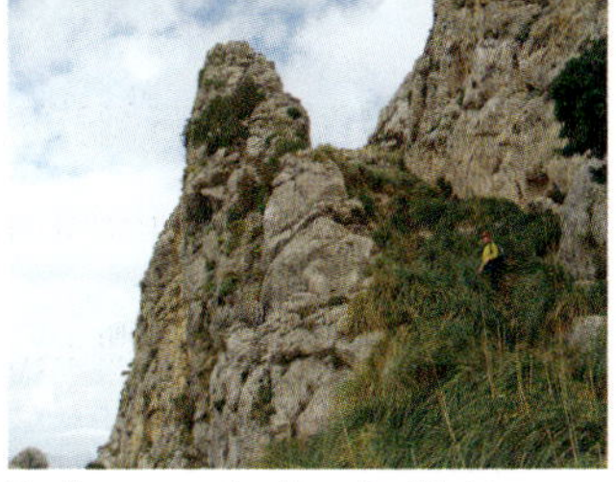
Verborgen: der Pas de Diable

Rechts daneben bis zu seinem oberen Rand und links zum Felsabsatz am Rand des Kars. Kurz davor führt die Route rechts in Serpentinen auf einen höheren Absatz – von dort ist die Rinne zum **Pas de Diable** schon zu sehen.

Nun folgen Sie den Pfadspuren quer durch den steilen Grashang bis in eine kleine Mulde unterhalb der Felsen. Kurz nach rechts, dann wieder nach links und im schrägen Aufstieg über steile, abschüssige Felsstufen (roter Punkt). Unter einer Steineiche durch, an einem vorspringenden Felsgrat vorbei und über eine grasige, breite Rampe hinauf zur 20 m langen Rinne des **Pas de Diable**, die zwischen der Wand des Puig Tomir und einem markanten Felsturm hinaufzieht. Diese ermöglicht den Aufstieg auf eine kleine **Kuppe** (700 m). In der Folge geht's am Fuß der Wandabstürze zu einer kleinen, felsigen Mulde, kurz bergab und durch eine schmale Rinne wieder hinauf zum Beginn einer grasigen **Hochfläche** (herrliche Aussicht zum Puig Roig und zum Puig Caragoler de Femenia, über das Gebiet von Mortitx, zur Bucht von Pollença und zur Halbinsel Formentor). Sie wandern weglos ca. 200 m über flaches, aber zerklüftetes Felsgelände und dann rechts neben einem Graben bergan. So erreichen Sie den **Coll de Fartàritx** **03** (776 m, auch Coll de Míner genannt) unter den Wän-

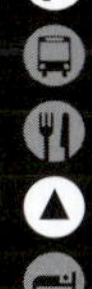
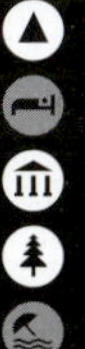

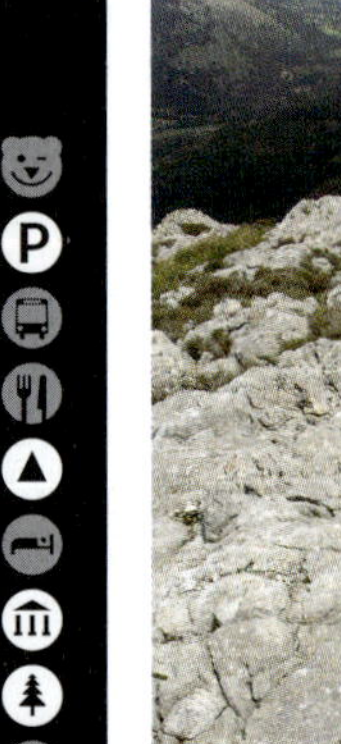

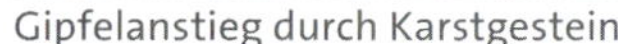

Gipfelanstieg durch Karstgestein

den des **Puig de Ca**. 1:00 h
Von dort wandert man rechts über einen flachen Rücken auf den Gipfel zu, dann sucht man im steiler werdenden Gras- und Felsgelände die besten Möglichkeiten für den weiteren Aufstieg. Weiter oben findet man einen alten, stellenweise aufgemauerten **Schneesammlerweg**, der in flachen Kehren emporzieht. Er endet bei der tiefen, gut erhaltenen Grube einer **casa de neu** („Schneehaus") auf einem flachen Vorgipfel. Zuletzt geht's weglos über Geröll und Felsplatten des Gipfelplateaus zur Vermessungssäule auf dem **Puig Tomir** **04** (1104 m). 1:30 h

**Abstieg:** Man könnte nun direkt zum **Coll des Pedregaret** absteigen (siehe Tour 49); 1:00 h. Oder man kehrt in 0:45 h zum **Coll de Fartàritx** **03** hinunter, biegt dort rechts ab und folgt einem Karrenweg neben dem Zaun einer Aufforstung bergab. Von einer Mulde (Leiterüberstieg) führt die nun betonierte Trasse weiter bergab. Nach 20 Min. erreicht man am **Coll d'Arena** (615 m) eine Abzweigung, von der man rechts über die Hochebene **Camp Redó** weitergeht (Aufforstungsgebiet). Vom Ende der Piste führt ein verwachsener Pfad zu einem Leiterüberstieg und durch hohes Dissgras sanft abwärts in den **Clot des Càrritx**. Zunächst wandern Sie auf der rechten Seite dieses Grabens zwischen dem **Tomir-Massiv** und dem **Puig d'en Boix**. Vorbei an einigen Köhlerplätzen gelangen Sie auf die linke Talseite, wo einige Felsblöcke zu überklettern sind. Vorbei an zwei hohen Steineichen und durch eine kleine Felsschlucht kommen Sie zum Zaun der (unter Bäumen verborgenen) **Finca Alcanella** **05**, den Sie auf einem Leiter-

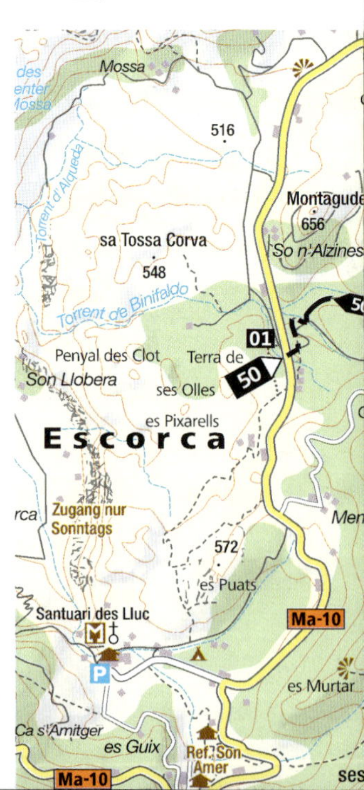

überstieg überwinden. 2 Min. später folgt ein weiterer Überstieg, hinter dem Sie auf einen Fahrweg treffen. 2:00 h

Auf diesem umgehen Sie das Anwesen weiträumig durch flaches Waldgelände. Etwa 200 m nach dem Tor bleiben Sie beim Schild „Binifaldó, Menut" am besten geradeaus auf dem Fahrweg. Nach einem Mauerdurchlass erreichen Sie einen kleinen Platz (zwei Steinmännchen) an einer hohen Steineiche (blauer Pfeil). Dort biegen Sie rechts auf einen Pfad ab, der sich bald in einem Bachbett verliert. Jenseits leiten Sie Farbzeichen und Steinmännchen durch felsiges Gelände hinauf, nach rechts und – hoch über dem schluchtartigen Tal unter dem Tomir – ins bizarr verwitterte **Karstgelände** der **Serra d'en Massot**. In diesem Steinlabyrinth findet man sogar zwei Köhlerplätze. Nach einem Zaun mit Durchlass wandert man neben Mauern in den bewaldeten Talgrund, in dem man eine Schotterstraße erreicht. Auf dieser rechts über ein meist trockenes Bachbett und zum **Coll des Pedregaret** **06** (650 m) hinauf. 1:00 h

Wie bei Tour 48 nach der Beschilderung „Volta de sa Moleta de Binifaldó" (GR-221) auf der Asphaltstraße hinab zum **Landgut Binifaldó** (580 m). Danach rechts auf den Camí Vell de Lluc a Pollença (GR-221) abzweigen und zur Einmündung des Aufstiegsweges, auf dem man links zum **Startpunkt** **01** zurückkehrt. 1:00 h

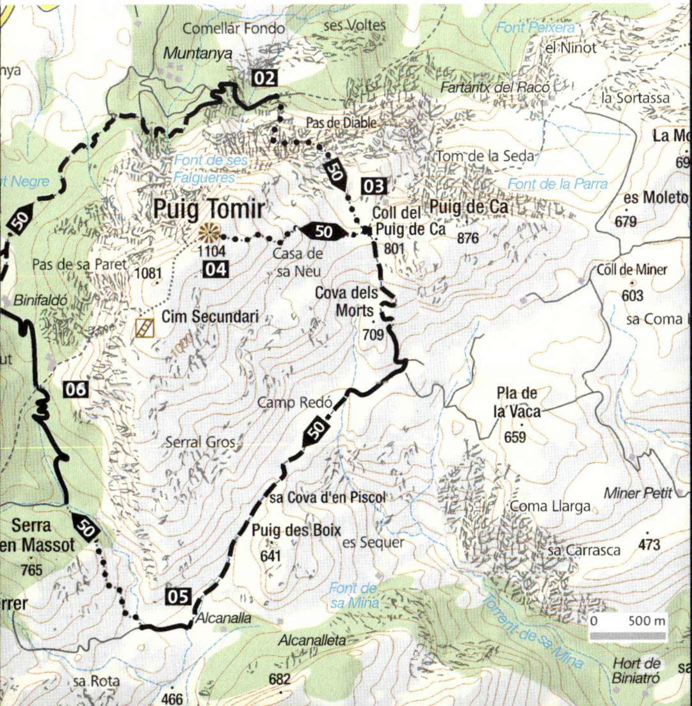

51

# SONNTAGS UM DEN PUIG ROIG

## Schmugglerpfade zwischen Wäldern, Bergen und Küste

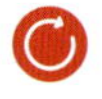 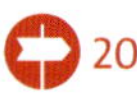 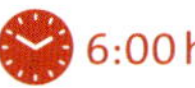 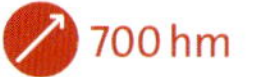 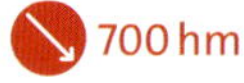

START | Santuari de Lluc (477 m); Zufahrt siehe Tour 43. Man kann auch an der Ma-10 bei Km 15 starten, dort befinden sich neben der Straße Parkmöglichkeiten für 3 bis 4 Autos [GPS: UTM Zone 31S x: 490115 y: 4407846]
CHARAKTER | Lange Bergwanderung auf Straßen und schmalen, aber gut angelegten Wegen zwischen einsamen Bergen und hoch über der Nordwestküste; an kurzen Passagen ist Trittsicherheit und Schwindelfreiheit notwendig. Nur mit Steinmännchen markiert, aber fast überall gut zu finden. Kaum Schatten. Unterwegs keine Einkehrmöglichkeit; Bars/Restaurants in Lluc und Pollença

Die lange Wanderung um den 1003 m hohen Puig Roig im Norden von Lluc ist seit vielen Jahren leider nur am Sonntag möglich – unter der Woche sperren die Besitzer der Finca Mossa, die direkt an der Route liegt, ihr Gelände. Doch das ist nur ein Grund dafür, dass man auf dieser Route selten allein unterwegs sein wird. Der andere ist die landschaftliche Schönheit und Vielfalt dieser Region:
Auf dieser Tour erlebt man gepflegte Kulturlandschaft und wilde Urnatur, entdeckt wilde Felsgipfel und schroffe Küstenabschnitte, ein „Höhlenhaus" vor einer Felswand und eine Kaserne, die einst zur Eindämmung des Schmuggler-Unwesens erbaut wurde. Den Schmugglern verdankt man übrigens den gesamten Weg rund um das Massiv – die sauber aufgemauerte Trasse, die heute ein geradezu gemütliches Dahinwandern erlaubt, erleichterte auch den Transport illegal gehandelter Waren.

▶ Der erste Wegabschnitt von **Lluc** 01 zur **Àrea recreativa Menut I** 02 ist identisch mit Tour 43. Dieser Picknickplatz liegt rechts der Straße, das Erholungsareal **Menut II** links davon. Von dort muss man knapp 2 km auf der Straße Richtung Pollença marschieren. Dann biegt man bei Km 15,3 links auf die **Zufahrtsstraße der Finca Mossa** 03 ab (Leiterüberstieg neben dem Tor, Infotafel, ab hier nur sonntags erlaubt). 1:30 h

Die betonierte Fahrbahn führt sanft abwärts zu einer ebenen sandigen Schotterstraße, auf der man rechts weitergeht. Zwischen Olivenhainen erreicht man im Bogen das Gelände um die **Finca Mossa**; bei einer Abzweigung hält man sich rechts nach der Beschilderung „Puig Roig". Kurz vor dem Gebäude zweigt man rechts ab (Wegweiser, Tor), steigt über Stufen durch den Waldhang an und wendet sich bei einem weiteren Tor wieder nach links.

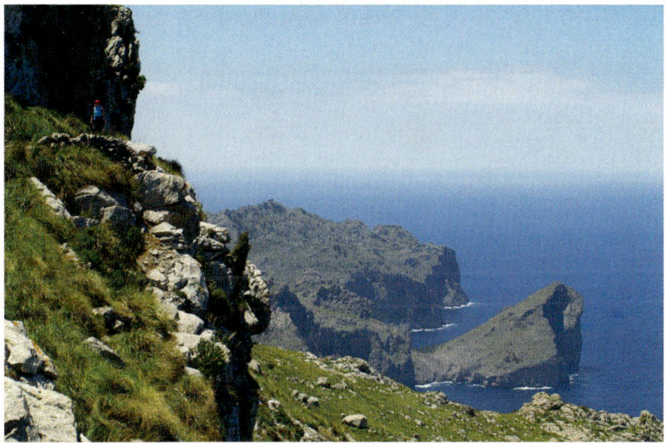

Top-Panorama vom Weg – hier zum Morro de sa Vaca („Kuhmaul“)

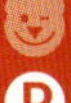

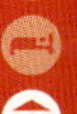

Oberhalb der Finca erreicht man einen aufgemauerten Weg, der durch eine Mauerlücke und dann im sanften Anstieg durch die Gras- und Felsflanken des **Puig Caragoler** führt. Nach einer Mulde geht's durch die Felsen – der Weg ist aber breit genug für ein entspanntes Wandern. Dann zieht die Route durch flaches Gelände in die Senke des **Coll des Ases** („Eselspass“, 627 m). Weiter im sanften Auf und Ab durch die steinigen Abhänge des **Puig Roig** nach Nordwesten. Rechts unten liegt das einsame Tal des **Torrent de s'Esmorcador**, links oben sieht man den felsigen Gipfelaufbau. Vorbei an einer steinernen Viehtränke erreichen Sie die Felskanzel des **Pas d'en Segarra** 04 (680 m) hoch über der Nordwestküste. 1:10 h

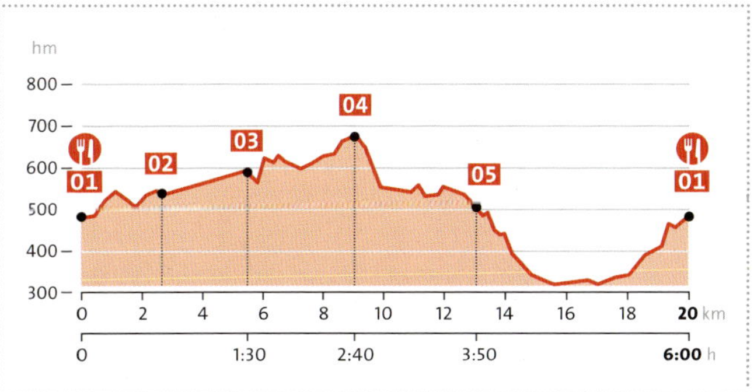


01 Lluc, 477 m; 02 Àrea recreativa Menut I, 532 m; 03 Zufahrtsstraße zur Finca Mossa; 04 Pas d'en Segarra, 680 m; 05 „Höhlenhaus“ Es Cosconar

Nun wendet sich der Weg nach links und führt flach durch eine hohe Felsflanke im Norden des **Puig Roig**. „Blickfang" im Westen ist das dreieickige „Kuhmaul" des Morro de sa Vaca nahe der Mündung des Torrent de Pareis. Es folgt eine wahre Panoramastrecke: Der Puig Major beherrscht die Landschaft, tief unten das Meer und dazwischen ein alter Wachturm auf einem Felskopf (Torre de Lluc). Es geht durch die Grashänge unterhalb des **Puig Roig** sanft ab-

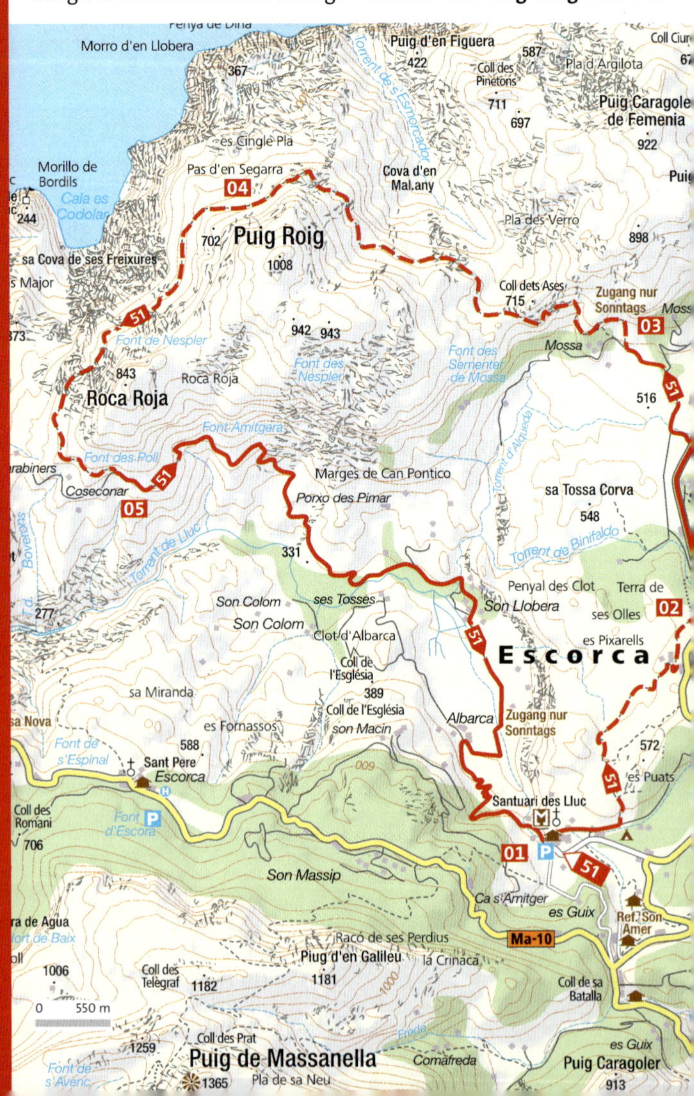

wärts. An einer etwa 1,5 m hohen Felsstufe ist der Weg zerstört (kurz abklettern oder runterrutschen). Dann wandert man jedoch wieder problemlos unter der **Roca Roja**, einem Vorgipfel, weiter. Nach einem Zaundurchlass wird das **Quarter dels Carabiners** (eine längt verlassene, aber renovierte Polizeikaserne) sichtbar. Der Weg führt nach links durch die Grashänge über einem Graben (Steinmännchen beachten!) und schließlich (weiterer Zaundurchlass) mit einem kurzen, steilen Schutt-Abstieg zur Sandstraße, die zur Kaserne führt. Man folgt ihr nach links kurz aufwärts zum **„Höhlenhaus" Es Cosconar** **05**. 1:10

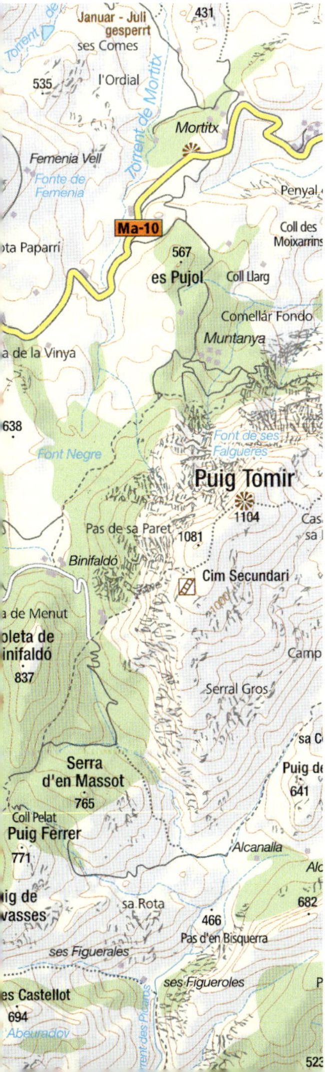

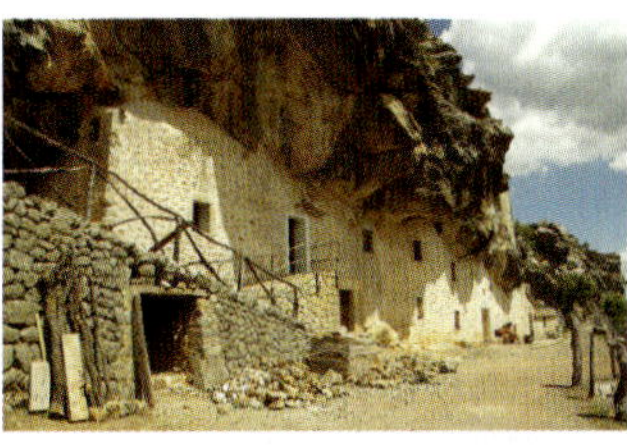

Das „Höhlenhaus" am Puig Roig

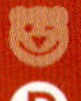
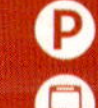
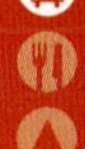

Danach schlängelt sich die Straße in vielen Kehren ins Tal hinab (Tor, einige Mauerdurchlässe). Rechts – unter dem Puig Major – erkennt man den Felseinschnitt des **Torrent de Gorg Blau**, links oben zeigt sich das Puig-Roig-Massiv mit roten Felsen. Man erreicht den Talboden im Oberlauf des **Torrent de Lluc** und schließlich nach einer Brücke die **Finca Son Llobera**. Dahinter wandert man auf der nunmehr asphaltierten Straße durch das ebene, fruchtbare Hochtal **Clot d'Albarca**. Man hält an seinem südlichen Ende rechts auf das gleichnamige Landgut zu und zweigt davor links ab. Dann führt die Fahrbahn durch die Waldhänge nach **Lluc** hinauf – in weiten Kehren, die sich an einigen Stellen auf Pfaden abkürzen lassen. Nach einer Brücke über eine kleine Schlucht rechts zum Heiligtum **Lluc** **01** und links zum dortigen Restaurant. 2:10 h

52

# MORTITX – COVA DE SES BRUIXES

## Schlucht-Durchquerung zur „Hexenhöhle“

  9,5 km  4:30 h  400 hm 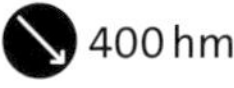 400 hm

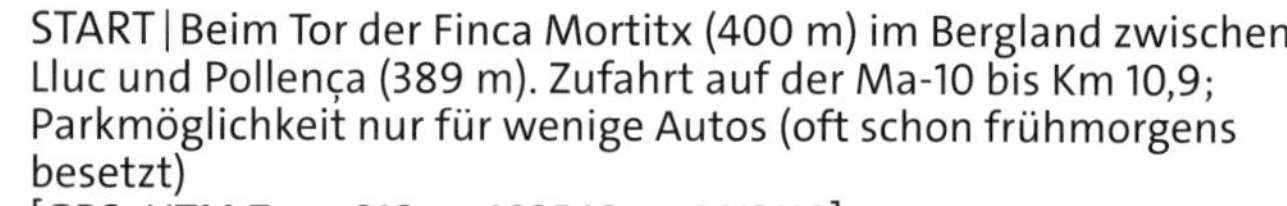

START | Beim Tor der Finca Mortitx (400 m) im Bergland zwischen Lluc und Pollença (389 m). Zufahrt auf der Ma-10 bis Km 10,9; Parkmöglichkeit nur für wenige Autos (oft schon frühmorgens besetzt)
[GPS: UTM Zone 31S x: 493549 y: 4413118]
CHARAKTER | Sehr anspruchsvolle Schluchtdurchquerung (Felsblöcke, ausgewaschenes Gestein); bei Gewittern bzw. Regen kann der Bach anschwellen. Rückweg auf verwachsenen Pfaden durch unübersichtliches Fels-, Gras- und Karstgelände, das sehr gutes Orientierungsvermögen erfordert (Steinmännchen, Farbpunkte; bei Nebel kaum zu finden). Gehen Sie nicht allein los und nehmen Sie genug zu Trinken mit. Kaum Schatten. Unterwegs keine Einkehrmöglichkeit; Bars/Restaurants in Lluc und Pollença

Der Torrent de Mortitx ist ein Musterbeispiel für Mallorcas wilde Schluchten: ein tiefes, gewundenes Trockental, in dem man große Felsbrocken und glatt polierte Steine überwinden muss. Ein echtes Alpin-Abenteuer mit Kraxel-Finale, denn zum Schluss muss ein Wasserbecken auf steilen Gesteinsplatten umgangen werden. Rund um den Torrent breitet sich eine öde und kleinräumige Karstlandschaft aus – mit messerscharfen Karrenfelsen, fantasievoll verwitterten Steinfiguren und Höhlen in den Wänden. Und ganz vorne an der Steilküste öffnen sich die beiden urgewaltigen Felsportale der Cova de ses Bruixes, der Hexenhöhle.

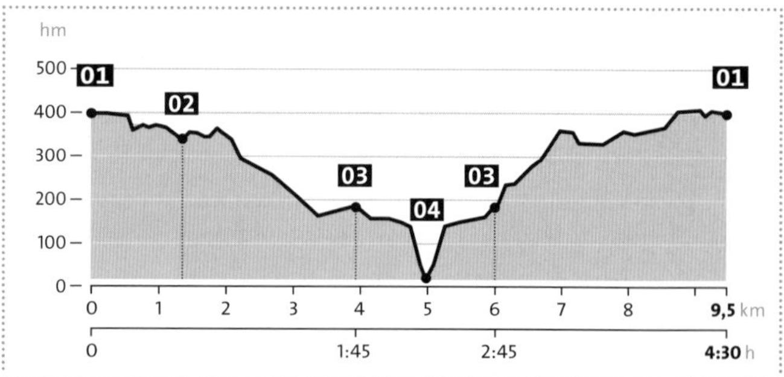


01 Parkplatz, 400 m; 02 Felseinschnitt, 330 m;
03 Rafal d’Ariant, 190 m; 04 Cova de ses Bruixes

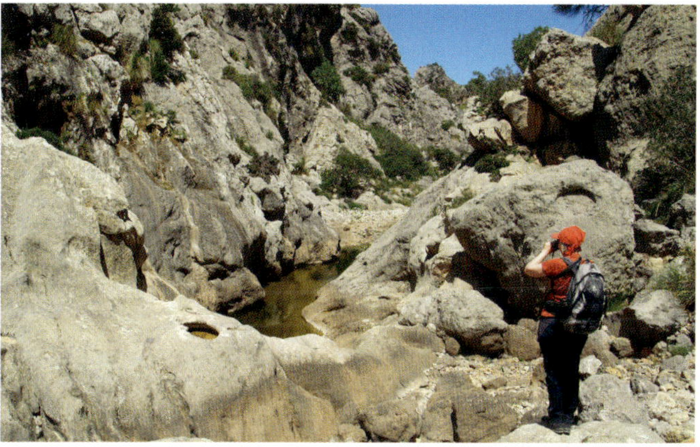

Im Torrent de Mortitx: volle Wasserbecken und völlige Einsamkeit

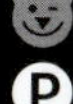
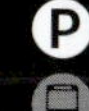
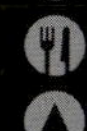

▶ Vom Tor neben dem **Parkplatz** **01** (Schild „Vinyes Mortitx" – falls geschlossen, geht's rechts daneben auf Stufen über die Mauer) spazieren Sie auf dem Fahrweg rechts um das **Weingut Mortitx** herum, an einem **Tennisplatz** und dem **Weinkeller** vorbei. Etwas abwärts zu den **Weingärten** in einem ebenen Hochtal. Rechts abzweigen und daneben zu einem Tor (rechts Leiterüberstieg; Infotafel und Hütte). Auf dem Fahrweg flach weiter durch die karstige Ebene und zu einer betonierten **Bachfurt**.

Knapp 100 m dahinter zweigt rechts ein undeutlicher Pfad ab (Steinmännchen, grüner Punkt). Dieser schlängelt sich zwischen hohem Gras und über ein weiteres (meist trockenes) Bachbett zu einen markanten **Felseinschnitt** **02** (330 m). Dahinter beginnt der Abstieg in den Torrent de Mortitx. Zunächst ist eine kleine Mauer zu überschreiten, dann kraxelt man steil über Steinblöcke und kleine Felsstufen hinab. Der schmale **Torrent de Mortitx** wird bald wieder breiter. Teils im und teils neben dem Bachbett gelangen Sie zu einem großen Felsblock (rechts daran vorbei), kurz rechts hinauf (Steinmännchen) und wieder steil in die Schlucht hinab. Links mündet der (ungangbare) **Torrent de s'Hort des Molí** ein. Nun wird das Bachbett flach; Sie kommen hier an einigen Wasserbecken vorbei. Zuletzt muss man die meist gefüllte Felswanne des **Gorg Llarg** auf der rechten Seite umklettern – das steile, glatt gescheuerte Gestein bietet nur wenige Unebenheiten zum Auftreten und Halten.

Nun erreichen Sie ein **Talbecken** und wandern zum markanten Felsturm **Bec d'Oca** („Entenschnabel", 214 m – der „Schnabel" ist allerdings vor Jahren abgebrochen). An seinem Fuß beginnt die Schlucht des **Torrent Fonda**. Davor biegt die Route rechts ab und führt durch einen Graben (dürre Feigenbäume) hinauf zum verfallenen Haus **Rafal d'Ariant** **03** (190 m). Eine mit Steinmännchen markierte Abkürzungsroute führt nach dem **Gorg Llarg** rechts unterhalb der Felsen dorthin. 1:45 h

Gleich rechts hinter der Hausruine liegt ein flacher **Sattel**, über den ein Pfad in eine weite **Mulde** hinabzieht. Rechts an der gemauerten Quelle **Font de l'Hort** vorbei, dann nach rechts und über ein Bachbett. Nun geht's auf flachen, aber verzweigten Pfadspuren – immer links in einigem Abstand neben einer Mauer und zuletzt durch einen Mauerdurchbruch – zum **Coll de la Caleta** (127 m), der Einsattelung südlich der Kuppe des **Musclo de les Cordes** (228 m). Dahinter liegt das Meer, zu dem ein Pfad hinabführt. Schließlich steigt man links auf Trittspuren durch den steilen Geröllhang und unter einem überhängenden Felsblock zur Felsküste der **Caleta d'Ariant** ab. Etwa 30 m über dem Wasser klettert man am linken Rand der Bucht über eine steile, aber durch schmale Bänder und Stufen gegliederte Felsflanke auf eine schmale **Gesteinszunge**, die sich ins Meer vorschiebt. Bei ruhiger See genießt man von ihrer Spitze einen eindrucksvollen Blick zu den beiden gewaltigen Felsportalen der **Cova de ses Bruixes** **04** (Hexenhöhle), die sich in den Klippen des Musclo de les Cordes öffnen.

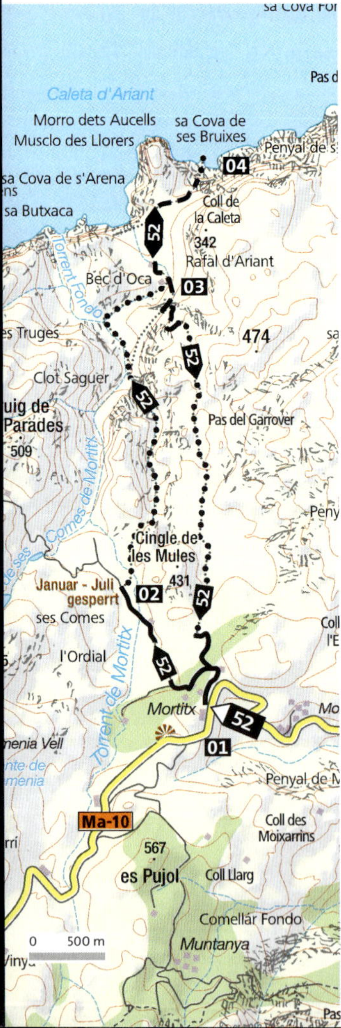

**Rückweg** auf der gleichen Route bis **Rafal d'Ariant** **03**. 1:00 h hin und retour

**Zurück nach Mortitx:** Im Süden der Hausruine bauen sich schroffe Felsabstürze auf. Dort windet sich die großteils noch gut erhaltene Wegtrasse des Camí del Rafal über die Voltes de l'Ullastre („Kurven der wilden Ölbäume") empor. Sie halten sich zunächst etwas nach links zu den alten Feigenbäumen und gehen neben einer Mauer zu einem kleinen Bachbett. Jenseits führt der gepflasterte, aber stellenweise verwachsene Pfad zu einer Unterbrechungsstelle empor. Bei einem roten Pfeil nach links und auf steilen, verzweigten Trittspuren durch den Grashang zu durchlöcherten Felsabstürzen. Bei einem Mauerpfeiler (Steinmännchen) erreicht man den gepflasterten Weg wieder. Auf diesem geht's nun am Fuß der Wände im Zickzack empor. Durch grasiges Gelände zu einem kleinen Gesteinszacken, davor nach links und in Kehren in einen kleinen **Sattel**. Dahinter Vorsicht: Bei einem roten Pfeil auf einem Fels rechts steil zu einer grasigen **Anhöhe** (304 m) hinauf.

Dahinter geradeaus durch eine Mulde und in Serpentinen in einen kleinen Pass, von dem man zum ersten Mal den fernen **Puig Tomir** erblickt. Links haltend zu einem Einschnitt neben bizarren Karstformationen (342 m). Im Auf und Ab durch eine weitere Grasmulde zum nächsten Pass zwischen einem schlanken Felsturm und zwei kleinen Bäumen. Dahinter in ein schluchtartiges Tal, das bei einem gelben Pfeil nach links umbiegt. Auf dem teils gepflasterten Weg und über Felsplatten rechts des Grabens zu einem Sattel hinauf. Flach durch Gras zu einem quer verlaufenden Pfad, auf diesem links über Felsstufen in den nächsten Pass unter zwei Bäumen. Über eine nahe Grassenke und im sanften Abstieg zu einem kleinen **Einschnitt zwischen zwei großen Felsblöcken**. Die linke Gesteinsplatte querend erreicht man eine Mauer (Leiterüberstieg, rechts daneben Durchlass).

Auf dem dahinter gelegenen ebenen Platz teilt sich der Pfad: rechts zu einer niedrigen Mauer, die überstiegen wird. Rechts haltend und sanft ansteigend geht man neben alten Mauern und durch Gebüsch auf eine **Anhöhe** (396 m), hinter der man eine Schotterstraße erreicht. Links zu einer Abzweigung, von dort rechts zu den Feldern des **Weinguts Mortitx** hinab.

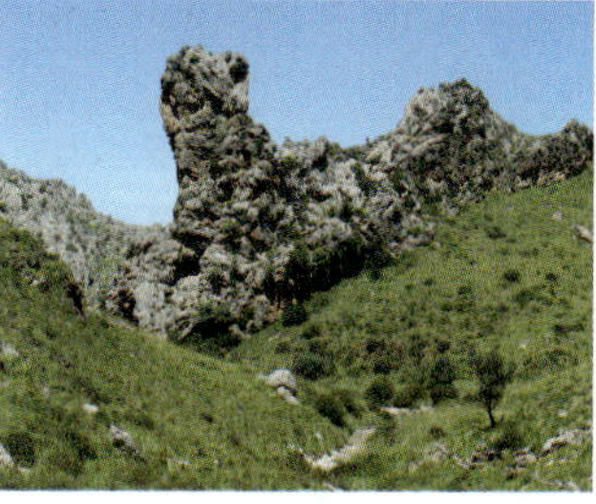

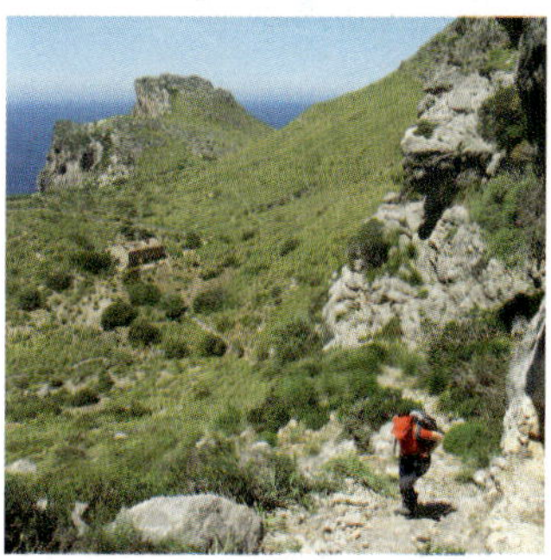

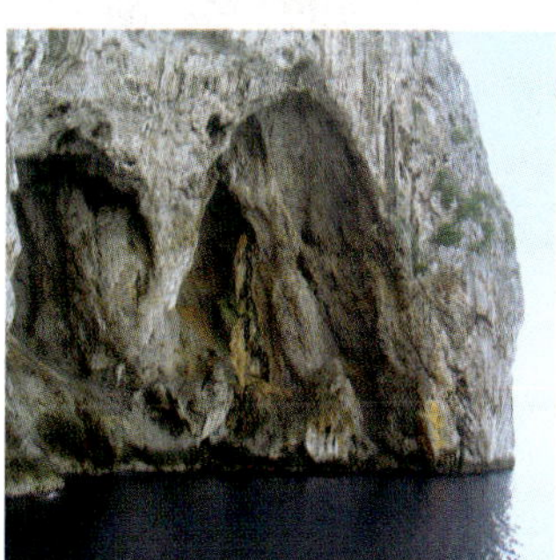

Entenschnabel & Hexenhöhlen

An einem geschlossenen Zauntor vorbei in den Wald, bis man den Zaun links auf einer Leiter überwinden kann. Dahinter auf einem Fahrweg rechts neben den Weingärten zu einem Wasserbecken hinauf und über eine Leiter. Dahinter links auf der Straße zum **Ausgangspunkt** **01** zurück. 1:45 h

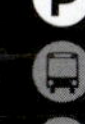
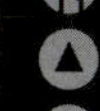
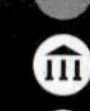

# AUF DIE CUCULLA DE FARTÀRITX • 711 m

## Überraschungen hoch über Pollença

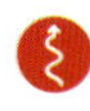  7 km   3:30 h 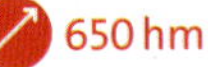 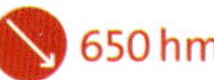

START | Im Vall d'en Marc westlich von Pollença. Zufahrt von der Ma-10 am nordwestlichen Ortsrand von Pollença stadteinwärts über die Brücke, dann rechts (Wegweiser „GR Lluc") ins Vall d'en Marc; Parkmöglichkeit nach ca. 2,5 km (vor einer Linkskurve) zwischen Straße und Bachbett. Bus nach Pollença, von dort zu Fuß in 0:40 h [GPS: UTM Zone 31S x: 499042 y: 4413426]
CHARAKTER | Einsame Bergwanderung auf alten Wegen und schmalen Pfaden; kurze Felspassagen erfordern Trittsicherheit und Schwindelfreiheit. Wenig Schatten. Unterwegs keine Einkehrmöglichkeit; Bars/Restaurants in Lluc und Pollença

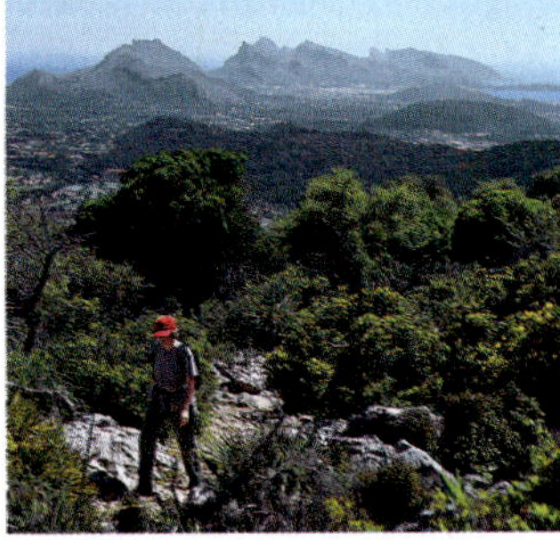
Aufstieg mit Formentor-Blick

Der „Spitzberg" südwestlich von Pollença ist nicht unauffällig – im Nahbereich des Tomir verblasst jedoch die Gunst der Wanderer für ihn. Schade, denn er bietet einen uralten Pflasterweg, das einsame Bauernland von Fartàritx und zuletzt einen überraschenden Felsdurchstieg. Oben auf dem Gipfel lehrt eine schöne Kachel die mallorquinischen Namen der Windrichtungen: Tramuntana (Nord), Llevant (Ost), Migjorn (Süd) und Ponent (West).

▶ Die schmale und flache Asphaltstraße führt weiter zwischen Gärten und kleinen Anwesen ins **Vall d'en Marc** 01 hinein. Von einer Gabelung geht's rechts auf dem beschilderten Camí de Can Romí weiter. Vor einem Waldhügel nach links und auf der nun betonierten Fahrbahn hinauf zu den **Cases Noves de Ca n'Huguet** (Ferien-Finca). Geradeaus daran vorbei und dahinter rechts auf einem Pflasterweg zu den **Cases Velles de Ca n'Huguet** 02.

Oberhalb davon erhebt sich ein bewaldeter Rücken, über den man in Kehren ansteigt. Kurz über freies Gelände und links durch eine Mauerlücke auf eine Anhöhe. Nochmals durch ein Zauntor und sanft gegen die **Cuculla de Fartàritx** aufwärts. Nach einem Gatter führt der Weg wieder im Zickzack empor (einige Verzweigungen) und durch Buschgelände zur Mauer vor dem Anwesen **Fartàritx Gran** 03 (prägen Sie sich das dortige Steinmännchen für den Rückweg ein).

## Pollença & Alcúdia

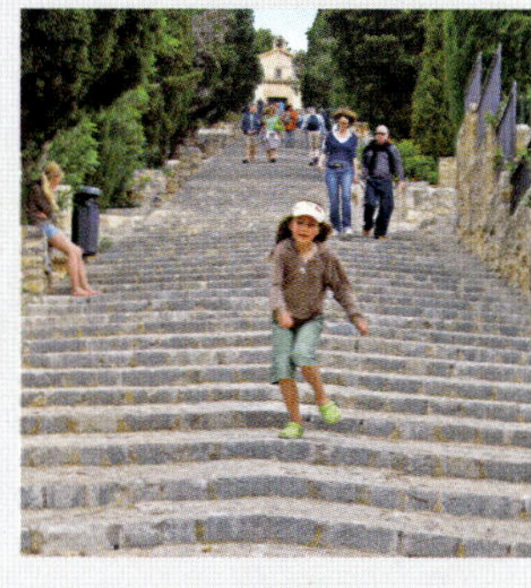

Um 70 v. Chr. legten die Römer eine Siedlung im (Rom zugewandten) Nordosten Mallorcas an. Pollentia („die Mächtige") wurde zur Inselmetropole. Im Jahre 426 zerstörten die Vandalen den Ort, der später 9 km weiter nordwestlich neu erbaut wurde. Dort liegt heute die kleine Stadt Pollença, deren verwinkelte Gassen an eine nordafrikanische Kasbah erinnern. Sehenswert: die Pfarrkirche an der Plaça Major, Casa Museu Dionís Bennàssar (www.museudionisbennassar.com), Museu Martí Vicenç (www.martivicens.org). Den berühmten Kalvarienberg ersteigt man auf 365 alten (und 48 neuen) Stufen; Teile der Bogenbrücke Pont Romà sollen aus dem 5. Jahrhundert stammen.

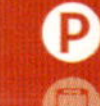
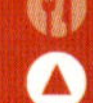

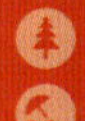

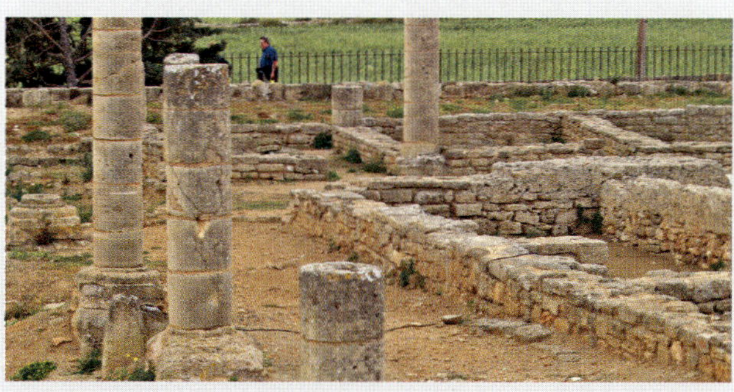

Über den Ruinen von Pollentia entwickelte sich rasch ein neues Gemeinwesen: Al-Qudya („auf dem Hügel") nannten es die Araber. Zwischen dem 13. und dem 17. Jahrhundert entstand die Ringmauer, die das Bild der Altstadt von Alcúdia bis heute prägt. Die römischen Ruinen kamen übrigens erst im 17. Jahrhundert wieder ans Tageslicht. Man kann die Ausgrabungen an der südlichen Umfahrungsstraße (Avinguda dels Princeps d'Espanya, Ma-13A) besichtigen: Grundmauern und Säulenreste mehrerer Wohnhäuser, Ruinen eines kapitolinischen Tempels aus dem 1. Jahrhundert v. Chr. und das etwas abseits gelegene Teatre Romà aus dem 1. Jahrhundert n. Chr., das 2500 Zuschauern Platz bot. Funde aus der Römerzeit sind auch im Museu Monogràfic de Pol·lèntia zu sehen (C/. de Sant Jaume, 30, Di – Fr 10 – 18 Uhr, Sa/So 10.30 – 13 Uhr, Fei geschlossen; Tel. 971/547004).

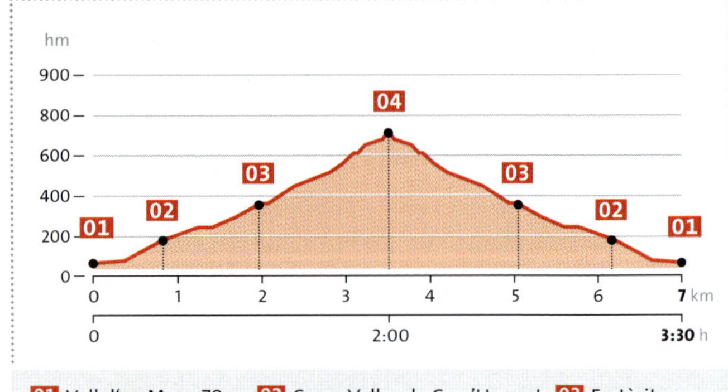


**01** Vall d'en Marc, 70 m; **02** Cases Velles de Ca n'Huguet; **03** Fartàritx Gran; **04** Cuculla de Fartàritx, 711 m

Nach rechts zu einem **Brunnen** neben einem Durchlass. Kurz weiter und links durch die nächste Mauerlücke. Dahinter schräg rechts über eine ebene Fläche. Hinter einigen Feigenbäumen führen steile Pfadspuren zwischen zerstörten Mauern und Gebüsch hinauf. Vor den Felsblöcken übersteigt man eine Mauer. Nach links, oberhalb eines **Wasserbeckens** in den Steineichenwald und – vorbei an einem Köhlerplatz (Hüttenruine) – zu einem riesigen Steinblock.

Rechts auf einem Pfad ins Grasgelände hinauf und neben einer auffälligen Felsgruppe auf die **Cuculla**

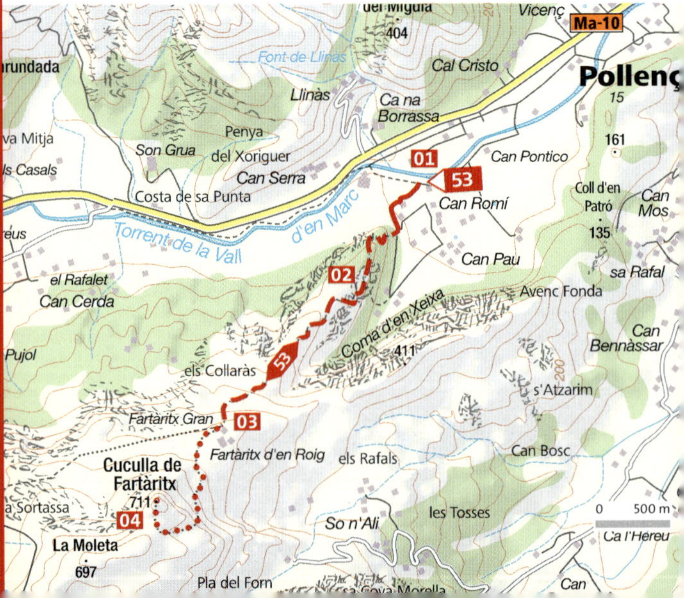

**de Fartàritx** zu. Dann muss man wie durch einen Tunnel unter Gebüsch durch, links ansteigen und über abschüssige Platten auf eine Felsrampe. Rechts zum schroffen Gipfelaufbau, links über ein breites Gesteinsband und auf einem aufgemauerten Weg in eine **Scharte** (große Steinpyramide). Über die schräge, mit hohem Dissgras bewachsene Gipfelhochfläche und rechts neben einer Mulde hinauf, zuletzt etwas steiler nach rechts und auf den **höchsten Punkt** 04 (711 m). 2:00 h

**Abstieg** wie Aufstieg. 1:30 h

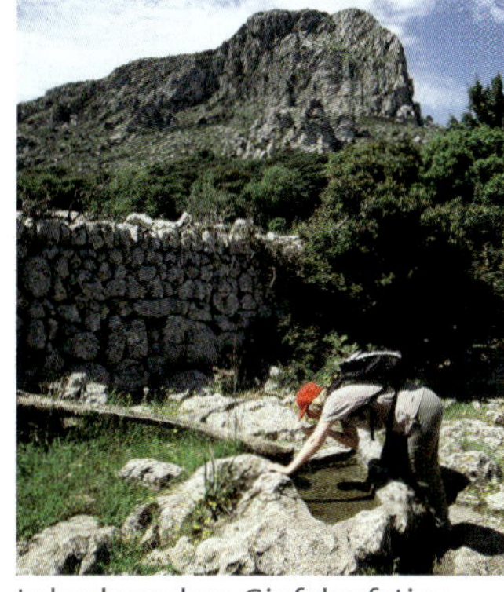

Labsal vor dem Gipfelaufstieg

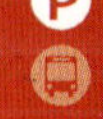
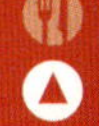
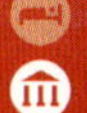
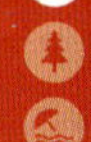

## Castell del Rei: Burgbesuch mit Hindernissen

Die berühmteste Burgruine Mallorcas thront auf einem entlegenen, 476 m hohen Felsberg über der Nordküste. Das Castell del Rei wurde bereits im 10. Jahrhundert von den Arabern genutzt; während der Rückeroberung war sie die letzte Zufluchtsstätte der geschlagenen Mauren. Seit 1715 verfiel die Anlage; erhalten blieben nur wenige Mauerreste, die jüngst restauriert wurden. Viele Jahre lang hatten die Grundbesitzer den Zugangsweg durch das Vall de Ternelles gesperrt. Die Gemeinde Pollença konnte immerhin erreichen, dass bis zu 20 Personen pro Tag zum Castell del Rei wandern dürfen (9 – 18 Uhr) – allerdings nur mit einer schriftlichen Genehmigung, die vier bis fünf Tage vor der Tour im Rathaus eingeholt werden muss. 2014 wurde der Zugang neuerlich auf unbestimmte Zeit gesperrt, diesmal vom Umweltministerium. Aktuelle Infos erhalten Sie im O.I.T-Büro Port de Pollença (am Hafen, Tel. 971/1865467) oder unter www.ajpollenca.net, Button „Autoritzacions Ternelles").

Falls die Wanderung zum Castell del Rei doch wieder möglich sein sollte: Sie beginnt am Estret de Ternelles, einem Taleinschnitt 2 km nördlich von Pollença (Zufahrt von der Ma-10 am nördlichen Ortsrand auf dem Camí de Ternelles, nur kleiner Parkplatz; von der Bushaltestelle in Pollença zu Fuß 1:15 h). Am Tor wird der Passierschein kontrolliert, dann marschiert man auf der Schotterstraße taleinwärts, vorbei an Feldern und kleinen Häusern, Kalköfen und zwei Brücken. Nach einer Gehzeit von 1:10 h gabelt sich die Route – links geht's in 0:30 h hinauf zur Burgruine, die jedoch dzt. geschlossen ist. Der rechte Fahrweg führt zum herrlich gelegenen Kiesstrand der Cala Castell hinunter (2:20 h zusätzlich).

54

# PUIG DE MARIA • 711 m

## Der „heilige Berg“ über Pollença

  3,8 km  1:45 h 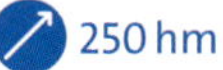 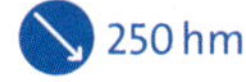

START | Pollença (50 m). Zufahrt auf der Ma-2200; zwei große Parkplätze und Haltestelle der Buslinie 340 (Palma – Port de Pollença) am Carrer de Cecili Metel im südlichen Stadtbereich [GPS: UTM Zone 31S x: 501431 y: 4413774]
CHARAKTER | Steile Kurzwanderungen auf Fahr- bzw. Pflasterweg und Pfad. Wenig Schatten. Einkehr: Bar und einfache Nächtigungsmöglichkeit (Küche für Selbstversorger) im Kloster auf dem Berg (Tel. 971/184132); Bars/Restaurants in Pollença

Pollença verfügt über einen exquisiten „Hausberg“: Auf dem Puig de Maria thront ein wehrhaft befestigtes Kloster, das der Muttergottes geweiht ist. Es wurde im Jahre 1348 während einer Pestepidemie gegründet. Die Sage berichtet, dass damals ein merkwürdiges Licht zur Auffindung einer steinernen Marienfigur geführt habe. Als man sie nach Pollença bringen wollte, wurde sie bei jedem Schritt schwerer – bis man sie wieder hinauftrug. Oben erbaute man eine Kapelle, später entstand daraus die heutige Anlage mit ihrem wuchtigen Wehrturm. Zwischen 1370 und 1988 war sie von Patres bewohnt. Heute kann man oben sogar übernachten – bei Sonnenaufgang ist der Ausblick zur Stadt am Fuß des Berges und zu den Felsgipfeln der Tramuntana besonders schön.

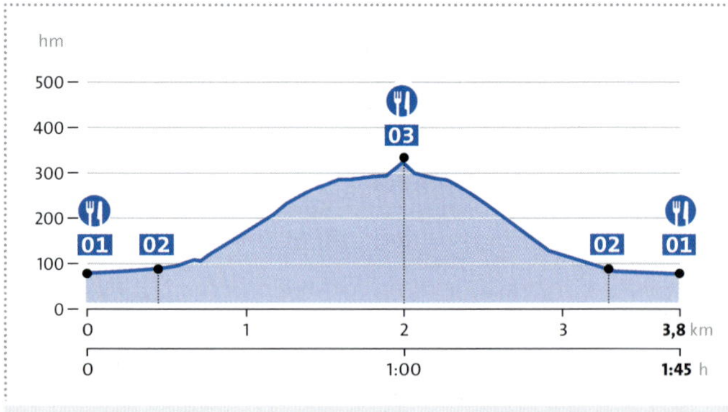


01 Bushaltest. am C/. de Cecili Metel; 02 Ma-2200, 50 m;
03 Puig de Maria, 333 m

▶ Wer bei der **Bushaltestelle am C/. de Cecili Metel** 01 startet, geht kurz zur Repsol-Tankstelle und biegt gegenüber links zum großen Parkplatz ab (Schild). Nach wenigen Schritten biegt man bei der Altstoff-Sammelstelle rechts auf einen beschilderten Weg ab. Dieser führt links um den Parkplatz herum und zur Umfahrungsstraße **Ma-2200** 02 (50 m).

Nach der Überquerung der Fahrbahn folgen Sie dem Wegweiser „Puig de Maria" und wandern auf dem asphaltierten Camí del Puig de Maria auf den Berg zu. Nach 100 m wendet sich der Fahrweg nach rechts, dann geht's in Serpentinen zu einigen Häusern empor. Scharf nach links und auf der betonierten Trasse zum Ende des Fahrweges – die Auffahrt mit dem Auto hat keinen Sinn, es gibt dort keinen Parkplatz. Auf einem gepflasterten Treppenweg geht's weiter hinauf zum festungsartig ausgebauten **Kloster** auf dem **Gipfel** 03 (333 m). Kurz vorher erkennt man auf der rechten Seite einen Felsblock, der wie ein Sitz geformt ist – **La Sillita de Jesús** („das Stühlchen des Jesus") heißt diese Naturerscheinung.

Unterhalb des Klosters zweigt der beschilderte Camí dels Ermitans (Einsiedlerweg) links ab. Er führt zum **Mirador del Molí Vell**, einem großartigen Aussichtspunkt (Blick über die verwinkelten Gassen der Stadt und von Alcúdia über die Halbinsel Formentor bis zur Serra de Tramuntana). Bald danach erreichen wir den tiefen Felsschlund des **Avenc de la Mare del Déu**. Links daran vorbei und – etwas verwachsen – zum **Kloster** hinauf. Von dort aus ist ein großer Teil vom Rest der Insel sichtbar – man

Ein Gotteshaus wie eine Burg

erblickt sogar den fernen Berg von Randa. Die alte Klosterküche steht heute den Besuchern zur Verfügung; auch der Picknickplatz vor dem Gebäude wird gern genutzt. In der **Kapelle des Klosters** steht die Madonna, die unbedingt auf dem Berg bleiben wollte, daneben ist eine Krippe zu bewundern. Eine kleine Ausstellung rundet die Besichtigung ab. 1:00 h

**Abstieg** wie Aufstieg. 0:45 h

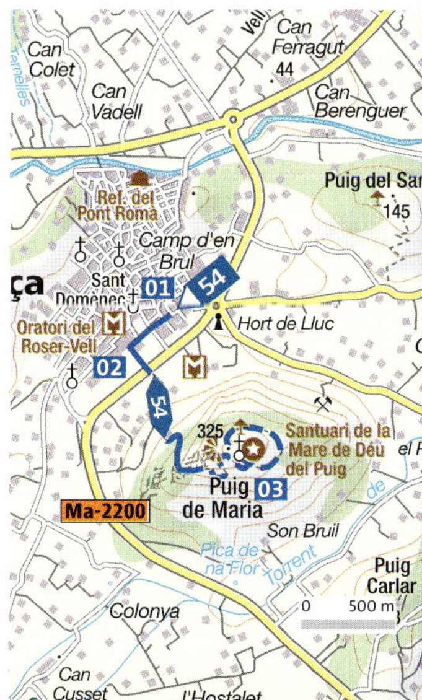

55

# SERRA DES CORNAVAQUES • 542 m

## Auf Schmugglerpfaden zum schönsten „Burg-Blick“

  10 km  5:30 h  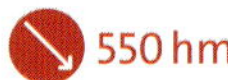

START | Cala Sant Vicenç nordöstlich von Pollença. Zufahrt von der Ma-2203 zwischen Pollença und Port de Pollença; Parkplätze entlang der Avinguda del Cavall Bernat und beim Kreisel oberhalb der Cala Barques. Bushaltestelle im Ortszentrum.
[GPS: UTM Zone 31S x: 504629 y: 4418966]
CHARAKTER | Anspruchsvolle Bergwanderung – erst auf einer Schotterstraße, dann auf schmalen, stellenweise felsigen Pfaden bzw. verwachsenen Pfadspuren, die Trittsicherheit erfordern. Im unübersichtlichen Gras- und Felsgelände ist die Orientierung schwierig. Kein Schatten. Unterwegs keine Einkehrmöglichkeit; Bars und Restaurants in Cala Sant Vicenç.

Die 5 km lange Serra des Cornavaques erhebt sich als mächtiger, karstig-kahler Gebrigskamm zwischen dem Vall de Ternelles und dem kleinen Ferienort Cala Sant Vicenç (daher wird der Gebirgszug von dieser Seite aus auch Serra de Sant Vicenç genannt). Der Weg auf die höchste Spitze ist kein Spaziergang, doch die Aussicht lohnt alle Mühen wie weglose Dissgras-Querungen oder Balancieren auf scharfem Kalkgestein: Jenseits des Ausgangsortes (in dem nach der Tour gleich vier kleine Sandstrände zum Bad locken) schießen die senkrechten, teils sogar überhängenden Klippen der Serra del Cavall Bernat aus dem Wasser – was für ein Bild! Dahinter erhebt

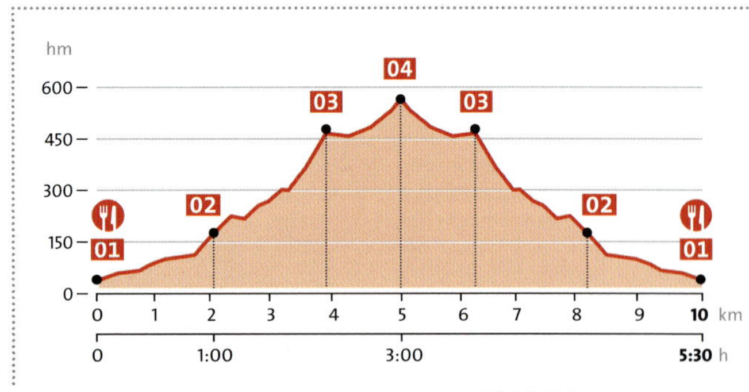


01 Avinguda del Cavall Bernat; 02 Punta de l'Àguila, 199 m; 03 Sa Mola, 474 m; 04 Serra des Cornavaques, 542 m

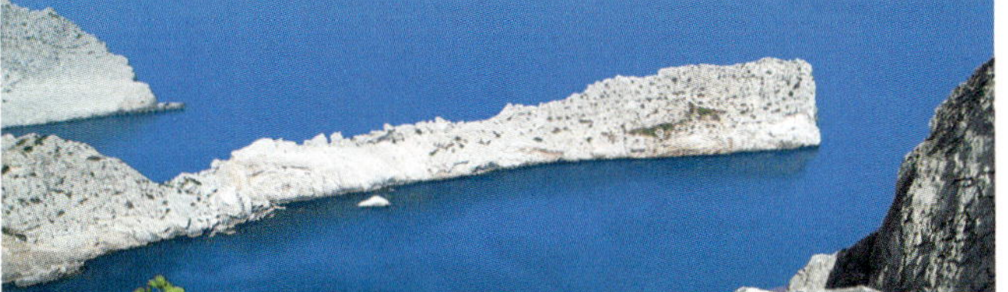

Wie ein steinerner Säbel ragt die Punta Galera ins Meer hinaus.

sich der nicht minder imposante Felsgipfel des Pal mit seiner vorgelagerten Insel El Colomer. Noch eindrucksvoller ist jedoch der Blick in die andere Richtung: Dort steht das Castell del Rei (siehe Kasten auf Seite 197) sozusagen „auf Augenhöhe" vor den Betrachtern.

▶ 100 m vom Meer landeinwärts biegen Sie von der **Avinguda del Cavall Bernat** 01 rechts auf einen Treppenweg ab. Er führt hinauf zur Einmündung einer betonierten Straße. Dort nach rechts und nach wenigen Metern auf einem Schotterfahrweg in den Wald. Nach zwei Toren rechts abbiegen. Die sanft ansteigende Straße, die von republikanischen Kriegsgefangenen gebaut wurde, führt über den freien **Pla de Coves Blanques** und über den **Torrent de les Rotes Vells**. Nach einer scharfen Linkskurve erreichen Sie das Ende der Piste und einen 60 m langen Stollen, der als Unterstand und Geschütz-Zugang diente. Gleich nach einem Wasserbecken geht's rechts auf einem Pfad (Steinmännchen) auf die Anhöhe über dem Meer, links über den Rücken empor und vorbei an tiefen Gruben – hier befanden sich einst Geschütze. Durch eine grasige Mulde erreichen Sie die **Punta de l'Àguila** 02 (199 m), von der Sie bereits einen guten Blick zur schmalen, 700 m langen Felshalbinsel der **Punta Galera** und zum **Castell del Rei** genießen. 1:00 h

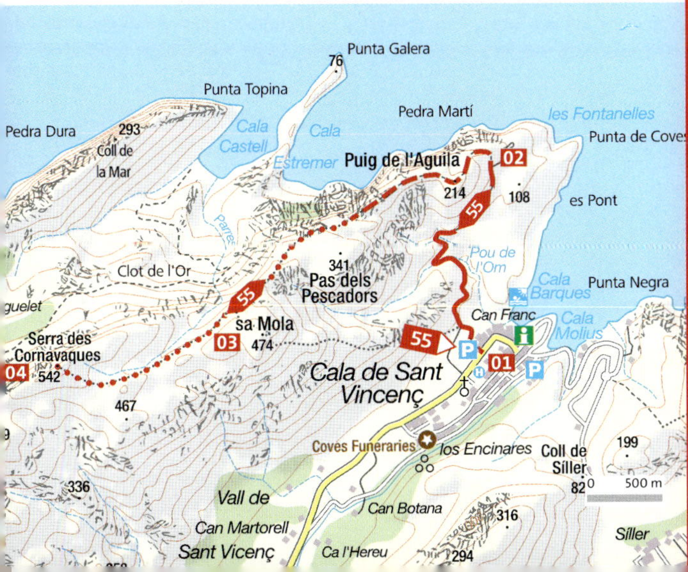

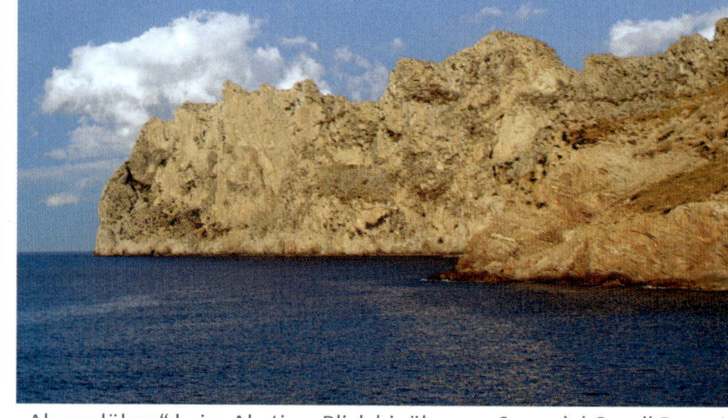

„Alpenglühen“ beim Abstieg: Blick hinüber zur Serra del Cavall Bernat

Ein Pfad zieht nun über das anschließende Grasplateau und im schrägen Anstieg durch einen felsigen Hang auf die nächste **Kuppe** (Blick zur Bucht von Alcúdia). Neben der Abbruchkante hoch über dem Meer weiter und links darunter in einen **Sattel** hinab. Durch den gegenüber ansteigenden Hang in eine kleine Mulde, eine alte Mauer übersteigen und – sich links haltend – über einen Grashang hinauf (verwachsene Pfadspuren, Steinmännchen). Links neben einer kleinen Felskuppe flach weiter, dann rechts auf den Rücken und auf diesem dem Gipfelaufbau der **Mola** entgegen. Rechts unten liegt der **Pas dels Pescadors** (ein schwieriger Übergang zu den Buchten unter dem Castell del Rei), links öffnet sich das Einzugsgebiet des **Torrent de les Rotes Vells**. Sie gehen über die felsige Anhöhe dazwischen weiter und steigen dann rechts auf den höheren Rücken hinauf (Tiefblick zur **Cala Castell**). Über den steilen und felsigen, aber gut gangbaren Rücken empor, bis man kurz unterhalb der Gipfelfelsen der **Mola** **03** (474 m) rechts bleibt (Steinmännchen beachten!) und zum Rand ihrer kleinen Hochfläche gelangt (der höchste Punkt lässt sich kurz, aber mühsam links ersteigen). Rechts an der Hochfläche vorbei und bei einem Steinmännchen rechts unter einer **niedrigen Felswand** weiter. Oberhalb der Grasmulde des **Torrent de les Parres** gehen Sie fast eben durch Geröll weiter – unter einem Sattel vorbei und dann am Fuße der anschließenden Wandstufe. Unter ihrem vorderen Ende kurz etwas abwärts und zu einer weiten, grasigen Senke. Rechts daran vorbei, dann führt der Pfad unter einer dritten Felswand weiter. Bald erreichen Sie den nächsten Sattel. Von dort steigen Sie rechts über den steinig-grasigen Gipfelhang zum Vermessungszeichen auf dem höchsten Punkt der **Serra des Cornavaques** **04** an. Nach Nordwesten bricht der Berg mit senkrechten Wänden ab – dort tut sich ein herrlicher Blick zum direkt gegenüber aufragenden „Burgberg“ mit dem **Castell del Rei** auf. Der Berg bietet aber auch eine gute Sicht zu den hohen Gipfeln der Serra de Tramuntana und über die Bucht von Pollença. 2:00 h

**Abstieg** auf derselben Route. 2:30 h

# TALAIA VELLA – CAVALL BERNAT • 352 m



## Ein Aussichtsberg im „Felszaun" über Cala Sant Vicenç

  6 km  4:15 h  300 hm  300 hm

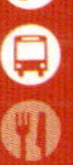

START | Cala Sant Vicenç (Zufahrt siehe Tour 55); Parkplatz und Bushaltestelle an der Cala Molins
[GPS: UTM Zone 31S x: 504856 y: 4418830]
CHARAKTER | Kurze, aber anspruchsvolle Bergtour auf einem schmalen Pfad und im weglosen Gras- bzw. Felsgelände, das Trittsicherheit und guten Orientierungssinn erfordert (stellenweise Steinmännchen). Kaum Schatten. Unterwegs keine Einkehrmöglichkeit; Bars/Restaurants in Cala Sant Vicenç

Vor der Halbinsel Formentor zeigt die Serra de Tramuntana all ihre Wildheit sozusagen en miniature. Diese Symbiose von Gebirge und Meer erreicht mit der gezackten, teils sogar überhängenden Felsschneide der Serra del Cavall Bernat ihren Höhepunkt. Der vordere Gipfel dieses Kammes lässt sich ohne allzu große Schwierigkeiten erklimmen. Die Routensuche im weglosen Felsgelände wird reich belohnt – durch einen fantastischen Tiefblick auf die Bucht von Pollença und die Nordküste.

▶ Vom Parkplatz an der **Cala Molins** 01 gehen Sie links (Wegweiser „Cala Carbo, Port de Pollença") auf einer Asphaltstraße neben dem Meer auf die Felswände der Serra del Cavall Bernat zu. Bei der folgenden Abzweigung geradeaus (Schild „Camí del Port de Pollença a Cala Carbo") und hinüber zum benachbarten Kiesstrand der **Cala Carbo**. Die Straße führt von dort durch einen Graben, links zu einigen Ferienhäusern über dem Meer und weiter zu einer Abzweigung. Geradeaus zu einem ein-

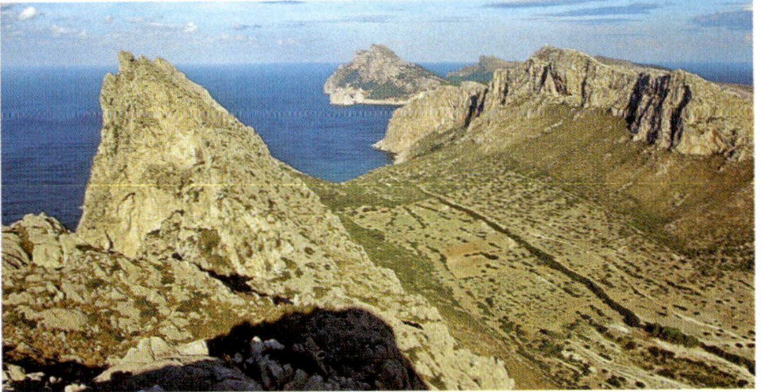

Gipfelblick über die Serra del Cavall Bernat ins Vall de Bóquer (Tour 57)

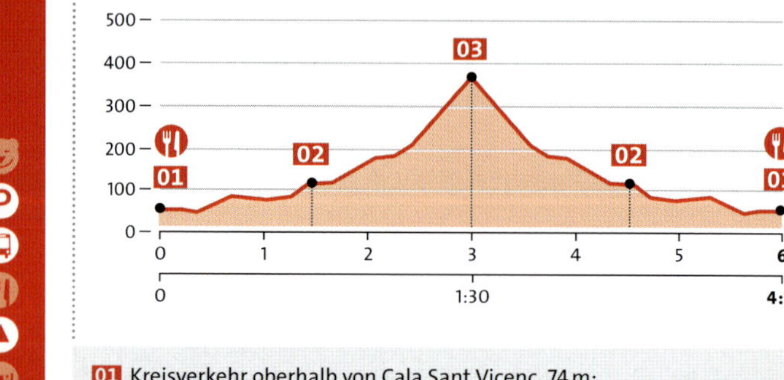


01 Kreisverkehr oberhalb von Cala Sant Vicenç, 74 m;
02 Höhenrücken, 137 m; 03 Talaia Vella, 352 m

samen **Kreisverkehr**, von dem Sie links – bergwärts – zum Haus Ca na Júlia gehen. Vom Straßenende geht's geradeaus auf verzweigten Pfadspuren durch den ansteigenden Grashang zwischen Zwergpalmen auf einen **flachen Höhenrücken** 02 (137 m, Blick auf Port de Pollença). Dort nach links, eben zwischen Steinen dahin und dann auf dem ansteigenden Pfad weiter. Rechts der Anhöhe auf eine kleine **Verebnung**, dann zwischen Gras und grobem Gestein zu einer alten Mauer. Weiter ansteigend zu einer zweiten, höher gelegenen Mauer, der man links bis zur **Gratkante** hinauf folgt. Dort nach rechts und unterhalb der Felsen schräg in die **Scharte** unter dem Gipfel. Dahinter liegt eine kleine Grasmulde. Von dort aus erklimmt man im Zickzack einige Felsstufen, bis man den höchsten Punkt der **Talaia Vella** 03 (352 m) erreicht. Es lohnt sich, dem felsigen Grat etwa 10 Min. weiter Richtung **Serra del Cavall Bernat** bis zur nächsten Anhöhe zu folgen – toller Tiefblick ins Vall de Bóquer! 1:30 h

**Abstieg** wie Aufstieg. 2:45 h

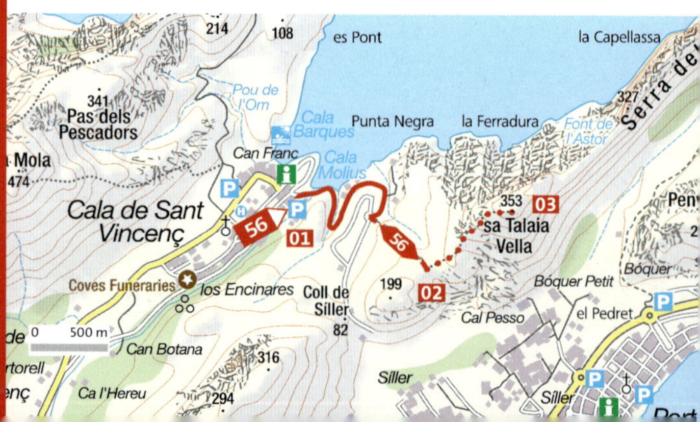

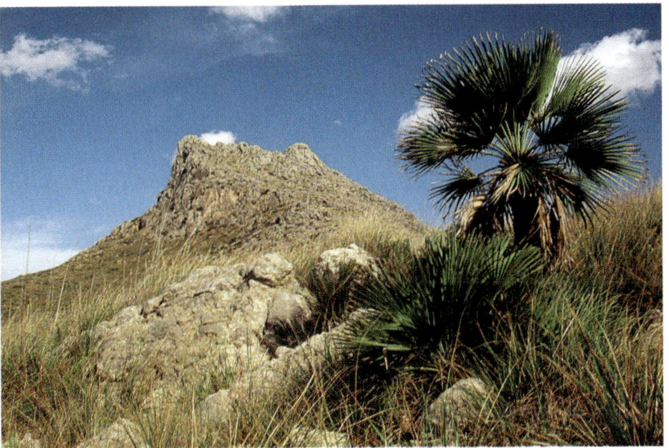

Die Talaia Vella, der „leichteste" Berg der Serra del Cavall Bernat

## Formentor: Land's End mit stimmungsvollen Plätzen

Nordöstlich von Port de Pollença setzt sich die Serra de Tramuntana mit der 13 km langen Halbinsel von Formentor fort. An ihrer Spitze trägt sie seit 1862 einen Leuchtturm, den man heute auf einer serpentinenreichen Ausflugsstraße erreicht. Diese führt auch am vielbesuchten Mirador des Colomer vorbei – an einem Aussichtspunkt, der einen unvergesslichen Blick auf den Felsgipfel El Pal und die vorgelagerte „Taubeninsel" bietet. Darüber steht der Wachturm von Albercutx, ein besonderes Ziel zum Sonnenuntergang. Viel Besuch erhält der Sandstrand der Cala Pi de la Posada, neben dem 1931 das Hotel Formentor, eine der ersten Luxusherbergen der Insel, entstand. Abseits der Straße blieben mehrere Abschnitte des historischen Weges der Leuchtturmwärter erhalten. Wanderpfade führen aber auch zu den kleineren Buchten der Halbinsel – etwa zur Cala Figuera unter der überhängenden Nordwand des 334 m hohen Fumat. Ebenfalls unvergesslich: die Umrundung des Cap de Formentor per Schiff (ab Port de Pollença, Tel. 971/864014).

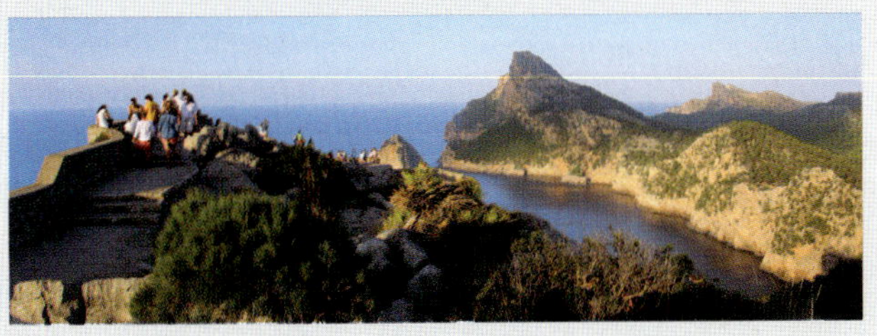

57

# SPAZIERGANG INS VALL DE BÓQUER

## Die vielleicht schönste Kurzwanderung im Norden

   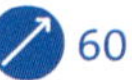 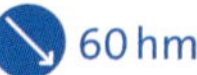

START | Port de Pollença, Umfahrungsstraße (Ma-2210) Richtung Formentor. Schotter-Parkplatz beim dritten Kreisverkehr links (Infotafel), Parkplätze auch rechts entlang der Parallelstraße. Bushaltestelle (Linien 340, 345) am Hafen; von dort auf der Strandpromenade Richtung Formentor zum Hostal Bahia und links auf der Avinguda de Bòcchoris in 15 Min. zum Startpunkt [GPS: UTM Zone 31S x: 507187 y: 4418103]
CHARAKTER | Beliebte Wanderung auf breiten Wegen und schmalen Pfaden; kaum Schatten. Unterwegs keine Einkehrmöglichkeit; Bars/Restaurants in Port de Pollença

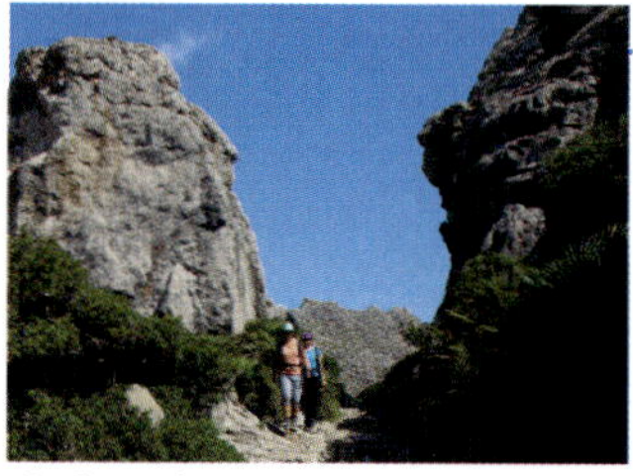
Ein fast alpiner Weg zum Meer

Diese ganz kurze und einfache, aber landschaftlich wunderschöne Wanderung führt durch ein Tal zwischen zwei Felskämmen zum Meer. Im Südosten des Vall de Bóquer erhebt sich der Höhenzug Es Morral, während sich nordwestlich davon die Serra del Cavall Bernat emporreckt. Knapp unter ihrem Grat öffnet sich ein großes Felsfenster. Der Weg von der wehrhaft ausgebauten Finca Bóquer zur gleichnamigen Bucht – seit jeher ein Lieblingsziel britischer Vogelbeobachter – schlängelt sich zwischen haushohen Felsblöcken in ein Gebiet, das schon in prähistorischer Zeit bewohnt war.

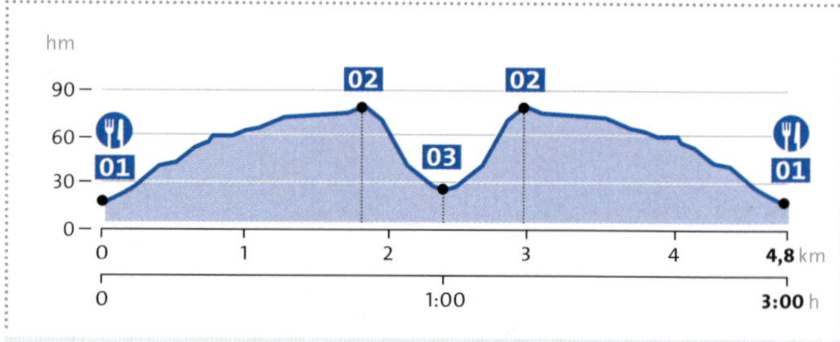


01 Parkplatz, 20 m; 02 Coll des Moro, 78 m; 03 Cala Bóquer

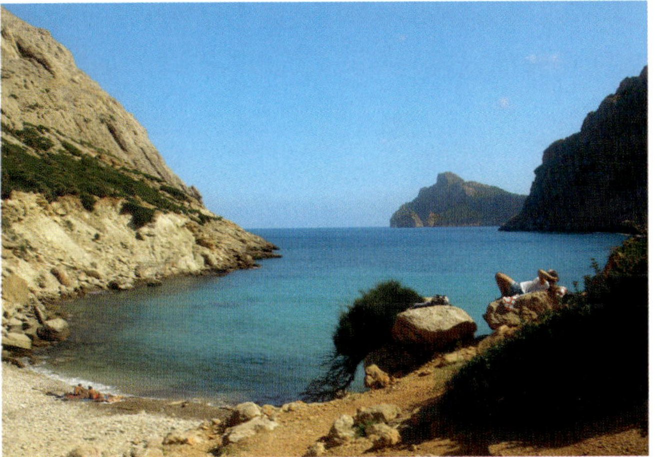

„Halbzeit" an der Cala Bóquer – im Hintergrund der felsige Pal

▶ Vom **Schotter-Parkplatz** 01 (Infotafel) folgen Sie einem Fahrweg – neben dem Siedlungsgebiet links abbiegend – zu einem Tor. Dahinter passieren Sie das wie eine kleine Burg befestigte **Landgut Bóquer** und ein weiteres Tor. Rechts kurz auf einer Betontrasse bergauf. Der anschließende Schotterweg schlängelt sich zwischen riesigen Felsformationen ins weite, mit Gebüsch und Zwergpalmen bewachsene **Vall de Bóquer** (Mauerdurchlässe). Das Gemecker verwilderter Ziegen begleitet Sie auf dem Weg zum flachen **Coll del Moro** 02 (78 m). Dahinter verzweigt sich der Weg: Rechts führt ein Pfad zu einem 10 Min. entfernten **Aussichtspunkt** oberhalb der **Cala Bóquer**. Links gelangt man durch steile Hänge hinunter zum **Kiesstrand der Bucht** 03. 1:00 h

**Rückweg** auf derselben Route. 2:00 h

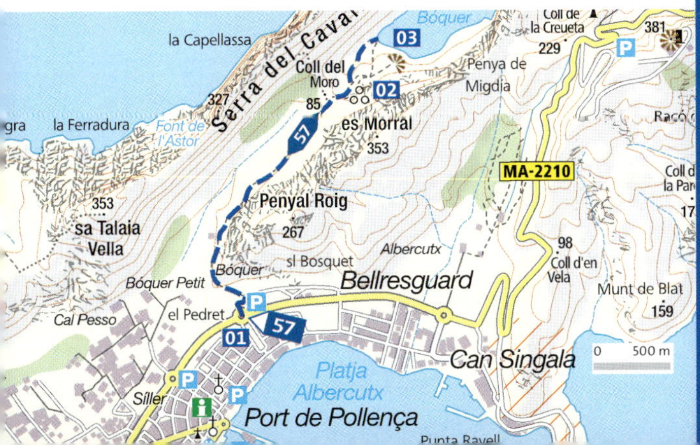

# CALA EN GOSSALBA – EL FUMAT • 335 m

## Baden und Bergsteigen auf der Halbinsel Formentor

  4,6 km  2:30 h 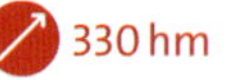

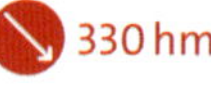


START | Auf der Halbinsel Formentor, beim kleinen Aussichtspunkt an der Ma-2210 nördlich der Roca Blanca (170 m). Zufahrt von Port de Pollença Richtung Cap de Formentor und durch den Fumat-Tunnel; Parkplatz für 4 Autos (Schild mit Fotoapparat) bei Km 14,9 (oft belegt, kleine Parkmöglichkeiten schon davor neben der Straße) [GPS: UTM = Zone 31S x: 516196 y: 4422689]
CHARAKTER | Bergtour auf teils verwachsenen, nur mit Steinmännchen markierten Pfaden und in weglosem Gras- bzw. Felsgelände (kurze Kletterstelle). Im unteren Bereich Schatten. Unterwegs keine Einkehrmöglichkeit; Bars/Restaurants in Port de Pollença

Selbst in der wilden Felslandschaft der Halbinsel Formentor ist der Fumat eine singuläre Erscheinung. Nach Norden hin protzt er mit einer überhängenden Felswand, die ein Tunnel der Ausflugsstraße durchsticht. Kaum bekannt ist dagegen die Bucht der Cala Gossalba hinter dem Berg und der benachbarten Roca Blanca.

▶ Gegenüber dem **Parkplatz** 01 (Schild „Finca Cala Murta") führt ein Pfad durch eine grasige Mulde östlich unter der **Roca Blanca** hinab. Bald wandern Sie unter Kiefern und neben einem trockenen Bachbett weiter. Der Pfad endet knapp oberhalb der 25 m breiten Kiesbucht der **Cala en Gossalba** 02, zu der man links absteigt. 0:30 h

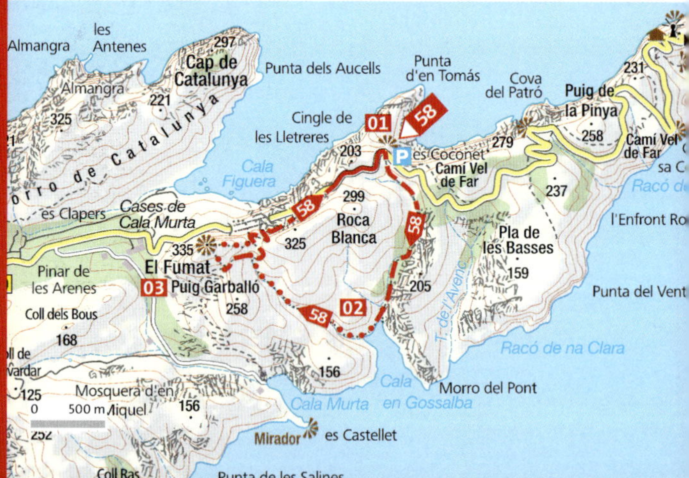

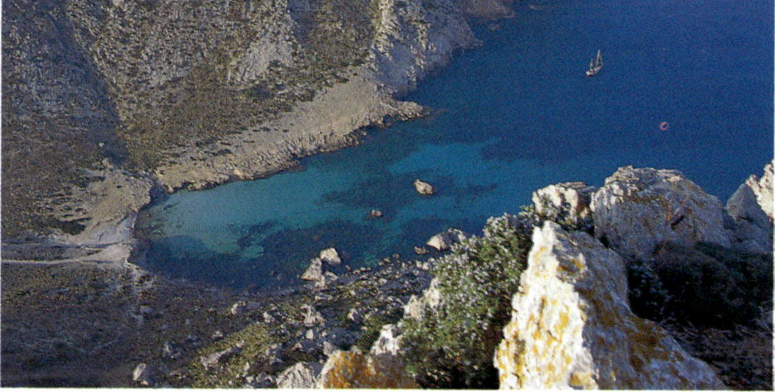

Ein Blick wie aus dem Flugzeug: vom Fumat zur Cala Figuera

Wieder hinauf zum Pfad und auf diesem nach links, wo er bald endet. Nun weglos – etwa auf gleicher Höhe bleibend – durch den felsigen Hang hinüber zum **Torrent de les Agulles**, der in eine winzige Nachbarbucht mündet. Nun folgen Sie dieser kleinen Schlucht bergauf, erklimmen einen kleinen Felsabbruch und passieren nach 10 Min. eine Höhle. Danach weitet sich der Graben zu einer grasigen Mulde, in der Sie auf etwa 200 m Seehöhe auf einen schön angelegten Pfad stoßen. Dies ist der **Camí Vell del Far**, der einstige Verbindungsweg von der Cala Murta zum Leuchtturm am Cap de Formentor, dem Sie nach links folgen. In weiten, ganz sanft ansteigenden Kehren erreichen Sie den Felseinschnitt des **Coll de la Bretxa** (251 m). Rechts abzweigen und weglos über Felsplatten und gestuftes Gestein zum Gipfel des **Fumat** 03 (335 m) hinauf. 1:10 h

**Abstieg:** Auf dem felsigen, aber gut gangbaren **Ostkamm** (rote Punkte, Steinmännchen) hinunter zum **Coll de la Creu** (242 m). Dort erreichen Sie wieder den **Camí Vell de Far**, auf dem Sie in den Sattel vor der **Roca Blanca** gehen. Links in Kehren zur **Formentor-Straße** hinunter (Wegweiser) und auf dieser nach rechts zum **Ausgangspunkt** 01 zurück. 0:50 h

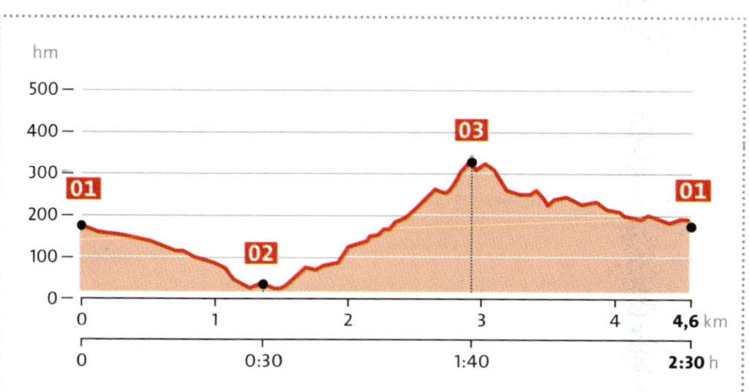


01 Parkplatz, 170 m; 02 Cala en Gossalba; 03 El Fumat, 335 m

59

# PENYA DES MIGDIA (PENYA ROJA) • 358 m

## Der „Kanonenberg" über der Ermita de la Victòria

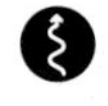  3,7 km  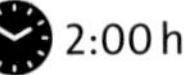 2:00 h 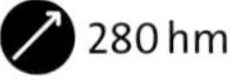 280 hm 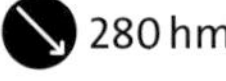 280 hm

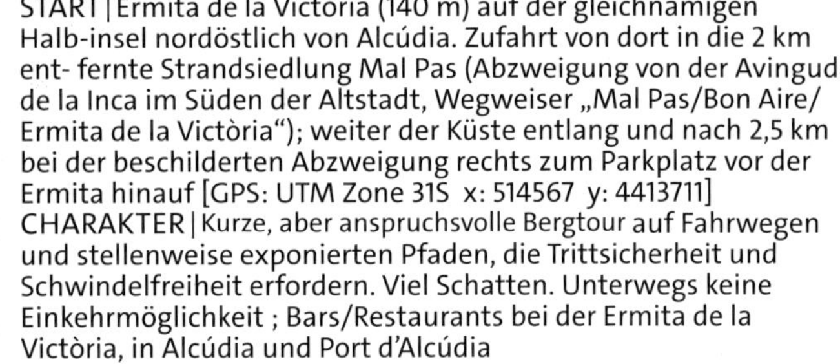
START | Ermita de la Victòria (140 m) auf der gleichnamigen Halb-insel nordöstlich von Alcúdia. Zufahrt von dort in die 2 km ent- fernte Strandsiedlung Mal Pas (Abzweigung von der Avinguda de la Inca im Süden der Altstadt, Wegweiser „Mal Pas/Bon Aire/ Ermita de la Victòria"); weiter der Küste entlang und nach 2,5 km bei der beschilderten Abzweigung rechts zum Parkplatz vor der Ermita hinauf [GPS: UTM Zone 31S x: 514567 y: 4413711]
CHARAKTER | Kurze, aber anspruchsvolle Bergtour auf Fahrwegen und stellenweise exponierten Pfaden, die Trittsicherheit und Schwindelfreiheit erfordern. Viel Schatten. Unterwegs keine Einkehrmöglichkeit ; Bars/Restaurants bei der Ermita de la Victòria, in Alcúdia und Port d'Alcúdia

Der„Kanonenberg" im Norden der Halbinsel Victòria gilt als „Wander-Klassiker". Tatsächlich befindet sich auf dem schroffen Gipfel der Penya des Migdia („Mittagsfels", wegen ihres roten Gesteins auch Penya Roja genannt) eine Kanone, die man im 16. Jahrhundert zum Schutz gegen Piraten hinaufschleppte. Ebenso berühmt wurde der enge Durchschlupf in der 1603 erbauten Befestigungsmauer, die den wohl seltsamsten Ausguck Mallorcas abschirmt.

### Ermita de la Victòria

Die schmucklose, mit wehrhaften Mauern befestigte Wallfahrtskirche hoch über der Westküste der Halbinsel geht auf das 14. Jahrhundert zurück. Sie birgt eine Marienstatue, die als Schutzpatronin von Alcúdia verehrt wird. Im ersten Stock über der Kirche kann man übernachten (www.lavictoriahotel.com). Top: Restaurant Mirador de la Victòria (Tel. 971/547173) mit traumhaftem Blick von der Terrasse!

▶ Vom **Parkplatz** bei der **Ermita de la Victòria** **01** führt eine Schotterstraße (Schild „Talaia d'Alcúdia, Collet des Coll Baix) rechts am **Restaurant** vorbei und durch den Wald hinauf (unterwegs ist links ein kurzer Abstecher zu den Tres Creus (drei Kreuzen) möglich. Auf dem breiten Fahrweg erreichen Sie nach 15 Min. eine **Rechtskurve** **02** am Fuße der Felsen. Dort zweigen sie scharf links auf einen unbeschilderten Pfad ab. Er führt im Auf und Ab durch den Wald- und Grashang hoch über der Küste und schließlich über einige Stufen zu einer kleinen Anhöhe hinauf. Von der dortigen Wegteilung geht's links etwas abwärts und durch ei-

## Puig des Romaní

Von der Gabelung vor der Penya des Migdia führt der rechte Pfad zur Scharte unter ihrem turmartigen Gipfelaufbau hinauf. Dort nach rechts und schräg durch den Hang auf den Kamm des Puig des Romaní. Links daneben durch eine 3 m hohe Felsrinne empor, dann geht's unterhalb des Grates hinüber zum Doppelgipfel des 391 m hohen „Rosmarinberges". Aufstieg 0:30 h, Abstieg 0:20 h

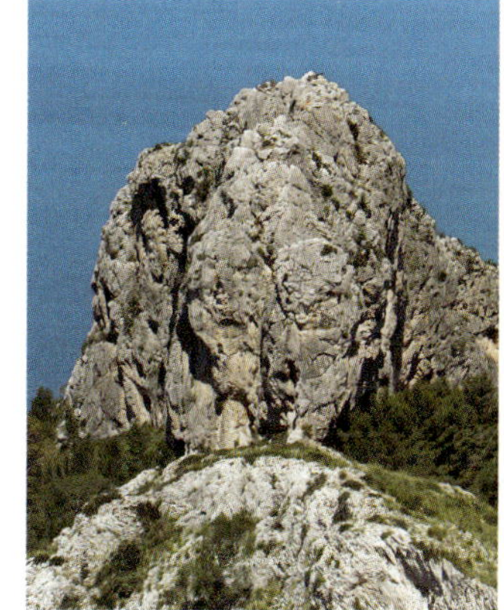
Kanonenberg vom Rosmarinberg

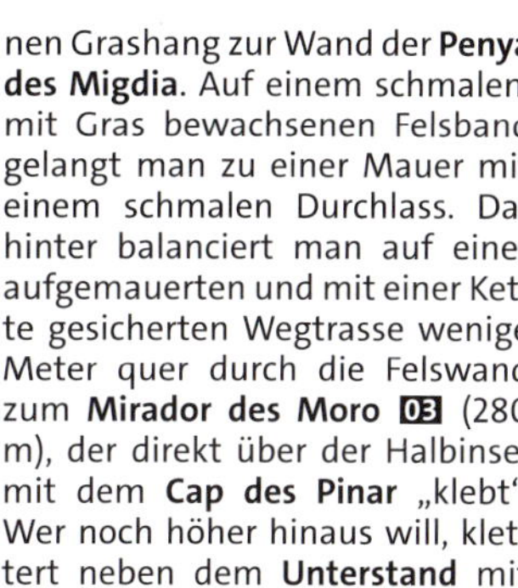

nen Grashang zur Wand der **Penya des Migdia**. Auf einem schmalen, mit Gras bewachsenen Felsband gelangt man zu einer Mauer mit einem schmalen Durchlass. Dahinter balanciert man auf einer aufgemauerten und mit einer Kette gesicherten Wegtrasse wenige Meter quer durch die Felswand zum **Mirador des Moro** 03 (280 m), der direkt über der Halbinsel mit dem **Cap des Pinar** „klebt". Wer noch höher hinaus will, klettert neben dem **Unterstand** mit dem Tonnengewölbe auf einem stellenweise sehr steilen Felspfad auf den schmalen Gipfelgrat der **Penya des Migdia**. Auf der luftigen Schneide nach links in eine kleine Scharte und über abschüssige Felsstufen auf den höchsten Punkt mit der **Kanone** 04 (358 m). 1:15 h

**Rückweg** auf der gleichen Route. 0:45 h

**Karte auf Seite 214**

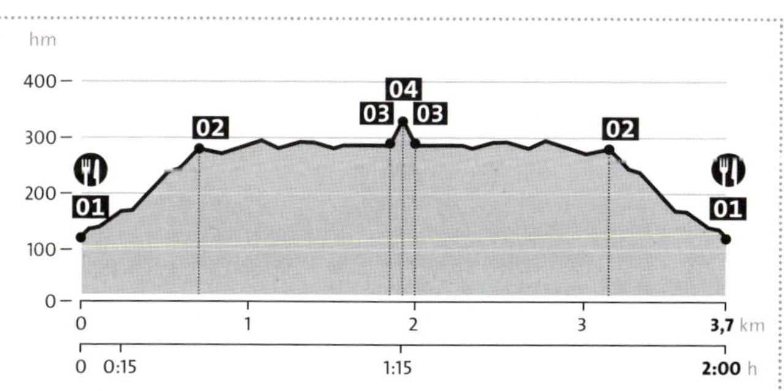


01 Ermita de la Victòria, 136 m; 02 Rechtskurve, 160 m;
03 Mirador des Moro, 280 m; 04 Penya des Migdia, 358 m

# ÜBER DIE TALAIA D'ALCÚDIA • 446 m

## Abenteuer über Alcúdia

  9,6 km  4:45 h 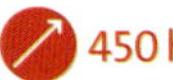 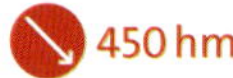

START | Ermita de la Victòria (140 m); Zufahrt siehe Tour 59 [GPS: UTM Zone 31S x: 514567 y: 4413711]
CHARAKTER | Lange Bergwanderung auf durchwegs beschilderten Fahrwegen und Pfaden; besonders der Abstieg zur Platja des Coll Baix erfordert Trittsicherheit und Schwindelfreiheit. Nur wenig Schatten. Unterwegs keine Einkehrmöglichkeit; Bars/Restaurants bei der Ermita de la Victòria, in Alcúdia und Port d'Alcúdia

1567 wurde auf dem höchsten Punkt der Halbinsel im Nordosten von Alcúdia ein Wachturm erbaut. Von diesem 446 m hoch gelegenen Ausguck waren Piratenschiffe, die sich näherten, rasch ausgemacht. Im 19. Jahrhundert verfiel das Bauwerk, sodass nur noch seine Grundmauern übrig blieben. Von den beiden Häusern, die im 17. Jahrhundert daneben entstanden sind, verfiel eines ebenfalls. Eine dritte Gipfelbehausung ist neueren Datums. In der grünen Blechhütte unterhalb des höchsten Punktes halten Wächter nach Anzeichen von Waldbränden Ausschau. Der Name der Talaia d'Alcúdia ging jedenfalls auf den ganzen Berg über. Und der entwickelte sich zu einem beliebten Wanderziel – nicht zuletzt wegen der vielen beschilderten Wege, die ihn mittlerweile überziehen.

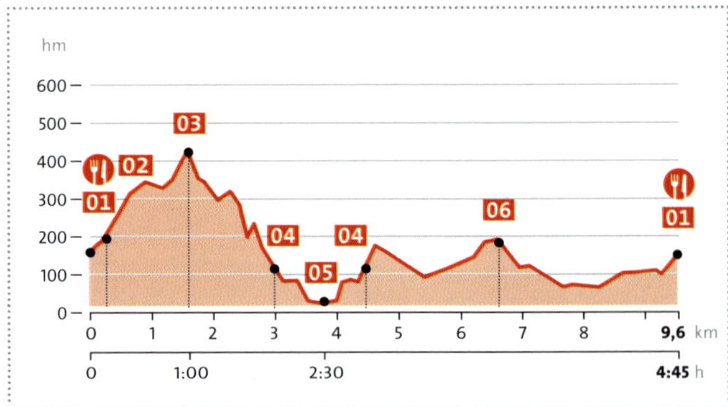


01 Ermita de la Victòria, 140 m; 02 Rechtskurve;
03 Talaia d'Alcúduia, 446 m; 04 Collet des Coll Baix, 127 m;
05 Platja des Coll Baix; 06 Coll de na Benet, 163 m

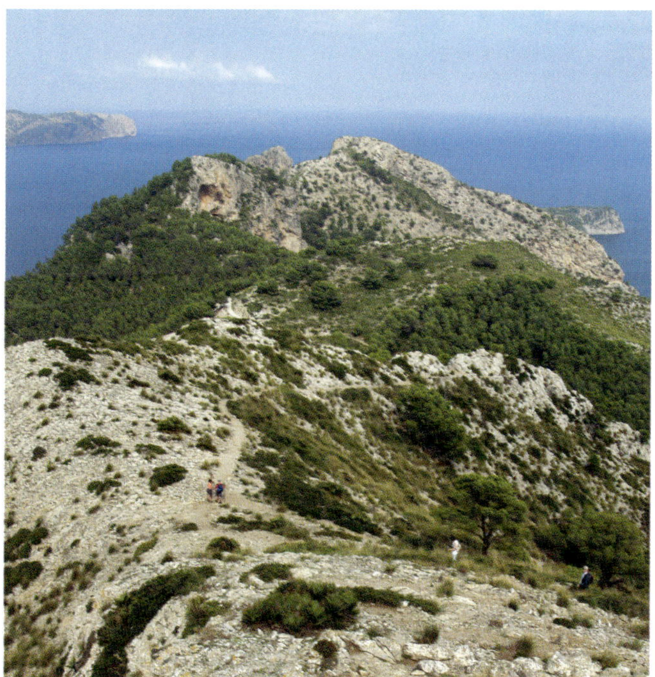

Ganz oben: Hinter dem Zustiegsweg steht die Penya des Migdia.

▶ Vom **Parkplatz** der **Ermita de la Victòria** 01 wandern Sie – wie bei Tour 59 beschrieben – auf der Schotterstraße aufwärts. Nach der erwähnten **Rechtskurve** 02 bleiben Sie jedoch auf der breiten Piste, die durch den Wald zum **Coll des Pedregaret** (315 m, Tor mit Leiterüberstieg) führt. Sie erreichen ein Wasserbecken auf dem **Pla de sa Talaia.** Am vorderen Rand der kleinen Ebene folgen Sie dem Wegweiser „Talaia d'Alcúdia, Collet des Coll Baix" nach links. Ein aufgemauerter Weg windet sich steil unter den Felsabstürzen der Talaia d'Alcúdia zur kleinen Felskluft des **Pas de s'Aritja** empor. Dahinter rechts durch den Grashang zu einem **Sattel** (hohe Steinpyramide), wo der Weg vom Collet de Coll Baix einmündet. Von dort geht's – dem Schild „Talaia d'Alcúdia" folgend – rechts auf einem steinigen Pfad zur Vermessungssäule auf dem **Gipfel** 03 (446 m). 1:00 h

**Abstieg.** Nun könnte man auf der Zustiegsroute in 0:45 h zur **Ermita de la Victòria** zurückkehren. Länger, aber auch interessanter ist der Abstieg nach Osten. Dazu zweigt man bei der Weggabelung unterhalb des Gipfels auf den rechten Pfad ab (Wegweiser „Collet des Coll Baix, Refugi") und steigt über den **Ostrücken** hinab. Rechts unterhalb der wenig ausgeprägten Kuppe des **Puig des Boc** vorbei und weiter abwärts (Tiefblick zur **Platja des Coll Baix**). Auf dem stellenweise aufgemauerten Zickzackpfad erreichen sie den Sattel des **Collet des Coll Baix** 04 (127 m, Picknickplatz, Unterstandshütte).

Dort beginnt links ein schmaler Pfad, der durch den Waldhang hoch über dem Meer hinabführt. Unterwegs nicht links abzweigen, Felsabbrüche! Erst am Waldrand wendet man sich nach links und erreicht über einige Stufen das zerklüftete Felsgelände der Steilküste, durch das man vorsichtig zur **Platja des Coll Baix** 05 absteigt. Dieser landschaftlich einzigartige, 230 m lange Sand- und Kiesstrand liegt direkt unter schroffen Felsabstürzen – Steinschlaggefahr! 1:30 h

Nach dem Wiederaufstieg zum **Collet des Coll Baix** 04 wandern Sie links auf einem Fahrweg (Kette) abwärts, vorbei an einem Parkplatz und an der Mündung eines Grabens. 10 Min. nach dem Sattel zweigen Sie beim Wegweiser „Coll de na Benet, Ermita de la Victòria“ rechts auf einen Pfad ab. Diese stellenweise verzweigte und schlecht kenntliche Route führt teils in, teils neben einem Bachbett aufwärts; eine felsige Steilstufe wird rechts umgangen (Steinmännchen und Richtungspfosten). Oberhalb des romantischen Grabens ereichen Sie über Felsplatten den **Coll de na Benet** 06 (163 m). Links mündet ein beschilderter Weg von Alcúdia ein; rechts führt eine luftige Gratroute auf die Talaia d’Alcúdia.

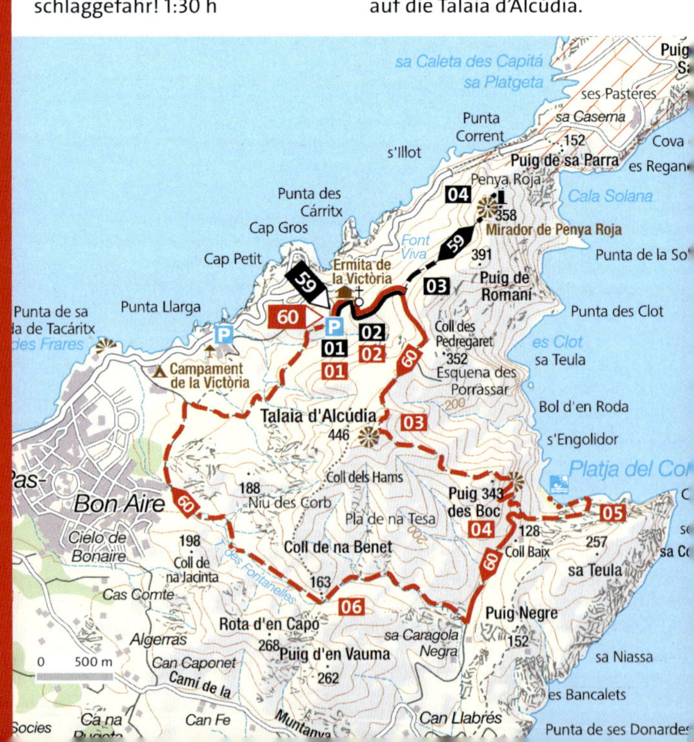

Sie gehen jedoch geradeaus über Geröll weiter und durch das Tal des **Torrent des Fontanelles** abwärts. Der Pfad führt mehrmals über das Bachbett und erreicht einen breiteren Weg (Nordic Walking Trail), auf dem Sie nochmals die Talseite wechseln. Alle Abzweigungen ignorierend erreichen Sie ein grünes Wasserbecken. Etwa 200 m danach – vor dem **Campament de la Victòria** – biegen Sie rechts ab und folgen nun stets der Beschilderung „Ermita de la Victòria". Flach durch lichten Wald und an einer Abzweigung vorbei. Von der nächsten Gabelung links weiter und bald auf einem Pfad im sanften Auf und ab zum **Torrent de s'Aladernar**. Jenseits gelangt man steil zum **Ausgangspunkt** **01** hinauf. 2:15 h

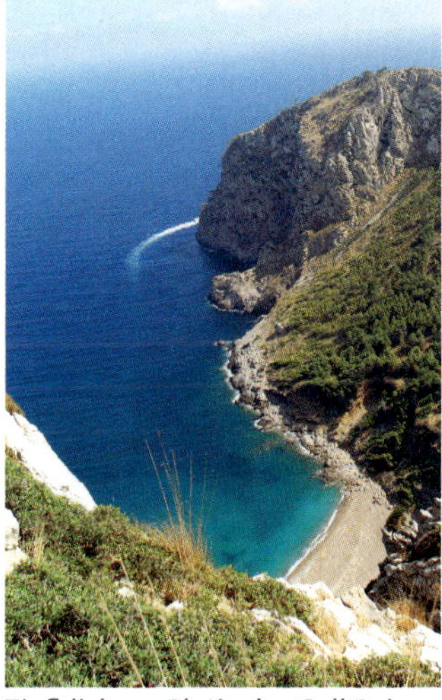

Tiefblick zur Platja des Coll Baix

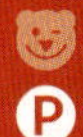
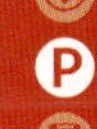
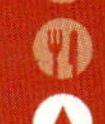
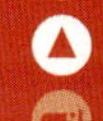

## Talaia d'Alcúdia – der luftige Grataufstieg

Die anspruchsvollste Route auf die Talaia d'Alcúdia – eine „schwarze" Tour für geübte Bergsteiger – beginnt bei einer Brücke am Meer, 1,5 km östlich von Mal Pas (Schotter-Parkplatz). Der Wegweiser „Ermita de la Victòria, Talaia d'Alcúdia" leitet empor zum Campament de la Victòria. Dort folgt man den Richtungspfosten bis zu einem Tor. Dahinter links (Wegweiser) zur nächsten Gabelung, an der man rechts abbiegt. Wo sich der Weg zur Ermita nach links wendet, bleibt man geradeaus auf einem unmarkierten Fahrweg, der in einen Graben am Fuße der Talaia d'Alcúdia führt. Vorbei an einer Abzweigung in den licht bewaldeten Talgrund, wo die Piste unterhalb einer Schutthalde endet. Geradeaus durch das Bachbett ansteigen, nach 50 m rechts und schräg durch den steilen Grashang auf einen Kamm, der vom Gipfel nach Westen zieht. Auf diesem geht's links etwa 150 Höhenmeter zu einem felsigen Abbruch hinauf. Davor quert man rechts (in südöstlicher Richtung) oberhalb eines steilen Grabens zum benachbarten Grat hinüber. Dort stößt man auf den mit Steinmännchen markierten Pfad, der vom Coll de na Benet auf die Talaia d'Alcúdia führt. Über diese Schneide zum schroffen, ca. 6 m hohen Gipfelaufbau, der rechts auf schmalen Felsbändern und dann links über gestuftes Gelände erklommen wird. Man gelangt aber auch links auf einem ebenen, schmalen Pfad unter den Felsen vorbei, dann über eine Art Rampe und rechts auf den höchsten Punkt. 1:30 h

# SON REAL – ZUR „TOTENSTADT“ AM MEER

## Ein Geheimtipp mit Geschichte

  12,6 km  3:45 h  30 hm 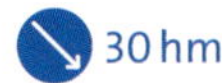 30 hm

START | Am Westrand der Feriensiedlung Son Serra de Marina südöstlich von Can Picafort an der Bucht von Alcúdia. Beschilderte Zufahrt von der Ma-12 (Can Picafort – Artà) bei Km 14,4; Parkmöglichkeit in den Seitenstraßen um den Hafen. Bus von Can Picafort (Linie 392) [GPS: UTM Zone 31S x: 518907 y: 4398836]
CHARAKTER | Flache Küstenwanderung – teils auf beschilderten Pfaden, teils auf Schotterstraßen und sandigen Fahrwegen. Wenig Schatten. Unterwegs keine Einkehrmöglichkeit; Bars/Restaurants in Son Serra de Marina

Hinter einem 5 km langen Strand-, Dünen- und Waldgebiet der Bucht von Alcúdia, das sehr unberührt geblieben ist, liegt das 395 ha große Landgut Son Real. Als „öffentliches Land“ weist es mehrere beschilderte Wanderwege auf. Der einstige Gutshof wurde zu einem interessanten Museum ausgestaltet (täglich 10 – 19 Uhr, im Winter bis 17 Uhr). Zu sehen gibt es rundum viel – etwa die Torres d’Enfilació (schlanke Obelisken an der Küste, die der Marine einst als Zielpunkte dienten), die Reste eines Talaiots und einen sogenannten Dolmen, eine prähistorische Begräbnisstätte.

Das interessanteste Schaustück dieses Küstenabschnitts ist jedoch die Nekropole an der Küste. Zwischen dem 7. und dem 1. Jahrhundert v. Chr. fanden dort 168 Menschen in Steingräbern ihre letzte Ruhe. Drei Grabhöhlen befinden sich auf dem nahen „Lauchinselchen“, eine weitere, künstlich erweiterte Höhle klafft weiter

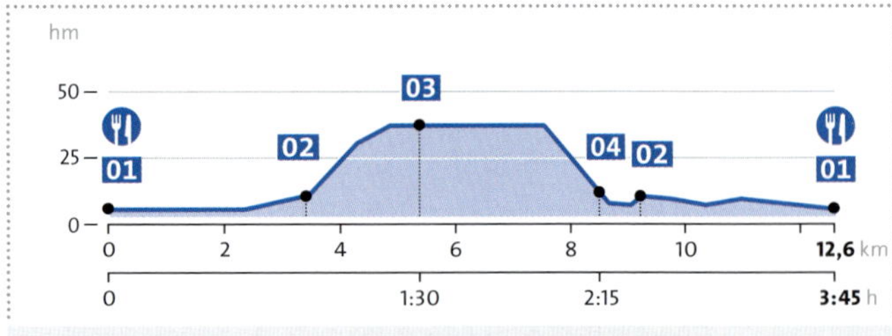


01 Sporthafen in Son Serra de Marina; 02 Marine-Obelisk; 03 Son Real; 04 Necropolí de Son Real

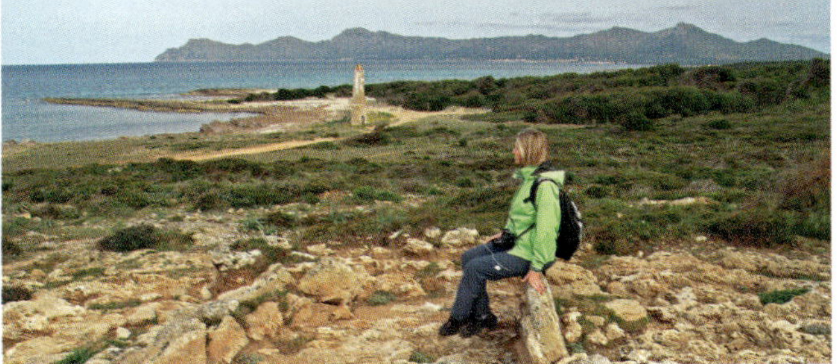

Beim Dolmen von Son Real – hinter dem Obelisk die Berge von Artà

landeinwärts in einem Felsabsatz. Auf der nahen Punta des Fenicis entdeckte man Gräber aus dem 7. Jahrhundert v. Chr. Die entscheidende Frage blieb allerdings bis heute unbeantwortet: Wo lag eine Siedlung für eine so große Totenstadt?

▶ Vom kleinen **Sporthafen** in **Son Serra de Marina** 01 wandern Sie auf dem Fahrweg neben dem Meer zum Sandstrand an der **Lagune** des **Torrent des Revellar**. Weiter entlang der felsigen Küste, vorbei an Hütten (Caseta des Civils) und den kleinen Landspitzen **Es Serralot** bzw. **Punta Llarga de Son Real**. Dahinter liegt der 1 km lange Sandstrand des **Arenal d'en Casat**. An seinem vorderen Rand erreichen Sie die weit ins Meer hinausragende Felszunge der **Punta des Patró**, hinter der Sie die kleine **Illa des Porros** sehen. An der Küste steht ein **Marine-Obelisk** 02 (Infotafel), bei dem Sie links abzweigen. Ein breiter Sandweg führt in den Wald und nach einem Zaun (Leiterüberstieg) an einer (geschlossenen)

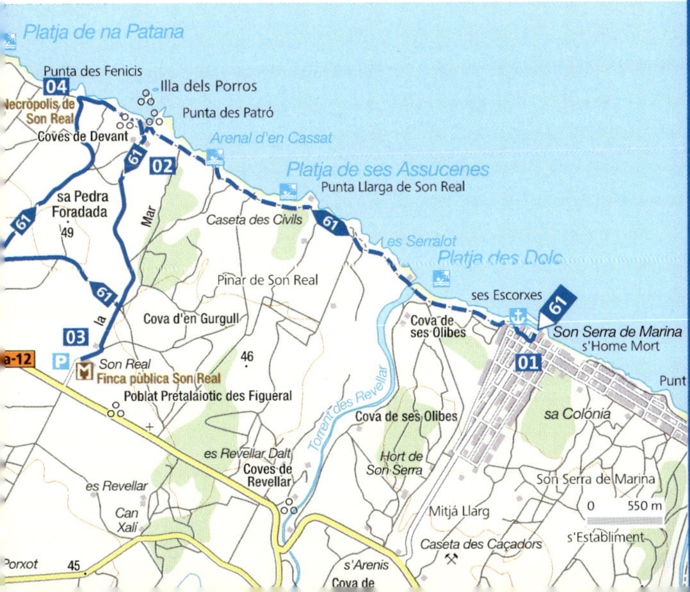

## Parc Natural de s'Albufera

Mallorcas ältester Naturpark umfasst ein 1687 ha großes Küsten-, Dünen- und Sumpfgebiet zwischen Port d'Alcúdia und Can Picafort, das vor 10 000 Jahren entstand. Im 19. Jahrhundert versuchte man, die einstige Lagune trockenzulegen – ohne Erfolg. So blieb die Albufera ein wichtiger Futter-, Schlaf- und Brutbereich für mehr als 230 Vogelarten. Hier kann man fast 80 % aller auf Mallorca vorkommenden Vogelarten (und viele Zugvögel) beobachten. Im Wasser tummeln sich 30 Fischarten, darunter Aale. Vom Eingang beim Pont dels Anglesos an der Ma-12 (Bushaltestelle) wandert man zum Centre de Recepció sa Roca, wo man sich anmeldet. Von dort führen markierte Wege zu Vogelbeobachtungsplätzen; ein 12 km langer Rundweg umrundet das gesamte Gebiet. Öffnungszeiten: April – September täglich 9 – 18 Uhr, im Winter bis 17 Uhr (http://de.balearsnatura.com/parc-natural-de-s-albufera-de-mallorca)

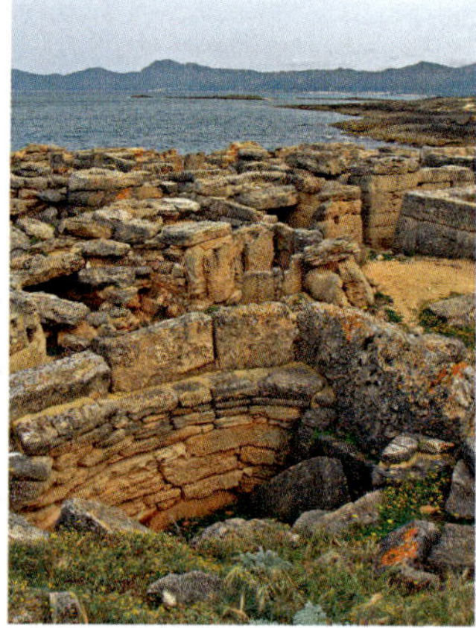

Die „Totenstadt" an der Küste

**Schutzhütte** vorbei.
Nach einem kurzen Anstieg windet sich die Schotterstraße durch die herrlichen Kieferwälder des **Pinar de Son Real**. Bei einer Abzweigung und der darauffolgenden Kreuzung geht's jeweils geradeaus weiter (Weg Nr. 2). Nach ca. 2 km erreichen Sie das Tor vor den Gebäuden des Landguts **Son Real** 03. 1:30 h

**Zurück** auf dem Zugangsweg (Beschilderung Nr. 2) zur erwähnten Kreuzung. Von dort links auf dem Weg Nr. 4 im weiten Bogen durch den **Pinar de Son Real** wieder zur Küste (Abkürzen weiter vorne links auf dem Weg Nr. 3). Am Meer – jenseits des Zauns (Leiterüberstieg) – finden Sie die **Necropolí de Son Real** 04. 0:45 h

Links gelangen Sie neben der flachen Felsküste wieder zum **Marine-Obelisken** 02 hinüber. Interessanter ist es jedoch, hinter dem Zaun kurz auf dem Weg Nr. 3 zurückzugehen, bis links ein beschilderter Pfad zu einem **Dolmen** abzweigt. Er schlängelt sich durch das freie Gelände oberhalb einer kleinen Felsstufe zu dieser kreisförmigen Begräbnisstätte. Wenige Schritte davor führen Pfadspuren auf die Küste zu. Durch eine niedrige und harmlose Felsrinne kommt man wieder zum Zaun (Leiterüberstieg) und an einer Grotte vorbei zum breiten Weg am Meer. Rechts zum **Obelisken** und neben dem Meer zum **Ausgangspunkt** 01 zurück. 1:30 h

# ERMITA DE BETLEM – SA COASSA • 322 m

## Das Heiligtum in den nördlichen Serres de Llevant

  5,6 km  2:45 h  300 hm 300 hm

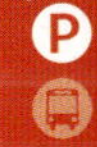

START | Nahe der Feriensiedlung Betlem an der Bucht von Alcúdia. Zufahrt von der Ma-12 (Can Picafort – Artà) auf der Ma-3331 nach Colònia de Sant Pere und weiter Richtung Betlem; großer Parkplatz bei Km 7,5 auf der linken Seite
[GPS: UTM Zone 31S x: 526672, y: 4399968]
CHARAKTER | Bergwanderung auf einem historischern Pilgerweg und einem schmalen Pfad. Wenig Schatten. Unterwegs keine Einkehrmöglichkeit; Bars/Restaurants in Colònia de Sant Pere

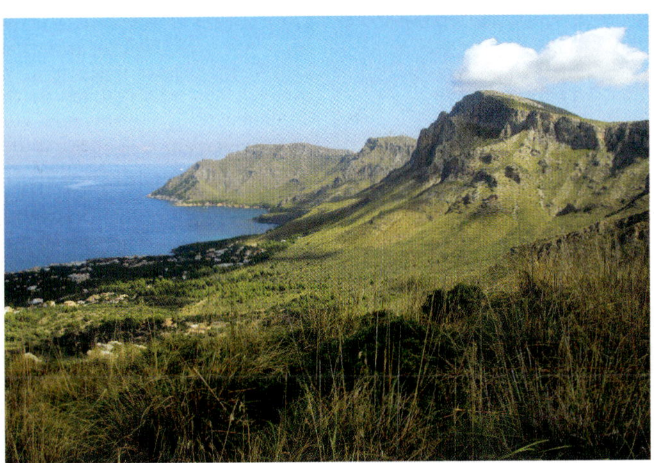

Blick von Sa Coassa übers Meer zur Talaia Freda (Tour 61)

Im 19. Jahrhundert gründeten einige Bauern und Fischer im Westen der Península de Llevant, der Halbinsel nördlich von Artà, eine kleine Kolonie. Bis heute erinnern Felder, Weinstöcke und viveros, eine Art steinerner Fischbehälter am Meer, an die Entstehung des heutigen Ferienortes. Im öden Bergland oberhalb der Colònia de Sant Pere gründeten fromme Patres im Jahre 1805 ein kleines Heiligtum, das sie nach dem Geburtsort Jesu benannten. In der Nähe der bis vor wenigen Jahren noch bewohnten Wallfahrtskirche findet man einen Brunnen mit Löwenkopf und Lourdesgrotte – und einen herrlichen Ausichtspunkt über der Bucht von Alcúdua.

## Artà

Der Name der kleinen Stadt im Nordosten Mallorcas erinnert an das arabische Wort jartan (Garten). Über ihren engen Gassen erhebt sich die Pfarrkirche aus dem 13. Jahrhundert, die eine schöne Kanzel birgt. Nahe dem Museu Regional d'Artà (C/. de l'Estel, 4, Di – Fr 10 – 13.30 Uhr, Tel. 971/829778) beginnt der 180-Stufen-Treppenaufgang zum befestigten Santuari de Sant Salvador, das wie eine Akropolis über dem Ort thront (herrliche Rundsicht). Die 2 km südlich von Artà gelegene Talaiot-Anlage von Ses Païsses (8. Jahrhundert v. Chr.) zählt zu den am besten erhaltenen der Insel (Mo – Fr 10 – 17 Uhr, Sa bis 14 Uhr)

▶ Von der Infotafel gegenüber dem **Parkplatz** 01 gehen Sie auf der bergwärts abzweigenden Betonpiste (Wegweiser „Ermita de Betlem, S'Alqueria Vella") zu einem Tor (Leiterübersteig). Sie folgen hier einen Abschnitt des Fernweges GR-222, der an einer alten Kaserne (heute ein Ferienheim für Kinder) und den verlassenen Gebäuden der **Cases de Betlem** vorbeiführt. Nach einem Mauerdurchlass zweigen Sie links auf einen schmalen, teils sogar noch gepflasterten Pilgerweg ab (Wegweiser). Oberhalb einer **Wildbach-Verbauungsmauer** wandern Sie stellenweise über glattgeschliffenes Gestein in den **Comellar des Grau**, einen weiten Talkessel. Der Pfad windet sich nun unter überhängenden und von Grotten zerfressenen Felswänden nach oben. Nach zwei Mauerbreschen geht's kurz flach weiter, dann wird der Weg breiter und steigt wieder in Kehren an. Knapp 1:00 h nach dem Start erreichen Sie nach einer Linkskehre (Richtungspfosten) den Sattel des **Coll de s'Ermita**.

Gleich dahinter zweigt der GR-222 links Richtung „S'Alqueria Vella" ab – Sie bleiben jedoch geradeaus und gehen zu einem Tor, hinter dem die Quelle der **Font d'es Er-**

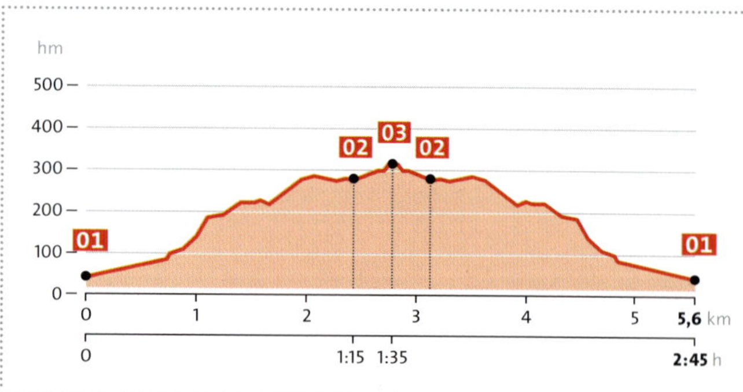


01 Parkplatz; 02 Ermita de Betlem, 280 m; 03 Sa Coassa, 322 m

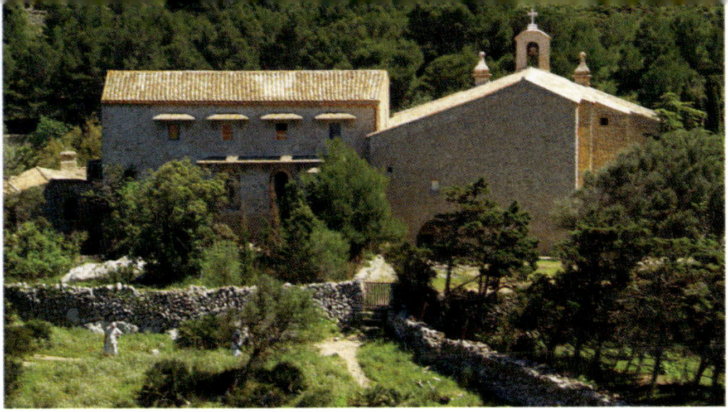

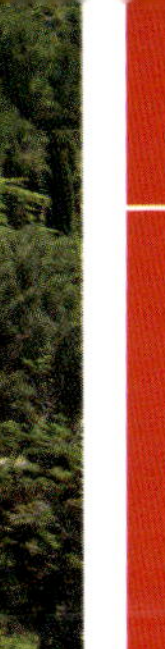

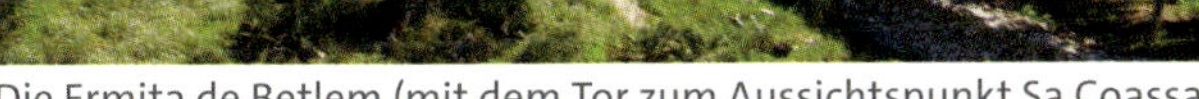

Die Ermita de Betlem (mit dem Tor zum Aussichtspunkt Sa Coassa)

**mita** neben einer Lourdesgrotte gutes Wasser spendet; Steintische und -bänke unter Platanen laden zur Rast. Der Weg führt in 3 Min. hinüber zur **Ermita de Betlem** 02 (280 m). Zypressen säumen den Weg zur kleinen, klassizistischen Wallfahrtskirche, deren Altar ein Bildnis der Geburt Jesu zeigt. 1:15 h

Wenn Sie links um das Gebäude herumgehen, finden Sie hinten in der Umgrenzungsmauer ein kleines Tor. Dahinter zieht ein Pfad durch den Grashang auf die Kuppe **Sa Coassa** (322 m). Unterhalb einer **Hausruine** 03 aus dem Spanischen Bürgerkrieg genießt man einen herrlichen Blick über die Bucht von Alcúdia bis zur Tramuntana. 0:20 h hin und zurück

Der **Abstieg** erfolgt auf der Anstiegsroute. 0:45 h

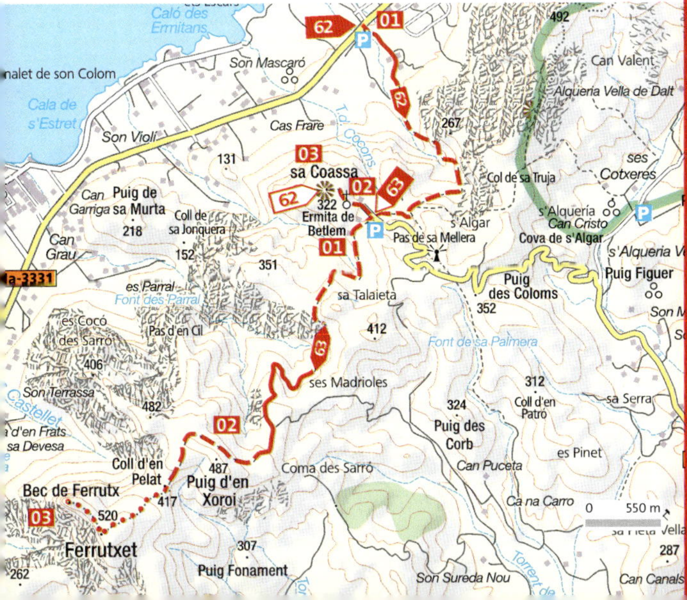

# DER „SCHNABEL" DES FERRUTX • 522 m

## Ein „alpiner" Höhenweg mit historischem Hintergrund

  9,8 km 4:00 h 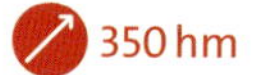 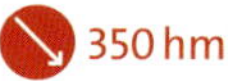

START | Ermita de Betlem (280 m) nordwestlich von Artà (siehe auch Tour 62). Zufahrt vom westlichen Ortsrand von Artà, links nach der Beschilderung „Ermita, Parc Natural" durch den Ort (Einbahnsystem) und auf der schmalen Ma-3333 auf die Berge zu. Nach 4,7 km links abzweigen und auf der schmalen, kurvenreichen Bergstraße über einen Sattel zur Ermita
[GPS: UTM Zone 31S x: 526750 y: 4398537]
CHARAKTER | Sehr schöne Höhenwanderung auf schmalen, nur mit Steinmännchen markierten Pfaden und dazwischen auf einem Karrenweg; im Gipfelbereich sind Trittsicherheit und Schwindelfreiheit nötig. Wenig Schatten. Unterwegs keine Einkehrmöglichkeit; Bars/Restaurants in Artà

Auch Mallorcas Nordosten zeigt eine „alpine" Kulisse. Über der Bucht von Alcúdia fährt der Gebirgskamm der Península de Llevant mit schroffen Felswänden empor. Als „Eyecatcher" fungiert dabei der südwestliche Eckpunkt, der Bec de Ferrutx. Er ist zwar nur der zweithöchste Gipfel der Region, aber seine auffälligste Erscheinung, die ihrem Namen (Bec = Schnabel) alle Ehre macht. Auch das Gipfelpanorama hält, was die Gestalt verspricht: Es reicht von der Serra de Tramuntana über die Inselebene Es Pla und die Bucht von Alcúdia bis zur Ostküste. Der Berg gehört übrigens zu einem Landgut gleichen Namens, das König Jaume II. im Jahre 1302 zu Jagdzwecken erwarb. Unter seinem Nachfolger Sancho tummelten sich dort sogar Hirsche und Wildschweine. Das Gutshaus mit seinem runden Wachturm dient heute dem mallorquinischen Maler Miquel Barceló als Atelier.

▶ Vom Parkplatz vor der **Ermita de Betlem** 01 zweigt links (nach Süden) ein breiter, steiler und steiniger Weg ab, der bald flacher und schmaler wird. Er führt über einen flachen **Waldstattel** zu zwei Hausruinen. Danach geht's durch grasbewachsenes Gelände und unter Kiefern sanft in den **Torrent de sa Junquera** hinab; links oben ist in den Felsen die **Cova dels Sarraïns**, die Höhle der Sarazenen, zu sehen. Sie überqueren das Bachbett und wandern schräg durch den Abhang auf eine **Anhöhe**. Dahinter führt der Pfad in Kehren bergab. Unten in einer **Mulde** erweitert er sich zu einem rauen Karrenweg, der bald links steiler emporzieht; hier weiden mitunter Pferde. Von einer Gabelung geht's rechts weiter – bitte merken Sie sich diesen Punkt für den Rückweg! Weiter bergauf zum Ende des Karrenweges. Von dort folgen Sie einem ansteigenden Pfad bis zu einer niedrigen, hellen Felsformation

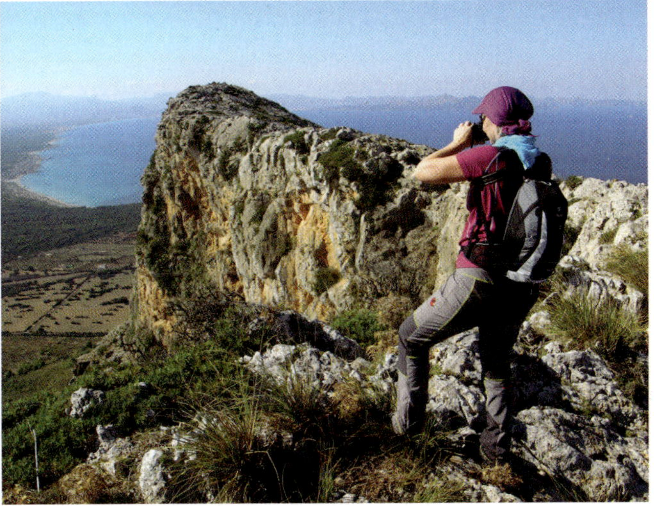
So ein Gipfel muss natürlich fotografisch festgehalten werden.

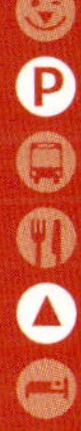
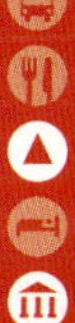
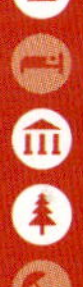

auf dem breiten Grasrücken des **Puig d'en Xoroi** 02 (487 m).

Dahinter führt der Pfad nach links und steil, teils auch etwas verzweigt zum Sattel des **Coll d'en Pelat** hinab. Von dort führt der letzte Aufstieg durch karstiges Gelände und über einen Grashang zur Gipfelsäule auf dem sogenannten **Ferrutxet** (522 m).

Dort wendet man sich nach rechts und geht über den etwa 300 m langen Felsgrat (bzw. rechts davon in der gut gangbaren Flanke) und eine Einsenkung zum Gipfel des **Bec de Ferrutx** 03 (522 m). 2:00 h

**Rückweg** auf derselben Route. 2:00 h

**Karte auf Seite 221**

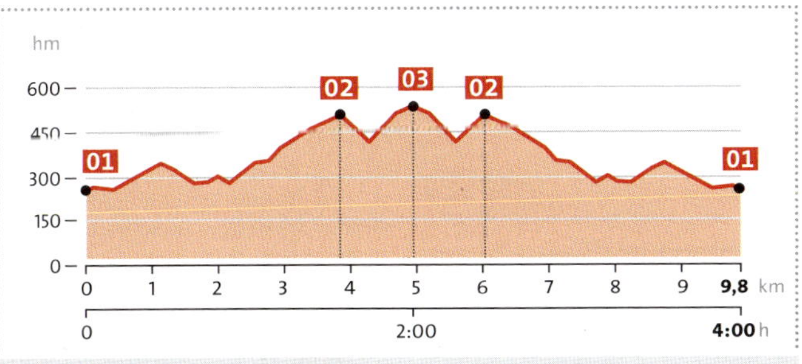


01 Ermita de Betlem, 280 m; 02 Puig d'en Xoroi, 487 m; 03 Bec de Ferrutx, 522 m

# PUIG DE SA CREU – TALAIA FREDA • 564 m

## Auf den höchsten Gipfel im Nordosten Mallorcas

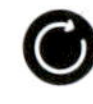  6,7 km  3:15 h  380 hm  380 hm

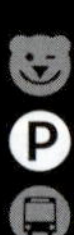
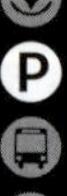
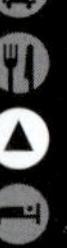

START | Am Parkplatz S'Alqueria Vella de Baix (218 m) am Rand des Parc Natural de la Península de Llevant, etwa 5 km nördlich von Artà. Zufahrt vom westlichen Ortsbereich von Artà nach der Beschilderung „Ermita, Parc Natural" (Einbahnsystem in den engen Gassen); auf der schmalen Ma-3333 auf die Berge zu und nach 4,5 km rechts zum Parkplatz
[GPS: UTM Zone 31S x: 528683 y: 4398564]
CHARAKTER | Anspruchsvolle Bergtour auf schmalen, aber beschilderten Pfaden, dazwischen weglos im steilen Gras- und Felsgelände, das Trittsicherheit, Schwindelfreiheit und Orientierungsvermögen erfordert. Kaum Schatten. Unterwegs keine Einkehrmöglichkeit; Bars/Restaurants in Artà

Mallorcas jüngster Naturpark liegt auf der Halbinsel im Norden von Artà. 2001 wurde er auf 16.232 ha Land- und 5275 ha Meeresfläche gegründet, 2005 jedoch um mehr als 90 % (!) verkleinert. Immerhin umfasst er noch die höchsten Gipfel der nördlichen Serres de Llevant, die bis zu 500 m hohen Muntanyes d'Artà. Abgesehen von einigen Sendeanlagen und einer Straße aus der Zeit des Spanischen Bürgerkriegs findet man hier nicht viele Relikte menschlicher Anwesenheit. Die Geschichte der Kleinbauern, die dieses raue Land urbar machten und für Großgrundbesitzer bewirtschafteten, ist fast vergessen. Wiederentdeckt wird sie nun von Wanderern, die hier 13 beschilderte Routen zur Auswahl haben (Info unter http://de.balearsnatura.com/parc-natural-de-la-peninsula-de-llevant).

Kleines Gebirge, große Felsabbrüche: Talaia Freda

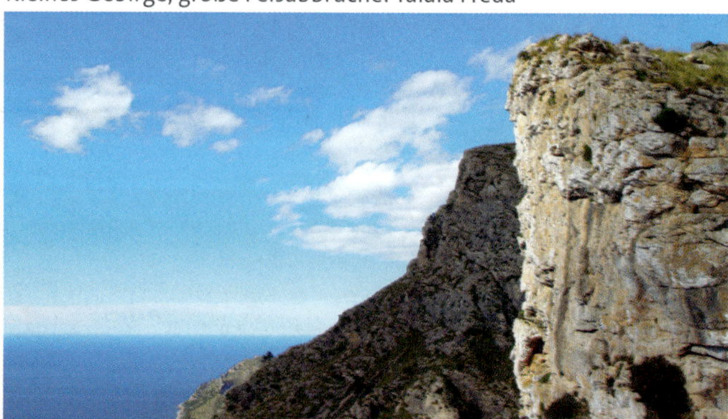

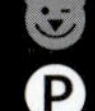
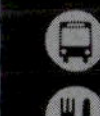
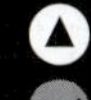

▶ Beim **Parkplatz 01** befindet sich eine Infotafel mit allen Wanderwegen (im Gebäude des alten Landguts oberhalb davon ist ein kleines Infozentrum untergebracht). Sie überqueren nun die Zufahrtsstraße und folgen der Beschilderung „GR-222, Camí de s'Ermita de Betlem“) auf einem ebenen Schotterfahrweg nach Nordwesten. Nach einer kleinen **Brücke** geradeaus an einer Abzweigung vorbei (Wegweiser „Volta als Establits de s'Alqueria Vella, Nr. 10“), bis der Fahrweg zu einem **Haus** abbiegt. Dort wandern Sie geradeaus auf einem Pfad aufwärts. Er führt in Kehren durch verlassenes Kulturland mit verwachsenen Terrassen, vorbei an vereinzelten Bäumen und an einer Hausruine. Auf ca. 350 m Seehöhe schwenkt der Pfad scharf nach links und führt eben durch den Grashang auf den **Coll de sa Truja** (342 m) zu. Kurz davor zweigen Sie rechts ab (Beschilderung „Volta als Establits de s'Alqueria Vella, Itinarari 10“). Steiler ansteigend erreichen Sie eine Mauer (Durchlass) und den Höhenrücken des **Puig del Migdia 02** (385 m). Direkt am Rand der Nordwestabstürze befindet sich ein **Aussichtspunkt** mit Holzgeländer (herrlicher Tiefblick zur Bucht von Alcúdia). Von dort führt der beschilderte Pfad wieder rechts zum Ausgangspunkt hinab – Sie wandern jedoch geradeaus über den Rücken weiter (Steinmännchen). Bald geht's steiler hinauf zum **Puig de sa Creu 03** (480 m) mit dem Kreuz der öterreichischen Familie Hatzl-Thiele („Cruz Austriaca“). 1:20 h

Kurz neben den Felsabstürzen und einer alten Mauer zum **höchsten Punkt** des Berges (492 m) hinüber. Vor der felsigen **Scharte**, die

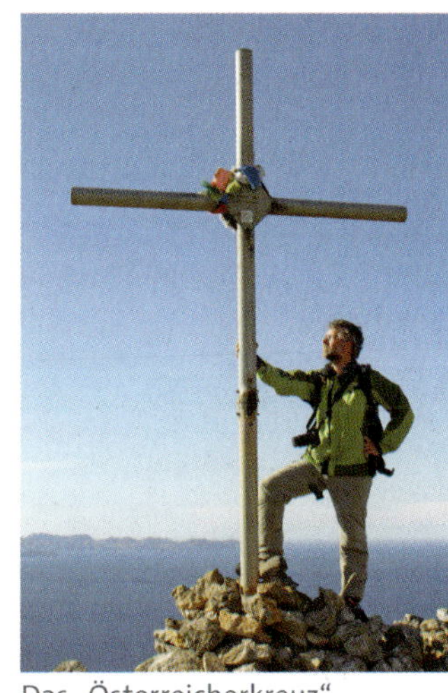
Das „Österreicherkreuz“

nun sichtbar wird, steigen Sie rechts durch den steilen Grashang ab und queren schräg zu diesem Einschnitt hinüber. Dort wird ein kleiner **Felskopf** rechts umstiegen, dann folgen Sie den Steinmännchen schräg rechts durch den Südosthang bis zu den höchsten Felsen (Dissgras, abwärts geschichtete Steinplatten). Sie umgehen den schroffen **Gipfelaufbau** flach in der rechten Seite und erreichen so die nächste **Scharte**. Rechts um den folgenden **Felsturm** herum erreichen Sie den **Sattel** am Fuße der mächtigen **Talaia Freda**. Der Aufstieg dorthin erfolgt rechts neben den Felsabstürzen, dann halten Sie sich mehr nach rechts und steigen mühsam durch die sehr steile Gras- und Schuttflanke zum **Südwestrücken** hinauf. Dort nach links und über gut gangbares Felsgelände in wenigen Minuten zur **Gipfelsäule** der **Talaia Freda 04** (564 m). Vorsicht, dahinter klafft ein tiefer Avenc! 0:40 h

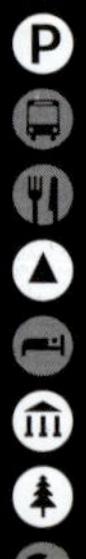

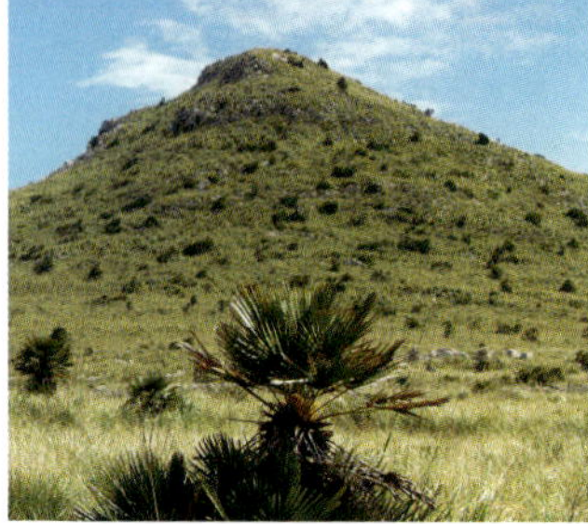
Ein Grasbuckel mit Zwergpalmen

## Puig des Porrassar

Vom Campament des Soldats führt eine mit Nr. 12 markierte Wanderroute auf diesen 481 m hohen, vollständig mit Gras und vielen Zwergpalmen bewachsenen Bergkegel (Aufstieg 0:30 h, Abstieg 0:20 h). Er gewährt eine instruktive Rundsicht – auch über die beschilderten Wanderwege zwischen S'Alqueria Vella de Baix und den „Verlorenen Stränden" der Nordostküste (siehe Tour 65). Eine Rundtour auf den Routen Nr. 3, 6, 9, 2 und 1 nimmt 6:00 h Gehzeit in Anspruch.

Beim **Abstieg** folgen Sie rechts der beschilderten Route („Itinerari 13, Pujar de sa Talaia Freda"). Sie folgt einer langen, schnurgeraden Mauer, die zu einer niedrigeren Anhöhe hinabzieht. Dort folgt man der Beschilderung zu einem Zaundurchgang und steigt dann auf Pfadspuren durch einen steilen Grashang ab, vorbei an einer Ruine des Hauses Ca na Paies. So erreichen Sie den **Camí des Presos** (den „Weg der Gefangenen"), eine flache Schotterstraße, die sich durch die Hänge des Berges dahinschlängelt. Folgen Sie ihr nach rechts zu den Ruinen des **Campament dels Soldats** **05** (364 m). Ein Gedenkstein erinnert daran, dass sich hier während des Spanischen Bürgerkriegs ein Gefangenenlager befand; die internierten Republikaner mussten die Straße bauen. Danach führt der Fahrweg über eine Rechtskurve abwärts – gleich danach zweigen Sie links auf den beschilderten Pfad ab, der über ein Bachbett in den Wald zieht und damit eine weite Straßenkehre abkürzt. Zuletzt wandern Sie wieder auf der Fahrbahn hinab zur **Alqueria Vella de Baix** **01**. 1:15 h

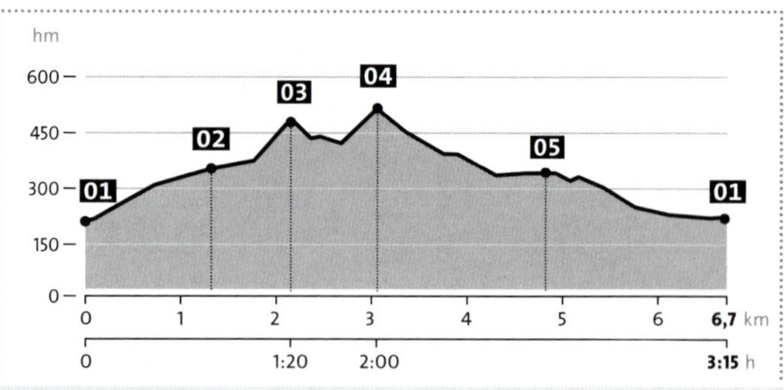


**01** Parkplatz; **02** Puig del Migdia, 385 m; **03** Puig de sa Creu, 480 m; **04** Talaia Freda, 564 m; **05** Campament dels Soldats, 364 m

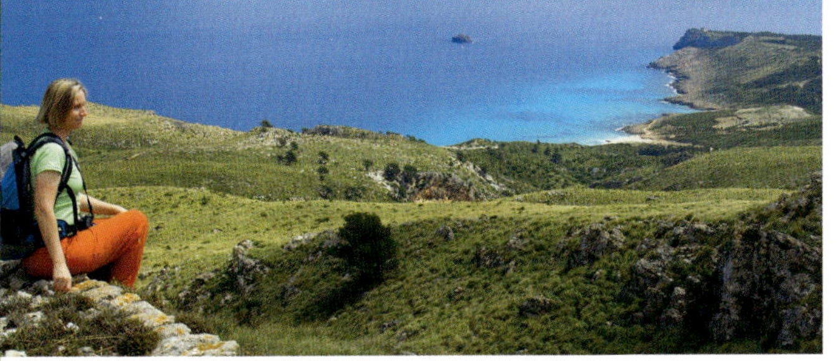

Der Blick vom „Weg der Gefangenen“ zu den „Verlorenen Stränden“

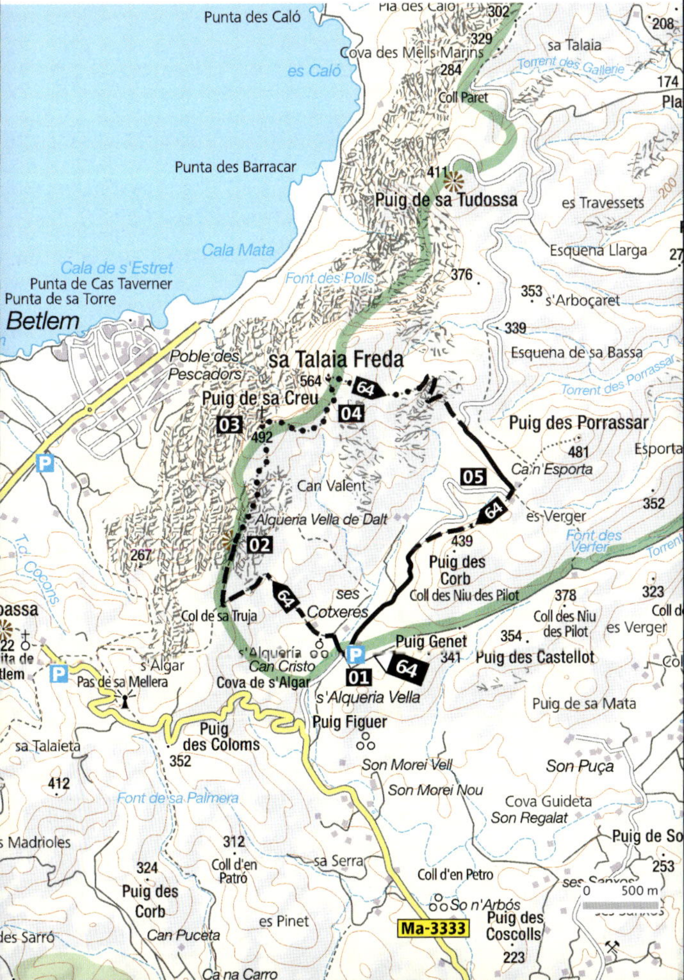

65

# DIE „VERLORENEN STRÄNDE“

## Zu den einsamen Buchten der Halbinsel Llevant

 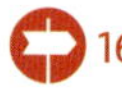 16 km 4:45 h 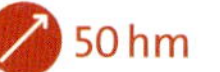 50 hm 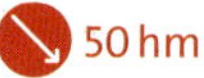 50 hm

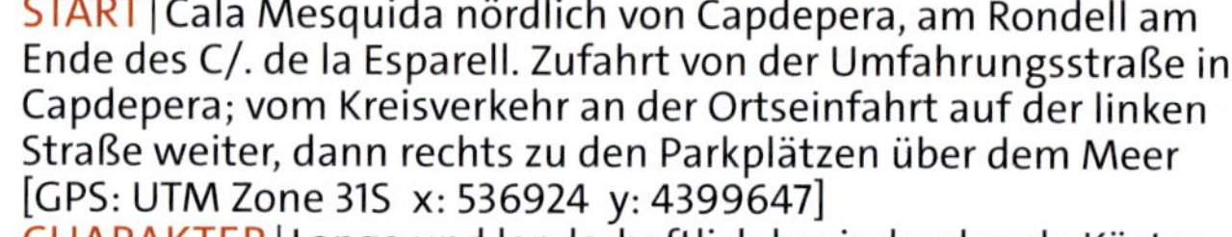

START | Cala Mesquida nördlich von Capdepera, am Rondell am Ende des C/. de la Esparell. Zufahrt von der Umfahrungsstraße in Capdepera; vom Kreisverkehr an der Ortseinfahrt auf der linken Straße weiter, dann rechts zu den Parkplätzen über dem Meer [GPS: UTM Zone 31S x: 536924 y: 4399647]
CHARAKTER | Lange und landschaftlich beeindruckende Küstenwanderung auf nur mit Steinmännchen markierten, stellenweise felsigen Pfaden und Schotterstraßen. Kaum Schatten. Einkehr: Kiosk an der Cala Murta, Bars/Restaurants in Cala Mesquida; unbewirtschaftete Schutzhütte am Umkehrpunkt

Schon am Ausgangspunkt dieser Wanderung zieht es viele ins türkisblaue Wasser: Die 550 m lange Cala Mesquida ist einer der schönsten Sandstrände Mallorcas. Nordwestlich davon reihen sich die „Verlorenen Strände“ der Halbinsel Llevant aneinander – eine schöner und einsamer als die andere. Dort leben Kolonien von Kormoranen und Korallenmöwen, aber auch Wanderfalken, Eleonorenfalken und Zwergadler. Auf dem Caminet del Carabiners, dem Pfad, der die Buchten miteinander verbindet, jagten Soldaten einst Schmuggler. Die Tour kann man zwar dank der Straßenzufahrt von Artà bis (fast) zur Cala Torta bzw. zur Cala Mitjana abkürzen – doch das lange Dahinwandern lohnt sich: rechts das Meer, links steppenartige Wildnis mit kleinen Wäldern unter kahlen Bergen. Und auf der Torre d'Albarca, einem 10 m hohen Wachturm aus dem Jahre 1751, rostet noch ein Kanonenrohr aus den Kämpfen gegen die Piraten vor sich hin.

▶ Vor dem **Rondell** **01** am Ende des C/. de la Esparell folgen Sie links einem schmalen Pfad, der flach durch den steinigen Küstenhang nach Nordwesten führt (viele Steinmännchen). Sie queren schräge Gesteinsplatten und eine kurze abschüssige Passage über einer **Felsbucht**. Nach 500 m passieren Sie den Durchlass einer niedrigen Mauer. Von der folgenden Gabelung geht's links über einen steilen Hang auf eine **Anhöhe** (56 m) über der **Punta des Boc** (erster Blick zur Torre d'Albarca). Dahinter sanft bergab, über einen breiten **Rücken** und etwas steiler in eine **Mulde** neben einer **Felsbucht** hinab. Sie ignorieren einen links abzweigenden Pfad, steigen rechts an und gehen auf Felsbändern um eine **Kuppe** über dem Meer herum. Danach teilt sich der Pfad: Sie bleiben links oben, erreichen eine Mauer und wandern schräg durch den steilen Hang und oberhalb von Felsabbrüchen zum 200 m langen Sandstrand der **Cala Torta** **02** hinunter. 0:45 h

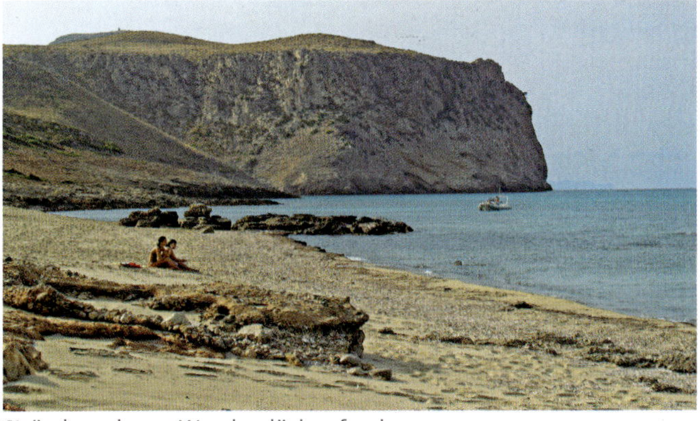

Strände verloren, Wanderglück gefunden

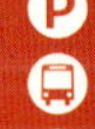
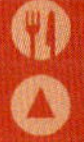

Nach seiner Überqerung wandern Sie auf Pfadspuren um den westlich aufragenden Begrenzungshügel herum zur nahen **Cala Mitjana** 03. Auf einem Fahrweg gelangen Sie neben dem 120 m langen Sandstrand zur Einmündung der Zufahrtsstraße. Geradeaus zur benachbarten, winzigen **Cala Estreta** 04 weiter. Wo die Fahrbahn links hinaufzieht, gehen Sie rechts in einen kleinen Graben und jenseits auf verzweigten Pfadspuren auf eine **Anhöhe** über dem Meer (Steinmännchen, Blick zur Torre d'Albarca). An einem Zaun vorbei und in den Graben über der felsigen **Cala Dentol** hinab. Rechts abzweigen, kurz steil empor und im sanften Auf und Ab (verwittertes Gestein) zur 70 m langen Sand- und Kiesbucht **Es Matzoc** 05. Jenseits bei den Bäumen beginnt ein breiter Weg, der rechts auf einen **Rücken** aus rötlichem Sandstein hinaufführt. Über diesen gelangen Sie zur runden **Torre d'Albarca** 06 (67 m). 0:45 h

Sie folgen dem breiten, flachen Weg, der links über die **Anhöhe** zwischen Büschen zu einem Kiefernwald führt. Nach 30 m – bei den ersten Bäumen – zweigen Sie

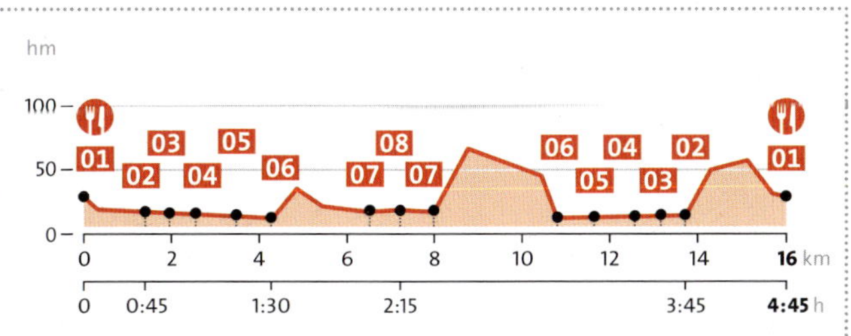


01 Rondell; 02 Cala Torta; 03 Cala Mitjana; 04 Cala Estreta; 05 Es Matzoc; 06 Torre d'Albarca; 07 Platja de sa Font Celada; 08 Arenalet des Verger

rechts auf einen schlecht sichtbaren, verzweigten Pfad ab, der über einen steilen Grashang zur schroffen Küste hinabzieht. Oberhalb davon nach links, über zwei **Felsgräben** und im kurzen Aufstieg zu einer abschüssigen Felspassage hoch über dem Meer (Zaun, Überstieg). Dahinter führen Pfadspuren auf rotem Gestein sanft bergab. Die Route übersetzt vier kleine **Gräben**, quert flache Felsplatten und erreicht neben zerklüfteten Küstenklippen die **Platja de sa Font Celada** 07. Über einige Felsstufen hinab zum 150 m langen Sandstrand, der überquert wird.

Jenseits führen einige Stufen zu einem Fahrweg hinauf. Auf diesem rechts zum 5 Min. entfernten **Arenalet des Verger** 08. Der etwa 200 m lange, auch Arenalet d'Albarca genannte Traumstrand liegt unter dem Hügel, auf dem die **Talaia Moreia**, ein alter Wachturm, steht. Links oberhalb der Bucht befindet sich das unbewirtschaftete **Refugi de s'Arenalet**. 0:45 h

**Zurück** zur **Platja de sa Font Celada** 07. Davor auf der Straße rechts ins Tal, über das Bachbett und in zwei Kehren auf eine **Anhöhe.** Bei der nächsten Abzweigung (Steinmännchen, Pfosten) links abbiegen und auf der Schotterpiste durch Wald. Nach einem Gatter und einer kurzen Verzweigung geht's über einen freien Höhenrücken (herrlicher Blick zur Küste und zu den Bergen). Bei der nächsten Gabelung nach links und auf einem breiten, flachen Schotterweg unter Kiefern zur **Torre d'Albarca** 06.

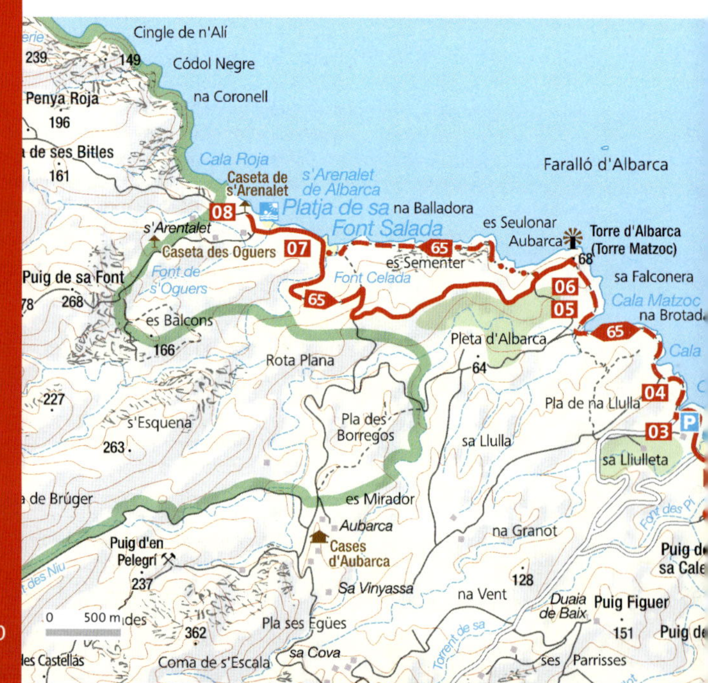

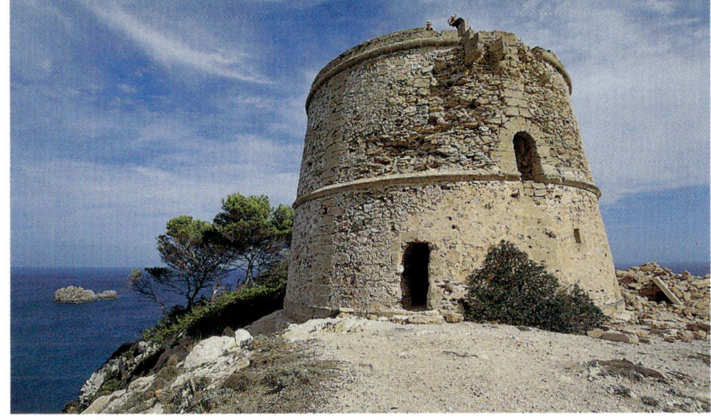

Stimmt, da oben liegt ein Kanonenrohr!

Kurz vor dem Turm rechts auf einem Schotterweg durch den Waldhang zur Bucht **Es Matzoc** **05** hinunter. Nun am besten auf dem Zugangsweg zur **Cala Estreta** **04** und über die **Cala Mitjana** **03** bis zur **Cala Torta** **02**. 1:30 h

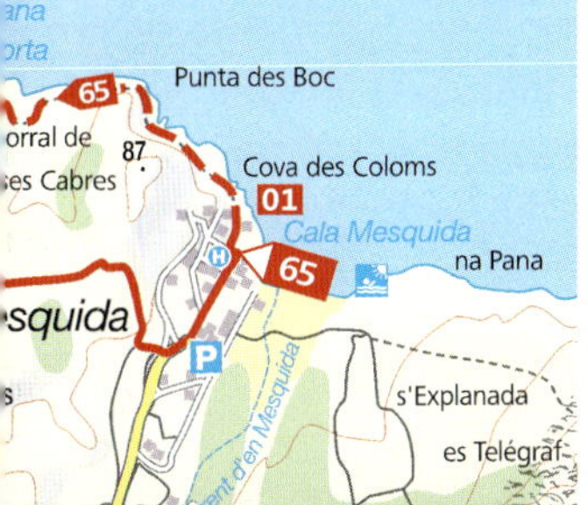


Von dort gehen Sie kurz taleinwärts zum Ende der Zufahrtsstraße. Dort beginnt links ein anfangs breiter, aber steiler und steiniger Weg, auf dem Sie zwischen Gebüsch und einzelnen Bäumen durch den Hang ansteigen. Etwa 50 m oberhalb des Strandes geht's auf dem quer verlaufenden, sandigen Fahrweg (der weiter taleinwärts von der Stand-Zufahrtsstraße abzweigt) nach links. Um einen kleinen Graben herum und von der folgenden Gabelung rechts auf der betonierten Trasse aufwärts. Nach einer S-Kurve über einen **Sattel** und im sanften Auf und Ab durch licht bewaldetes Gelände auf eine **Anhöhe** (65 m), von der Sie einen herrlichen Abschiedsblick nach Capdepera, zur Talaia de Son Jaumell und zum Meer genießen.

Nach einer scharfen Rechtskurve (kurzer Abkürzungspfad) bergab und von der nächsten Rechtskurve links auf einer schmaleren Schotterstraße auf eine freien **Anhöhe**. Rechts bergab und am obersten Haus vorbei zu einem Trafohäuschen. Auf der linken Asphaltfahrbahn über eine Querstraße hinab nach **Cala Mesquida** **01**. 1:00 h

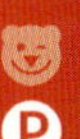

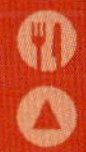

# ZUR TALAIA DE SON JAUMELL • 273 m

## Wanderziel Wachturm – und rund um den „Adlerberg“

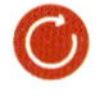  8,2 km  3:45 h 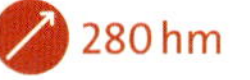 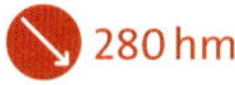

280 hm 280 hm

START | Cala Mesquida; Zufahrt siehe Tour 65. Vom Kreisverkehr an der Ortseinfahrt rechts (Wegweiser „Cala Mesquida“) zu den Parkplätzen hinter dem Sandstrand
[GPS: UTM Zone 31S x: 536860 y: 4399231]
CHARAKTER | Bergwanderung auf breiten Wegen und schmalen, an kurzen Stellen sehr steilen und steinigen Pfaden, die Trittsicherheit und Orientierungsvermögen erfordern (stellenweise Wegweiser und Farbzeichen). Im unteren Bereich Schatten. Unterwegs keine Einkehrmöglichkeit; Bars/Restaurants in Cala Mesquida

Die Talaia de Son Jaumell ist eines der beliebtesten Wanderziele im Nordosten Mallorcas. Rund um den halb verfallenen Seeräuber-Wachturm auf dem 273 m hohen Berg Es Telégraf genießt man eine prachtvolle Rundsicht – hinunter zum 600 m langen Sandstreifen der Cala Agulla in der Nähe des Tourismusortes Cala Rajada, auf der anderen Seite zum 550 m langen Traumstrand der Cala Mesquida und den dahinter aufragenden Bergen der Penísula de Llevant; bei klarer Sicht erkennt man sogar die Nachbarinsel Menorca.

Üblicherweise kehrt man nach der Überschreitung des Berges über den Waldsattel des Coll de Marina wieder zurück. Interessanter ist jedoch der Umweg im Westen des benachbarten Puig de s'Àguila. Am Fuße des felsigen „Adlerberges“ wandert man plötzlich mitten im Wald durch Sand: ein „Vorbote“ der Sanddünen der Cala Mesquida, die sich weit ins Landesinnere hineinziehen.

▶ Vom **Parkplatz** 01 gehen Sie kurz zurück und geradeaus auf der **Strandpromenade** oberhalb der Sanddünen Richtung Meer. Schon etwa 200 m vor dem Strand zweigen Sie rechts ab und wandern auf einem etwa 500 m langen **Holzsteg** quer durch die streng geschützten Sanddünen. Etwa 1 m über dem Boden kann man das vom Wind modellierte Naturwunder bewundern, inmitten von Stranddisteln, Phönizischem Wacholder und Dünen-Trichternarzissen. Über dem östlichen Rand des Strandes erreichen Sie felsiges Gelände und nach einem kurzen Anstieg zur Lücke in einer alten **Steinmauer**. Dahinter führt der direkte Weg Richtung Cala Agulla/Cala Rajada nach rechts – Sie bleiben jedoch geradeaus und wandern auf einem schmalen, sanft ansteigenden Pfad durch das freie Gelände oberhalb der Felsküste weiter, direkt auf den **Bergrücken mit dem Wachturm** zu. Nach der Überquerung von zwei kleinen Gräben passieren Sie

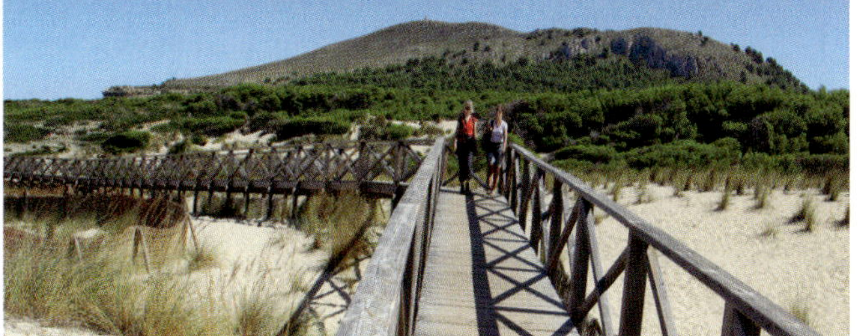

Ökologisch korrekte Dünentour

die Tafel „Reserva natural integral de Cap des Freu“, dann geht's im Zickzack zwischen Zwergpalmen, durch dichtes Dissgras und über kleine Felsstufen bergauf. Schließlich quert der Pfad links in einen kleinen Graben hinein, wendet sich davor nach rechts und führt sehr steil (rutschig!) auf den mit Gras bewachsenen Bergrücken **Es Telégraf**. Links zum nahen, halb verfallenen Wachturm **Talaia de Son Jaumell** 02 (273 m). 1:15 h

**Abstieg:** Wieder zurück über den Kamm, bei der Abzweigung geradeaus weiter und dann links durch den Grashang in den Kiefernwald hinab. Dort geht's in sehr steilen, erdigen Kehren bergab, bis man im flacheren Gelände – neben einem alten Kalkofen auf den breiten Weg von der Cala Mesquida zur Cala Agulla stößt. Dort gehen Sie links weiter und erreichen im sanften Abstieg – vorbei an zwei Abzweigungen – ein Tor mit Durchgang. Links lohnt sich der kurze Abstecher zur kleinen **Cala Moltó** 03. Geradeaus gelangt man zu einem 100 m entfernten Bootsschuppen gegenüber einem weißen **Ferienhaus** – links dahinter beginnt der 600 m lange Sandstrand der **Cala Agulla** 04. 1:00 h (weiter neben dem Strand nach **Cala Rajada** 0:30 h)

**Rückweg:** Auf dem breiten Schotterweg wandern Sie wieder zurück Richtung Cala Mesquida, sanft bergauf und geradeaus an der ersten Abzweigung vorbei in den lichten Kiefernwald. Im freieren Gelände erblicken Sie links den Felskegel des Puig de s'Àguila, den Sie nun links im weiten Bogen umrunden werden.

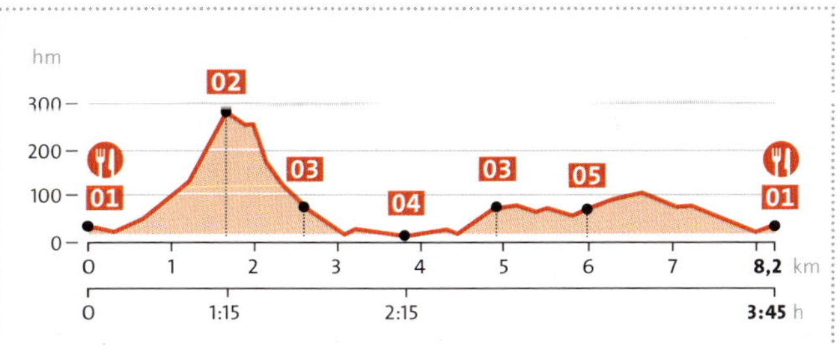


01 Parkplatz; 02 Talaia de Son Jaumell, 273 m; 03 Cala Moltó; 04 Cala Agulla; 05 Wegkreuzung

## Puig de s'Àguilla

Wer auf dem direkten Weg von der Cala Agulla über den Coll de Marina (84 m) zur Cala Mesquida wandert, kann unterwegs auch diesen 245 m hohen Aussichtsberg ersteigen. Der Gipfelpfad zweigt beim alten Kalkofen am Coll de Marina westwärts ab (rote Farbpunkte) und führt im Zickzack durch einen steilen Hang unterhalb von Felsen auf sein grasbewachsenes Plateau. 0:45 h hin und retour

Dazu zweigen Sie etwa 600 m nach dem Tor – wieder in bewaldetem Gelände – bei einem kleinen Steinhaufen links auf einen breiten, erdigen Weg ab. Er ist immer wieder mit roten und grünen Punkten gekennzeichnet, außerdem findet man meist zahlreiche Pferdespuren. Bei einem alten Kalkofen rechts weiter, bei der folgenden Gabelung links abzweigen und über eine freie Fläche (Brandschutzschneise). Nach einem sanften Anstieg passieren Sie einen weiteren Kalkofen, dann steigen Sie steiler zu einer bewaldeten **Anhöhe** an. Links sind Felder des Landguts Can Moltó zu sehen. Der breite Weg führt nun durch

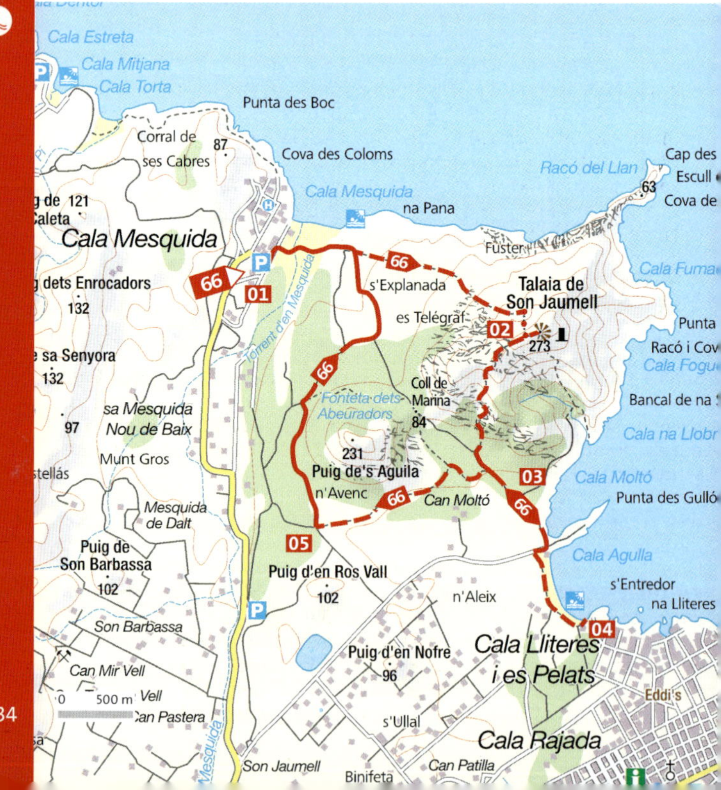

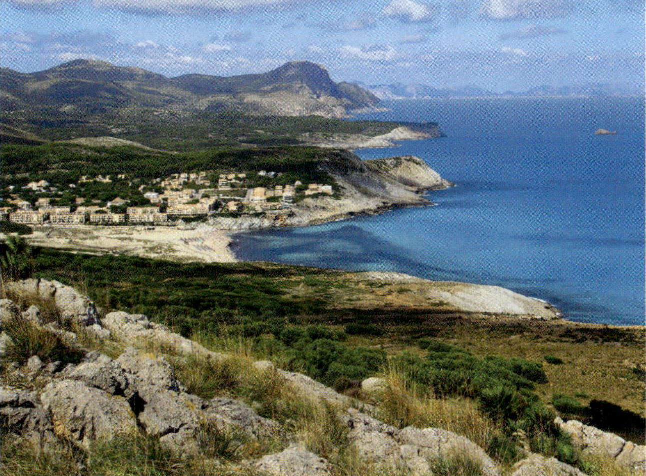

Blick von der Talaia de Son Jaumell zu den „Verlorenen Stränden“.

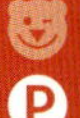

## Capdepera: Burgmauern um ein Dorf

In sicherer Entfernung zur Küste entstand auf einem seit Urzeiten besiedelten Steinkopf (lateinisch: caput petrae) die größte Festung Mallorcas. Im Jahre 1300 gründete König Jaume III. innerhalb des Walls ein Dorf. Immer wieder schützte die Festung ihre Einwohner vor Piratenüberfällen. 1854 verließ das Militär das Bollwerk, das sich seither kaum mehr verändert hat. Der Ort selbst breitet sich heute rund um die Mauern aus – Capdepera übersiedelte sozusagen nach draußen. Der Aufstieg zur Burg lohnt sich allein schon wegen der Aussicht; ihre Kirche birgt bis heute eine weitum verehrte gotische Madonna.

Sand – „Vorboten“ der Dünen, die von der Cala Mesquida bis hierher reichen. Von einer **Wegkreuzung neben einem gemauerten Wasserbecken** 05 biegen Sie rechts ab. Der ebenfalls sandige Waldweg steigt sanft an und führt flach zur Einmündung einer weiteren Trasse. Auf dieser rechts zur **Kreuzung mehrerer Sandwege** (links entdeckt man einen dritten Kalkofen). Geradeaus weiter und sanft abwärts; auch bei den beiden folgenden Abzweigungen bleiben Sie geradeaus. So erreichen Sie wieder den breiten Weg, der direkt von der Cala Agulla zur Cala Mesquida herüberzieht. Folgen Sie diesem nach links (wobei Sie den schmalen Pfad, der gleich darauf links bergab führt, ignorieren). Nach der Überquerung der nächsten Wegkreuzung gelangen Sie im sanften Abstieg zu einer langen, verfallenen Mauer, neben der Sie oberhalb der **Cala Mesquida** die Aufstiegsroute zur Talaia de Son Jaumell wieder erreichen. Links auf dem **Holzsteg** zurück zum **Ausgangspunkt** 01. 1:30 h

67

# ZUR MINI-BURG DER PUNTA DE N'AMER

## Ein Stück Urnatur zwischen den Urlaubszentren

 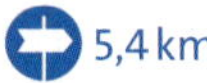

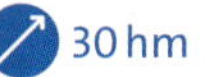

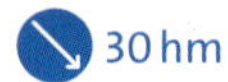


START | Am Südrand der Feriensiedlung Cala Millor an der Ostküste. Zufahrt von der Ma-4023 (Porto Cristo – Son Servera); beim Kreisverkehr nahe Km 7 auf den beschilderten Camí de Son Morro Vell abzweigen und stets geradeaus zum Kreisverkehr bei den Hotels im Süden von Cala Millor; nach der Beschilderung „Es Castell, Punta de n'Amer" rechts am Hotel Bahia Grande vorbei zum Straßenende, dort Parkmöglichkeit. Bus von Palma (Linie 412, 414) [GPS: UTM Zone 31S x: 533163 y: 4381911]
CHARAKTER | Wanderung auf Schotterstraßen, Sandwegen und schmalen, verzweigten Pfaden im steinigen Gelände. Stellenweise Schatten. Einkehr: Bar Es Castell; Bars/Restaurants in Cala Millor

Die Punta de n'Amer ist eine flache, 2 km lange und 200 ha große Halbinsel zwischen Cala Millor und Sa Coma. Rund um ihre kleine Festung aus dem Jahre 1696 entdeckt man eine fast unberührte Wald- und Dünenlandschaft, raue Uferfelsen und alte Steinbrüche.

▶ Von der **Infotafel beim Straßenkreisel** 01 folgen Sie dem breiten Weg Richtung Punta de n'Amer. Nach etwa 20 Schritten zweigen Sie rechts auf einen breiten Sandweg ab und wandern im sanften Anstieg zwischen Kiefern und Macchie ins Dünengebiet. Kurz darauf geht's rechts zu einem einmündenden Weg, dem Sie kurz nach rechts folgen. Dann scharf links abzweigen und auf einem flachen, aber etwas mühsam zu begehenden Sandweg zu einer Kreuzung. Geradeaus in den Wald und bei den folgenden Abzweigungen stets auf der Haupttrasse bleiben. Der Weg verbreitert sich und führt sanft bergab, bis rechts

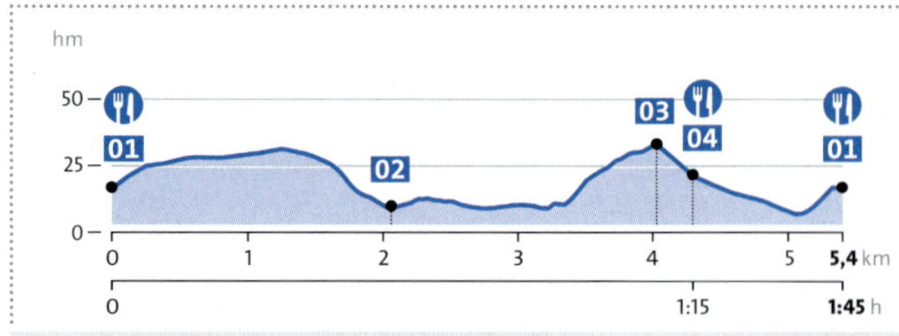


01 Infotafel beim Straßenkreisel; 02 Südküste;
03 höchster Punkt der Landspitze, 31 m; 04 Castell de sa Punta de n'Amer

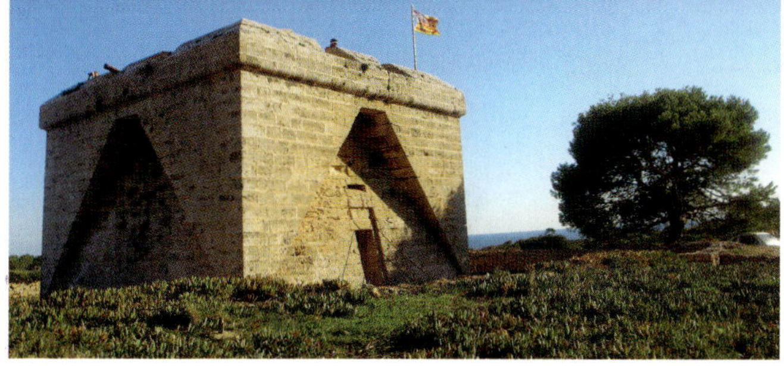

Wehrbau mit Design: Castell de sa Punta de n'Amer

unten eine Lichtung sichtbar wird. Bei der dortigen Wegteilung geradeaus zu einer **Schotterstraße**, die von **Sa Coma** herüberführt. Auf dieser gehen Sie nur wenige Schritte nach rechts, bis sich links eine weite freie Fläche öffnet. Dort biegen Sie links ab und wandern auf einem breiten Weg ungefähr 250 m dem Waldrand entlang zur **Südküste** 02 der Halbinsel. Am unteren Rand des großen Feldes – kurz vor dem Meer – nach links und durch eine Mauerbresche nahe einem alten Bunker. Dahinter auf einem schmalen Waldpfad nach rechts und sanft bergauf. Bald wird das Castell de sa Punta de n'Amer sichtbar. Sie wandern nun etwa 2 km oberhalb der Felsküste dahin und um die Spitze der **Punta de n'Amer** herum. Links gelangt man auf verzweigten Pfadspuren zur weithin sichtbaren Vermessungssäule auf dem **höchsten Punkt der Landspitze** 03 (31 m). Von dort führt ein Pfad zu einem breiten Weg, der rechts zum **Castell de sa Punta de n'Amer** 04 hinüberzieht. 1:15 h

**Rückweg** auf dem Fahrweg, der rechts (nach Nordwesten) zur felsigen Nordküste der Halbinsel hinabführt. Neben dem Meer gelangen Sie zu den ersten Hotels von **Cala Millor** und damit zum **Startpunkt** 01. 0:30 h

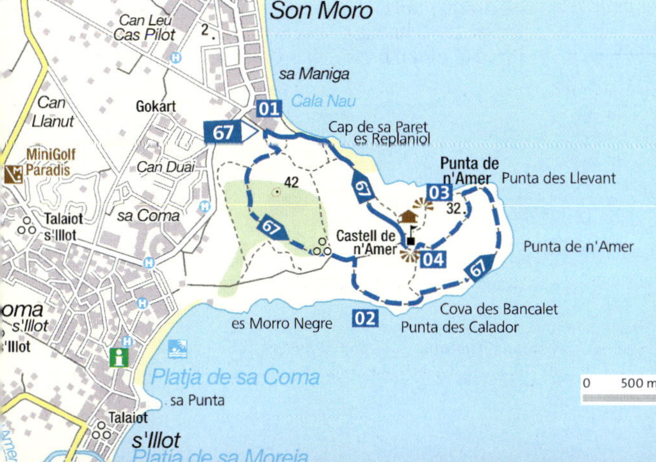

68

# CALA VARQUES – CALA MAGRANER

Die längste Abenteuertour an der Ostküste

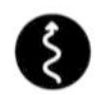  10,6 km  5:00 h 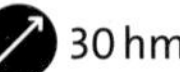 30 hm  30 hm

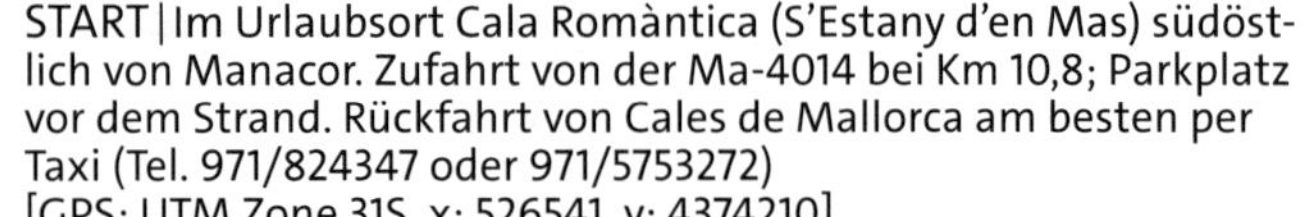

START | Im Urlaubsort Cala Romàntica (S'Estany d'en Mas) südöstlich von Manacor. Zufahrt von der Ma-4014 bei Km 10,8; Parkplatz vor dem Strand. Rückfahrt von Cales de Mallorca am besten per Taxi (Tel. 971/824347 oder 971/5753272)
[GPS: UTM Zone 31S x: 526541 y: 4374210]
CHARAKTER | Sehr lange, einsame und landschaftlich großartige Küstenwanderung auf schmalen Pfaden bzw. in weglosem Gras- und Felsgelände; kurze Kletterpassagen und die Überquerung von scharf verwittertem Gestein erfordern Spürsinn, Trittsicherheit und Schwindelfreiheit. Kaum Schatten. Unterwegs keine Einkehrmöglichkeit; Bars/Restaurants in Cala Romàntica und Cales de Mallorca. Nehmen Sie unbedingt genug zu Trinken mit!

Von den 22 Buchten und Stränden, die zum Gebiet der Stadt Manacor gehören, blieben erstaunlich viele bis heute unberührt. Zwischen den Hotelsiedlungen Cala Romàntica (eigentlich S'Estany d'en Mas) und Cales de Mallorca liegt ein etwa 7 km langer Küstenstreifen, in dem sich hinter schroffen Klippen eine ebene, steppenartige Landschaft von herber Schönheit erstreckt. Dort liegt die Cala Varques, ein 65 m langer Sandstrand zwischen Kiefern, einer bizarr verwitterten Halbinsel und einer natürlichen Felsbrücke. Dort wird oft wild gezeltet; mitunter mischen sich Kühe (!) unter die Badegäste. Man erreicht dieses kleine Paradies aber nur zu Fuß – in 0:30 h von der Ostküsten-Straße Ma-4014 bei Km 9,2, in nicht ein-

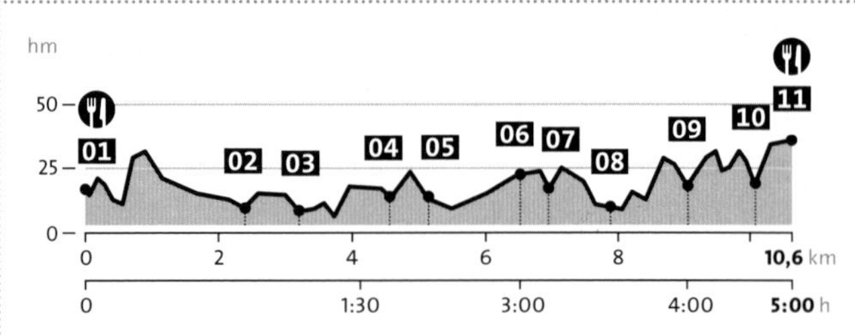


01 Cala Romàntica; 02 Cova des Pont; 03 Cala Varques; 04 Cala Sequer; 05 Caló des Serral; 06 Cala Magraner; 07 Cala Pilota; 08 Cala Virgili; 09 Cala Bóta; 10 Cala Antena; 11 Cales de Mallorca

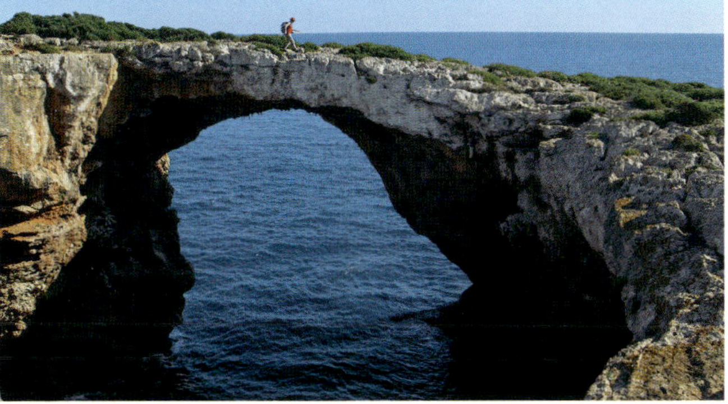

Tief Luft holen und drüber!

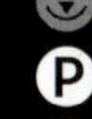
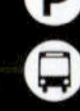
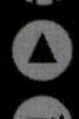
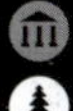

mal 1:30 h von Cala Romàntica, wobei eine kurze Kletterstelle zu überwinden ist. Diese Hin- und -Retour-Wanderungen sind schon für sich sehr lohnend, aber doch nur ein kleiner Vorgeschmack auf die geamte Strecke entlang der Buchten von Manacor. Diese Tour ist fast alpinen Zuschnitts und „dank" zahlreicher Taleinschnitte fast doppelt so lang wie die Entfernung in Luftlinie. Sie erfordert also entsprechende Erfahrung und Kondition. Immerhin bestehen zwei „Fluchtwege", sollte man die Tour vorzeitig abbrechen müssen – wie erwähnt von der Cala Varques, aber auch ab der Cala Magraner, wo alte Straßen vom Meer weg zur Zufahrtsstraße nach Cales de Mallorca führen.

**Achtung:** Im Sommer 2014 verhinderten Sperren oberhalb der Cala Romàntica und an der Cala Sequer eine Begehung der Route. Dies kann sich allerdings rasch wieder ändern, da das Küstengebiet per Gesetz frei begehbar ist.

▶ Der Strand der **Cala Romàntica** **01** wird auf der rechten (südlichen) Seite von hellen, bis zu 30 m hohen und teils überhängenden **Felswänden** begrenzt. Die einzige Durchstiegsmöglichkeit besteht 50 m vor dem Meer – dort führen Pfadspuren durch Gebüsch zu einem 5 m hohen Aufschwung, der sich auf Felsstufen und künstlich ausgehauenen Tritten erklimmen lässt. Oberhalb davon hält man sich etwas nach rechts, steigt weiterhin sehr steil zwischen Kiefern und Gebüsch zur ebenen Fläche oberhalb der Abbrüche hinauf und geht dort scharf nach links auf das Meer zu.

Davor gehen Sie nach rechts und – ungefähr auf gleicher Höhe bleibend – zu einem kleinen Mauerrest am Rand der Steilküste. Im Süden sind die Hochhäuser der fernen Feriensiedlung Cales de Mallorca zu sehen, im Norden erblickt man Porto Cristo. Dort wenden Sie sich nach rechts und gehen auf einem ebenen, aber steinigen Pfad durch niedriges Gebüsch neben den wilden Klippen der Steilküste weiter. Mühsam über scharfkantig verwittertes Gestein zu einem freien Platz neben einer Grotte in der Steilküste. Rechts auf einem breiten Weg 50 m landeinwärts, dann bei einem Steinmännchen links auf einen leichter begehba-

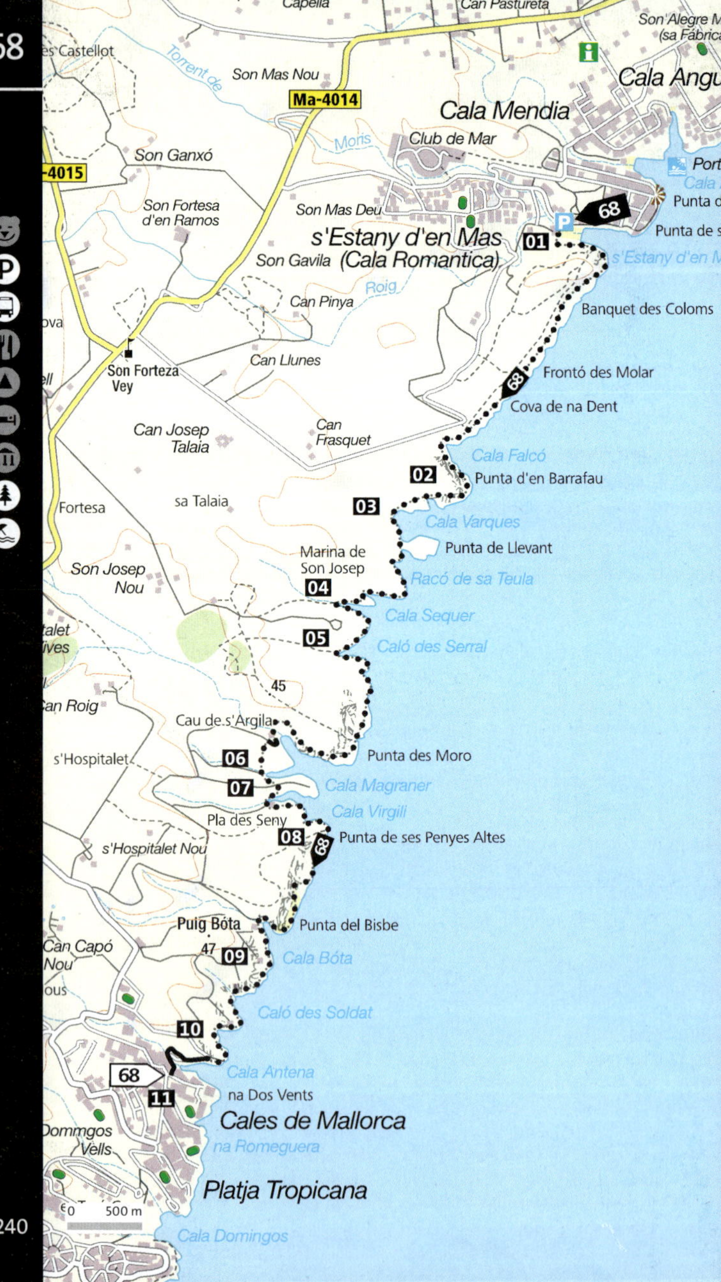
Son Transquil
Cas Capellà
Can Pastureta
Son Alegre Ma
(sa Fàbrica)
es Castellot
Torrent de
Son Mas Nou
Cala Angui
Ma-4014
Cala Mendia
Moris
Club de Mar
Son Ganxó
-4015
Porto
Cala A
Punta de
Son Fortesa d'en Ramos
Son Mas Deu
68
Punta de s'E
s'Estany d'en Mas (Cala Romantica)
01
s'Estany d'en Ma
Son Gavila
Roig
Can Pinya
Banquet des Coloms
Can Llunes
Son Forteza Vey
Frontó des Molar
68
Cova de na Dent
Can Josep Talaia
Can Frasquet
Cala Falcó
02
Punta d'en Barrafau
Fortesa
sa Talaia
03
Cala Varques
Punta de Llevant
Marina de Son Josep
Son Josep Nou
Racó de sa Teula
04
Cala Sequer
05
Caló des Serral
45
Can Roig
Cau de s'Argila
Punta des Moro
s'Hospitalet
06
07
Cala Magraner
Cala Virgili
Pla des Seny
08
68
Punta de ses Penyes Altes
s'Hospitalet Nou
Puig Bóta
Punta del Bisbe
Can Capó Nou
47
09
Cala Bóta
Caló des Soldat
10
Cala Antena
68
11
na Dos Vents
Cales de Mallorca
Dommgos Vells
na Romeguera
Platja Tropicana
0 500 m
Cala Domingos

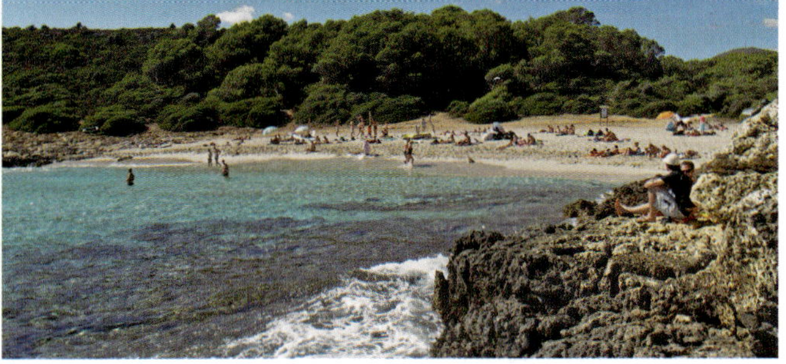

An der Cala Varques gefällt's Wanderern, Hippies und oft auch Kühen.

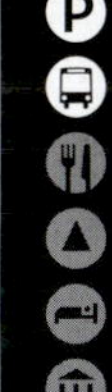

ren Pfad abbiegen und zur Einmündung eines weiteren Fahrweges. Geradeaus zum Meer und in ein umzäuntes Grundstück, das durch ein Holztor in der Mauer wieder verlassen wird. Oberhalb des nur 3 m langen Sandstrandes der felsigen **Cala Falcó** über weiße Felsstufen auf ein Band mit rötlichem Schotter und rechts zum kleinen Sandstrand. Jenseits über gestuftes Gestein aufwärts und neben der Küste weiter, bis sich ein riesiger Einbruchskessel mit der Felsbrücke der **Cova des Pont** **02** öffnet. Rechts daran vorbei und durch verwachsenes Gelände hinab zur felsigen Minibucht Caló Blanc, an dem man rechts auf einem ebenen Felsband vorbeigeht. Rechts über scharfkantiges Gestein hinauf, links an einer Mauer vorbei (Vorsicht, links Felsabbrüche über einer Grotte!) und zum 60 m langen Sandstrand der **Cala Varques** **03** hinab. Ein angelegter Weg führt über flache Felsen zur nahen Halbinsel der **Punta de Llevant**. Dort lohnt sich ein kurzer Abstecher nach links, an einer Hausruine vorbei zur Spitze des Vorsprungs: Dort finden Sie unglaublich zerfressenen Kalkfels. 1:30 h

Man wandert nun weiter dem Meer entlang zu einer Mauer und zur schmalen **Cala Enganapastor** hinab. Jenseits gerade hinauf und oberhalb der **Cala Sequer** **04** weiter. Links über Felsstufen zum Ende einer massiven Mauer und zum 20 m langen Sandstrand, über dem ein großes Gebäude mit Palmen steht. Der Pfad dorthin ist gesperrt; man umgeht das Anwesen nach links, direkt über dem Meer. Auf Felsbändern und einem schmalen Pfad an der Oberkante der Klippen erreicht man eine große Steinpyramide. Wieder abwärts zum winzigen Sandstrand des **Caló des Serral** **05**, von dem man links über die Klippen ansteigt.

Das Gelände an der Küste wird nun flacher und ist stellenweise mit groben Steinblöcken übersät. Weglos geht's am Rand der Vegetation weiter (kleine Steinhütte neben zwei Ruinen) bis zum Felsvorsprung **Punta des Moro**. Dort wenden Sie sich nach rechts und wandern – bald wieder auf einem Pfad – über den (bei Kletterern beliebten) Begrenzungswänden der **Cala Magraner** landeinwärts. Nach etwa 500 m ist im Talgrund hinter der Lagune ein Zaun zu sehen. Dorthin gelangt man links in leichter Kletterei. Unten links neben der Lagune und einem Felsblock zum 30 m langen Kies- und Sandstrand der **Cala Magraner** **06**. 1:30 h

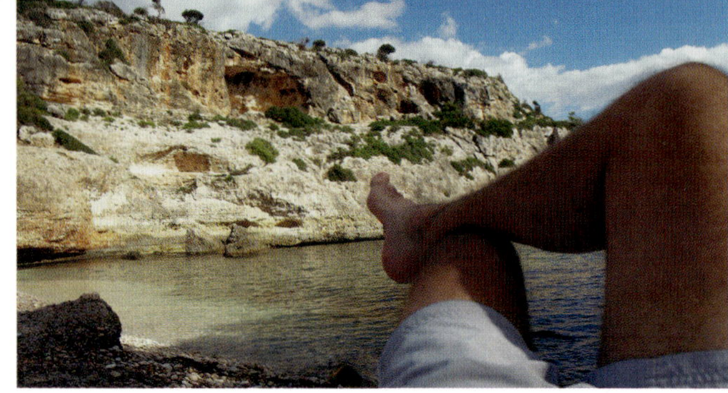

Rast an der Cala Bóta – mit Blick zu den Kletterwänden

Auf der Südseite der Bucht führt ein steiler Pfad zwischen Kiefern zu einer Mauer empor. Dahinter beginnt eine **Schotterstraße**, auf der man in etwa 1:00 h zur Zufahrtsstraße nach **Cales de Mallorca** wandern könnte. Die Küstenroute zweigt jedoch gleich nach einer Rechtskurve nach links ab und führt durch wegloses Grasgelände auf einen **Rücken** (32 m). Dort endet ein von rechts kommender Fahrweg. Von dort geht man auf eine alte Mauer zu und dahinter durch die Grashänge abwärts, bis man den Einschnitt der **Cala Pilota 07** erblickt. Durch steiles Felsgelände (oder etwas weiter rechts, wo es weniger steil ist) gelangt man zu ihrem 30 m langen Sand- und Kiesstrand hinab.

Nach seiner Überquerung erklimmt man eine kleine Gesteinsstufe und biegt bei einer Infotafel links ab. Auf ebenen, aber schräg zum Meer hin abfallenden Felsen (Vorsicht!) gelangt man zu Pfadspuren, die rechts auf den nächsten **Höhenrücken** (25 m) ziehen. Dort trifft man auf einen weiteren alten **Fahrweg**, dem man links Richtung Meer folgt. Nach 50 m (Steinmännchen) rechts auf einen deutlichen Pfad abzweigen und durch den Grashang zur **Cala Virgili 08** hinab (links unten befinden sich Wandabbrüche). Flach oberhalb des 20 m langen Sand- und Kiesstrandes vorbei, bis man links über kleine Felsstufen dorthin absteigen kann.

Zum **Bootshaus** hinüber, oberhalb davon nach links und auf einem flachen, aber zerklüfteten Gesteinssims über der Bucht weiter. Wo dieser endet, geht's rechts steil unter Kiefern bergauf. Dahinter führt ein Pfad wieder zu zerklüftetem, aber gut gangbarem Gestein, auf dem man oberhalb der Bucht zu einem breiten Felsband gelangt. Dieses führt um einen kleinen **Taleinschnitt** herum. Kurz danach rechts zu einem deutlich sichtbaren Steinmännchen hinauf. Dahinter durch das Gebüsch des **Pla des Seny** (20 m) zum Beginn eines breiten, sanft ansteigenden Pfades, der in einigem Abstand zur Steilküste zu einer Wegeinmündung führt. Auf dem breiten Weg nach links und um eine weite, flache Mulde herum. Von der nächsten Gabelung rechts auf dem breiteren Weg weiter. Im sanften Anstieg erreicht man eine Rechtskurve oberhalb der **Cala Bóta**, bei der links ein ebener, verwachsener Weg einmündet. 10 m danach (Steinmännchen) biegt man auf einen Pfad ab, der zu einer alten Mauer hinabführt (Durchgang) und sich über Felsstufen und zwischen Kiefern zum 30 m langen Kiesstrand der **Cala Bóta** **09** hinabschlängelt. 1:00 h

Neben der dortigen Infotafel erklettert man eine 2 m hohe Felsstufe (herabhängendes Seil). Auf einem steilen Pfad zu einer Abzweigung empor. Nach links, über eine kleine **Anhöhe** und durch eine breite Felsmulde oberhalb der von Höhlen zerfressenen Küstenklippen. Danach nochmals links abbiegen und – bald über kleine Felsstufen – in eine weitere, kleinere Felsmulde hinab. Auf verzweigten Pfadspuren oberhalb der Steilküste weiter, bis man in die schmale Felsbucht des **Caló des Soldat** hinabsieht. Beim Abstieg dorthin muss man ganz genau auf die Steinmännchen achten!

Ein Stück oberhalb der Bucht nach rechts, das Bachbett des einmündenden Grabens queren und rechts in Kehren ansteigen, bis man ein ebenes und anfangs noch breites **Felsband** erreicht. Auf diesem links durch den oberen Bereich der Küstenklippen und um den Felsvorsprung **Racó de sa Cova Blanca** herum – ein luftiges Abenteuer über dem Meer und doch fast wie in den Dolomiten! Dahinter wird das Band schmaler und endet zwischen Kiefern. Links kurz absteigen und oberhalb einer felsigen Bucht herum. Nach der Überquerung eines schluchtartigen Bachbetts gelangt man zwischen Gebüsch zu einer **Felsplattform**. Ein Pfad führt zu einer Wegteilung, von der man rechts

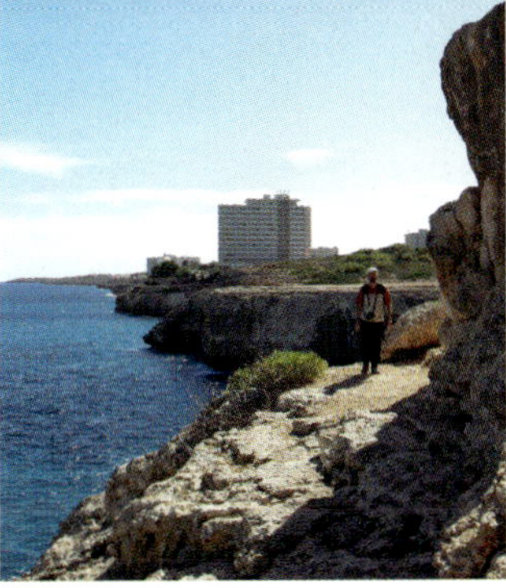

Gleich ist es geschafft.

nach wenigen Schritten die Kurve einer Schotterstraße erreicht. Ihr linker Ast führt zur **Cala Antena** **10** hinunter. Unten nach links und über Stufen zum 30 m langen Sandstrand, von dem man auf der anderen Seite auf einer Treppe zur Feriensiedlung **Cales de Mallorca** **11** hinaufsteigt. Bei der folgenden Abzweigung scharf nach links, dann rechts abbiegen und wieder auf einer Treppe und über einen **Parkplatz** zum C/. de Cala Antena (Bushaltestelle links vor dem Hotel Sol Mastines, Taxistand am Passeig de Manacor). 1:00 h

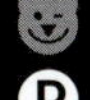
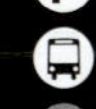
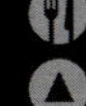
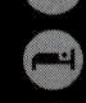

## Naturpark Mondragó

Der 785 ha große Parc Natural de Mondragó zwischen Portopetro und Cala Figuera umfasst drei wunderbare Sandstrände, zwei Lagunen und ein Stück unberührter Felsküste. Lehrpfade durchziehen die Kiefernwälder; die Mittelmeerschildkröte wurde hier wieder angesiedelt. Beschilderte Zufahrten von Santanyí, Portopetro oder Ses Salines; zwei Parkplätze etwa 10 Min. vor den Buchten.

69

# ZUR ERMITA DE BONANY

## Die „Wallfahrt zum guten Jahr“

  5,2 km  3:00 h 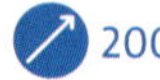 200 hm 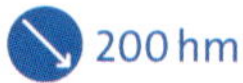 200 hm

START | An der Landstraße Ma-3220 zwischen Sant Joan und Petra bei Km 10,3, wo der beschilderte Camí de l'Infern südwärts zum Puig de Bonany abzweigt (nur ganz wenige Parkmöglichkeiten neben der Straße). Zufahrt per Bahn oder Bus nach Petra, zu Fuß auf dem C/. de Ciutat durch den Ort und gut 2 km zum Ausgangspunkt [GPS: UTM Zone 31S x: 507343 y: 4384049]
CHARAKTER | Wanderung auf Fahrwegen, Waldpfaden und ganz kurzen Straßenabschnitten. Viel Schatten. Unterwegs keine Einkehrmöglichkeit; Bars/Restaurants in Petra; Nächtigungsmöglichkeit für Selbstversorger in der Ermita de Bonany (Tel. 971/561101)

1609 war ein gutes Jahr für die Bewohner der Inselebene Es Pla: Nach Jahren der Dürre fiel endlich wieder Regen – die Gebete zur Muttergottes waren erhört worden. Zum Dank bauten sie eine Kapelle auf einen frei aufragenden Berg zwischen Vilafranca, Petra und Sant Joan, die seither einfach Bonany heißt – zur Erinnerung an das „gute Jahr“. 1697 erweiterte man das kleine Gotteshaus; das heutige, doppeltürmige Gebäude ist ein Neubau aus den Jahren 1920/25. Die darin verehrte Holzstatue der Mare de Déu de Bonany soll der Legende nach vor den Arabern versteckt worden sein.

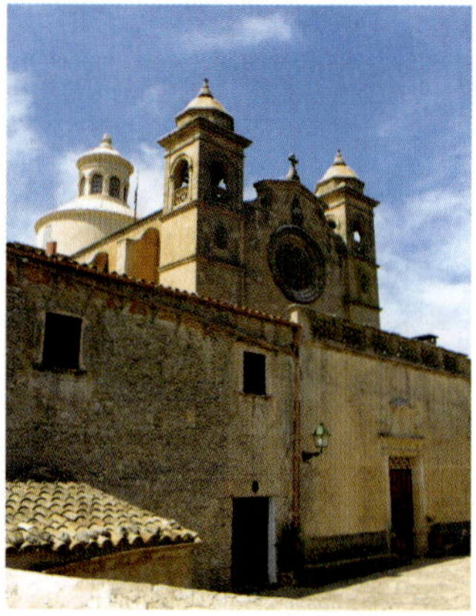

Die Türme der Ermita de Bonany

▶ Von der **Ma-3220** **01** wandern Sie auf dem beschilderten **Camí de l'Infern**, einer ebenen und schnurgeraden Schotterstraße, zwischen Feldern dahin und an einem kleinen Haus vorbei. Nach ca. 500 m geht's auf rau betonierter Trasse durch das bewaldete Gelände am Fuße des Berges aufwärts. Bei einem **Ferienhaus** erreichen Sie die asphaltierte Zufahrtsstraße zum Heiligtum, der Sie jedoch nach links – also Richtung Petra – abwärts folgen (Wegweiser „Sant Joan“). Kurz darauf biegen Sie rechts auf den Camí de Son Torrat ab (ein Schild weist auch Richtung „Vilafranca“). Dieser Schotterweg führt eben an einem Haus vor-

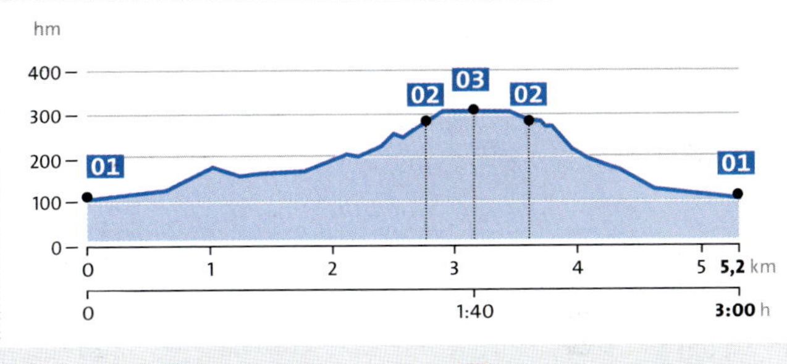


01 Ma-3220; 02 Ermita de Bonany, 290 m; 03 Puig de Bonany, 318 m

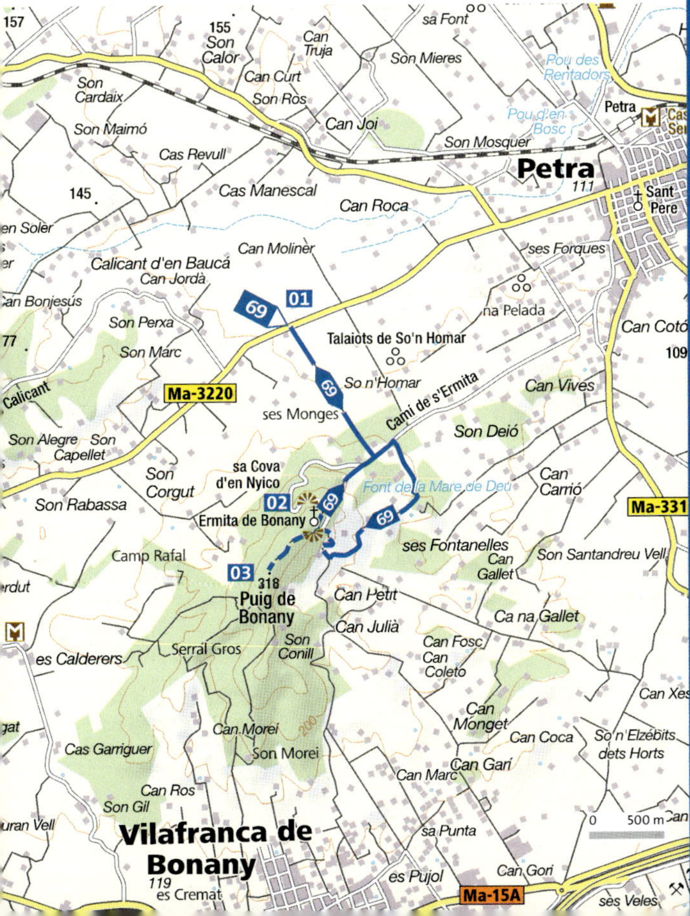

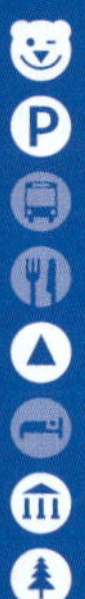

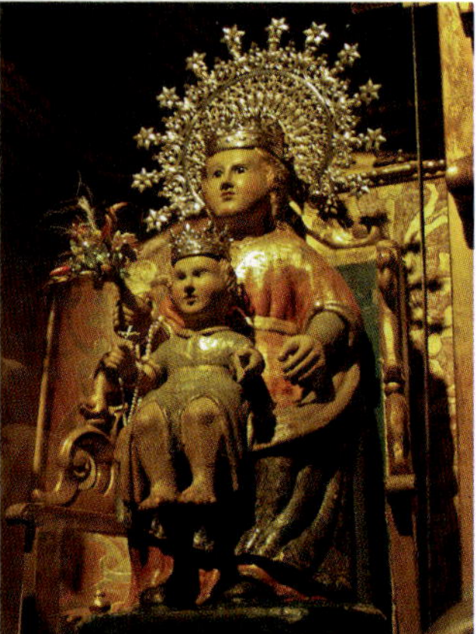

Sie brachten den Regen!

bei und zwischen Mauern etwas abwärts. Bei der folgenden Wegteilung rechts weiter, an kleinen Anwesen vorbei und rechts an der Zufahrt zum Landgut **Son Torrat** vorbei. Nach kurzem Anstieg gehen Sie geradeaus an einer weiteren Abzweigung vorbei, flach weiter und wiederum bergauf. Links neben dem Fahrweg steht ein altes **Gebäude** – gegenüber davon zweigen Sie auf einen breiten Weg ab, der in den Wald emporzieht. Unter den ersten Bäumen erreichen Sie eine Gabelung. Der rechts Pfad führt zur nahen **Fonteta**, einer im Wald verborgenen **Quellhöhle**, die eine steinerne Marienfigur birgt. Der linke, betonierte Weg führt dagegen zur **Ermita de Bonany**. Nach der Einmündung eines weiteren Weges überqueren Sie die asphaltierte Zufahrtsstraße, die Sie etwas weiter oben – bei der Einmündung des Pilgerweges von Petra – nochmals erreichen. Jenseits führt eine Treppe zum Tor beim **Parkplatz** vor der **Wallfahrtskirche** 02 (290 m). Rechts neben der Kirche vorbei, links zu einem kleinen Mauerdurchlass und auf einem Pfad zwischen Gebüsch und einzelnen Bäumen über den Rücken des **Puig de Bonany**. Wo rechts kleine Felsen sichtbar werden, kann man zu seiner **Vermessungssäule** 03 (318 m) hinaufsteigen. Ein weiter Rundblick belohnt den kurzen Abstecher. 1:40 h

## Els Calderers

Zwischen Vilafranca und Sant Joan liegt die schon 1285 erwähnte Possessió dels Calderers, die über eine Fläche von 156 ha verfügt. Das Gutshaus wurde samt seinen Ställen und Werkstätten als Museum zugänglich gemacht. Hier lässt sich gut nachempfinden, wie sich das bäuerliche Leben auf dem Pla de Mallorca durch die Jahrhunderte entwickelte. Es gibt auch kleine Kostproben bodenständiger Spezialitäten. Zufahrt auf der Schnellstraße Ma-15 (täglich 10 – 18 Uhr, im Winter bis 17 Uhr, Tel. 971/526069, www.elscalderers.com).

**Rückweg:** Zurück zur Wallfahrtskirche. Vom Parkplatz geht man über die Treppe zur Straße hinab und nach der Überquerung links Richtung Petra. Auf dem Camí Vell de Bonany erreicht man wieder die Asphaltstraße. Auf dieser scharf nach links bergab und kurz darauf wieder scharf rechts auf den betonierten Pilgerweg abzweigen. Unten geht's kurz auf der Fahrbahn Richtung Petra weiter, bis Sie beim bereits bekannten **Haus** links auf den Camí de l'Infern einschwenken und auf diesem zum **Ausgangspunkt** 01 zurückkehren. 1:20 h

# SANTUERI – SANT SALVADOR • 494 m

## Von der Burgruine zur Klosterfestung

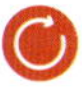  13,6 km  4:00 h 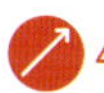 480 hm  480 hm

START | An der Ma-14 von Felanitx Richtung Cala d'Or/Santanyí; Parkmöglichkeit bei Km 13,8 (etwa 2 km südlich von Felanitx) kurz vor der beschilderten Abzweigung zum Castell de Santueri. Bus (Linie 491) bis Felanitx, von dort zu Fuß 0:30 h neben der (verkehrsreichen) Straße [GPS: UTM Zone 31S x: 513180 y: 4366979]
CHARAKTER | Tal- und Bergwanderung auf asphaltierten Nebenstraßen, Schotterstraßen und Waldwegen. Immer wieder Schatten. Einkehr: Bar/Restaurant und Petit Hotel in der Ermita de Sant Salvador (Tel. 971/515260, www.santsalvadorhotel.com)

Die beiden größten Sehenswürdigkeiten der südlichen Serres de Llevant, die Ruine des Castell de Santueri und die festungsartig ausgebaute Ermita de Sant Salvador, lassen sich im Rahmen einer langen Rundwanderung besuchen. Da beide Bauwerke weithin sichtbar in der Höhe thronen, erleichtern sie unterwegs die Orientierung im einsamen Waldgebiet. Die Wege und Pfade sind zwar fast überall gut zu verfolgen, bei den Abzweigungen ist jedoch Achtsamkeit erforderlich.

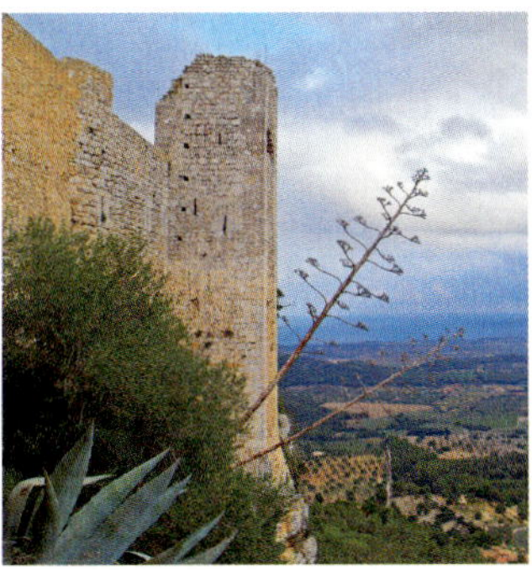
Hoch über dem Migjorn: Santueri

▶ Von der **Ma-14** 01 wandert man, dem Wegweiser „Castell de Santueri" folgend, auf der nach Südosten abzweigenden Asphaltstraße ins Bauernland unterhalb der bewaldeten Serres de Llevant. Der anfangs kaum ansteigende und meist nur von wenigen Autos befahrene Camí des Castell führt an mehreren Anwesen vorbei. Bei einer Gabelung neben einem Haus bleibt man auf der linken Straße und gelangt in ein Tal am Fuße des Berges mit der bereits sichtbaren Ruine des **Castell de Santueri**. Nach etwa 2 km kommt man an der Zufahrt zur Finca **Binifarda** und danach am Tor des Anwesens **Torre Binifarda** vorbei. Kurz danach zweigt man links auf eine Schotterstraße ab (rotes und blaues Farbzeichen an einem Baum). Sie steigt durch den Wald an, führt an einem kleinen Haus vorbei und endet weiter oben vor einem weiteren Gebäude. Dort nach rechts und links an dem Haus vorbei – dann beginnt ein

## Castell de Santueri

Auf dem 423 m hohen Puig des Carritxó bei Felanitx thront die Ruine einer mächtigen Burg, deren Geschichte wohl bis auf die Römer zurückgeht. Einst verschmolzen ihre Mauern mit dem felsigen Tafelberg zu einer fast uneinnehmbaren Einheit. Das mittlerweile renovierte Castell de Santueri sollte im Februar 2014 wieder für Besucher zugänglich werden, die Gemeinde verzögert die Öffnung jedoch immer wieder (aktuelle Infos unter www.santueri.org).

flacher Weg, auf dem man unter Kiefern zu einer nahen Wiese gelangt. Davor links auf einem alten, stellenweise noch gepflasterten Pfad neben Terrassenmauern vorbei, ansteigend durch verwachsenes Gelände und neben einem weiteren Feld vorbei. Kurz vor der dritten freien Fläche (mit kleiner Hütte) nach links und in Kehren durch den Waldhang aufwärts. Unter dem **Puig de sa Comuna Grossa** etwas abwärts und dann links auf breiterem Weg hinauf zum Sattel des **Coll de sa Rota Penjada** 02 (293 m). Jenseits kurz hinab und eine Mauer übersteigen – dann steht man auf einem breiten Weg, dem man rechts – auf den Burgberg zu – ansteigend zu einem Mauerdurchlass folgt. Kurz danach erreicht man eine Schotterstraße, auf der man rechts zur Kehre der asphaltierten **Burg-Zufahrtsstraße** kommt. Auf dieser links weiter und südlich um den Burgberg herum zum **Parkplatz** unter dem **Castell de Santueri** 03. Eine Treppe führt zum Tor – es ist allerdings ungewiss, ob es gerade offen ist. Vom dahinter gelegenen Gipfelplateau genießt man eine tolle Sicht bis zur Ostküste (426 m). 1:30 h

Wieder zurück zur Abzweigung unter dem **Coll de sa Rota Penjada** 02. Dort bleibt man jedoch geradeaus auf dem breiten Schotterweg, der sich nach einem kurzen Anstieg am Südhang des **Puig de sa Comuna Grossa** bergab windet. **Achtung:** In einer Rechtskurve noch ein gutes Stück oberhalb einer Finca zweigen links zwei Pfade ab. Folgen Sie dem ersten (linken), der – mit Steinmännchen markiert – zwischen einzelnen Kiefern steil zu einer Mauer emporzieht. Durch eine Mauerbresche, weiterhin steil auf eine **Anhöhe** und nach einem Zaundurchlass zu einer Wegteilung. Nach rechts (rote Punkte) und im sanften Auf und Ab durch den Waldhang zum Beginn eines breiteren, aufgemauerten Weges, der sanft abwärts führt (Sicht bis zur Ostküste). Wo die große Christusstatue auf dem **Puig de Sant Salvador** ins Blickfeld kommt, quert ein Pfad, auf den Sie links abzweigen (rote Punkte). Er führt durch Wald hinauf und – vorbei an der Einmündung eines weiteren Pfades – auf eine **Anhöhe**. Neben einem Zaun flach zum **Sattel** direkt unter dem **Puig de Sant Salvador** (dort quert ein Fahrweg: rechts ein Tor). Geradeaus auf dem ansteigenden Pfad auf die Felsen zu. Hinter dem offenen Tor in einer alten Mauer beginnt der gepflasterte Pilgerweg, der durch den Südhang ansteigt. Weiter oben, bei einem Paraglider-Startplatz, verzweigt sich die

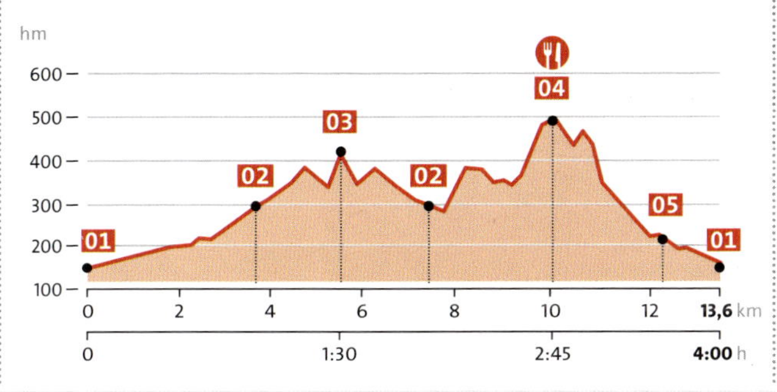

**01** Ma-14; **02** Coll de sa Rota Penjada, 293 m; **03** Castell de Santueri, 426 m; **04** Ermita de Sant Salvador, 494 m; **05** Parkplatz beim Steinkreuz, 207 m

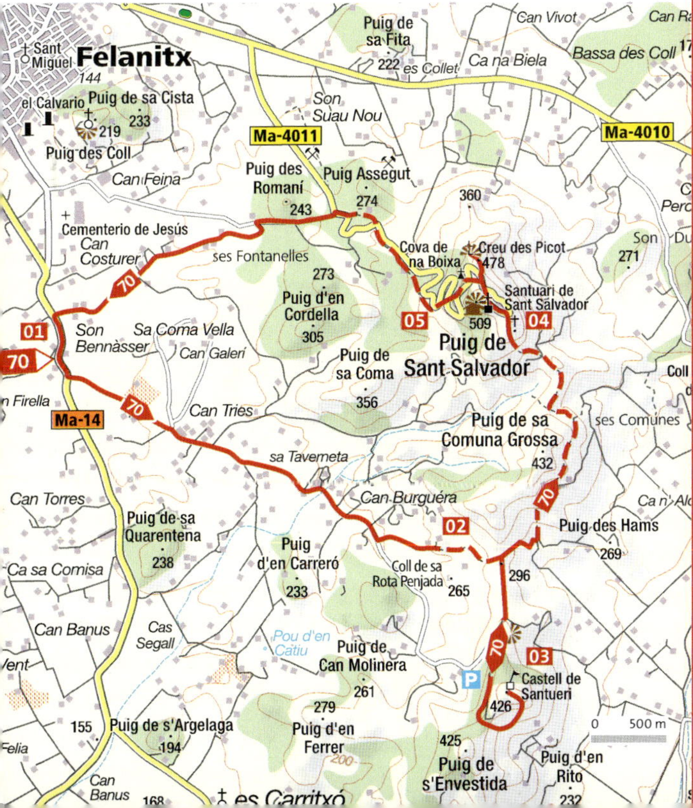

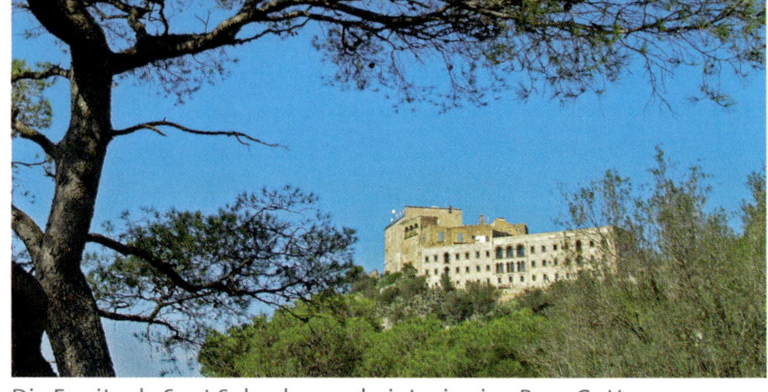

Die Ermita de Sant Salvador erscheint wie eine Burg Gottes.

Route etwas, bevor sie unterhalb der **Christusstatue** zu einem Picknickplatz führt. Dort erreichen wir den Parkplatz und die Straße, die links zur nahen **Ermita de Sant Salvador** 04 (494 m) führt. 1:15 h

**Rückweg:** Neben dem Sendemast – bei der Tafel „Àrea Recreativa Puig de Sant Salvador" – beginnt der alte **Kreuzweg**, der neben Picknickplätzen und einem Trafoturm durch die Nordseite des Berges hinabführt. Wo man die asphaltierte Zufahrtsstraße erreicht, lohnt sich der kurze Abstecher zum **Creu des Picot** auf dem vorgeschobenen **Nordgipfel**. Von der Kurve unterhalb davon folgen wir wieder dem historischen Pilgerweg hinab. Er quert bzw. berührt die Straße neunmal – u. a. bei Km 0,9 neben einer **Kapelle**, von der man durch einen Graben absteigt. Bei der 10. Straßenberührung nicht auf die Zufahrt nach Can Pancuit einschwenken, sondern auf dem kurz danach links abzweigenden Schotterweg zum großen **Parkplatz beim Steinkreuz** 05 am Fuße des Berges (207 m) hinunter.

Dort links auf die Schotterstraße abzweigen, gleich darauf rechts einschwenken und durch sanft gewelltes Waldgelände. Nach gut 500 m kommt man ins freie Kulturland. **Achtung:** Ca. 50 m nach dem ersten Gebäude wird links in einem flachen Graben eine weitere Schotterstraße sichtbar – zu dieser müssen Sie kurz weglos hinübergehen, um ihr nach rechts zu folgen. Nach gut 1 km – vorbei an einigen Anwesen – erreichen Sie die Finca **Son Benassar**. Kurz dahinter stehen Sie wieder an der **Ma-14**, neben der Sie links etwa 300 m zum **Ausgangspunkt** 01 zurückgehen. 1:15 h

## Ermita de Sant Salvador

Im 14. Jahrhundert entstand auf dem höchsten Berg der südlichen Serres de Llevant (494 m) eine Kirche, die wegen anhaltender Piratenüberfälle wie eine Festung ausgebaut wurde. Dort oben kann man heute nicht nur gut essen, sondern auch übernachten (www.santsalvadorhotel.com). Am südöstlichen Rand des Berges steht eine 7 m hohe Christusfigur, auf dem nordwestlichen Vorgipfel das Creu des Picot – die Aussicht ist da wie dort großartig. Zufahrt von Felanitx.

# CALA S'ALMUNIA – CALÓ DES MÀRMOLS

## Versteckte Badebuchten im wilden Süden Mallorcas

 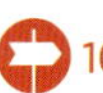 10 km  3:30 h  30 hm 30 hm

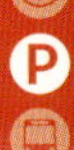
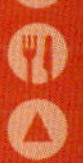
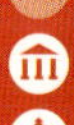

START | Cala Llombards an der Südostküste, Siedlung Sa Comuna oberhalb der Cala S'Almunia im Süden des Ortes. Zufahrt von Es Llombards oder von der Ma-6100 südwestlich von Santnyí. Bei der Kreuzung nach der Ortseinfahrt von Cala Llombards rechts auf den C/. des Castellet abbiegen; nach 200 m rechts auf den C/. des Llorer, nach 100 m links bis zu einer Querstraße (Infotafel) und auf dieser links weiter (Einbahn); nach einer Rechtskurve erreicht man einen Schotter-Parkplatz und die Ferienhäuser oberhalb der Cala S'Almunia [GPS: UTM Zone 31S x: 510375 y: 4351628]
CHARAKTER | Eindrucksvolle Küstenwanderung auf schmalen, stellenweise felsigen Pfaden. Kaum Schatten. Unterwegs keine Einkehrmöglichkeit; Bars/Restaurants in Cala Llombards

Mallorcas Ostküste weist viele Naturattraktionen auf, etwa den fotogenen Felsbogen Es Pontas bei Cala Santanyí, die Sandstrände des Naturparks Mondragó oder die Felsbucht von S'Almunia, deren Fischerhäuschen so manches Mallorca-Kalenderblatt zieren. Wer dort die Wanderschuhe schnürt, wird nicht nur mit atemberaubenden Einblicken in die bis zu 60 m hohen Klippen der Steilküste belohnt, sondern auch mit urgeschichtlichen Aha-Erlebnissen.

▶ Von den **Häusern oberhalb der Cala S'Almunia** 01 (Infotafeln an einer Rechtskurve des C/. des Caló des Moro) führt links eine steile **Treppe** zum Meer hinunter. Unten bei den malerischen **Fischerhütten** lohnt sich ein 10-Min.-Abstecher nach links: Ein Pfad führt über eine kleine Hochfläche und einen steilen Felshang zum 40 m langen Sandstrand des **Caló des Moro** 02, der von schroffen Felsen eingefasst wird – ein traumhaft schöner Platz!

Da muss man erst einmal hinfinden: Caló des Màrmols

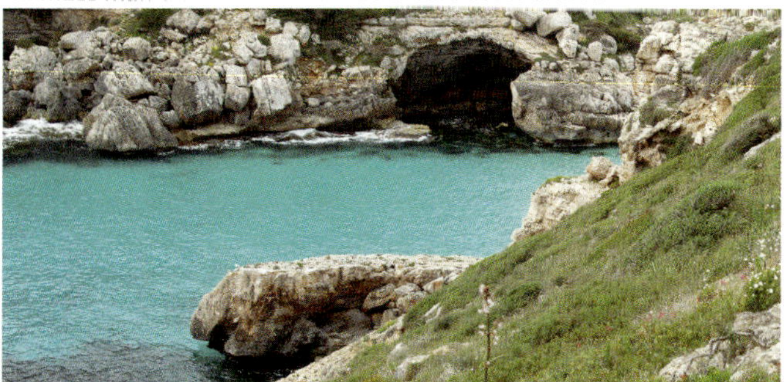

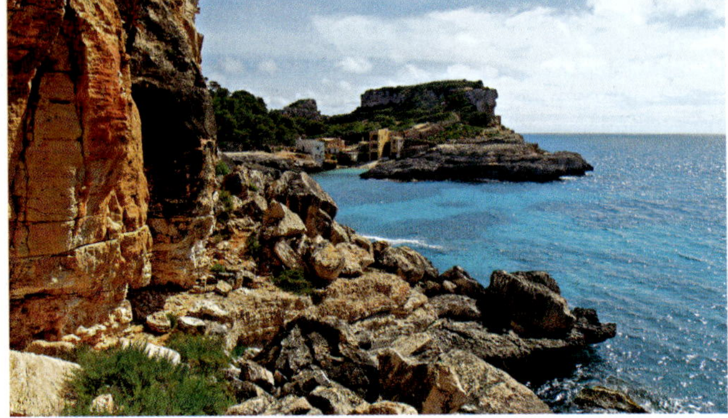

Eine der schönsten Küstenlandschaften Mallorcas: S'Almunia

Zurück zu den **Fischerhütten** und weiter neben der Felsküste zum winzigen Sandstrand der **Cala S'Almunia** 03. Im **Graben**, der dort einmündet, folgen Sie einem schmalen Pfad durch dichtes Gebüsch und bald nach links, wo Sie auf Felsstufen in freieres Gelände ansteigen. Links geht's hinunter in den breiten Graben nahe einer **Geröllbucht**. Dort erreicht man einen breiten Weg, der rechts auf eine kleine **Anhöhe** führt. Links auf einen schmaleren Pfad zum Meer abzweigen, über einen **flachen Graben** und zwischen Gebüsch zur Oberkante der Felsküste empor – in dieser „Dschungelpassage" müssen Sie eine kleine Steilstufe erklimmen. Dann führt der flache Pfad neben den Klippen dahin, vorbei an der Einmündung eines breiten Weges. Links unten sieht man alte Steinbrüche und eine natürliche Felsbrücke, rechts tritt hinter weiten Wiesen das Gehöft **Torre de s'Almunia** ins Blickfeld. Nach etwa 0:45 h stehen Sie vor dem aus riesigen Steinen gefügten Mauerrest eines **Talaiots** aus der Bronzezeit. Dahinter erreichen Sie ein kleines Haus über den Klippen der **Punta des Bauç** 04. Geradeaus geht's auf dem Pfad neben der Steilküste weiter; zwei einmündende Wege werden ignoriert. Nach einer Mauer wandert man durch eine flache, bewach-

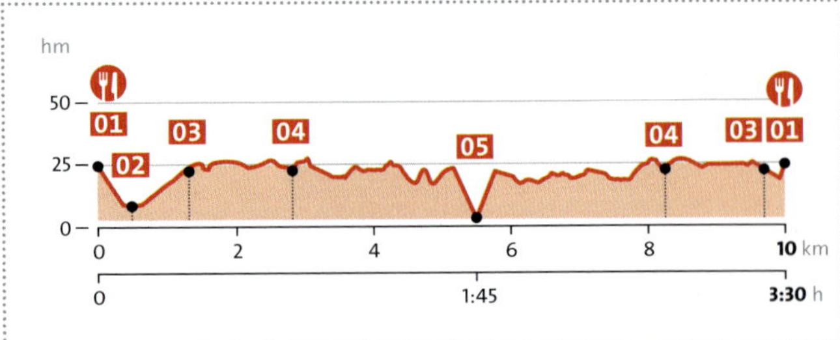


01 oberhalb der Cala S'Almunia; 02 Caló des Moro; 03 Cala S'Almunia; 04 Punta des Bauç; 05 Caló des Màrmols

sene Mulde und umrundet einen Graben (verzweigte Pfadspuren, Steinmännchen führen wieder zur Küste). Durch eine Mauerbresche und rechts an einem kleinen, weißen Rundturm vor der **Cala Figuereta** vorbei. Abseits dieser Felsbucht geht's sanft ansteigend landeinwärts, bis man nach einem kleinen Graben links auf einem quer verlaufenden Weg weiterwandert. Wo er sich verzweigt, bleiben Sie besser rechts und gehen im **Graben** hinter der Bucht zu einer alten Mauer (Bresche). Dahinter kurz über einige Felsstufen zum Bachbett hinab und jenseits neben dem Torrent Richtung Meer zurück. Bald erreichen Sie einen weiteren Querweg, dem Sie links zum **Caló des Màrmols** folgen. Bei einer Gabelung knapp vor der tief eingeschnittenen Bucht rechts abzweigen. Nach 5 m mündet von rechts ein alter Fahrweg ein – dort folgen Sie links weiter dem Pfad, der etwas ansteigt, an einer Hüttenruine vorbeiführt und im sanften Auf und Ab zu einem Fahrweg führt. Auf diesem links steil durch den Graben zu seinem nahen Ende hinab und rechts über eine Felsplattform zum 25 m langen Sandstrand des **Caló des Màrmols** 05. 1:45 h

Der **Rückweg** erfolgt auf derselben Route. 1:45 h

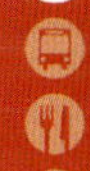

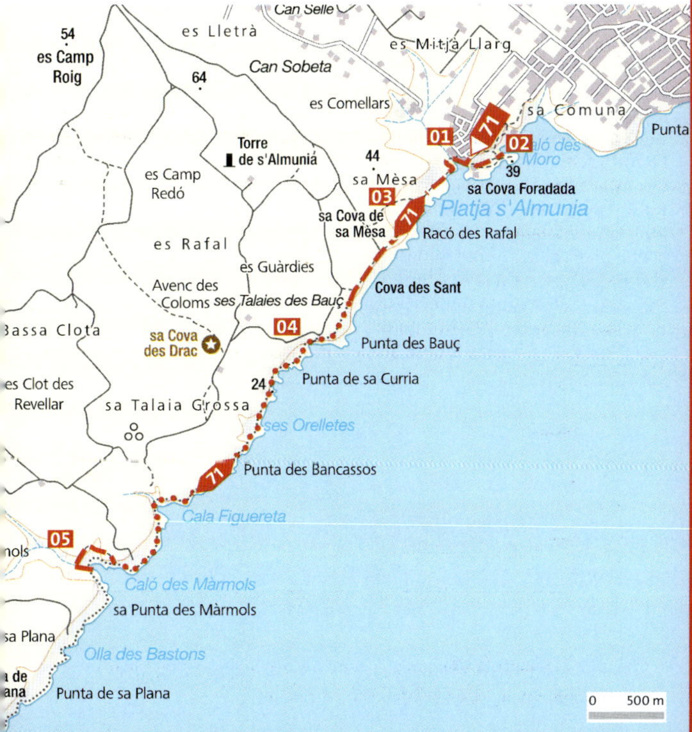

72

# ZUR „SCHNECKENBUCHT“ AM SÜDKAP

## Die Platja des Caragol, ein fast „karibisches“ Wanderziel

  19,2 km  5:00 h  15 hm 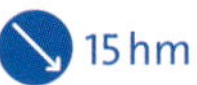


START | Am Cap de ses Salines, der Südspitze Mallorcas. Zufahrt auf der 9 km langen Ma-6110, die zwischen Ses Salines und Llombards von der Ma-6100 abzweigt; Parkmöglichkeit am Straßenende beim Leuchtturm. Rückfahrt eventuell per Taxi (Tel. 606/181490, 971/655108) [GPS: UTM Zone 31S x: 504564 y: 4346275]
CHARAKTER | Lange Strandwanderung auf flachen, sandigen Pfaden. Kaum Schatten. Unterwegs keine Einkehrmöglichkeit; Bars/Restaurants in Colònia de Sant Jordi

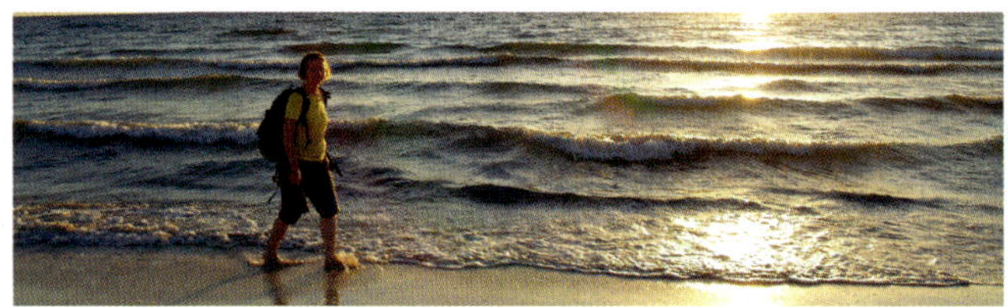
Im Schneckentempo über die Schneckenbucht

Eine der schönsten Küstenwanderungen Mallorcas beginnt am südlichsten Punkt der Insel, beim Leuchtturm am Cap de ses Salines. Verirren kann man sich auf dem 10 km langen Weg nach Colònia de Sant Jordi – vorbei an einigen fast karibisch anmutenden Buchten – auf keinen Fall. Zwischen dem Meer und einem durchgehenden Zaun bleibt nicht viel Platz. Die kilometerlange Einfriedung begrenzt das riesige Landgut Sa Vall der Bankiersfamilie March.

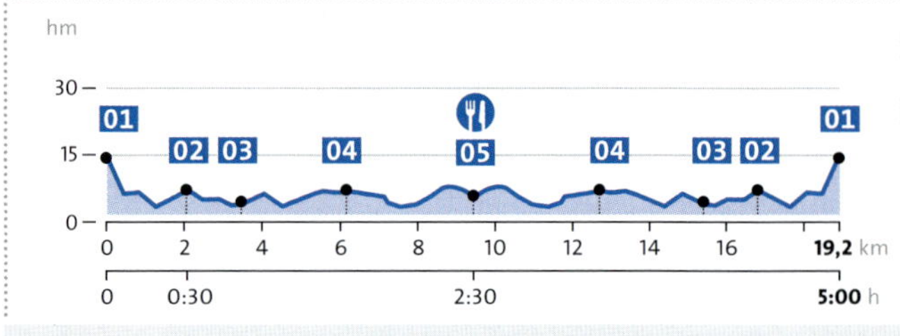


01 Leuchtturm; 02 Platja des Caragol; 03 Cala en Tugores; 04 Platja de ses Roquetes; 05 Colònia de Sant Jordi

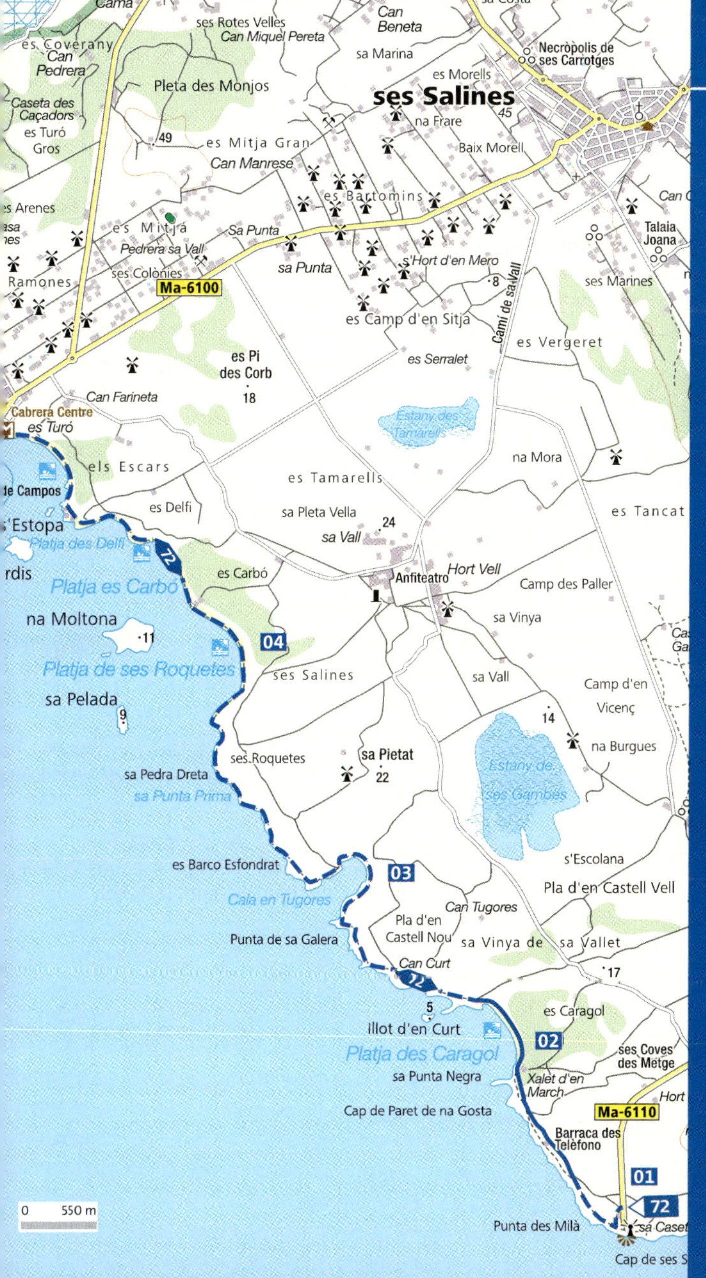

ses Salines
Necròpolis de ses Carrotges
sa Costa
Can Beneta
sa Marina
es Morells
na Frare
Baix Morell
Ma-6100
Ma-6110
Cabrera Centre
es Turó
Pleta des Monjos
es Mitja Gran
Can Manrese
es Bartomins
Sa Punta
sa Punta
s'Hort d'en Mero
es Camp d'en Sitja
Camí de sa Vall
es Vergeret
es Serralet
es Pi des Corb
Can Farineta
Estany des Tamarells
es Tamarells
na Mora
es Tancat
es Delfí
sa Pleta Vella
sa Vall
Anfiteatro
Hort Vell
Camp des Paller
sa Vinya
es Carbó
ses Salines
sa Vall
Camp d'en Vicenç
na Burgues
Estany de ses Gambes
ses Roquetes
sa Pietat
s'Escolana
Pla d'en Castell Vell
Can Tugores
Pla d'en Castell Nou
sa Vinya de sa Vallet
Can Curt
es Caragol
ses Coves des Metge
Xalet d'en March
Barraca des Telèfono
Punta des Milà
Illot d'en Curt
Platja des Caragol
sa Punta Negra
Cap de Paret de na Gosta
Punta de sa Galera
Cala en Tugores
es Barco Esfondrat
sa Pedra Dreta
sa Punta Prima
sa Pelada
Platja de ses Roquetes
na Moltona
Platja es Carbó
Platja des Delfí
els Escars
Can Pedrera
es Coverany
Caseta des Caçadors
es Turó Gros
ses Rotes Velles
Can Miquel Pereta
es Mitjá
Pedrera sa Vall
ses Colònies
Ramones
Talaia Joana
ses Marines
0 550 m

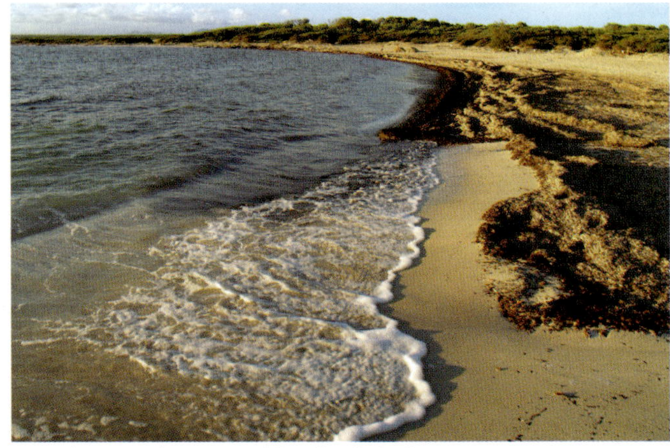

Strand, soweit das Auge reicht: die Platja de ses Roquetes

▶ Beim geschlossenen Tor vor dem **Leuchtturm** 01 und dem Gebäude des Küstenforschungsinstituts am **Cap de ses Salines** führt rechts ein schmaler Weg neben der Mauer zur nahen Küste, an der eine kleine „Armee" von Steinmännchen steht. Dort nach rechts und auf einem sandigen, teils auch steiniger Pfad zwischen dem Meer und einem Begrenzungszaun weiter. Vorbei an vom Wind verformten Büschen des Phönizischen Wacholders und einer Mauer erreichen Sie die Landzunge der **Punta Negra** (Ficherhütte). Dahinter liegt der 500 m lange Sandstrand der **Platja des Caragol** 02, der „Schneckenbucht". Ein Traumplatz mit schöner Sicht zur Insel Cabrera! 0:30 h

Weiter geht's in nordwestliche Richtung. Nach einem Mauerdurchlass informiert eine Tafel über die **Cala en Tugores**, zu der Sie nun weiterwandern. Der breite Weg verengt sich bald zu einem Pfad, der weiterhin neben dem Meer und dem Zaun dahinführt, vorbei an zwei kleinen Buchten und einigen Betonbunkern aus der Zeit des Spanischen Bürgerkriegs. Nach etwa 0:45 h umrunden Sie die 250 m lange Bucht der **Cala en Tugores** 03, die ein meterhoher Wall von Poseidongras säumt. Vor einem Tor nach links und gleich wieder rechts auf dem nun recht steinigen Küstenpfad weiter. Nach 0:40 h erreichen Sie den mehr als 1,4 km langen, feinsandigen Strand der **Platja de ses Roquetes** 04 und der **Platja des Carbó**, vor denen zwei kleine Inseln liegen. Vorbei an einem Strandhaus wandern Sie auf dem Pfad zu den nahen Sandstränden **Es Dofi**, **Can Curt** und zur **Platja Es Dolç** vor der die kleine Felsinsel **Na Guardis** liegt. Dort entdeckte man Reste eines punischen Stützpunkts aus dem 4. Jahrhundert v. Chr. Auf einem Promenadenweg geht man zuletzt zum Sandstrand **Es Port**, der sich an den Hafen von **Colònia de Sant Jordi** 05 anschließt. 2:00 h

**Rückweg** auf derselben Route 2:30 h

# DER BERÜHMTE SANDSTRAND ES TRENC

## Unterwegs zwischen Wellen, Dünen und Salzseen

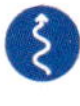  14,7 km  3:15 h  10 hm  10 hm

START | Am Ostrand von Sa Ràpita an der Südküste. Zufahrt von Campos auf der Ma-6030; Parkplatz beim Club Nautic oder neben den Seitenstraßen. Bushaltestelle (Linie 515 Campos – Sa Ràpita – Llucmajor) im Ort. Wer nur die Platja des Trenc besuchen möchte, fährt auf der Ma-6030 Richtung Sa Ràpita und bei Km 8,5 links nach Ses Covetes [GPS: UTM Zone 31S x: 496146 y: 4357099]
CHARAKTER | Wanderung an langen Sandstränden und entlang der flachen Felsküste. Wenig Schatten. Bars/Restaurants in den Orten, Strandbars an der Platja des Trenc

Der 1,5 km lange Sandstreifen des Arenal de sa Ràpita und die fast doppelt so lange Platja des Trenc zählen zu den längsten noch unverbauten Badeparadiesen Mallorcas. Dies verdanken sie dem vehementen Engagement von Naturschützern. Auch wenn das Wandern im weichen Sand mitunter mühsam wird – es ist schön, an der Strandlinie dahinzuspazieren, bei entsprechenden Temperaturen barfuß. Ein Abstecher gewährt zudem überraschende Einblicke ins Feuchtgebiet des Salobrar de Campos – ein Erlebnis vor allem im Frühling, wenn sich an den Stränden nur wenige Spaziergänger tummeln, die Felder dahinter in Blüte stehen und die Salzsümpfe von tausenden Vögeln bevölkert werden. In der Hochsaison ist an der Platja des Trenc sehr viel Betrieb – oft zu viel, sodass die Inselregierung schon die Sperrung einzelner Abschnitte erwägt.

▶ Vor der Brücke am östlichen Ortsrand von **Sa Ràpita** 01 gehen Sie rechts neben dem Torrent zum Sandstrand des **Arenal de sa Ràpita**. Wandern Sie neben dem Meer weiter, vorbei an einem Restaurant und zwei Bunkern (bis zum Restaurant gelangt man auch auf einem Fahrweg zwischen den Dünen). Nach etwa 1 km erreichen Sie die kleine Siedlung **Ses Covetes** 02. Der C/. des Murters führt dort an Bars vorbei zur Bushaltestelle und zu einer links einmündenden Zufahrtsstraße, von der man nach wenigen Schritten rechts zur **Platja des Trenc** abzweigt. 0:30 h

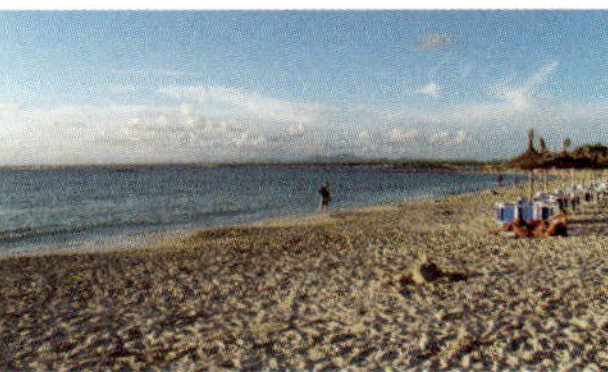
Sand und Sonne: Platja des Trenc

Man kann die Tour nun über den mehr als 2,6 km langen Sandstrand bis nach **Colònia de Sant Jordi** fortsetzen. 0:40 h ab **Ses Covetes** erreicht man – vorbei an

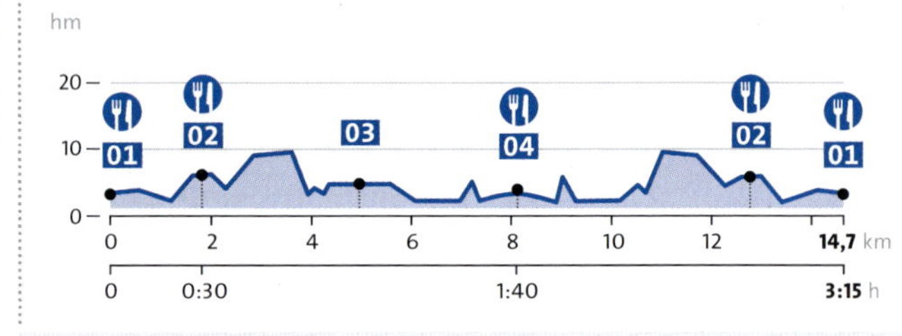


**01** Sa Ràpita; **02** Ses Covetes;
**03** Salobrar des Campos; **04** Colònia de Sant Jordi

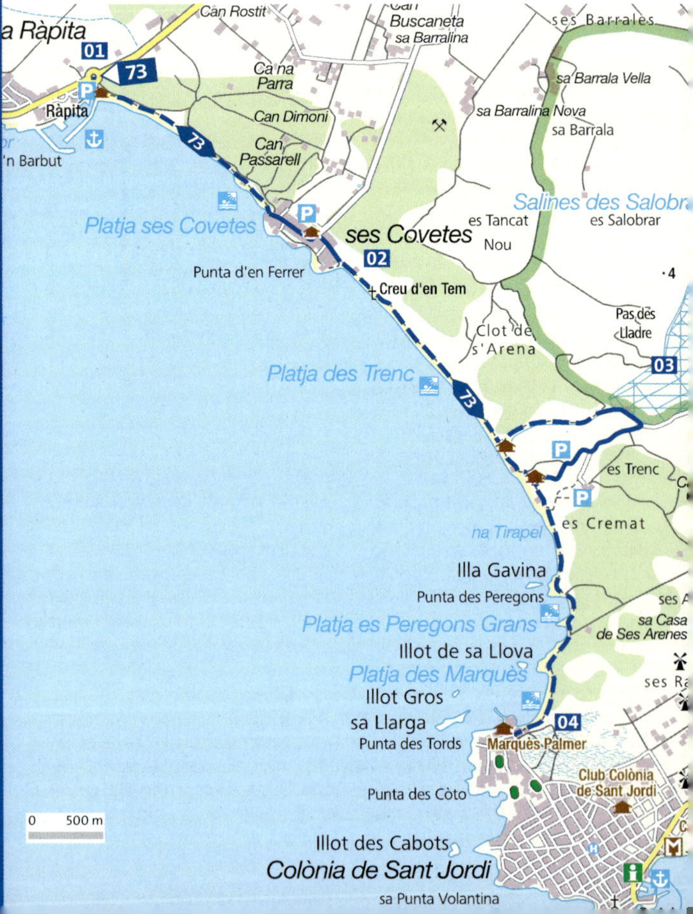

Can Rostit
Buscaneta
sa Barralina
ses Barralès
01
73
Ca na Parra
sa Barrala Vella
Ràpita
Can Dimoni
sa Barralina Nova
sa Barrala
73
Can Passarell
Platja ses Covetes
ses Covetes
es Tancat
Nou
es Salobrar
02
Punta d'en Ferrer
Creu d'en Tem
Pas des Lladre
Clot de s'Arena
03
Platja des Trenc
73
es Trenc
es Cremat
na Tirapel
Illa Gavina
Punta des Peregons
Platja es Peregons Grans
sa Casa de Ses Arenes
Illot de sa Llova
Platja des Marquès
Illot Gros
sa Llarga
04
Punta des Tords
Marquès Palmer
Club Colònia de Sant Jordi
Punta des Còto
0 500 m
Illot des Cabots
Colònia de Sant Jordi
sa Punta Volantina

weiteren Bunkern – ein **Restaurant** und ein **Pumpenhaus**, von dem sich ein Abstecher landeinwärts zu den Salzseen des **Salobrar des Campos** 03 lohnt. Auch die anschließende, flach-felsige Küstenstrecke ist sehr schön. Sie führt zunächst zur „Doppelbucht“ vor der kleinen Insel **Gavina**. Doch Vorsicht: Die einladenden Sandstrände **Es Peregons Petits** und **Es Peregons Grans** zählen jedoch wegen der hier vorherrschenden, unberechenbaren Meeresströmungen zu den gefährlichsten der Insel!

Weiter geht's zu den heute noch genutzten **Salines de s'Avall** und zu den Hotels von **Colònia de Sant Jordi** 04. 1:1o h

**Rückweg** bis **Sa Ràpita** 01 1:35 h

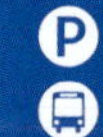

## Cabrera: Mallorcas Insel-Nationalpark

Der Parc Nacional Marítim i Terrestre de l'Arxipèlag de Cabrera, der einzige Nationalpark der Balearen, umfasst ein 10.021 ha großes Gebiet um die „Ziegeninsel“ Cabrera und ihre 18 Nachbarinseln südlich des Cap de ses Salines. Die kahlen und unbewohnten Inseln bieten vielen endemischen und gefährdeten Tierarten eine Heimat, darunter 130 Vogelarten, aber auch Balearen-Eidechsen oder den Meeres-Schildkröten. In der mediterranen Vegetation findet man auch den endemischen Kreuzdorn und Buchsbäume. Der Meeresbereich um die Inseln ist großteils mit Poseidongras bedeckt – ein Segen für rund 200 Fischarten. Die mächtige Burgruine auf Cabrera stammt aus dem 14. Jahrhundert. Sie ist auf einem kurzen Wanderweg vom Hafen aus erreichbar (0:45 h hin und zurück.). Etwas länger ist der Weg zum Museum Es Celler, einem einstigen Bauernhof (etwa 1:30 h hin und retour). Zu sehen sind auch Relikte von Mönchsgräbern aus byzantinischer Zeit. Die freigelegten Grundmauern eines Lagers und ein im Wald versteckter Gedenkstein erinnern an die fast 10.000 Kriegsgefangenen, die hier 1808 für sechs Jahre ausgesetzt wurden – nur 3600 von ihnen überlebten. Alle anderen Routen dürfen nur im Rahmen von Führungen begangen werden. Geplant ist eine einfache Herberge für Besucher.

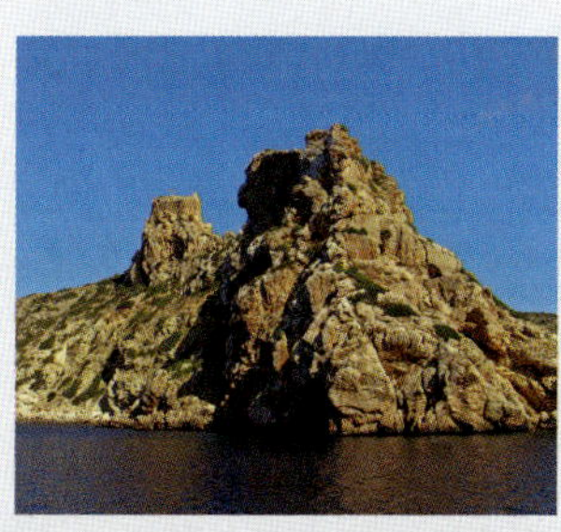

Überfahrt von Colònia de Sant Jordi (April – Oktober): Excursions a Cabrera (Tel. 971/649034, www.excursionsacabrera.es), Marcabrera (Tel. 622/574806, 971/656403, www.marcabrera.com). Das Centro de Interpretación del Parque Nacional de Cabrera (Cabrera-Zentrum) in Colònia de Sant Jordi bietet viele Infos über den Nationalpark (Tel. 971/656282, 10 – 14 und 15 – 23 Uhr, im Winter bis 18 Uhr).

# VON DER CALA PI ZUM CAP BLANC

## Schroffe Felsen, tiefe Fjorde

  11,2 km 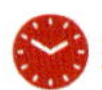 3:30 h 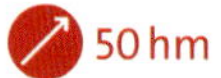 

START | Im kleinen Ferienort Cala Pi an der Südküste. Zufahrt von Llucmajor; nach dem Hotel Cala Pi Club rechts und beim Kreisverkehr links zu den beschilderten Parkplätzen. Bus von Palma (Linie 520) [GPS: UTM Zone 31S x: 485987 y: 4357247]
CHARAKTER | Küstenwanderung auf Pfaden und kurz auch im weglosen Felsgelände – Vorsicht neben den Abstürzen der Steilküste. Kaum Schatten. Unterwegs keine Einkehrmöglichkeit; Bars/Restaurants in Cala Pi

Die Cala Pi ist ein Musterbeispiel für die tief ins Gestein eingeschnittenen „Fjorde" an der Süd- und Ostküste Mallorcas. Sie befindet sich im Bereich der Marina de Llucmajor, einer hohen Kalkschicht, die vor elf bis fünf Millionen Jahren aus Ablagerung von Lagunen hinter mächtigen Korallenriffen entstand. Diese Entstehungsgeschichte dieser Region kann man sich auf dem Weg zum Cap Blanc gut vorstellen – bis dorthin steigen die flach gelagerten, vom Salzwasser bizarr zerfressenen Kalkschichten bis zu 70 m über dem Meer an. Am Beginn der Wanderung steht ein runder, 10 m hoher Wachturm aus dem Jahre 1451, am Umkehrpunkt ein weiterer „Piratenturm", Baujahr 1579 – 1584.

▶ Vom Parkplatz in **Cala Pi** 01 zurück zum Kreisverkehr, links (Wegweiser „Platja" zum Restaurant Cal Reiet und rechts daran vorbei. Dort zweigt man rechts (Wegweiser „Platja") auf einen Pflasterweg zum Restaurant El Mirador de Cala Pi ab. Eine Treppe führt hinunter zum Sandstrand

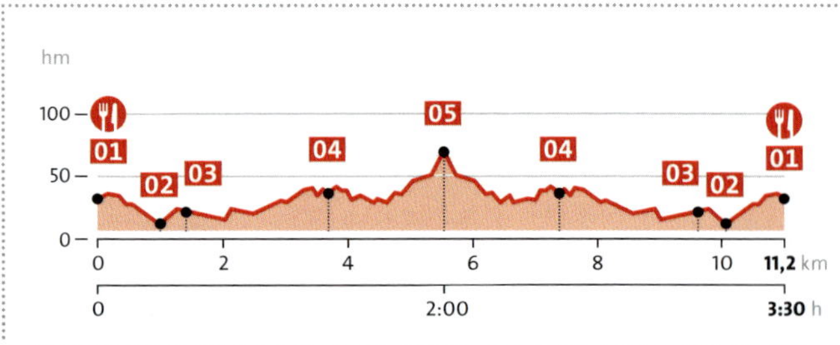


01 Parkplatz Cala Pi; 02 Sandstrand; 03 Cala de Beltràn; 04 Es Carril; 05 Cap Blanc, 70 m

der tief eingeschnittenen **Cala Pi** 02, der nur 50 m breit ist, aber 130 m weit landeinwärts reicht.

Jenseits nach links und nahe am Wasser vor den Toren des **Bootshauses** vorbei. Dahinter führen rechts steile Stufen empor, am flachen Dach vorbei und durch die bewaldete Felsflanke – Vorsicht, ein Baum wächst knapp über dem Boden quer über den Weg! Nach links und kurz eben durch die Felsflanke, dann steigen wir rechts wieder auf hohen Stufen zur Oberkante über der Bucht an. Dort nach links und auf einem breiten Weg auf das Meer zu. Auf der anderen Seite der Bucht wird der **Wachturm** sichtbar. Links auf einen schmalen Pfad abzweigen, über einen kleinen Graben und durch eine Mauerbresche. Dann geht's eben neben den Felsabbrüchen weiter und nach rechts zu einer Gabelung. Bleiben Sie auf

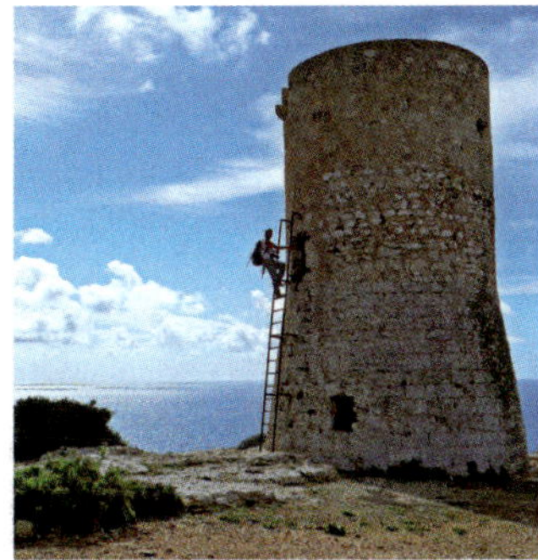

Luftige Aussicht vom Cap Blanc

dem rechten (oberen) Pfad, der bald an verfallenen Mauerresten vorbeiführt. Bei zwei Abzweigungen gehen Sie jeweils links weiter. So gelangen Sie zu einem quer verlaufenden Weg oberhalb der weit landeinwärts reichenden Felsbucht der **Cala de Beltràn** 03, die Sie nach rechts umgehen. Nach einer verfallenen Mauer

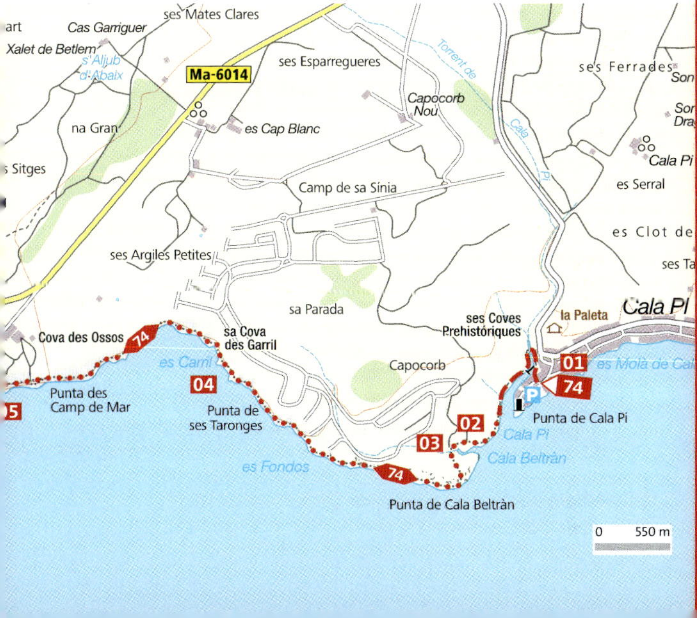

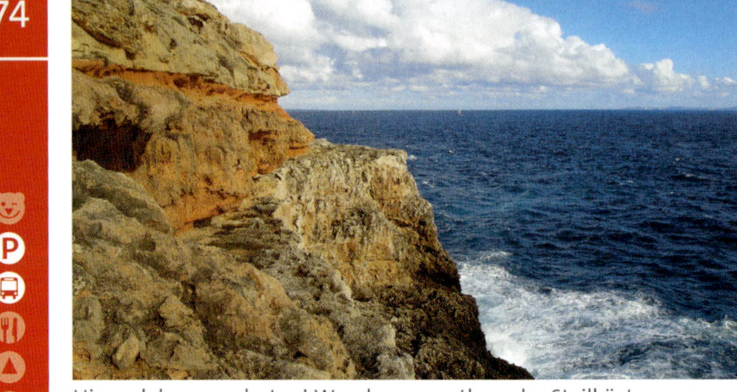

Hinauslehnen verboten! Wanderung entlang der Steilküste

biegen Sie links auf einen ebenen Fahrweg ab, der rechts in den benachbarten Graben führt. Dort zweigt bei einem Steinmännchen links ein Pfad ab, auf dem Sie einige Schritte in die Talsohle absteigen. Nach einem ebenso kurzen Anstieg erreichen Sie einen quer verlaufenden Pfad, auf dem Sie links – wieder Richtung Meer – weiterwandern. Die Trasse verzweigt sich und führt durch sanft ansteigendes, unübersichtliches Buschgelände (umgestürzte Bäume, Steinmännchen beachten). Schließlich geht's zur Felsküste an der **Punta de Capocorb** hinab.

Dort wenden Sie sich nach rechts und folgen den Steinmännchen durch das flache, aber weglose, sehr steinige und stellenweise bizarr zerklüftete Gelände am Rand der Küstenvegetation nach Nordwesten. Rechts – direkt über dem Meer – liegt eine breite **Felsterrasse**, auf der man ebenfalls dahinwandern kann. Nach etwa 0:45 h Gehzeit wird in der Ferne der Wachturm über dem **Cap Blanc** sichtbar. Bald darauf verschmälert sich die Terrasse, während rechts daneben gestufte Felsen emporragen. Die Route steigt oberhalb dieser Abbrüche an. Wo die Vegetation sehr dicht wird, weicht man rechts zu einer breiten, fein gekiesten Straße aus. Folgen Sie der Fahrbahn etwa 100 m nach links, bis ein Steinpfeil und Steinmännchen links die Fortsetzung des Küstenpfades anzeigen. Im sanften Anstieg zwischen dem Gebüsch und den Küstenklippen erreichen Sie einen runden **Hirtenunterstand**. Weiter zu einer Hüttenruine und durch die Bresche einer verfallenen Mauer. Das Gelände wird flach und steppenartig; bald sehen wir ins weite Felsrund der Felsbucht **Es Carril** 04. Sie wandern weiterhin mehr oder weniger nahe den Küstenklippen dahin. Unter Kiefern ansteigend erreichen Sie eine Mauer mit einem Drahtzaun (verblasstes Schild „Zona Militar"). Ein Durchlass führt ins längst vom Militär verlassene Gelände über den **Cap Blanc** 05 (70 m), in dem die 300 m entfernte **Torre de Cap Blanc** steht. Der hoch gelegene Eingang des Wachturms ist auf einer Eisenleiter erreichbar. 2:00 h

**Rückweg** auf derselben Route. 1:30 h

# AUF DEN „HEXENBERG“ • 358 m

## Klein, aber felsig: der Puig de ses Bruixes

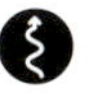  6,5 km 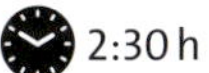 2:30 h  210 hm  210 hm

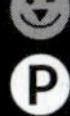

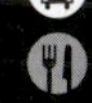

START | Beim Friedhof im Norden des Ortes Llucmajor (150 m). Zufahrt aus Richtung Palma auf der Ma-19 zum Kreisverkehr vor dem Ort, links Richtung „Algaida“ zum Kreisverkehr mit der Windmühle und dort nochmals links (C/. Galdent, Wegweiser „Cementeri“); Parkplätze beim Friedhof. Bushaltestelle (Linien 501, 502, 503 ab Palma) an der Ronda Migjorn im Süden des Ortes, zu Fuß 20 Min. zum Startpunkt [GPS: UTM Zone 31S x: 490298 y: 4372372]
CHARAKTER | Bergwanderung auf flachen Straßen und Waldpfaden, im felsigen und ausgesetzten Gipfelbereich sind Trittsicherheit und Schwindelfreiheit notwendig. Wenig Schatten. Unterwegs keine Einkehrmöglichkeit; Bars/Restaurants in Llucmajor

Der „heilige Berg“ von Randa zählt zu den populärsten Ausflugszielen Mallorcas – im Gegensatz zum Puig de ses Bruixes, der sich westlich davon über die Inselebene erhebt. Dabei sticht dieser kleine, aber von senkrechten Felsspalten zerfurchte Felsdreikant allen Reisenden zwischen Algaida und Llucmajor sofort ins Auge. Schon vor Jahrhunderten sollen dort oben Hexen ihr Unwesen getrieben haben. Keine Hexerei ist die Ersteigung für felsgewandte Bergsteiger; oben auf dem luftigen Grat muss man aber die Hände zu Hilfe nehmen. Am schönsten ist die Tour zum „Hexenberg“ im Februar, wenn rundum die Mandelbäume blühen.

Oben auf dem „Hexenberg“ gibt's viel Luft und eine weite Aussicht.

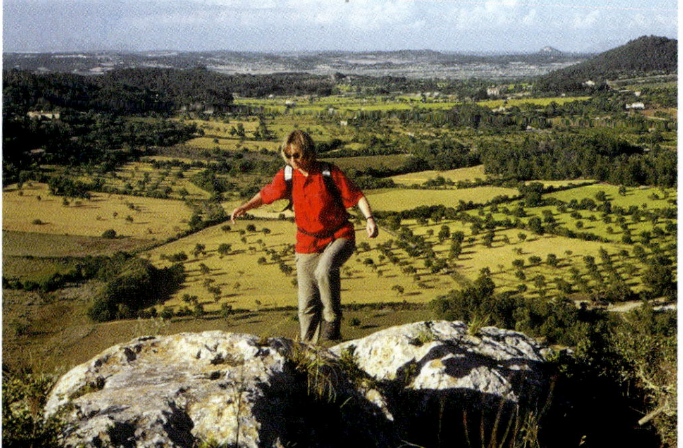

## Ramon Llull und der „heilige Berg" von Randa

Vom Gipfel des 540 m hohen Tafelberges, der sich über dem Dorf Randa erhebt, sieht man an klaren Tagen 36 Städte und Orte Mallorcas, Küstenabschnitte im Süden und Osten, die Serra de Tramuntana sowie die Inseln Cabrera und Eivissa/Ibiza. Urkunden zufolge lebten schon im 15. Jahrhundert Einsiedler auf dem Berg. Sie beriefen sich auf den Theologen und Philosophen Ramon Llull (1232 oder 1233 – 1316), der eine ähnliche Entwicklung wie Franz von Assisi durchlebte. Er widmete sich der Missionierung – nicht mit dem Schwert, sondern mit der Kraft der Logik. Dazu erlernte er die arabische Sprache und konstruierte eine „Wahrheitsmaschine", in der man heute Grundzüge moderner Informatik sieht. Seine Schriften – viele davon veröffentlichte er auf Katalanisch – hatten großen Einfluss auf die europäische Philosophie. Die Wallfahrtskirche auf dem Berg birgt die 42 cm große Steinfigur der Jungfrau von Cura.

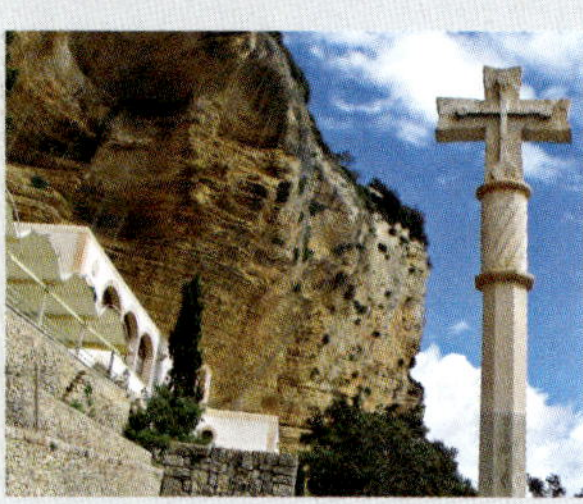

Daneben gibt es ein Museum und ein Restaurant; man kann sogar übernachten (Tel. 971/120260, www.santuaridecura.com). Auf dem Weg nach Cura kommt man an zwei weiteren Einsiedeleien vorbei, von denen die untere – das Santuari de Nostra Senyora de Gràcia – wie ein Schwalbennest direkt unter einer hohen Felswand angelegt wurde. Von Randa führt eine vielbefahrene Ausflugsstraße zum Heiligtum von Cura hinauf; einige Abschnitte des alten Pilgerweges kürzen ihre Kehren ab. Aufstieg 1:00 h, Abstieg 0:45 h.

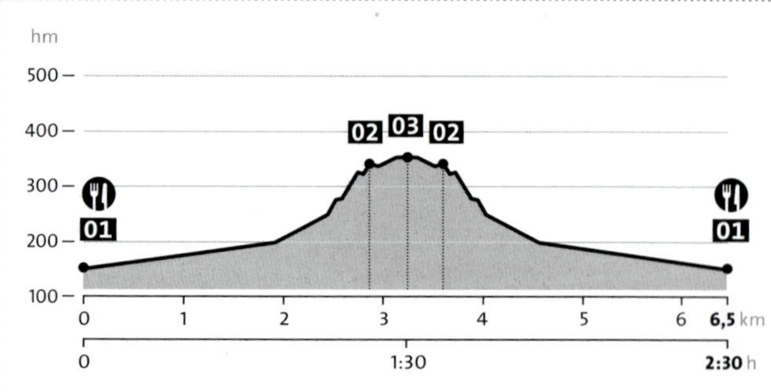


01 Friedhof, 150 m; 02 Sattel, 340 m; 03 Puig de ses Bruixes, 358 m

▶ Vom **Friedhof 01** marschieren Sie auf dem aspaltierten Camí de Galdent zwischen Feldern und kleinen Anwesen auf den Höhenzug im Norden zu, wobei Sie alle Abzweigungen ignorieren. Nach 1 km biegen Sie gegenüber einem Haus rechts auf den beschilderten Camí de Ferrutxelles ab. So erreichen Sie die Kreuzung vor dem Anwesen **Casita Rosa**. Dort biegen Sie links auf den Camí des Puig ab. Bei der Abzweigung eines Schotterweges bleiben Sie geradeaus auf der Asphaltstraße, bei der nächsten Gabelung wandern Sie rechts weiter – direkt dem **Puig de ses Bruixes** entgegen. Gleich nach einem Haus kommen sie an der Einmündung eines Schotter-Fahrweges vorbei. Dann steigt die Aphaltstraße langsam etwas stärker an und führt in den Wald. Wo Sie die Schranke am Ende der Straße sehen, zweigen Sie scharf nach rechts auf einen unbeschilderten Waldpfad ab. Er führt kurz einem Zaun entlang, dann geht's links auf einem steilen Pfad und über geneigte Felsplatten bergauf. Nach links, zwischen Kakteen hindurch und rechts in den **Sattel 02** (340 m) vor dem **Puig de ses Bruixes**, in dem eine große Steinpyramide steht. Rechts zieht der Felsgrat auf den „Hexenberg"; Sie überwinden ihn teils auf Pfadspuren, teils direkt über die abschüssige Schneide. Vom höchsten Punkt des **Puig de ses Bruixes 03** (358 m) schweift der Blick bis zum Meer und zum nahen Berg von Randa; besonders fasziniert die Sicht auf den Startort Llucmajor. 1:30 h

**Rückweg** wie Zugang. 1:00 h

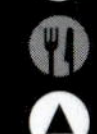
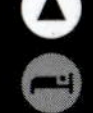
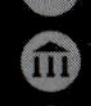
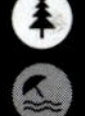

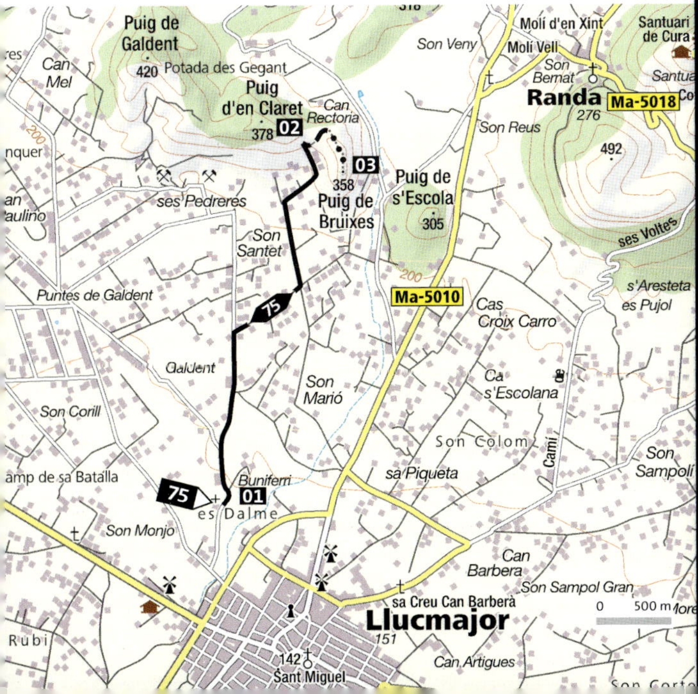

# ALLES AUSSER WANDERN

## MEINE TIPPS FÜR ...

### ... Regenwetter

In Porto Cristo laden zwei **Schauhöhlen** zu Führungen in die Unterwelt ein: die **Coves del Drac** („Drachenhöhle") und die nach ihren „Haken" (Stalagmiten) benannten **Coves dels Hams**. Die beiden Tropfsteinhöhlen bergen unterirdische Seen, sind bunt beleuchtet und mit klassischer Musik „untermalt". Jules Verne, der Ahnherr der Science-Fiction-Dichter, soll hier Anregungen für seine Werke bezogen haben. Sehenswert sind auch die **Coves d'Artà** bei Canyamel (südlich von Capdepera) und die **Coves de Campanet** nahe dem gleichnamigen Ort zwischen Inca und Pollença.
www.cuevasdrach.com
www.cuevas-hams.com
www.cuevasdearta.com
www.covesdecampanet.com

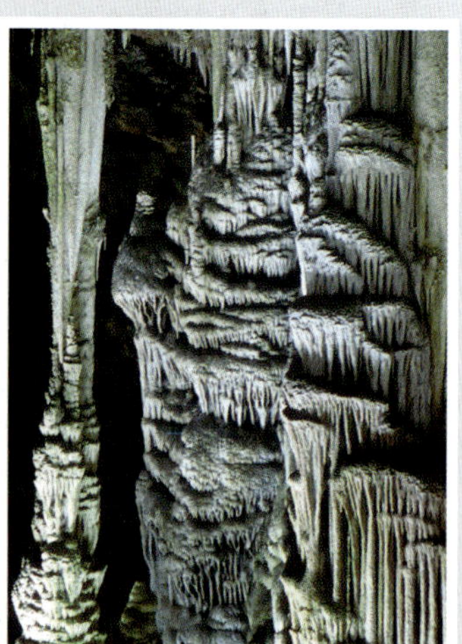

In den Coves de Campanet

### ... Kulturinteressierte

Im Süden der Halbinsel La Victòria bei Alcúdia liegt das weltentlegene Landgut **Sa Bassa Blanca**. Es birgt zeitgenössische Kunst und Werke der Besitzer, Ben Jakober und Yannik Vu, aber auch eine faszinierende Sammlung von ca. 150 Kinderporträts aus verschiedenen Ländern und Epochen. Zu sehen sind weiters ein Skulpturenpark und ein zauberhafter Rosengarten (Di 9.30 – 12.30 und 14.30 – 17.30 Uhr ohne Anmeldung, Mi – Sa nur nach Voranmeldung). Zufahrt von Alcúdia (Beschilderung „Fundación) nach Mal Pas, bei der Bodega del Sol rechts zur Barrera des Coll Baix und 2 km weiter, am Golfplatz vorbei und dann rechts zum Tor. Tel. 971/549880,
www.fundacionjakober.org

Unter den Museen in Palma bildet die **Fundació Pilar i Joan Miró** einen Fixpunkt. Die Ateliers des katalanischen Künstlers Joan Miró (1893 – 1983) liegen im Südwesten, am C/. Saridakis, 29, oberhalb der Cala Major, Bus Nr. 3 und 46 (Mitte Mai – Mitte September Di – Sa 10 – 19 Uhr, im Winter bis 18.30 Uhr, So/Fei 10 – 15 Uhr), Tel. 971/701420,
miro.palmademallorca.es

### ... Weinverkoster

Das größte Weingut der Insel, **Macià Batle** in Santa Maria del Camí, bietet eine ganz besondere Annäherung an das Thema „Wein" – mit einer kleinen Bahnreise durch das Anbaugebiet.
Tel. 653/528659,
www.mallorcawinetours.com

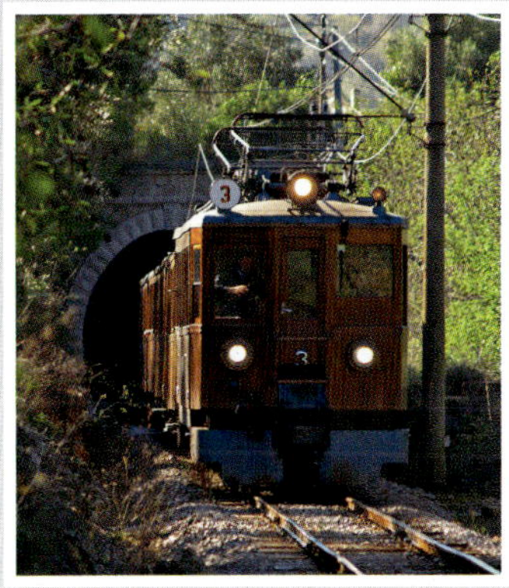

Licht am Ende des Tunnels ...

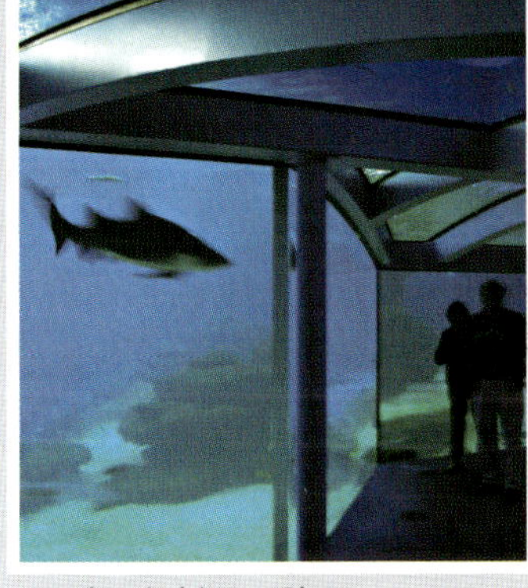

... und Haie hinter Glas

### ... Eisenbahnfans

27,6 km Landschaftsgenuss aus dem Zugfenster – das bietet der **Tren de Sóller**, die 1912 eröffnete und 17 Jahre später elektrifizierte Bahnlinie zwischen Palma und Sóller. Seine deutschen Fans nennen ihn den „Roten Blitz", obwohl er weder schnell noch rot ist. Die Elektroloks und Waggons präsentieren sich im braunen Holzlook. Im 1.-Klasse-Abteil hinter dem Führerhaus überraschen weich gepolsterte Lederfauteuils, Mahagoni-Wandtäfelungen und edle Messingleuchten, aber auch die einfachen Abteile 2. Klasse bezaubern mit altehrwürdiger Patina. Mit einer Spurweite von einem englischen Yard (91,44 cm) rattern die Züge durch flaches Land mit Obst-, Oliven- oder Mandelbäumen und quer durch die Serra de Tramuntana. Der Gebirgszug wurde mit dem 2857 m langen Túnel Major und zwölf weiteren Röhren durchbohrt. Vom Bahnhof in Sóller fährt die **Tranvía**, eine 4,8 km lange Straßenbahn, weiter durch die Horta bis Port de Sóller.
Fahrplan auf Seite 20,
www.trendesoller.com,

### ... Naturfreunde

Im **Palma Aquaruim** zwischen Can Pastilla und Les Meravelles nahe der Platja de Palma sind über 8000 Tiere des Mittelmeers und der Ozeane zu sehen. Im transparenten Tunnel des „Großen Blau" kommt man Hammerhaien ganz nahe. Zufahrt von der Autobahn Ma-19 (Palma – Llucmajor), Ausfahrt Nr. 10; Bus ab Palma mit den Linien 15, 23 und 25 (April – Oktober 10.30 – 18 Uhr; November – März 11 – 15 Uhr),
wwwpalmaaquarium.com

In Ses Salines in Mallorcas Süden befindet sich einer der größten botanischen Gärten Europas: **Botanicactus**. Das 150.000 m² große Areal beherbergt etwa 12.000 Kakteenarten aus aller Welt; Glanzstuck ist ein 300 Jahre alter Riesenkaktus namens Carnegia Gigantea aus Arizona. Weiters gibt es hier einen Palmenhain zu sehen, Hirtenhütten, eine Windmühle aus dem 19. Jahrhundert und einen künstlich angelegten See (April – September täglich 9 – 19.30 Uhr; im Winter 9 – 18 Uhr),
www.botanicactus.com

€€ 30 - 60 EUR €€€ über 60 EUR (pro Person/DZ/incl. Frühstück)

**Palma** ........................................................................ **Plz E-07014, Tel. 971**
**Hotel Urban Rustic Palacio Avenida**** €€€** Avinguda A. Rossello, 42 (Nähe Bahnhof), Tel. 908108, www.urhotels.com
**Hotel Born** €€** C/. de Sant Jaume, Tel. 712942, 718618, www.hotelborn.com

**Port d'Andratx** ........................................................... **Plz E-07157, Tel. 971**
**Hotel Mon Port**** €€€** C/. Cala Egos, 4, Tel. 238623, www.hotelmonport.com

**Sant Elm** .................................................................... **Plz E-07157, Tel. 971**
**Hostal Sant Elm** €€** C/. Gelabert, 4, Tel. 400464, www.hostalsantelmo.com

**Estellencs** .................................................................. **Plz E-07192, Tel. 971**
**Hotel Maristel**** €€€** C/. Pascual, 10, Tel. 618550, www.hotelmaristel.com
**Petit Hotel Sa Plana €€€** C/. Pascual, 3/7, Tel. 618666, www.saplana.com

**Banyalbufar** ............................................................... **Plz E-07191, Tel. 971**
**Hotel Mar i Vent*** €€€** C/. Major, 49, Tel. 618000, www.hotelmarivent.com
**Hotel Sa Baronia** €€** C/. Baronia, 16, Tel. 618146, www.hbaronia.com

**Esporles** ...................................................................... **Plz E-07190, Tel. 971**
**S'Hostal d'Esporles €€** Plaça d'Espanya, 8, Tel. 610202 www.hostalesporlas.com

**Valldemossa** ................................................................ **Plz E-07170, Tel. 971**
**Es Petit Hotel Valldemossa €€€** C/. de Uetam, 1, Tel. 612479, www.espetithotel-valldemossa.com

**Deià** .............................................................................. **Plz E-07179, Tel. 971**
**S'Hotel d'Es Puig €€€** C/. des Puig, 4, Tel. 639409, www.hoteldespuig.com
**Hostal Villa Verde €€** C/. R. Llull, 19, Tel. 639037, www.hostalvillaverde.com

**Port de Sóller** .............................................................. **Plz E-07108, Tel. 971**
**Hotel Los Geranios**** €€€** Passeig de la Platja, 15, Tel. 631440, www.hotel-losgeranios.com
**Hotel Marina*** €€€** Pas. de la Platja, Tel. 631461, www.hotelmarinasoller.com
**Hotel Es Port*** €€** C/. Antonio Montis s/n, Tel. 631650, www.hotelesport.com

**Sóller** ........................................................................... **Plz E-07100, Tel. 971**
**Hotel El Guia** €€** C/. Castanyer, 2 (Nähe Bahnhof), Tel. 630227, www.sollernet.com/elguia
**Casa Margarita €€** C/. Reial, 3, Tel. 634214, wwwsollernet.com/casamargarita

**Pollença** ....................................................................... **Plz E-07470, Tel. 971**
**Hotel Juma*** €€** Plaça Major, 9, Tel. 535002, www.pollensahotels.com
**L'Hostal €€** C/. del Mercat, 18 9, Tel. 535282, www.pollensahotels.com

## Wander-Herbergen am GR-221

**Refugi des Tossals Verds** (540 m), im Süden der der Tossals Verds, nur zu Fuß erreichbar, 30 Schlafplätze in Räumen mit 12 und 8 Betten, Doppelzimmer mit Bad, Tel. 971/173700 oder 971/173731

**Refugi de Muleta** (110 m), oberhalb von Port de Sóller beim Leuchtturm über dem Cap Gros, Zufahrt möglich, ein Raum mit 30 Betten, Tel. 971/173700 oder 971/173731

**Refugi de Son Amer** (540 m), oberhalb von Lluc, Parkplatz an der Ma-10 (Zugang 10 Min.), 52 Schlafplätze in Räumen mit 24, 8, 6 und 4 Betten, Doppelzimmer, Tel. 971/173700 oder 971/173731

Diese Herbergen werden von der Inselregierung verwaltet. Essen und Nächtigung nur nach Reservierung (mindestens 5 Tage vor der Ankunft). Mitgliedern von Alpinvereinen wird 10 % Rabatt bei der Verpflegung und 20 % bei der Übernachtung gewährt. Buchung: Tel. 971/173700 oder 971/173731 (Mo–Fr 9–14 Uhr), www.conselldemallorca.cat

**Refugi de Can Boi** (125 m), in Deià, C/. des Clot, 5, Zufahrt auf der Ma-10, Bushaltestelle im Ort, 32 Schlafplätze in Räumen mit 18 und 12 Betten, Essen nach Vorbestellung, Tel. 971/636186, www.refugicanboi.com

**Refugi de Pont Romà** (60 m), am westlichen Ortsrand von Pollença, Zufahrt möglich, Bushaltestelle im Ort, 42 Schlafplätze in 5 Räumen, Essen nach Vorbestellung, Tel. 971/533649, www.refugipontroma.com

**Hostatgeria del Castell d'Alaró** (815 m), auf dem Puig d'Alaró, nur zu Fuß erreichbar, 30 Schlafplätze, einfache Verpflegung in der Taverneta, Tel. 971/182112 oder 971/940503, www.castellalaro.cat

**Santuari de Lluc, Hospederia** (480 m), im Heiligtum Lluc im Bergland zwischen Pollença, Inca und Sóller, Zufahrt von der Ma-10, Bushaltestelle, 81 Zimmer und 39 Apartments mit Küche, Bar und 3 Restaurants im Haus bzw. in der Nähe, Tel. 971/871525, www.lluc.net

# REGISTER

# IMPRESSUM

© Hallwag Kümmerly+Frey AG, Grubenstrasse 109, CH-3322 Schönbühl, www.swisstravelcenter.ch
ISBN 978-3-259-03744-7
1. Auflage 2019

Umschlaggestaltung: Hallwag Kümmerly+Frey AG

Text und Fotos: Wolfgang Heitzmann und Renate Gabriel
(Foto Seite 26 links oben: Jaume Tort)

Kartengrundlage für Gebietsübersichtskarte S. 10-11, U4:
© MairDumont, D-73751 Ostfildern 4

Die Karten-Nr. im Inhaltsverzeichnis und bei den einzelnen Touren verweisen auf die Kompass-Karten.



Alle Angaben und Routenbeschreibungen wurden nach bestem Wissen gemäss unserer derzeitigen Informationslage gemacht. Die Wanderungen wurden sehr sorgfältig ausgewählt und beschrieben, Schwierigkeiten werden im Text kurz angegeben. Es können jedoch Änderungen an Wegen und im aktuellen Naturzustand eintreten. Wanderer und alle Kartenbenützer müssen darauf achten, dass aufgrund ständiger Veränderungen die Wegzustände bezüglich Begehbarkeit sich nicht mit den Angaben in der Karte decken müssen. Bei der grossen Fülle des bearbeiteten Materials sind daher vereinzelte Fehler und Unstimmigkeiten nicht vermeidbar. Die Verwendung dieses Führers erfolgt ausschliesslich auf eigenes Risiko und auf eigene Gefahr, somit eigenverantwortlich. Eine Haftung für etwaige Unfälle oder Schäden jeder Art wird daher nicht übernommen. Für Berichtigungen und Verbesserungsvorschläge ist die Redaktion stets dankbar.

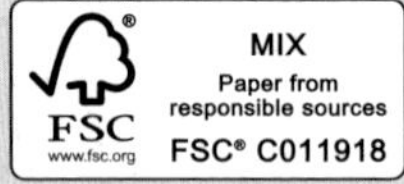